I K7144

L'HISTOIRE DE CHATILLON.

DIJON.

POPELAIN, Libraire, | LAMARCHE, suc^r de Lagier,
Maison Bossuet, place St.-Jean. | Place St.-Étienne.

PARIS.

J. RENOUARD et Ce, Libraires. | LECLERC-CAILLOT, Libr.
6, rue de Tournon. | 5, rue de Sorbonne.

IMP. DE C. CORNILLAC.

L'HISTOIRE
DE
CHATILLON,

PAR

GUSTAVE LAPEROUSE.

Chastillon au noble Duc!
(Cri d'armes des Bourguignons.)

CHATILLON-SUR-SEINE,
(CÔTE-D'OR),
C. CORNILLAC, Imprimeur-Libraire.

M DCCC XXXVII.

A MON PÈRE ET MON MEILLEUR AMI,

M. LAPEROUSE,

AVOCAT, MEMBRE DE LA LÉGION D'HONNEUR, ETC.,

MAIRE

DE LA VILLE DE CHATILLON.

> Et pius est patriæ facta referre labor.
>
> OVIDE. *Les Tristes.*

Deux sentiments ont fait ce livre : l'amour de l'histoire et l'amour de la terre natale. J'ai voulu, en même temps que je ferais connaître des événements inconnus, être, dès mon enfance, utile à mes compatriotes, autant qu'il était en moi. En écrivant les annales de ce pays, loin de moi la prétentieuse espérance, sinon le désir, de voir cet exemple suivi pour d'autres villes et de remplir par là quelque vide dans l'histoire; mais ce pays est le mien, et, en en parlant, j'aurai du moins la conscience d'avoir satisfait au premier besoin de mon cœur.

Le peuple aussi a sa noblesse généalogique, et, pour être glorieux, il ne lui a manqué que ses historiographes. Sans doute la connaissance des traditions nationales, le récit des malheurs et des vertus de nos pères, contribueraient, en l'épurant, à fortifier notre patriotisme ; mais nous savons, Dieu merci ! s'il est peu téméraire de répéter que ce récit et cette connaissance n'existent pas. Il faudrait n'avoir jamais pénétré dans les archives des vieilles communes, jamais entrevu combien il y a de vie latente sous cette poussière, pour n'être pas convaincu que si la France veut une histoire qui fasse vraiment revivre son passé, c'est là qu'elle doit aller la chercher. Mais cette entreprise ne sera pas l'œuvre d'un jour, ni d'un homme. Pour la mener à bien, il faudra que beaucoup, se partageant la tâche, se vouent au travail sans charme, sans profit, et, qui pis est, sans gloire, de recueillir tout ce qui reste, en tous pays, d'antiquités, de chartes originales, de traditions populaires, et qu'ils disposent le fruit de leurs recherches d'après le même ordre et sous un point de vue pareil. Alors on comprend qu'un homme pourrait venir, qui, recomposant ces histoires partielles, n'aurait plus qu'à rapprocher ces matériaux tout préparés et à en faire un grand monument à la mémoire du nom français ; semblable à ces sublimes basiliques dont la construction a demandé bien des ans, dévoré bien des vies inconnues, mais d'où, à travers une infinie variété de travail, il résulte une mystérieuse et solennelle unité. Et, de même que si vous demandez le nom de celui qui a élevé ces temples majestueux, on vous répond : c'est la foi; de même aussi, en parlant de cette histoire de la civilisation française, telle que je l'entends ici, on dirait : c'est la foi qui l'a faite, la foi à la patrie.

Or, celui qui dit cela est de ceux qui croient que les temps sont venus et que la mission de ce siècle est de marcher à la découverte de ce monde inconnu, de cet Herculanum du moyen âge. Persuadé dans son âme que cette croisade historique appelle sous sa bannière toutes gens qui se sentent quelque peu de cœur et de bonne volonté, il serait heureux et fier de contribuer pour sa part à cette œuvre nationale; deux fois heureux si son faible mais premier tribut pouvait être à la fois quelque chose à la gloire de sa ville de prédilection. C'est ce qui lui a fait, peut-être trop jeune, rechercher avec une pieuse ardeur bien des pierres cachées sous l'herbe, bien des noms ignorés; c'est ce qui l'engage aujourd'hui à publier l'histoire de Châtillon.

Un vieil historien (il n'était pas du pays pourtant) dit quelque part : « Je me suis esbahy que, « de tous les autheurs que j'ai leus et qui ont « escrit des antiquités et fondations des villes, « chasteaux et places les plus remarquables de « la France, je n'en aie point treuvé qui fasse « aucune mention de la ville de Chastillon... »

Et si ce cri s'échappe de l'âme d'un étranger, sans doute, à plus forte raison, qu'en présence des forteresses, des couvents et des ruines de toute sorte qu'on rencontre sur ce sol, vieilles et saintes reliques que nous foulons, sans le savoir, comme un trésor caché, sans doute que plus d'un d'entre nous se sera demandé si ces castels n'ont pas eu leurs preux, ces monastères leurs pieuses légendes, si ces poussières n'ont pas eu leur vie. Voilà du moins le besoin que j'ai senti, le vide que j'ai voulu remplir. Voyant que bientôt cette lacune allait devenir irréparable et que tout ce qui est encore là pour manifester son histoire courait risque de disparaître à tout jamais, j'ai tâché d'élever à notre ville natale un autre monument, — ne dût-il en conserver qu'un jour de plus le souvenir !

J'ai vu une société nouvelle prenant la place de l'ancienne, et, par suite, les coutumes locales s'en allant, les traditions en oubli, de nouveaux quartiers modifiant la physionomie primitive de Châtillon et en faisant une autre ville, ses édifices religieux et les remparts crénelés, qui formaient sa ceinture féodale, tombant pierre à pierre, le moyen âge disparaissant dans ses derniers vestiges, et, avec lui, ses légendes populaires; j'ai vu nos archives dispersées ou détruites, les écrits de ceux qui voulaient sauver quelque chose de cet autre déluge négligés et jetés au vent; j'ai rassemblé tous ces débris, interrogé toutes ces ruines, recueilli tous ces souvenirs au chevet des vieillards; et, assis au bord de deux mondes, j'essaie de redire à celui qui va naître les choses de celui qui vient de finir avec tant d'éclat, et qui menaçait d'engloutir sous ses ruines jusqu'à la mémoire de ces choses.

On dit que, quand un grand événement venait à éclater dans quelque canton des Gaules, tous les habitants, épars dans les vallons et sur les montagnes, devaient se répéter de loin en loin les nouvelles utiles à la patrie et les faire ainsi tenir d'un bout à l'autre de leur territoire. Pour nous, placé par aventure dans une telle position qu'il nous a été donné d'entendre la voix de notre passé qui allait s'éteindre faute de trouver un écho pour la répéter, n'était-ce pas un devoir de la transmettre à d'autres de tout notre pouvoir? — Ce faible cri que nous jetons dans l'avenir sera-t-il entendu?

Cette mission, d'autres déjà l'avaient acceptée. Plus heureux, ô que ne puis-je au moins appeler la gloire qu'ils méritent et l'intérêt sympathique qu'ils m'inspirent sur deux hommes dont les travaux et les dévouements sont trop peu connus, pour ne pas dire davantage! Vers le milieu du siècle dernier, un jeune avocat châtillonnais conçut le projet de composer l'histoire de sa ville natale et de tout le bailliage de la Montagne. Il était digne de la faire. Dès lors, sans négliger les études et les devoirs de sa noble profession, infatigable pélerin, il parcourt le pays, recueillant toutes les traditions, frappant à la porte de toutes les abbayes, secouant la poussière de leurs chartriers, copiant les titres les plus précieux, et, qui plus est, exhumant avec la plus admirable patience et le plus grand labeur des voies romaines dont il restait encore quelques vestiges, démêlant leurs directions et leurs embranchements sans nombre, et suivant leurs traces quelquefois pendant un cours de dix lieues. Le peu de ressources qu'il avait sous la main n'avait pas arrêté son ardeur; il se faisait copier les passages nécessaires à son sujet par ceux de ses amis qui étaient à portée des grandes bibliothèques. Enfin, après vingt-huit ans ainsi passés, victime de son amour de la science et du pays, à force de déchiffrer d'anciennes écritures, il perdit la vue; et, obligé de renoncer à un travail dont il avait rassemblé les matériaux avec tant de peine, à l'étude qui faisait toutes ses consolations, jointe au commerce amical de quelques savants, calme et résigné dans son malheur, le pauvre Homère de notre histoire se retira, au sein de la famille de sa femme, dans le petit village de Spoy, près d'Is-sur-Tille, où il mourut dans l'oubli, le 23 janvier 1805, à l'âge de soixante-onze ans. Puisqu'il est besoin de l'apprendre à ses compatriotes même, cet homme s'appelait Pierre-François Delamothe.

Ses manuscrits qui renfermaient le secret de

nos antiquités, secret perdu sous les flammes de la révolution, s'égaraient un à un, grâce au temps et à l'indifférence des hommes plus mortelle encore, quand une autre providence vint en recueillir les derniers lambeaux et sauver notre histoire. Tous les cœurs, à Châtillon, sont encore pleins de la mémoire du bon abbé Bourceret. Lui aussi avait consacré nombre d'années d'une vie laborieuse et modeste à réunir, avec les inestimables renseignements dont je viens de parler, quelques travaux laissés sur le même sujet par M. l'avocat Joly; et, tout ce qu'on peut trouver dans les archives de la ville qu'on étudie et dans une bibliothèque de province, il ne l'avait pas négligé. Quand il commença, en juillet 1809, les recherches qui ne finirent qu'avec sa vie (en 1822), il n'avait pour toutes ressources, c'est lui qui nous l'apprend, que l'*Histoire saincte de Chastillon*, du P. Legrand, Courte-Epée, l'*Histoire* et le *Cartulaire* manuscrits *de Notre-Dame de Châtillon*, par Hocmelle, chanoine de cette abbaye, le *Chronicon Lingonense*, de Vignier, et la *Biographie abrégée des évêques de Langres*, par l'abbé Mathieu; à quoi il faut ajouter la *Gallia christiana* et Dom Plancher. Les manuscrits composés à l'aide de ces données comprennent, outre plus de trois volumes in-4° de pièces diverses et de nombreux extraits relatifs à l'histoire de Châtillon : 1° une histoire chronologique de la ville jusqu'en 1695; 2° une notice étendue et savante sur les différentes juridictions qui y furent tour à tour établies; 3° des mémoires très développés pour servir à l'histoire de Châtillon durant les troubles de la ligue. C'est pour moi un devoir comme un besoin de le dire, et je le dis bien haut pour que tout le monde l'entende, si ce livre vaut quelque chose, c'est aux mémoires de M. Bourceret qu'il faut en rapporter tout le mérite et partant toute la gloire. Aidé de ses précieux manuscrits que nous devons à l'obligeance de ses héritiers, à qui nous en témoignons ici notre reconnaissance, nous n'avons fait qu'ajouter à de volumineux travaux le peu que nous avons pu acquérir par nous-même. Quelques années passées près des bibliothèques de Paris, des archives de Châtillon, du trésor des chartes de Bourgogne, et, par-dessus tout, un amour du pays natal qui ne nous a jamais permis de voir ni entendre avec indifférence rien de ce qui le peut toucher, soit de près soit de loin, nous ont mis à même de faire ce que d'autres eussent fait sans doute avec plus de bonheur, et de livrer au public, du moins aussi complète qu'on peut l'espérer, l'histoire de notre patrie.

Du reste, il ne faut pas se le dissimuler, les choses qu'on va lire ont fait peu ou point de bruit dans le monde; mais en revanche, et par cela même, si vous voulez connaître un pays dont les vicissitudes et l'esprit aient été l'expression la plus exacte de l'esprit et des vicissitudes de la patrie, à travers les diverses phases des temps, vous ne sauriez mieux faire que d'étudier l'histoire de Châtillon. Vous y verrez, suivant la marche progressive des choses, s'accomplir en leur lieu les destinées de notre belle France. Dans cette vieille commune, qui fut une des dix-sept premières *villes de lois* du royaume, vous assisterez à l'origine de cette bourgeoisie si long-temps méconnue et qui devait dire à son tour : l'État, c'est moi. Témoins de ses luttes et de ses infortunes inouïes, vous suivrez pas à pas le développement historique de ses franchises et de ses libertés. Et peut-être alors, de l'histoire d'une petite ville, il pourra résulter quelque enseignement politique, s'il est vrai, comme je le crois, que la science de l'homme d'état consiste dans le perfectionnement des institutions indigènes, et que ce soit dans l'étude intelligente du passé qu'il faille chercher la clef de l'avenir.

La suite de cet ouvrage fera voir que j'ai dit ce que j'aurais voulu faire plutôt que ce que j'ai fait. Ai-je besoin de prévenir, en terminant, qu'on doit s'attendre à y rencontrer, et pour cause, bien des imperfections, peut-être des erreurs ; mais si l'on fait attention que nous avons consulté l'utilité de l'œuvre plutôt que nos vingt ans et nos forces, peut-être, en considération de l'histoire, pardonnera-t-on à l'historien. Enfant de Châtillon, élevé au milieu de ses plus beaux souvenirs, à l'ombre *même* de la maison de saint Bernard et du château des ducs de Bourgogne, il aura fait plus qu'il n'ose espérer, si cet essai peut jeter quelque lumière avec quelque intérêt sur une ville qui lui est si chère et qui ne fut pas sans gloire. Consacré à ceux qui aiment leur pays et ne s'adressant qu'à eux seuls, ce livre n'est, à vrai dire, qu'un livre de famille. Puissent donc ceux pour qui il est fait accueillir avec quelque bienveillance ce faible témoignage d'un amour et d'un dévouement sans bornes. C'est le seul que puisse leur offrir leur jeune compatriote et ami,

GUSTAVE LAPEROUSE.

Paris, 1835.

L'HISTOIRE
DE CHATILLON.

> Des monographies étudiées avec soin me paraissent le moyen le plus sûr de faire faire à l'histoire de véritables progrès.
>
> M. Guizot.

> . . . . . . Non gloria nobis
> Causa, sed utilitas officiumque fuit.
>
> Ovide.

TOPOGRAPHIE, HISTOIRE NATURELLE.

> Ille terrarum mihi præter omnes
> Angulus ridet. . . .
>
> HORACE.

Site de Châtillon. — Nature, productions, curiosités naturelles et aspect du pays qui l'entoure. — Pluies de sang et de feu.

Parmi les montagnes couronnées de forêts éternelles qui séparent, en Bourgogne, le versant de l'Océan de celui de la Méditerranée, sous de vieux arbres couverts de noms de voyageurs, on voit saillir les sources de la Seine, et, çà et là, descendre de la même chaîne de collines une foule de rivières qui vont s'y mêler tour à tour : et puis, après un cours de dix lieues, le jeune fleuve, se divisant en deux branches, vient baigner le pied de deux plateaux séparés l'un de l'autre par une prairie qu'il enlace de ses plis, comme une corbeille de fleurs. — La vivacité de l'air qu'on y respire, le site pittoresque de ses rochers, comme aussi la pureté des eaux qui en découlent, notre belle Dwi surtout, qui, sortant comme une large rivière d'une grotte creusée sous un roc de quatre-vingts pieds de hauteur, devient la première source de la Seine, quand les chaleurs d'été en ont tari le cours supérieur, tout cela fait du lieu enchanteur où, parmi des touffes verdoyantes de tilleuls et de peupliers, se trouve assise la jolie ville de Châtillon, une espèce d'oasis.

En effet, tout le pays qui l'entoure est un vaste plateau calcaire, couvert de bois immenses et entrecoupé de vallons étroits où serpentent par de vertes prairies les ruisseaux qu'on vient de dire. Ces forêts font de cet arrondissement le pays le plus boisé de la France; ces eaux, alimentant de nombreuses usines, nourrissent des poissons recherchés, surtout ces excellentes truites qui servirent à peupler, sous François Ier, les étangs royaux de Fontainebleau, et dont nous verrons composer, lors du passage des gouverneurs de Bourgogne ou des rois, ces pâtés officiels, présent d'honneur de la ville. A la surface de cet aride plateau, paissent les riches troupeaux dont la laine justement remarquée dans les vers de Martial, comme, de nos jours, aux expositions de l'industrie française, entretient les fabriques de Reims et de Sedan, après avoir fait la gloire de celles de Châtillon au moyen âge;

enfin ses flancs recèlent les mines exploitées dans ces belles manufactures qui sont une si grande source de prospérité commerciale. Comme on l'a dit, ce pays produit le fer, et, dans les jours mauvais, ses habitants ont montré s'ils savent s'en servir.

Les historiens ont vanté la salubrité de Châtillon, la beauté de ses eaux, l'agrément et la fraîcheur de son site. « C'est ce qui fait, disait l'un d'eux (en 1651), que l'on y voit des vieillards de plus de cent ans, et que les ducs de Bourgogne s'y plaisaient autant et plus qu'en aucun lieu de leur duché. » C'est ce qui fit que, en 1631, la peste ravageant Dijon, le parlement se retira pendant quelques mois à Châtillon, où la pureté de l'air s'était le mieux conservée.

Puisque je parle d'histoire naturelle, peut-être est-ce ici le lieu de rapporter deux phénomènes arrivés dans le XVIIe siècle. On lit dans la collection académique : « Le 10 mars 1695, l'air à Châtillon parut en feu; on crut que les villages voisins étoient entièrement consumés par le feu qui tomboit en bluettes, semblables à celles qui sortent du fer rouge, quand on le bat : après être tombées, elles rouloient quelque temps à terre, paraissoient bleues, et s'éteignoient ensuite. Cette pluie dura quinze minutes, et occupoit un assez grand terrain. A la queue de l'orage il neigeoit à gros flocons. — Le 17 mars, à quatre heures du matin, on vit tomber, en plusieurs endroits de la ville, une espèce de pluie d'une liqueur roussâtre, épaisse, visqueuse, puante, qui ressembloit à une pluie de sang : de grosses gouttes furent imprimées contre les murs, excitées par un tourbillon de vent. » Une semblable pluie avait consterné la ville de Rome, après le meurtre de Tatius. « Il se leva (dit Plutarque, *trad. d'Amyot*) une peste si violente que les hommes en mouroyent tout subitement, sans être malades : la terre ne produisoit point de fruict, les bêtes ne faisoyent point de petits, et il plut des gouttes de sang dedans la ville : tellement que, oultre les maulx qu'il est force que les hommes sentent en telz accidens, encore avoyent-ilz une très grande frayeur de l'ire et fureur des dieux. » La physique rend compte maintenant de ces phénomènes qui étaient un si grand sujet de terreur pour les peuples de l'antiquité.

Des fontaines belles par leur site et leur abondance, comme la Laignes, la Coquille, ainsi appelée de la forme de la montagne dont elle sort; une source d'eau arsenicale, à Crevan, qui a été comblée depuis quelque temps, parce qu'elle faisait mourir les animaux qui y venaient boire; à Courcelles, une source minérale ferrugineuse; le ruisseau de Bissey qui était réputé rouler des paillettes d'or dans ses sables; dans les bois de Nesle et Bâlot, une vaste et magnifique grotte d'ossements fossiles; de longues suites de collines, entre autres ces deux mamelons que leur ressemblance et leur proximité ont fait appeler les Jumeaux; « des simples rares et curieux que l'on prétend plus efficaces qu'ailleurs, puisque les herboristes étrangers viennent en cueillir dans tous les environs; » des carrières d'où l'on tire de superbes blocs, des espèces de marbres, des pierres lithographiques, voilà ce qu'on remarque dans le pays dont Châtillon est la capitale.

Toute son agriculture se rattache à quatre branches principales : les bois, les prés, les vignes et les céréales, à la culture des quelles se joint celle de quelques plantes appliquées spécialement à l'économie rurale et domestique. Dans cette dernière section, on trouve en première ligne les prairies artificielles dont la propagation prend chaque jour un nouvel essor, la pomme de terre, la betterave, cultivée avec succès pour l'extraction de son principe sucré, les fèves, la carotte à collet vert, la rave, la navette, le colza, le chanvre, le sarrazin, etc.

Les essences des arbres, qui concourent à former les forêts du Châtillonnais, * appartiennent

---

* Le pays doit sans doute à ces immenses forêts la salubrité que nous vantions tout à l'heure. Cependant elle ne le préserva point du choléra en 1832. Mais une remarque qui n'est peut-être pas sans quelque intérêt quant à la marche de ce fléau mystérieux, c'est que, remontant le vallon de la Seine, il s'arrêta tout-à-coup à Châtillon, où il fit périr du reste environ cinquante personnes.

presque toutes à l'ordre des Amentacées, tels que le charme, le hêtre ou foyard et diverses espèces de chênes. Viennent ensuite, mais en petit nombre, les pommiers et poiriers sauvages, les merisiers, alisiers, sorbiers, coudriers, etc. Parmi les arbres séculaires et curieux de nos forêts, on remarquait encore, il n'y a pas longtemps, près de Cunfin, le *chêne de Saint-Bernard*. *L'arbre des Quatre-Frères*, qui est un rendez-vous de fête, près de Bissey-la-Pierre, mérite aussi d'être cité. Il doit son nom aux quatre tiges parfaitement égales qui s'élancent symétriquement de son tronc, et forment ainsi quatre colonnes supportant un magnifique dôme de verdure.

On voit avec plaisir, autour des forges de Sainte-Colombe et sur quelques autres collines de l'arrondissement, de belles plantations d'arbres verts qui ne datent que de quelques années : on avait entrepris de les propager pareillement sur les côteaux de la Dwi, à Châtillon : ce premier essai n'a pas réussi.

Les vignes produisent, sauf de rares exceptions, des vins médiocres et d'une conservation difficile. Leur surface est parsemée de plusieurs espèces d'arbres fruitiers, de pêchers surtout, dont les fruits petits ont parfois une saveur et un parfum délicieux.

Le laboureur cultive de préférence, dans ses plaines plus ou moins fertiles, la variété de froment, dite d'hiver *(triticum hibernum)*; puis celle dite de mars *(triticum æstivum)*, beaucoup moins répandue; rarement le froment de Barbarie, blé barbu *(triticum durum)*. Le seigle, l'orge, l'avoine, le sainfoin, etc., couronnent les côteaux pierreux et trop souvent stériles.

Le sol arable donne à l'analyse chimique une grande proportion de carbonate de chaux, uni à plus ou moins d'alumine et de trito-carbonate de fer. Nul vestige de silice. Ce sont du moins les résultats d'un travail sur quelques terres lu au comité d'agriculture de l'arrondissement.

L'analyse des eaux des puits et des fontaines de Châtillon ne présente rien de remarquable; les réactifs n'y signalent que des atomes d'un sel calcaire. La réputation de légèreté dont jouit l'eau de la fontaine des Ducs, en particulier, ne peut tenir qu'à la grande quantité d'air atmosphérique interposé dans ses molécules et à sa pureté; cette légèreté, au surplus, est inappréciable à l'aréomètre.

Tout le pays, essentiellement calcaire, offre une végétation vigoureuse, intéressante, mais peu variée. Cependant le botanophile rencontre au Val-des-Choux, dans un marais desséché, dit de la *Combe-Noire*, la Cinéraire de Sibérie (*Cineraria Sibirica* L. famille des Corymbifères) qui s'élève souvent à 2 mètres, et qui n'avait été observée jusqu'alors que dans les montagnes de l'Auvergne et des Pyrénées. On cueille aussi, sur les côteaux humides et ombragés de la même vallée, le Sabot de Vénus (*Cypripedium calceolus* L. famille des Orchidées), une des plantes les plus curieuses et les plus élégantes des Alpes et du Dauphiné. Depuis quelques années, sa beauté lui vaut une place dans plusieurs jardins d'agrément des environs; et il est à craindre qu'on ne finisse par la faire disparaître du val si pittoresque qu'elle contribue réellement à embellir.

Les autres espèces remarquables de l'arrondissement sont la *Gentiana lutea*, dont on exporte chaque année, en grande quantité, les racines pour l'usage de la pharmacie vétérinaire et pour la teinture, dit-on; l'*Anthyllis montana*, jolie légumineuse qui tapisse au premier printemps les côteaux de la Dwi; la *Pyrola rotundifolia*, et la *Parnassia palustris*, charmantes miniatures qui accompagnent constamment, au Val-des-Choux, le Sabot de Vénus; le *Carlina chamæleon*, seul baromètre de quelques villages; le *Dianthus superbus*, à Essarois; le *Buphtalmum salicifolium*, Corymbifère qu'on ne trouve que sur un seul point du département, à Leuglay; la *Tulipa sylvestris*, au Petit-Versailles, sur les bords de la Seine; l'*Hieracium præmorsum*, chicoracée rare en Bourgogne, observée à Chaumont-le-Bois, en 1834; l'*Arbutus uva ursi*, près de Leuglay seulement; le *Daphné cneorum*, dont les charbonniers de Villers-la-Forêt apportent, chaque printemps, à la ville, les touffes roses et parfumées. Ces deux dernières espèces sont alpestres.*

Il faut être né dans ces lieux et en avoir vus de moins solitaires, pour sentir tout ce qu'a de beauté la nature à demi-sauvage de cette contrée, que, à cause de ses rochers, de ses vallons, de ses étangs, de ses grands bois, de ses bruyères, j'appellerais volontiers l'Écosse de la Côte-d'Or.

Combien de fois, en parcourant ces sombres forêts, je me suis reporté en imagination au temps où cette terre, vierge encore, n'avait été foulée par le pas d'aucun homme ; où les oiseaux chantaient, où les torrents en liberté se débordaient dans les vallées et les bois, entraînant dans leur cours les lianes, les roseaux et les arbustes, sans qu'il y eût là personne pour voir et pour entendre cette admirable poésie, avant que ces animaux, ces torrents, ces forêts, toutes ces choses eussent reçu aucun nom ! Qui me dira combien de fois le soleil se leva sur ces fraîches solitudes, couvertes de continuels brouillards, quel est l'homme à qui il fut donné, le premier, de pénétrer sur ce sol de notre patrie ? Et, auparavant, cette terre, bien des fois remuée par la main de Dieu, avait déjà son histoire : ô qui me la dira cette histoire antédiluvienne, et quelles révolutions,

---

* Nous devons ces curieuses observations à l'amitié de M. Eusèbe Gris, Châtillonnais distingué par l'étendue et la variété de ses connaissances.

accomplies sur ce coin du monde que nous habitons, ont creusé les vallons, élevé les montagnes, produit les plantes que nous y contemplons aujourd'hui?

Sans doute l'histoire naturelle de ce pays serait pleine de charme et d'intérêt; mais une pareille étude exige d'autres connaissances; aussi bien n'est-elle point de notre ressort, et avons-nous dû nous borner à tracer une esquisse rapide du théâtre où se joue le drame historique dont on va voir les divers tableaux.

L'ANTIQUITÉ.

Scilicet et tempus veniet quum finibus illis
Agricola, incurvo terram molitus aratro,
Exesa inveniet scabrâ rubigine pila,
Aut gravibus rastris galeas pulsabit inanes,
Grandiaque effossis mirabitur ossa sepulcris.

Virgile.

PREMIÈRE ÉPOQUE.

Jusqu'à l'an 50 avant J.-C.

ÉPOQUE CELTIQUE.

L'élément celtique paraît encore dans notre histoire. — Étymologie de quelques dénominations locales. — Coutume de jeter du pain dans les fontaines à la Chandeleur. — Feu de joie de la Saint-Jean. — Tombeaux gaulois. — Pierres druidiques. — Tumulus. — L'Hercule gaulois. — Établissement des Lingons dans ce pays. — Division des cités par cantons : canton du Lassois. — Villes qu'il renferme : Landunum, sa première capitale. — Roussillon. — Châtillon ; son origine.

Au commencement, les forêts couvraient presque toute la surface de l'occident et du nord de l'Europe. La conquête de l'homme sur la nature les en fit peu à peu disparaître ; mais elle ne pénétra que tard et avec peine dans les pays cachés au centre des Gaules et hérissés de montagnes : aussi le nôtre n'a-t-il jamais entièrement perdu son caractère primitif. Sans doute ces rochers, ces bois, ces étangs, étaient des lieux en harmonie avec les peuples druidiques, et ces mystérieuses retraites durent longtemps défendre les Gaulois, avec leurs coutumes et leur langage, contre les envahissements d'une autre civilisation; en effet, à travers les couches des temps, il me semble voir l'élément celtique transpercer encore dans notre histoire.

Vous savez que, à l'ombre de ces forêts vierges et remplies de fées, errèrent longtemps des peuplades sauvages et libres comme les solitudes qu'elles parcouraient; tribus aventureuses ayant pour chef le plus vaillant, la guerre pour profession, pour patrie la montagne où elles arrêtaient leurs chars, pour temples les bois sacrés et la voûte du ciel *dont elles ne craignaient que la chute*. La chasse faisait leur principal exercice. Errantes au milieu de ce pays, elles adoraient les lacs, et les ruisseaux, et les grands vents, et les vieux chênes dont nos forêts surtout sont remplies. Les druides couronnés de verveine et de gui sacré étaient les prêtres de cette farouche religion : ils instruisaient la jeunesse dans le silence de leurs bois; les bardes chantaient des hymnes dans les combats; et c'est une tradition qu'un de leurs colléges se tenait sur une montagne de ce pays ; la ville de Montbard (*mons bardorum*), qui est située à ses pieds, a conservé non loin de nous leur nom avec leur souvenir.

Tels sont les premiers hommes qui apparaissent sur le sol où nous passons à notre tour, et, par les causes que j'ai indiquées tout à l'heure, ils y ont laissé des traces profondes qui ne sont pas encore complètement effacées. — Dans le pays de la Montagne, il n'est pas de ville, bourg ou village, de rivière ou de colline, dont le nom n'appartienne à leur langue *; la plupart de nos fontaines portent celui de *Dwi;* et *Dwi,* dans leur langage, veut dire eau, rivière. La grotte d'ossements fossiles qui se voit à Bâlot est, ainsi que les belles cavernes du même genre dans la Bresse et le Dauphiné, appelée la Baume,

---

* Les historiens se sont trompés, qui ont voulu trouver dans la langue latine toutes nos étymologies géographiques. Tous les noms terminés en *ey* ou *y* indiquent évidemment une origine plus ancienne. Or, grand nombre de noms de villages, dans ce pays, sont ainsi terminés. Voici, du reste, quelques étymologies tirées du dictionnaire celtique : Seine : *seach*, sinueux; *an*, eau. — Laignes : *laign*, bord, rivage de rivière. — Baigneux : *bayn*, *bagnum*, bain. — Aignay : *aigue*, eau. — Montigny : *mon*, *mont*, élévation, montagne; *montyn*, *montigny*, diminutifs de *mont*. — Maisey : *maz*, *mais*, *mazey*, nom appellatif d'habitation; (c'est de là que vient le mot français *maison*). — Villaines : village au fond d'un bois : *vill*, habitation; *len*, bois. — Villiers, Villotte : diminutifs de *vill* qui signifie habitation en général. — Nod : *nod*, élévation. — Bremur : *bre*, haut; *mur*, roc. — Magny : *magny*, nom appellatif d'habitation devenu propre de celle-ci. — Mosson : *mus*, *musson* et *mosson*, caché. — Billy : *bill*, élévation; *ley*, forêt. etc., etc.

du mot celtique *Balme* ou *Baume*, qui signifie caverne. Enfin, d'antiques traditions ont laissé aux monts Jumeaux le surnom populaire de *Bottes de Gargantua :* c'est ainsi que l'on montre près de Duclair, sur les bords de la Seine, une roche très élevée, connue sous le nom de *Chaise de Gargantua*; près de Tancarville, la *Pierre Gante* ou *Pierre du Géant.* Ces traditions qui supposent les montagnes apportées de pays lointains par des géants, paraissent être d'origine gauloise. Dans un fameux passage de Geoffroi de Montmouth, Merlin dit à Aurélius : « Les montagnes ont des vertus magiques; *et ce sont des géants qui les ont jadis apportées du fond de l'Afrique.* »

Certes, il y a bien des siècles que la cornemuse a cessé de rassembler sur nos montagnes ces sauvages enfants des Gaules, et pourtant quelques-unes de leurs coutumes sont venues jusqu'à nous. — Ainsi que dans la Bretagne, où le respect des lacs et des fontaines s'est conservé, et où l'on y apporte à certains jours du beurre et du pain, nous avons tous été, dans notre enfance, à la Chandeleur, jeter du pain dans la Seine et dans la source de la Dwi. Selon d'antiques croyances, on entend, chaque nuit, les pas d'un génie invisible effleurer doucement la surface de l'eau, sous la grotte profonde de cette fontaine où il fait son séjour. L'ombre des fées celtiques erre encore sur nos forêts. Quelle jeune fille de nos vallées, dans ses inquiètes tendresses, n'a pas connu le langage des fleurs, et secrètement consulté l'arbre ou la roche divinatoire? A Étalente, les habitants, les jeunes mariés surtout, vont aussi, à la Chandeleur, jeter des pains dans la belle fontaine de la Coquille, et célébrer, sur ses bords, des danses, des jeux et des festins. Dans plusieurs villages du pays de la Montagne, les mêmes cérémonies ont lieu à certains jours de l'année : reste du culte antique qui avait consacré, chez les Gaulois, les étangs, les fontaines, les choses de la nature.

C'est encore une ancienne coutume, à Châtillon, de faire la veille de la Saint-Jean, à l'approche de la nuit, sur la hauteur où est situé Chaumont, un grand feu de joie auquel la population ne manque jamais d'accourir. Dès le matin, des enfants parcourent la ville, quêtant, dans toutes les maisons, des fagots pour le feu de la Saint-Jean; et chacun s'empresse de contribuer à la fête par son offrande. Ce sont les principaux magistrats du pays qui allument le bûcher avec des cierges, après qu'une procession religieuse, la croix et les bannières en tête, au milieu des chants sacrés, en a fait le tour et l'a béni. Alors une bruyante jeunesse pousse des cris de joie, traverse les flammes, fait des rondes autour du brasier; et, quand le feu s'éteint, les uns parcourent la ville en agitant des charbons enflammés, les autres se disputant, par un pieux motif, les bois qui ne sont pas entièrement consumés, les emportent religieusement dans leurs maisons, où ils les suspendent près du buis des Rameaux, saint préservatif contre la foudre pendant l'année. — Eh bien! dans toutes ces solennités, je ne puis méconnaître la religion celtique. Les Gaulois, en effet, à l'exemple de tous les peuples de l'antiquité, adoraient le soleil, leur dieu suprême, sous le nom de Beal; et c'était précisément la veille de la Saint-Jean, c'est-à-dire, au moment de l'année où l'astre du jour, au solstice d'été, paraît sur notre hémisphère, dans toute sa grandeur et tout son éclat, qu'ils en célébraient la fête par des feux allumés sur les montagnes. Il faut que cet usage ait été bien enraciné dans les mœurs populaires, puisque le catholicisme l'a approprié à son culte, et que, bientôt deux mille ans après l'extinction de la religion druidique, nous l'observons encore fidèlement. Au moment que j'écris, le feu de la Saint-Jean va briller à Châtillon, au milieu de la joie publique; et il en sera de même dans les montagnes de l'Écosse, de l'Irlande, dans notre Bretagne et dans tous les lieux où les traditions galliques se sont le mieux conservées.

Que si nous cherchons encore dans ce pays des vestiges de cette haute antiquité, les monuments celtiques ne nous manqueront pas. A la Chapelle-du-Bois, près de Voulaines, on remarque encore, à la lisière de la grande forêt, sur la crête d'une montagne qui domine le vallon, un vaste carré ceint de fossés larges et profonds, et, au dedans, un temple souterrain. Or, je vous le demande, quel peuple et quelle religion, sur ce sol des Gaules, élevèrent-ils jamais, dans des lieux pareils, de pareils monuments?

Au sommet de plusieurs de nos montagnes, à Champigny, à Griselles, au mont Lassois, à Châtillon même, près de l'Olympe, bâti sur l'emplacement de l'église Saint-Mametz, on rencontre, à quelques pieds du sol, des cercueils de pierre qui ressemblent assez à des auges élargies à l'une des extrémités et percées au centre d'une petite ouverture; la dalle bombée, qui les referme, est pareillement d'un seul morceau. A Essarois, près de la source de la *Cave*, où fut trouvé ce coffret revêtu de caractères cabalistiques, qui fait un des plus précieux ornements du cabinet de M. le duc de Blacas, de nouvelles recherches mettent à découvert les vestiges de vastes constructions gallo-romaines dont on a déjà retiré une grande quantité de briques, d'ossements, de verres de toute sorte, deux médailles de Tibère, différents ustensiles, une inscription tumulaire latine et un nombre prodigieux de fragments de statues de style gréco-romain, parmi lesquels une tête de femme ceinte d'une couronne de roses, une main (celle d'une Vénus sans doute) tenant une pomme, etc.; le seul ouvrage complet trouvé dans ces ruines nous parut bien digne d'exciter la curiosité et les conjectures : c'est le tronc d'une statue sans jambes et sans buste, dont les cuisses reposant sur un socle et dont le corps tronqué à la naissance de la poitrine offrent l'image cynique d'un enfant mâle. Est-il vrai, comme le mystérieux coffret l'a fait penser à de savants orientalistes, que les chevaliers du Temple, dont les riches possessions couvraient ces pays, aient eu là quelque établissement? Cette question appartient non seulement à l'archéologie, mais encore à l'histoire; et, dans l'état actuel des choses, je n'ose vraiment me prononcer. Non loin de ces habitations en ruines, dont les premières fondations sont, quoi qu'il en ait été plus tard, d'origine gallo-romaine (on peut le croire sans témérité), une colline entière est remplie de ces tombeaux que je décrivais tout à l'heure. Sur le couvercle d'un de ceux qui ont été déterrés, on remarque deux figures d'hommes grossièrement taillées en relief. Ces monuments contiennent quelquefois deux squelettes; et souvent, parmi les ossements, qui sont assez bien conservés, on rencontre quelques débris d'armes, des boucles de ceinturons, etc. Rangés par longues files et quelquefois étagés les uns sur les autres, ils renferment des corps que les physiologistes pensent avoir appartenu à une race plus forte que la nôtre. La position de ce lieu de sépultures au milieu d'immenses forêts et sur la pente d'une colline, son éloignement de toute ville romaine ou du moyen âge, l'absence d'inscriptions et des pieux symboles dont la religion chrétienne a paré les tombeaux, les armes trouvées dans ces cercueils, et, au besoin, l'opinion unanime des antiquaires, tout cela ne permet pas de douter que ces sépulcres, qui du reste furent en usage jusqu'au IXe siècle, ne renferment des Gaulois; mais quel fut leur nom, leur tribu? qu'ont-ils fait?.... Nous avons beau remuer leur poussière : leur vie, leurs fortunes, sont un mystère dont la tombe garde le secret.

D'autres tombeaux anciens, au nombre de douze, ont été découverts, en 1780, à Brion, sous la cave de la cure : dans l'un d'eux était un bracelet de cuivre, une espèce de cassolette, une petite pierre ronde figurée et trouée, espèce de talisman, plus loin, une framée toute rouillée. Il serait difficile de ne pas voir là le tombeau d'un Gaulois : on sait que les Gaulois aimaient à se parer de colliers et de bracelets d'or, de cuivre ou d'argent; qu'ils recherchaient avec passion les vases, les cassolettes de métal précieux, et que ces ornements étaient déposés avec eux dans leurs sépultures; on sait de plus qu'ils croyaient à la magie et qu'ils portaient presque tous, pour se garantir de maladie ou pour réussir dans leurs entreprises, des talismans qui étaient des pierres et des herbages. Le plus efficace de ces préservatifs sacrés était la pierre ronde, appelée *l'œuf de serpent*, à laquelle ils attachaient la vertu miraculeuse de faire gagner les procès et d'ouvrir un libre accès auprès des rois; les druides la portaient parmi leurs ornements distinctifs.

Dans l'agreste vallon de Rochefort, resserré entre d'énormes rochers et perdu dans la profondeur des forêts, sur les bords d'un étang rempli de roseaux (on sait que les étangs aussi étaient sacrés chez les Gaulois qui jetaient dans leurs eaux de l'or, des vases précieux et de riches offrandes), il est un bloc de pierre qui se termine en entablement : la pyramide quadrangulaire tronquée, qui le soutenait, renferme une concavité naturelle, formant un tube acoustique, d'où l'on tire, en soufflant dedans, des sons qu'on entend retentir dans tous les bois d'alentour. D'où le dicton populaire :

> A Rochefort-sur-Brevon,
> Pierre qui corne au bout du pont.

C'était un objet sacré dans le pays : des titres des XIVe et XVe siècles en parlent comme d'un monument connu dans toute la contrée ; et, naguère encore, il faillit exciter une collision sanglante entre les habitants de Saint-Germain qui, l'ayant enlevé, refusaient de le rendre, et ceux de Rochefort qui, spontanément et en corps, coururent tous revendiquer ce palladium vénéré. « Ainsi que la base sur laquelle elle était assise en fait foi, et comme le prouvent le poli de l'embouchure et la légende du village, cette pierre a été placée sur le pont comme un monument, et a servi souvent de porte-voix. Était-ce une *corne publique* destinée jadis à réunir les troupeaux du pays? Aurait-elle servi de signal aux seigneurs de Rochefort pour annoncer l'approche de l'ennemi à l'aide d'un *sonneur* qui embouchait cette trompe? Ou bien est-ce enfin un autel druidique qui rendait des oracles d'une voix de tonnerre? » La position, la forme et la nature de cet antique monument, la vénération publique qui l'a consacré, la foi qu'il inspirait encore, il y a quelques années, ce site farouche et solitaire qu'on croirait volontiers avoir servi de sanctuaire à la religion et aux prêtres des Gaules, tout nous fait pencher vers cette dernière opinion. Nous avons vu souvent la *Pierre qui corne,* vieil oracle brisé comme les dieux dont il était l'organe, et elle nous a semblé, dès le premier abord, une de ces pierres druidiques, connues sous le nom de *Dolmen.* Qui sait si ce porte-voix naturel n'était pas destiné à rassembler, au besoin, les tribus éparses dans ces immenses forêts?

Il y a quelques mois qu'au village du Magny on a découvert une pierre tombale gravée de caractères qui n'appartiennent à aucune langue connue. N'est-il pas vraisemblable encore que cette pierre est un monument celtique, et que les figures qu'on y remarque ont été tracées par quelqu'un des peuples sauvages qui habitaient ce pays à l'époque dont nous parlons. D'ailleurs Magny, dont le nom appartient à la langue des Celtes, est situé près de Semond (*Pseudunum*), ancienne ville gauloise, et dans un étroit vallon rempli de fontaines ; le grand nombre de tumulus celtiques, qu'on retrouve dans les environs, n'a pas permis à quelques antiquaires de douter que ces lieux n'aient été une vallée consacrée.

Tout le monde connaît enfin cette butte posée par la main des hommes au milieu de la plaine de Cerilly. La Gynérée Barthe (c'est le nom traditionnel qu'on donne à cette élévation de terre) a quatorze à quinze mètres de hauteur; on peut évaluer à cent quatre-vingt-huit mètres la circonférence de sa base dont la forme elliptique annonce un monument mystique et religieux ; la circonférence de la plate-forme qui termine le monticule a vingt-six mètres dans le grand diamètre, dix-huit dans le petit. Ce monument, on ignore sa destination ; non pas, Dieu merci! que les conjectures aient manqué. En voici quelques-unes avec notre opinion. Le mont Roussillon, le Jumeau de la Chassaigne et le rocher sur lequel est situé le château de Châtillon, trois hauteurs isolées, dans la campagne, à égale distance l'une de l'autre, étaient jadis couronnées de trois châteaux habités par trois frères qui, dit-on, correspondaient entre eux par des signaux de feu, espèce de télégraphe nocturne, formant une agréable perspective. Mais du côté du midi, l'horizon s'étend au loin et l'œil ne rencontre rien qui le fixe dans une plaine nue, monotone et sans accident. Or, c'est une ancienne tradition que Berthe, fille de Pépin I, roi d'Aquitaine, femme de ce fameux héros de la chevalerie, le comte Gérard, qui habitait le château de Roussillon, voulant se donner un point de vue de ce côté-là, fit élever à cet effet un autre mont, près de Cerilly. On dit qu'à l'exemple des grands, qui posent la première pierre des édifices, elle voulut aussi porter, dans son giron, la première portion de terre qu'elle destinait à son monument, et que du mot giron on a fait *Girénée* ou *Ginérée* et, de là, *Ginérée Barthe*, qui est le nom du tumulus. Selon le témoignage des anciens, il était beaucoup plus élevé qu'on ne le voit maintenant. — D'autres croient que ce tertre était au temps des Gaulois dans un bois qui a été détruit, et que les bardes qui l'habitaient, à défaut de rocher naturel qu'ils pussent adapter à leur culte, élevèrent cet autel gigantesque où ils sacrifiaient des victimes humaines à leur Teutatès, qui est le Mercure des Romains; que de là il faut dire *Générée Barde*, de *Genesis Bardorum*, ouvrage des bardes. — La position de ce monticule, près de la voie romaine de Langres à Auxerre, a fait penser à quelques-uns que c'est un tombeau élevé par des légions romaines à quelque officier de marque, mort dans ces contrées. Ils ajoutent en avoir vu plusieurs dans le voisinage d'autres voies militaires, en convenant cependant qu'ils sont beaucoup moins considérables que la Gynérée Barthe. — Enfin, d'après l'opinion d'un homme dont l'autorité est grave, la butte de Cerilly est évidemment un monument d'origine celtique. Seulement sa situation sur les confins des Lingons et des Éduens fait croire à M. Bourée que ce n'est autre chose qu'un terme, une marque de délimitation entre ces deux nations, de même que la motte de Gurgy qui séparait cette commune de celle de Sassenay, et les monticules de Champignat, au nombre de quatre, qui servaient de limites entre le duché et la comté de Bourgogne.

Ces conjectures nous ont peu convaincu; nous ne croyons pas même devoir signaler la puérilité des deux premières. Avant tout, cette pyramide informe, qu'elle ait été un trophée, un autel, un tombeau, ou la borne d'une nation, ne saurait être que l'œuvre de quelque tribu sauvage. D'énormes amas de pierres ou de terre, cherchant à imiter les montagnes, furent partout les premiers essais de l'art chez des peuples qui ne faisaient encore qu'en pressentir les formes. Les Pyramides, les plus anciens monuments du monde, ne sont pas autre chose; c'est seulement un pas de fait. Nous croyons donc reconnaître, dans la butte dont nous parlons, le tombeau de quelque chef de ces peuplades primitives qui parcouraient les Gaules. Ces tribus, en effet, quand leur chef était mort, après l'avoir déposé dans la terre, immolaient sur son corps ses plus beaux chevaux, les dogues qui le suivaient dans les combats, ses prisonniers de guerre, ses esclaves; ses proches même, ses compagnons et ses clients, se donnaient la mort sur son tombeau, pour lui faire un cortége plus nombreux, à son entrée dans les mondes aériens; on jetait alors, dans la fosse, son char, ses vases d'or, ses colliers, ses armes, ses flèches et tous ses ornements; et puis, à certains jours de l'année, chaque guerrier venait apporter, sur la tombe de son chef mort, sa portion de terre, et l'armée élevait ainsi un tumulus à sa mémoire. C'est ainsi, sans doute, que celui de Cerilly fut formé : il nous est impossible de n'y pas reconnaître une *tombelle*. « On appelle *tombelles* des élévations de terre, en forme de cône, qui ont servi de tombeaux à des chefs gaulois ou francs; on en trouve dans toute la France. »

Ces vagues données, ces monuments grossiers, et, mieux encore, l'aspect de quelques-uns de nos sites, doivent faire entrevoir quel était l'état des Gaules, quand l'Hercule tyrien, c'est-à-dire, le peuple phénicien, dont ce dieu est le symbole, fit luire dans ces forêts, vers le X⁰ siècle avant l'ère chrétienne, l'éclat passager d'un premier âge de civilisation. Abordés à l'embouchure du Rhône, ces conquérants, selon d'antiques traditions galliques, descendus de race divine, remontent la vallée de la Saône, triomphent des peuples indigènes, leur enseignent les premiers arts, établissent des gouvernements, fondent des villes, entre autres, dans ce pays même, la fameuse Alise qui devient la métropole de toutes les Gaules; et, après l'avoir habitée et dotée d'une génération forte et puissante par des mariages avec les filles des vainqueurs, le dieu disparaît enfin à travers les Alpes, laissant dans ces contrées, où du reste les sauvages habitants, qu'il avait refoulés dans nos montagnes, eurent bientôt détruit son ouvrage, les souvenirs ineffaçables de ses glorieux travaux, la mémoire de ses bienfaits, le culte de son nom. Je n'en veux pour preuve que le piédestal polygone, trouvé à **Aignay**, assez semblable à celui de la célèbre colonne de Cussy; sur chacune de ses faces est taillée en relief la figure d'une divinité : l'une d'elles représente Hercule dont le culte paraît avoir été si populaire dans cette partie des Gaules.

Il était réservé aux colonies orientales de dissiper de nouveau la barbarie dans laquelle ces pays étaient rentrés. Quand donc une civilisation renaissante eut commencé à rapprocher ces peuples nomades, ils sentirent le besoin de fixer leurs aventureuses destinées; dès lors il leur fallut se tracer des limites, attendre la moisson près du champ qu'ils avaient semé, partant se faire une patrie : de ce jour, les chars errants des tribus gauloises s'arrêtent, et l'on voit se former les nations que les Romains doivent rencontrer plus tard sur le sol de la Celtique. La première peuplade qui s'était cantonnée dans les contrées que nous habitons était celle des Séquanais qui prirent leur nom de la Seine, jusqu'aux sources de laquelle ils avaient étendu leur empire. Mais, vers le Ve siècle avant l'ère chrétienne, une invasion de Cimbres occupa tout le nord et l'ouest des Gaules. Parmi ces peuples nouveau venus, on remarquait les Lingons. Ils repoussèrent les Séquanais par derrière les montagnes des Vosges et du Jura, et s'établirent en leur lieu et place à la source du fleuve. Cette belliqueuse république, qui portait le nom de cité *(civitas Lingonum)*, se divisait en plusieurs cantons *(pagi)*, parmi lesquels celui qu'on appellera par anticipation le canton du *Lassois*. Le nom qu'il porta d'abord étant inconnu nous oblige à cet anachronisme. C'est le pays que nous avons décrit tout à l'heure : c'est celui que nous habitons *.

---

* La division par cantons était inconnue aux Romains; ils la laissèrent seulement subsister chez les peuples vaincus qui l'avaient adoptée. Le canton à son tour se subdivisait

Le canton du Lassois, comme tous les autres d'ailleurs, était gouverné par un chef militaire qui tenait tous les habitants de sa tribu sous son patronage. Des habitations isolées avaient longtemps couvert la campagne; pendant longtemps il n'y avait eu ni villes ni bourgades; chaque famille plaçait près de son champ la hutte de bois où elle trouvait un asile. Mais quand l'ennemi passait en guerroyant dans la plaine (et les excursions étaient fréquentes chez ces peuples guerriers), des habitations éparses çà et là, exposées en rase campagne, étaient facilement renversées. Comme il fallait souvent se remettre à l'œuvre, les *pagani*, afin de pouvoir faire résis-

---

en finages *(fines)*. La cité des Lingons comprenait les *pagi* suivants : *pagus Lingonicus*, *pagus Atoarensis*, *pagus Barrensis*, *pagus Boloniensis*, *pagus Columbarensis*, *pagus Divionensis*, *pagus Elariacensis*, *pagus Latiscensis*, *pagus Magnimontensis*, *pagus Oscarensis*, *pagus Tornodorensis*. Cette division primitive du territoire gaulois est digne de remarque : car perpétuée, surtout dans la juridiction ecclésiastique calquée sur l'ancienne distribution de l'empire, elle subsista jusqu'à la révolution française, sous d'autres noms et avec de légers changements. C'est ainsi que les chefs-lieux des provinces romaines, qui comprenaient plusieurs cités, devinrent des métropoles ou archevêchés. Les cités devinrent des évêchés, les cantons des archidiaconés, les finages des paroisses. Dans l'ordre civil, les comtés, devenus plus tard, avec quelques altérations, les bailliages de la France, remplacèrent, à peu de chose près, les *pagi* de la géographie gallo-romaine.

tance en cas d'attaque, réunirent enfin leurs demeures sur les hauts lieux, et c'est alors que des villes furent fondées dans le canton du Lassois.

Lansuine ou *Lantz-sur-Laignes (Landunum ad Lagnim)* est la première dont il soit fait mention dans les historiens et la plus ancienne en effet. Ceux qui ont observé les lieux avant qu'ils ne fussent défigurés par la charrue ont pu voir, dit M. Delamothe, que le Landunum des Lingons était une de leurs principales villes après Automadunum, aujourd'hui Langres. « Située sur le territoire du pays des Lingons et sur les confins de celui des Éduens, cette ville étoit d'une origine celtique et fut le premier chef-lieu de ce canton, nommé depuis le *Lassois*. Elle étoit bâtie à une demi-lieue de Molême, sur une colline qui est fort escarpée. On trouve encore sur cette éminence, qui fait partie du territoire de Vertaut, toutes les marques d'une ville ruinée, de même que dans les champs de l'ancien Autun. »

C'est ainsi qu'en parle le savant abbé Lebœuf, qui lui-même avait visité les lieux. Bien des années plus tard, nous montions à notre tour la colline de l'ancienne capitale du Lassois. Comme la désinence celtique de son nom l'indique *(dunum, dun,* hauteur*)*, elle domine une plaine arrosée par la Laignes; le vaste plateau, où elle s'élevait, est tout entier couvert de débris, et il nous a semblé que, en en suivant les traces, on déterminerait peut-être encore l'emplacement de la ville, son enceinte, et la place des forteresses qui paraissent avoir existé aux points les plus escarpés de la montagne, du côté de l'orient. Des champs tout remplis de ruines que soulève, à chaque sillon, le soc de la charrue, d'énormes et nombreux amas de pierres que les laboureurs retirent sans cesse du sol et sur chacune desquelles on reconnaît la main de l'homme, des vases de toutes les formes, des briques de toutes les espèces, dont plusieurs sont rayées, dont plusieurs portent l'empreinte de différentes figures; c'est ce qui effleure une vaste étendue de terrain. Quelques jours après, nous étions sur les débris d'Alise, la première ville de la Gaule celtique, fondée par l'Hercule tyrien: au premier abord nous fûmes frappé de la ressemblance de sa position et de la physionomie de ses ruines avec celles de Lansuine; après les avoir consciencieusement examinées, nous vîmes que les pierres, les briques, les vases étaient absolument les mêmes, avaient les mêmes formes et les mêmes empreintes; et, si notre témoignage était quelque chose, nous affirmerions que quiconque aura comparé les restes de ces deux villes ne doutera plus un seul instant que les ruines que l'on remarque à Vertaut ne soient les débris d'une ville qui aurait eu une origine et presque une étendue semblables à celles de la célèbre Alise.

Indépendamment de Lansuine, il existait

dans ce pays une autre ville que les historiens (Lebœuf, Grosley, Camusat et beaucoup d'autres) ont confondue avec cette dernière. Nous voulons parler du fort qui, situé sur le mont Lassois (Saint-Marcel), à une lieue de Châtillon, devait acquérir un jour quelque importance mêlée à quelque gloire. La position de cette ville, qui avait alors pour nom *Roussillon* (Rossillum), était celle des places gauloises : à la crête d'un mont baigné par la Seine. Maintenant, une antique chapelle, qui donne son nom à la montagne, est seule debout sur son emplacement. C'est autour de cette chapelle qu'était située la ville, qui se prolongeait sur la partie la plus élevée du mont : on y retrouve absolument les mêmes traces d'antiquité qu'à Lansuine.

Enfin, dans ces temps-là, une autre ville encore s'élevait dans le canton du Lassois. On se souviendra peut-être des deux éminences, séparées par une prairie, dont nous avons parlé au commencement de ce livre. Or, sur celle que vient baigner la rive droite de la Seine, à l'endroit même où le château des ducs de Bourgogne suspend ses belles ruines, il y avait alors une place, ou plutôt un *castell,* qui devait être un jour la ville de Châtillon-sur-Seine, l'héroïne de cette histoire.

Son origine, comme celle de toutes les anciennes cités, est si obscure et si incertaine, que ceux qui ont voulu la déterminer n'ont pu à cet égard avancer que des conjectures plus ou moins vraisemblables.

Le P. Legrand, dans son *Histoire saincte de Chastillon,* pense que cette ville fut fondée par *Castico,* l'un des premiers d'entre les Séquanais, dont parle Jules César, au premier livre de ses commentaires. Après avoir assez longuement déduit comment et par quels changements successifs on serait parvenu à faire *Châtillon* de *Castico,* « je pensois, ajoute-t-il, être le premier créateur de ceste conjecture, quand j'ai treuvé qu'elle étoit beaucoup plus vieille que moi. Car le R. P. Jacques Fodéré, parlant du couvent de Chastillon, dict qu'il treuva dans un vieil chartulaire, au chasteau de Chamesson, que la ville de Chastillon fut fondée par Casticon, fils de..... Ceste remarque m'a affermi dans ma pensée. »

Pour nous, bien que peu tenté d'admettre cette opinion, qui doit tout son mérite à la conformité de nom qu'on a bien voulu trouver entre Castico et Châtillon, nous n'hésitons pas à assigner à notre patrie une origine celtique; voici pourquoi.

Tout le monde sait que les Gaules étaient hérissées de *castell,* que les Romains appelèrent *castella.* Situés sur la cime des montagnes, à la frontière d'une tribu, pour la défendre en cas d'attaque, c'étaient des asiles où le peuple de la plaine venait se réfugier pendant les guerres. Or, sans compter que le mot *castellio,* dont on a fait Chastillon, ne saurait raisonnablement dériver que de *castellum*, il nous semble que la ville dont nous parlons, située comme toutes les places auxquelles on donnait le nom de *castell*, ne peut avoir d'autre origine *.

De plus, ce qui nous fait croire que la fondation de Châtillon est antérieure à l'invasion des Romains, c'est la multitude même des voies romaines qui, comme nous le verrons bientôt, venaient y aboutir. En effet, dit M. Delamothe, ces chaussées antiques, qui ont coûté tant de travaux et dont la dépense n'a pas été faite sans cause, prouvent évidemment que le pays pour lequel elles ont été construites existait dans l'antiquité et souvent même dans l'antiquité celtique. Car ces grands chemins étant de l'empire d'Auguste et de ses premiers successeurs, il est certain que le pays pour lequel ils ont été faits est plus ancien que la conquête des Gaules par

---

* *Castellio*, d'où vient Châtillon, pourrait paraître, au premier abord, d'origine latine. Plusieurs s'y étant laissé tromper, cette erreur grammaticale est devenue une erreur historique; et c'est pour cela que je la relève. *Castellio* n'est donc lui-même que la traduction du celtique *castell*, château. « Ce mot, dit Davies, se trouve dans les plus anciens monuments gallois; il se trouve aussi dans le breton. De *castell* sont venus : *castellum*, château; *castellanus*, *castlanus*, châtelain; *castelletum* ou *castellio*, petit château ou châtelet, en vieux français, chastillon. *Castrum* : ce mot est celtique de même que *castell*. »

les Romains, puisque, dès le temps d'Auguste, il avait mérité une ou plusieurs chaussées.

Sans vouloir, après tout, comme dit un vieil historien, « enfoncer davantage en cette matière, ni faire des recherches auxquelles je ne saurais donner tant de certitude qu'il ne restât assez de quoi faire douter les judicieux si je dis vrai ou si je devine », — je demeure convaincu que c'est là l'époque dans laquelle on doit placer la naissance de Châtillon.

SECONDE ÉPOQUE.

50 ans av. J.-C. — Ve siècle de l'ère chrétienne.

ÉPOQUE GALLO-ROMAINE.

État du canton du Lassois après la conquête. — Temples romains de la Seine; galère de bronze du musée de Dijon. — (Tradition sur St. Seine confirmée; singulier mode de donation de terres après l'invasion germanique). — Voies romaines. — Réaction nationale chez les Lingons; Sabinus; dévouement d'Éponine; découverte de leur souterrain dans ce pays. — Le Lassois ravagé par les trente Tyrans est repeuplé par une colonie de *Lætes*; notice sur la *milice lætique*. — Irruption des Vandales; Chrocus détruit Landunum; — Détails du siége et de la prise de Roussillon. — Cette ville rebâtie par les Lætes prend leur nom ainsi que le canton du Lassois dont elle devient la capitale. — Châtillon sous les Romains devient un *castrum*; vestiges d'antiquité gallo-romaine. — Note sur les places ruinées de Viefville et de Pseudunum (Semond). — Établissement du christianisme dans le canton (transformé en archidiaconé) du Lassois. — Origine du pouvoir de l'évêque de Langres à Châtillon. — Les premiers chrétiens y fondent un oratoire souterrain.

Voici qu'un homme de génie, voulant conquérir l'empire de la république, et, pour en avoir le droit et le pouvoir, l'affection de l'armée et le prestige d'un nom glorieux, a choisi la Gaule pour piédestal de ses merveilleuses destinées : dix-huit siècles plus tard, un autre César choisissait l'Égypte. La liberté gauloise mourut au pied d'Alise. Les Lingons, il est vrai, reçurent du sénat le titre menteur de frères et d'alliés, et conservèrent leur organisation antérieure, sous l'inspection des magistrats romains; le canton du Lassois, compris dans la Ire Lyonnaise, continua d'exister, comme devant, avec ses tribus et ses clientèles : mais le souffle de Rome avait passé là; le sagum gaulois y fit bientôt place à la toge romaine; les longues chevelures des Celtes furent coupées; les druides se cachèrent au fond des bois sacrés, et l'olympe romain se confondit avec les dieux de la Gaule.

C'est ainsi qu'on a trouvé, en 1763, à Blessey, proche de Chanceaux, une galère de bronze, de deux pieds de long sur huit pouces de large, qui est déposée au musée de Dijon. Le président de Ruffey croit que c'est un monument gaulois, un ex-voto offert au dieu de la Seine par un chef de nautonniers. — On a aussi découvert, à Billy, à la première source pérenne de la Seine, les ruines d'un temple romain. De ce temple, un escalier descendait à la fontaine; et, dans une espèce de sanctuaire creusé dans le rocher autour de la source, on a trouvé un fragment de statue représentant la main d'une nymphe appuyée sur la tête d'un dauphin. C'était sans doute un monument élevé au génie du fleuve*.

Je ne veux pas même entreprendre de relater les traces d'antiquité qu'a laissées sur ce sol cette étonnante civilisation. Quiconque réfléchit à la multitude ainsi qu'à la grandeur des immortels travaux élevés par les Romains, durant le court espace qu'ils occupèrent les Gaules, est effrayé de leur puissance. Ce peuple avait vraiment le génie de l'avenir; cette contrée en a reçu une

---

* C'est à M. Cousturier, propriétaire de la chapelle élevée sur ces ruines, qu'on doit cette découverte. Nous possédons un beau moulin romain trouvé par lui non loin de là. On voit encore, à la source la plus reculée de la Seine, dans les bois de Saint-Germain-la-Feuille, les ruines d'un autre temple, parmi lesquelles un débris de statue que nous avons prise pour la divinité du fleuve. D'autres ont cru y voir une image de saint Seine. Tous ces lieux en effet sont pleins de sa mémoire. Fils unique du comte de Mesmont, (ville autrefois considérable et qui n'est plus aujourd'hui qu'un petit village près de Sombernon), il se retira, vers les derniers temps de l'ancien royaume de Bourgogne, dans les épaisses forêts de Sestres où il jeta les premiers fondements de la célèbre abbaye de Sainte-Marie de Sestres, connue plus tard sous le nom de Saint-Seine, son fondateur. Une ancienne tradition, conservée dans le pays, rapportait que le comte, son père, lui donna, pour doter son monastère naissant, tout le terrain dont il pourrait faire le tour, dans un certain temps, cheminant sur un âne: et l'espace que le pieux solitaire parcourut est fort considérable. Mon père a découvert, près de la ferme de Gargant,

profonde empreinte, malgré la triple barrière de sa position centrale, de ses montagnes et de ses forêts. C'est à peine si les catastrophes sous lesquelles s'écroula l'Empire peuvent rendre compte de cette infinité de débris dont le sol est parsemé. Vous ne sauriez remuer cette terre sans rencontrer à chaque pas des vases romains, des armes et des médailles romaines. Des voies romaines sillonnaient dans tous les sens nos bois et nos montagnes, où l'on retrouve encore avec

---

sur une des vieilles bornes qui limitaient le domaine de l'abbaye, le saint monté sur un âne marchant à grands pas ; de l'autre côté, l'image de saint Seine, avec son nom en lettres romanes. Ce fait qui confirme la tradition de la légende n'est pas indigne d'être remarqué : car il rappelle un mode curieux de donation qui paraît avoir été en usage sous les premières races, et qu'il est facile de concevoir en un temps de guerres et d'invasions, où les rois et les comtes, ayant à discrétion les terres conquises, pouvaient en disposer largement, et en disposaient en effet, surtout en faveur des églises et des clercs. Voici du reste d'autres exemples à l'appui : « . . . . . Clovis avait établi sa demeure à Soissons. Ce prince trouvait un grand plaisir dans la compagnie et les entretiens de saint Remi ; mais comme le saint homme n'avait dans le voisinage de la ville d'autre habitation qu'un petit bien, qui avait autrefois été donné à saint Nicaise, le roi offrit à saint Remi de lui donner tout le terrain qu'il pourrait parcourir pendant que lui-même ferait sa méridienne. . . . . Le bienheureux saint Remi se mit donc en chemin ; et l'on voit encore aujourd'hui les traces de son passage et les limites qu'il mar-

étonnement leur trace indestructible. La principale était la grande route militaire de Langres à Auxerre qui traversant l'Ource et la Seine sur les beaux ponts de Brion et d'Étrochey, où se réunissaient plusieurs levées semblables, passait par la ville de Landunum, au pied de celle de Roussillon; elle est encore apparente aux environs des Jumeaux, dans le bois de la Chassaigne, et près du tumulus de Cerilly.

Deux autres voies (sans compter celles qu'on

---

qua. Quand le roi Clovis se fut levé après sa méridienne, il donna à saint Remi, par rescrit de son autorité royale, le terrain qu'il avait enclos en marchant; et de ces biens, les meilleurs sont, Luilly et Cocy, dont l'église de Reims jouit encore paisiblement aujourd'hui. » — « Saint Rigobert fut en fort grande amitié avec Pépin, maire du palais...... Or, en ce moment, Pépin séjournait au village de Gernicourt; et, ayant appris de ce vénérable évêque que cette demeure lui plaisait, il la lui offrit, ajoutant qu'il lui donnerait en outre tout le terrain dont il pourrait faire le tour tandis qu'il reposerait l'heure de midi. Rigobert, suivant donc l'exemple de saint Remi, se mit en route, fit poser de distance en distance les limites qui se voient encore aujourd'hui, et tracer ainsi l'enceinte pour obvier à toute contestation. A son réveil, Pépin le trouvant de retour lui confirma la donation de tout le terrain qu'il venait d'enclore; et, pour indice mémorable du chemin qu'il a choisi, on y voit en toute saison l'herbe plus verte et plus riche qu'en aucun lieu d'alentour. » (*Frodoard.* **L. I. C.** 14. et Liv. 11. Ch. 11. *Traduction de M. Guizot*). — Charles-Martel fit une concession de même nature.

rencontre dans la forêt de Maulne, et qu'on ne peut suivre, au milieu de ces bois immenses, jusqu'à Landunum où elles paraissent se diriger) aboutissaient encore à cette ville; l'une venant de Bar-sur-Aube, l'autre d'Alise : elle est appelée, dans un titre du XIIIe siècle, du nom barbare de *cheminus levatus*.

Des portes de Roussillon sortaient aussi trois routes secondaires, l'une, au nord du mont Lassois, conduisait à Bar-sur-Aube. (Il fallait, dit M. Delamothe, être Romains pour entreprendre d'adosser une voie à une montagne élevée de plus de cent pieds, et, en cet endroit, pour ainsi dire, aussi roide qu'un mur; et Romains pour l'exécuter avec une solidité qui a résisté aux efforts de tant de siècles). La seconde rejoignait, par le bois de Vesvres, à l'entrée duquel elle est encore remarquable, la grande voie d'Auxerre à Langres. La troisième enfin, unissant la ville de Roussillon à celle de Châtillon, par le pont de la Maladière, est encore connue de ceux qui fréquentent nos campagnes, sous le nom de *chemin de Roussillon*.

Quant à Châtillon, « à l'exception des métropoles des cités, il est peu de villes dont les avenues soient plus entrecoupées de ces routes militaires. Plus de douze branches traversaient son territoire dans le rayon d'une lieue. » C'est dans les manuscrits de M. Delamothe qu'il faut voir la description détaillée des lieux que ces voies parcouraient, et où l'on en trouve encore quelques vestiges. La notice qu'il nous a laissée sur ce sujet est une de ces œuvres de patience à laquelle je ne sache rien de comparable que les travaux des laborieux Bénédictins *.

C'est assez quant à présent, ce me semble, pour montrer si la domination romaine avait pris racine dans ces contrées.

Mais un jour ne suffit point, pas même à

---

* « J'ai été le premier à douter, dit-il, que toutes ces routes anciennes fussent des voies romaines. Pour m'en convaincre, il n'y en a guère dont je n'aie fait extirper une petite partie. Alors on commence par trouver un lit de pierrailles et de sable, ensuite un hérisson, puis un lit de sable qui fréquemment paraît mélangé avec de la chaux ou une espèce de glaise; de sorte qu'il forme un massif très solide; enfin on rencontre un troisième hérisson posé sur un lit de sable semblable au premier. Les deux hérissons, quoiqu'ayant la même direction, sont tournés en sens opposé.

« Dans les terrains mouvants, on trouve quelquefois trois rangs de hérissons l'un sur l'autre; d'autres fois le fond est garni de grosses et larges pierres employées pour rendre la chaussée plus solide; elles ont environ onze à douze pieds dans leur partie inférieure. Au reste, il n'y a pas de doute que ces grands chemins n'aient été autrefois très fréquentés; les ornières profondes qu'on y voit souvent en sont une preuve convaincante. On trouve même de ces voies qui ont été réparées et dont le pavé du premier hérisson a été retourné; ce qu'on reconnaît à l'empreinte des roues qui s'y trouve en sens contraire. »

César, pour étouffer l'esprit national chez un peuple; surtout quand c'est le peuple gaulois. Aussi vit-on bientôt éclater chez les diverses tribus celtiques des tentatives d'affranchissement qui n'eurent à la vérité aucun succès. Le pays des Lingons eut aussi son cri de liberté.

Lors de la conquête, les druides s'étaient réfugiés dans les profondeurs des forêts. C'est là que, pendant les nuits, fuyant les regards des Romains, les derniers Gaulois venaient secrètement faire leurs immolations humaines. Mais, vers l'an 70 de l'ère chrétienne, après la mort de Vitellius, des désordres se manifestèrent de toutes parts, dans les camps, dans les provinces; et, au milieu des troubles qui ébranlèrent l'empire, un incendie détruisit le capitole auquel était attachée la fortune de Rome; le capitole n'était plus, qui jadis était seul resté debout après les ravages des Gaulois. Alors les druides triomphants sortirent de leurs retraites : ils annonçaient au nom du ciel « que l'empire romain était fini; que *l'empire gaulois* commençait, et que l'heure était venue où la possession des choses humaines devait passer aux nations transalpines. » Les bardes reparurent dans les villes; la poétique Velléda fit entendre ses chants. A cette voix prophétique et sacrée, les tribus se levèrent. Voulant tourner à son profit leur patriotisme exalté, un homme puissant chez les Lingons par ses richesses et sa naissance, Julius Sabinus proféra la formule juratoire : *pour l'empire des Gaules*, et se mit à la tête des conjurés.

Vaines espérances de résurrection nationale! le futur César battu par les Séquanais restés fidèles aux Romains vit bientôt ses ambitieuses prétentions détruites avec son armée. Une retraite assurée lui était ouverte chez les Germains; il aima mieux tout risquer dans sa patrie que de s'éloigner d'une ravissante jeune Gauloise à laquelle il était uni depuis peu et qu'il ne pouvait emmener avec lui. C'est pourquoi, comme il avait, en une maison de campagne, des souterrains profonds, secrètement creusés, pour y cacher des biens en cas de guerre, il prit le parti de s'y réfugier avec les deux affranchis qui seuls avaient connaissance de cette retraite, et de mettre le feu dans la villa, pour faire croire à ses ennemis qu'il s'était empoisonné et avait péri sous les flammes. Ainsi arriva-t-il en effet.

A la fausse nouvelle de sa mort, Éponine (c'est le nom de l'héroïne) se prit à pleurer et à se rouler dans la poussière; elle couvrit de cendres ses beaux cheveux, en signe de douleur, et, pendant plusieurs jours, refusa de prendre aucune nourriture. Sabinus alarmé lui fit dire alors en secret par Martial, l'un des affranchis dévoués qui étaient dans la confidence, qu'il vivait encore, et l'avertit du lieu où il se tenait caché. Éponine, la joie dans le cœur, continua pourtant, afin de ne pas éveiller de soupçons, de jouer aux yeux du monde, qui s'y laissa tromper, *la tragédie* de son malheur.

Mais, ne pouvant résister au désir de voir Sabinus, elle y alla une nuit et revint la nuit même, sans que personne s'en aperçût; et elle continua ainsi pendant plus de sept mois ce pieux et dangereux pélerinage : bientôt Éponine n'eut plus d'autre demeure que la prison souterraine du proscrit.

Une année, dans l'espérance d'obtenir sa grâce, elle le déguisa et le conduisit à Rome; mais, ses démarches ayant été inutiles, elle revint, en Gaule, s'enterrer avec lui dans la caverne mystérieuse, en attendant des temps meilleurs. Dans ce pénible voyage, elle avait eu besoin de précautions inouïes : Éponine en effet allait bientôt devenir mère. Ce fut alors que, selon l'énergique expression de l'historien, cette lionne, dans son repaire, se délivra elle-même, et mit au monde deux enfants qu'elle allaita. Tant de prudence, de courage et d'amour, méritaient un autre sort. Il y avait déjà neuf ans qu'il vivait dans l'obscurité du souterrain, quand Sabinus découvert, les mains chargées de chaînes, fut conduit à Rome : Éponine l'y suivait; et, quand le rebelle Gaulois comparut devant l'Empereur, sa magnanime épouse, se précipitant à ses pieds, en tenant dans ses bras ses deux fils en bas âge : « César, lui dit-elle, vois ces enfants; je ne leur ai donné la vie et ne les ai nourris dans le tombeau que pour venir avec plus de suppliants te demander la grâce de leur père. » Tant d'héroïsme ne désarma pas l'Empereur. Sabinus et la noble Éponine, dont l'attitude et les paroles furent alors sublimes, périrent de la mort des criminels et de leurs complices.

Il ne fut, dans tout le règne de Vespasien, dit Plutarque qui avait vu passer à Delphes un des fils de Sabinus, de même nom que son père, il ne fut fait acte si cruel ni si pitoyable à voir. La constance et la magnanimité de cette femme, en son parler, excitaient l'admiration de ceux qui la regardaient. Mais ce fut ce qui irrita le plus l'Empereur : car quand elle vit qu'elle ne pouvait sauver son mari, elle voulut qu'on la fît mourir aussi, disant qu'elle avait vécu plus joyeusement, en ténèbres avec lui, qu'elle ne pourrait faire, en la lumière du soleil, sous l'empire de Vespasien.

Je me suis plu à retracer ici cette touchante histoire, bien qu'il ne soit personne à qui elle n'ait fait verser des larmes dans son enfance; mais, en écrivant les annales de mon pays, pouvais-je omettre la première de ses gloires? En effet, à l'enthousiasme que nous inspire Éponine se joindra peut-être pour nous un nouvel intérêt, en apprenant que cet héroïque amour, un des plus beaux traits de l'histoire, eut pour théâtre notre patrie, et que c'est cette terre qui recèle ce souterrain si justement illustré par la plus noble infortune et le plus beau dévouement.

Le mont, au pied duquel est assis le village de Griselles, est couronné des restes d'un château romain, dont on peut voir encore quelques fortifications. Les habitants du pays ont souvent retiré, de ses immenses décombres, des médailles romaines, des casques, des débris d'armes rouillées, des tombeaux gaulois, etc. Plusieurs d'entre eux ont remarqué que la plupart des pierres ont été calcinées par le feu, et m'ont assuré y avoir vu un grand nombre de souterrains. Au milieu de ces ruines, est bâtie l'église de Griselles dont le chœur se trouve élevé de plusieurs pieds, sans doute parce qu'on a voulu conserver la cave voûtée, qui est au-dessous, et où l'on descend par un escalier étroit et rapide, s'ouvrant dans le temple. Dans ce souterrain, qui, dit-on, communique à beaucoup d'autres, on voit un monument séculaire sur lequel est gravée, en belles lettres romaines, de la meilleure époque de l'Empire, l'épitaphe suivante :

```
M   O   N   I   M   E   N   T
V M  *  S  A  B  I  N  E  I  *
I  *  S  A  B  I  N  I  A
N I  —  A  *  N  *  IX Ɏ I \\
```

Ce sépulcre romain est recouvert d'une autre pierre d'une nature et d'un style tout différents;

car elle est ornée d'anges et de croix : c'est le tombeau de saint Valentin, patron du pays; et, selon la légende, saint Valentin appartenait à une des nobles familles du canton du Lassois, de la ville de Landunum. Il n'est donc pas invraisemblable que, descendant de Sabinus qui marquait, dans le pays des Lingons, par son origine, ses dignités et ses richesses, il ait choisi sa retraite et sa sépulture dans la demeure en ruines de ses ancêtres, dans le souterrain consacré par l'infortune et la gloire de ses pères *.

C'est l'opinion du R. P. Vignier dont le témoignage historique a de l'importance; et ce n'est pas purement une illusion patriotique d'y ajouter foi. En effet, Sabinus habitait le pays des Lingons dont il était originaire; de plus, sa

---

* « Le bienheureux Valentin naquit dans la ville de Lansuine, au diocèse de Langres, *d'une famille illustre qui tirait son origine des Romains* (ex nobili paterni generis sanguine originem traxit à Romanis). Il servit dans sa jeunesse sous Théodebert, roi des Francs d'Austrasie, (in Palatino bello).

Désirant mener une vie plus parfaite, il se retira sur une montagne voisine de la maison de son père, et *qui faisait partie de son patrimoine* (qui patris fundus erat). Elle était tellement environnée de bois et de marais, qu'elle n'offrait d'accès qu'aux serpents et aux bêtes. Il y fit bâtir une petite église en l'honneur des Apôtres; ce qui fit donner à cette montagne le nom d'*Ecclesiola*, et par corruption celui de Griselles, qu'elle porte encore aujourd'hui. . . . . . » — *Légende de saint Valentin.*

maison de campagne, où l'histoire nous dit encore qu'il avait fait construire de vastes souterrains, devait nécessairement se trouver à peu de distance d'une des places de leur cité, puisque la généreuse Éponine allait et revenait souvent de la ville à l'asile de son époux. Eh bien! le caveau que l'on voit dans l'église de Griselles ne se trouve-t-il pas dans la cité des Lingons, à une lieue de Landunum, précisément dans les souterrains d'un immense château romain? Si donc il n'a aucun rapport avec cette retraite si fameuse dans l'histoire, par quel inconcevable effet du hasard le nom d'un Sabinus se trouve-t-il inscrit dans un lieu qui réunit absolument toutes les conditions de celui où se réfugia le proscrit gaulois *?

Le sang d'Éponine et de Sabinus, a dit l'historien des Gaulois, M. Amédée Thierry, tel fut le dernier sang versé pour la cause de la vieille Gaule, le dernier dévouement public à

---

* Les écrivains de l'antiquité, d'après lesquels j'ai fidèlement rapporté ce curieux épisode, Plutarque, Tacite et Dion Cassius, ne disent rien qui aide à déterminer l'endroit de la cité des Lingons où se trouvait la maison de campagne de Sabinus. Je sais bien qu'on montre près de Langres le prétendu souterrain qui déroba pendant neuf ans ces illustres proscrits à la mort qu'ils ne purent éviter. Sur quels fondements cette opinion est-elle établie, je l'ignore; pour faire apprécier la créance qu'elle mérite, qu'il me suffise de dire que, de tous les historiens de la ville de

un ordre social et à une religion dont le retour n'était ni désirable ni possible. La vieille Gaule se résigna. Le canton du Lassois, devenu romain par la conquête, conserva, comme on l'a dit, ses anciennes limites et son ancienne capitale. Mais il arriva que, vers l'an 269, sous le règne de Gallien, quand chaque légion voulait élever son général à l'Empire, que les prétendants, à la tête de leurs légionnaires ou des Barbares, s'arrachaient les lambeaux de la pourpre romaine; il arriva que plusieurs de ces Césars d'un jour, que l'histoire a nommés les trente Tyrans, parmi lesquels étaient Posthume, Victorin, Tétric, dévastèrent la cité des Lingons et ses villes qui servaient de théâtre à leurs contestations. Le sol et les ruines de ce pays sont remplis de leurs médailles. Le canton du Lassois fut si maltraité que plusieurs de ses places devinrent désertes et ses campagnes incultes. Il fut repeuplé plus tard par les soins de Constance-Chlore qui y

---

Langres, Langrois eux-mêmes, qui sont venus à ma connaissance, y compris M. Migneret dont j'ai vu avec une sympathie toute fraternelle le dernier *Précis*, pas un n'a jugé à propos d'en faire mention; c'est même sur l'indication de l'un d'eux (M. l'abbé Mathieu qui reproduit, dans sa *Biographie*, l'assertion de Vignier) que j'ai été conduit à reconnaître et préciser ce que je n'hésite pas à regarder, avec plusieurs savants archéologues à qui j'ai soumis le fruit de ces recherches, comme la villa et la retraite authentiques d'Éponine et de Sabinus.

plaça à cet effet une colonie des Germains qu'il avait complétement battus sous les murs de Langres. « Cet empereur, qui résidait quelquefois dans cette ville, sentant la nécessité de faire cultiver ces champs fertiles, dont l'État pouvait tirer une grande quantité de grains pour la nourriture de ses armées, soit qu'elles fussent dans les Gaules ou au-delà des monts, concéda à cette colonie ces terres, aux conditions qu'elle porterait les armes en temps de guerre, pour le service des Romains, et qu'elle livrerait annuellement une partie de ses moissons dans les greniers publics. » * Ces tribus étrangères, transplantées dans les Gaules, formaient une milice de l'Empire, dont il faut dire un mot, vu l'importance du rôle qu'elle joue en cet endroit de notre histoire.

On sait, en général, que les Romains plaçaient des légions sur leurs frontières. Ces troupes, qui n'avaient d'autre solde que les terres conquises qu'on leur abandonnait sous certaines charges, sont désignées dans les lois romaines sous le nom de *milites limitanei*, et quelquefois sous celui de *ripenses*, à cause de leur position sur le bord des

---

* Voir la savante *notice* de M. Boudot *sur l'ancienne cité d'Ates*. — Le même fait est rapporté dans l'*Histoire des Français*, de M. Simonde de Sismondi.

« Per victorias tuas inveniemus, invicte Cæsar Constanti, quidquid infrequens. . . . . . lingonico solo restabat, barbaro cultore virescit. » — Eumène. *Paneg. veter.*

fleuves. Cette milice dut son origine à l'empereur Sévère, qui, selon Lampride, donna aux ducs (duces) et aux soldats des frontières les terres prises sur l'ennemi, stipulant qu'elles ne passeraient à leurs héritiers qu'au cas qu'ils fussent eux-mêmes soldats. On préférait, pour ces concessions qui étaient octroyées à titre de bénéfice, les Barbares qui voulaient se mettre au service de Rome. Les soldats étrangers à qui l'on accordait ces sortes de biens, pour leur tenir lieu de paye, furent surnommés *Lœti*, et les terres qu'ils avaient obtenues, terres *lœtiques*. Ces troupes n'étaient pas seulement dispersées sur les limites de l'Empire; on les plaçait encore çà et là dans l'intérieur des provinces; témoin le grand nombre de *castra* romains qui existent encore en France et surtout en Bourgogne.

Cette milice lætique, dont le chef suprême tenait sa résidence à Clermont, avait la garde des pays limitrophes, la défense des châteaux qu'on sait avoir été bâtis sur les frontières, et devait maintenir les cités et les cantons sous la domination romaine*. Il est facile de se persuader que le castrum qu'on voit, ou plutôt dont on découvre encore les ruines près de Vertaut, est de la

---

* On trouve dans la *Notice de l'Empire* : Præfectus Lætorum Lingonensium . . . . Lætos Batavos, Francos, Suevos, *Lingonenses*. Voir aussi le *Glossaire de Ducange* et le *Code Théodosien*. (Manusc. Delamothe et Bourceret).

milice des Lætes. En effet, Vignier pense que Landunum fut entièrement détruit par les tyrans Posthume, Tétric et Victorin; et M. Delamothe prétend qu'il fut sûrement rebâti par la colonie de Lætes envoyée par Constance-Chlore. Ce furent eux sans doute, dit-il, qui construisirent sur ses ruines une seconde ville qui se trouva en grande partie entourée des fortifications de la première, d'origine celtique, qui venait d'être renversée. Ceux qui ont observé les lieux, avant qu'ils n'eussent été mis en culture, pouvaient encore reconnaître l'emplacement des deux villes : le village de Channay fait partie de la plus ancienne, et les débris qui couvrent le territoire de Vertaut paraissent être les restes du castrum élevé par la milice lætique. On y a trouvé grand nombre de médailles des trente Tyrans, tant en or qu'en argent et en bronze. On a aussi retiré de ses ruines plusieurs ustensiles servant aux usages de la vie, un casque à l'antique, des restes d'aqueducs très-bien et très-solidement construits. Comme nous l'avons dit, une immense quantité de briques et de pierres taillées couvre encore le terrain, quoiqu'on en ait beaucoup enlevé.

Il n'y avait pas longtemps que Landunum s'était relevé sous la main des Lætes qui, étant à demeure dans ce pays avec leurs familles et y possédant des terres, avaient fini par s'y naturaliser, quand toute la contrée fut envahie par un flot de Barbares. C'était au IIIe siècle. Dans cette première irruption, qui était comme l'avant-garde des invasions germaniques, les Vandales et autres peuplades, sous la conduite de Chrocus, mettent le siège devant Langres, où l'évêque de la cité, Didier, se dévoue inutilement pour les arrêter. Chrocus, maître de la ville, en fait massacrer les habitants et continue sa marche sanglante à travers le pays des Lingons. Tout le canton du Lassois fut ravagé par le fer et par le feu. On a prétendu que ce fut alors que Landunum fut détruit : d'autres pensent qu'il ne succomba que sous les coups des Normands, des Sarrazins ou des Hongrois, qui envahirent la France et dévastèrent surtout nos contrées, du IXe au Xe siècle*. Quoi qu'il en soit, il n'est plus question dès à présent de cette ville qui jusqu'alors avait été la capitale du Lassois.

Chrocus fut l'Attila de toute la Gaule orientale. Des villes du Rhin jusqu'à Arles, son passage fut marqué par la ruine des temples, les massacres des habitants, les renversements des cités. C'est ainsi que, suivant la grande route militaire qui conduisait de Langres à Châlon, et de là, à Rome, par le canton du Lassois et Til-Châtel,

---

* Un mot de la légende de saint Valentin tendrait à confirmer cette dernière opinion, en faisant croire que cette ville existait encore au VIe siècle.

il fit presque un désert du beau pays qui plus tard se nomma la Bourgogne. Ce farouche Germain, après avoir ruiné Landunum, et, l'on pense aussi, le castell de Châtillon, se porta sur Roussillon. Mais, ayant trouvé cette ville bien fortifiée par l'art et la nature et de plus défendue par une forte garnison, il y laissa une grande partie de son armée, pour en faire le siége; et, pendant ce temps, il continua le cours de ses sanglants exploits.

« Après une longue résistance, la garnison épuisée songeait à capituler, quand un des assiégés, plus avisé que les autres, proposa de prendre un jeune bœuf, de le faire jeûner pendant trois jours, de le rassasier ensuite de froment et de le laisser échapper de la ville, afin que, poussé par la soif, il courût se désaltérer à la fontaine voisine. Cet avis fut adopté et mis à exécution. Le bœuf chassé de la ville fut pris par les assiégeants qui, l'ayant éventré, furent étrangement surpris de trouver ses entrailles pleines de blé. Cette découverte leur persuada qu'en vain s'obstineraient-ils dans leur attaque, que la ville, imprenable par sa situation, ne pouvait être prise par la famine, puisque les animaux mêmes y étaient nourris de froment. Ces réflexions firent lever le siége aux Vandales qui se retirèrent à la hâte.

« Or, il arriva que celui qui avait donné un si sage avis, représenta aux habitants que, en poursuivant les ennemis avec précaution et prudence, on pourrait facilement les détruire. Aussitôt on prend les armes; on court sans ordre et avec précipitation sur les pas des Barbares; on les atteint aux environs des Jumeaux, à une lieue des remparts. Le combat s'engage avec opiniâtreté, et le carnage est horrible. Cependant la garnison de Roussillon, affaiblie par la longueur du siége et bien inférieure en nombre, commence à se retirer peu à peu vers les murs de la ville; les Vandales redoublent d'ardeur et poursuivent à leur tour les assaillants; si bien que vainqueurs et vaincus entrent pêle-mêle dans la place qui tombe enfin sous le fer meurtrier. Tout fut mis à feu et à sang, et la ville ruinée. » * Mais

---

* Les détails quelque peu suspects de ce siége sont consignés dans deux manuscrits de Pothières, l'un en latin, l'autre en langue romane, dont on conservait des copies aux abbayes de Vezelay et de Clairvaux. — Ils donnent aussi la solution d'une question qui a élevé de grands débats entre les biographes de saint Loup, en ne laissant aucun doute sur le bois où se retira le saint évêque, après avoir préservé la ville de Troyes de la fureur d'Attila : ce lieu se trouve être le bois de Vesvres. On lit en effet dans le chapitre intitulé : *De monte Latisco et castro ipsius.* « . . . . Similiter et jàm vulgus nostrorum temporum autumat nemus, quod monti eidem subjacet, à Giraldo comite olim fuisse glande satum ; sed omninò fictiosum est, quoniàm invenitur scriptum, beatum Lupum, trecensem episcopum, antiquiorem valdè Giraldo, in eodem loco solitariam vitam duxisse. . . . . . . »

elle fut bientôt après repeuplée par les Lætes qui, à cause de cela, l'appelèrent de leur nom *Lætiscum,* d'où est venu Latiscum. Le mont Roussillon prit alors le nom de la ville qui le dominait, et tout le canton fut nommé le canton du *Læçois,* et, par corruption, *Lassois (pagus Lætiscensis,* puis *Latiscensis).* Cette circonstance nous porte fortement à croire que ce fut à cette époque que Latiscon devint la capitale du pays qui porta son nom.

Des ruines de toute sorte, une grande multitude de médailles, entre autres de Posthume, des deux Victorin, de Gallien, de Salomine, sa femme, de Gallienne, sa parente, tenant de la main gauche la tête du tyran Cornelius Celsus qu'elle tua en effet (ce qui confirme ce que nous avons dit de la ruine de Roussillon, lors des guerres des trente Tyrans), le beau pont romain d'Estrochey qui passait, ainsi que l'autre village celtique de Vix, pour les restes de cette ville, les voies romaines qui venaient y aboutir, de nombreux tombeaux, semblables à ceux que nous avons décrits et qui ne portent ni l'ascia des Gaulois ni le monogramme des Chrétiens, prouvent l'existence, sinon la grandeur, de Latiscon sous les Romains.

Un jour que nous visitions ses ruines, un vieillard, qui depuis cinquante ans qu'il cultive ces lieux, où fut la ville de Latiscon, exhume à chaque pas des débris d'armes, des squelettes, des tombeaux, des fondations de maisons; nous montra l'emplacement d'une porte dont il avait découvert les vestiges, près du château; les pierres qui la formaient, liées entre elles par des chevilles de fer, étaient taillées en pointes de diamant. Nous vîmes aussi, non sans émotion, une pierre sur laquelle est gravé en lettres romaines le mot PATERNO. Voilà tout ce qu'a laissé à l'histoire une cité qui a eu des générations d'hommes dans son enceinte.

Revenons maintenant à Châtillon. Que cette ville soit d'origine celtique, qu'elle doive son existence ou son agrandissement aux Romains, ou bien encore, ce qui concilie les deux versions, que ses premiers murs, détruits lors de l'invasion des Vandales, aient été relevés par la milice lætique, stationnée militairement dans ce castell, toujours est-il que Châtillon fut ou devint un castrum, titre que lui donnent toutes les chartes et tous les écrits du moyen âge *.

Il ne nous reste maintenant presque plus rien des ouvrages des Romains; les guerres de la

---

* Dans l'antiquité, on désignait ainsi des places fermées, fortifiées à la manière des camps et bâties plus ordinairement sur les frontières d'un pays, pour la garde et la sûreté des peuples qui l'habitaient. Plusieurs villes, notamment en cette partie des Gaules, portaient ce nom, comme Châlon (*Castrum Cabilo*), Mâcon (*Castrum Matisco*), Dijon (*Castrum Divionense*).

Ligue ont détruit les derniers débris de leurs monuments déjà renversés dans les luttes du moyen âge, et particulièrement lors de la prise de Châtillon par Philippe-Auguste *.

Écoutez comme en parlent des hommes qui avaient eux-mêmes vu ces traces de la civilisation romaine. « Laissant à part l'incertain, il est très-asseuré, dit le P. Legrand, que devant les guerres civiles de France, et les dégats que les interests particuliers firent par tout le Royaume, sous le nom de Ligue et de Sainte-Union, on voyoit toutes les marques des Romains, qui servent de tiltres pour l'antiquité de plusieurs autres villes, où Jules César et ses successeurs à l'empire des Gaules avoient laissé des vestiges de la magnificence romaine : mais les garnisons de l'un et de l'autre party, qui s'étoient saisies du château et de la ville, ruinèrent toutes ces antiques, pour faire de nouvelles fortifications à leur mode, ensevelirent des monuments de seize cents ans dans la terre, brisèrent des sénateurs et des chevaliers romains en effigie, et firent servir ces maistres du monde et ces héros de pierre aux fondements de leurs ouvrages, sans se soucier des tiltres et des inscriptions que le burin avait faits dans ces

---

* Nicolas Vignier dit en effet, en parlant de Châtillon, dans son *Chronicon Burgundiæ* : « A Philippo rege capta et incensa *ex antiquis monumentis.* »

quartiers de roche adoucis et polis par le travail des hommes, et que la lune et le temps n'avoient pas encore effacés; c'est ce que témoignent avoir vû des personnes de probité et de créance, et des vieillards de plus de cent ans, auxquels j'ay parlé pour m'éclaircir de quelque autre chose qu'ils avoient vûe en ce mesme lieu.

« Mais sans prendre la peine de déterrer des marbres et des statuës, qui servent d'archives pour justifier l'antiquité de Chastillon, nous en avons une preuve irréprochable dans les ruines de son chasteau, qui nous oblige de croire que c'étoit un ouvrage des Romains, et une fortification de leur façon, adjoutée à celles que Casticon y avait faittes auparavant (s'il est vray qu'il en fust le seigneur); car les pierres qui revestent les tours et les murailles étoient carrées comme de petites briques, et toutes semblables à celles qu'on void encore aujourd'huy à Metz, à Autun, à Nismes et aux autres villes qui conservent de belles mazures du solide travail de ces conquéreurs des Gaules; et quand les habitans obtindrent la destruction de ce chasteau, pour se délivrer du secours importun et de l'asile dangereux d'une garnison, et d'un gouverneur ordinaire, ils bastirent une grosse tour de ses ruines du costé des Cordeliers où l'on void encore aujourd'huy ces pierres travaillées en briques et carreaux anciens meslés parmy d'autres pierres brutes, qui tiennent de la rudesse ou de la négligence de notre temps. En second lieu, le mortier et la maçonnerie, qui lie ces pierres, est un ciment si ferme et si adhérent qu'il faut de plus grands efforts pour les déprendre et pour les détacher, qu'on n'apporteroit de travail et de temps à bastir de nouvelles tours et des fortifications à la mode. Ce qui est encore une marque évidente de la main et de l'industrie des Romains » *.

Derniers restes du castrum romain, le hasard a fait découvrir quelques traces des monuments brisés et enfouis sous les ruines du château, lors des guerres de la Ligue. C'est ainsi, par exemple, que, dans le courant de juin 1810, en faisant des fouilles pour agrandir le cimetière de Saint-Vorle, on exhuma, près de deux sépultures antiques, deux belles inscriptions tumulaires, avec des bas-reliefs de piédestaux, d'un fort bon goût.

Une autre inscription (qu'on peut voir encore dans un mur de l'ancienne maison des Dames-

---

* Le P. Jacques Fodéré, dans la *Narration historique des couvents de la province de Saint-Bonaventure* (p. 518), confirme ce témoignage : « Quoi que ce soit, dit-il, on pouvoit facilement reconnoître l'ancienneté de Chastillon, par les antiques marques et monimens qui paroissoient encore en plusieurs et divers endroits, devant ces dernières guerres de la Ligue, comme je le remarquai très-bien en la première recherche que je fis en la province (en 1583); mais les garnisons qui y ont esté ont tout abattu et renversé pour faire leurs nouvelles fortifications. »

Brûlées, près de laquelle elle a été trouvée en 1779) offre plus d'intérêt, en ce qu'elle constate l'existence et l'emplacement de bains romains à Châtillon. La voici :

PISCA . MAXIMILLA . CLIVEN.
EM . DESDAMESI . HARÛ . ED.
RUPIS . FONTIS . D . ET . RESTAV.
RIS . CONIVX . M . M . P . C . KA.
MARTII.

C'est-à-dire : *Pisca Maximilla Clivenia, Emilii Desdamesi, harum ædium, rupis, fontis, domini et restauratoris conjux, monumentum ponendum curavit, kalendis martii.*

Les ayant indiquées ailleurs, je pense qu'il est inutile de rappeler les voies nombreuses qui, venant aboutir au castrum de Châtillon, dont l'église et les ruines du château des Ducs occupent la place, ont fait considérer cette ville comme considérable sous les Romains, et durent aider à l'envahissement de ce pays par les Barbares.

Outre ces monuments, on a trouvé, à différentes époques, grand nombre de médailles romaines, particulièrement autour de l'Olympe, dans l'enclos des Feuillants, dans le Val-de-Pace, dont l'étymologie (*vallis de pace*) évoque encore des souvenirs romains. M. Soyrot, le savant ami de La Monnoye, en avait recueilli une fort belle collection dans sa charmante habitation du Petit-Versailles.

Telles sont les archives de Châtillon sous les Romains. Cependant le Christianisme, qui s'était levé sur le monde, commençait à l'éclairer. Le canton du Lassois eut bientôt ses martyrs. Il y avait alors, près de Châtillon, une ville celtique qui portait le nom de Sedunum ou Pseudunum (Semond), et qui n'est plus maintenant qu'un petit hameau. On voit, dans l'*Antiquité* (de Montfaucon) *expliquée par des exemples*, les figures de divinités champêtres, entre autres, une statue de Cérès, trouvées dans les ruines de cette ville qui fut détruite probablement lors des incursions des Normands ou des Sarrasins dans le pays de la Montagne. Ce qu'il y a de certain, c'est qu'elle n'existait plus au XIII° siècle. On lit dans un titre de l'abbaye de Châtillon, en date du mois d'avril 1256 : Propè Brevimurum (Bremur) *quamdam grangiam quæ dicitur Semonts.* » A la conquête des Gaules, les Romains avaient laissé des troupes à Semond*. Saint Florentin, qui ser-

---

* C'est ici le lieu de parler d'une autre place gallo-romaine du canton du Lassois détruite à la même époque. Viefville, dont il ne reste plus aucun vestige, était située entre la ferme du Souï et Veuxaulles. Outre un grand nombre de médailles du Haut et Bas Empire, on y a trouvé,

vait dans leurs armées, demeurait dans cette ville avec saint Hilier ou Hilaire, son compagnon d'armes et de religion; ils y périrent tous deux pour la foi nouvelle, et leurs dépouilles y restèrent jusqu'en 855. Mais, à cette époque, l'invasion des Normands faisant craindre le pillage des villes et la profanation des reliques des saints, elles furent transférées en partie dans un château du diocèse de Sens, où il se forma dans la suite une ville qui a pris le nom de Saint-Florentin.

Ce martyre arriva au commencement du IV° siècle; et c'est un peu avant cette époque qu'il faut placer l'établissement de la religion chrétienne dans le canton du Lassois. En effet, avant la prédication de saint Bénigne, martyrisé à Dijon, l'an 173 ou 178, dès le règne d'Antonin-le-Pieux, ces contrées comptaient déjà quelques chrétiens; mais depuis, le sang des apôtres ne faisant qu'augmenter le nombre des fidèles, l'Église avait fixé un siège épiscopal dans la métropole des Lingons; et, vers l'an 200, saint

---

entre autres antiquités, une bassine de cuivre plaquée en argent, que les antiquaires conviennent avoir été fabriquée à Alise. En effet Pline nous apprend que ce furent les ouvriers de cette ville qui trouvèrent le procédé d'incorporer l'argent sur le cuivre, pour en orner les vases et les harnais. Les ouvrages de placage qu'on fabriquait à Alise étaient fort renommés : on y voyait des chars en cuivre ciselé et plaqué.

Sénateur avait été fait premier évêque de cette colonie naissante.

Dès lors, devenu inutile, l'empire romain s'écroula; et, au milieu des ruines qu'il fit, il ne resta debout que le pouvoir des évêques qui, sous le nom de *défenseurs des cités*, prirent la tutèle et le gouvernement des peuples. Leur organisation intérieure changea peu, si ce n'est que les noms furent différents et qu'une administration ecclésiastique succéda au gouvernement militaire des Romains. C'est ainsi que la cité des Lingons, convertie en diocèse, fut gouvernée par un évêque; les cantons, tout en conservant leurs anciennes limites territoriales, devinrent des archidiaconés qui se divisèrent en doyennés subdivisés à leur tour en cures ou succursales. Le canton du Lassois fut un de ces archidiaconés (appelé dans les vieilles chartes archidiaconé du Laçois ou Lassois). Il comprenait les doyennés de Bar-sur-Seine et Châtillon.

Il faut bien remarquer ici quelle a été, dans cette dernière ville, l'origine du pouvoir de l'évêque de Langres : il a duré jusqu'à la révolution française, la juridiction épiscopale, d'officieuse et de paternelle qu'elle était d'abord, étant devenue, par la force des choses, officielle et politique. Ce fut au milieu du castrum romain de Châtillon que la croix fut plantée.

Il y a dans l'église de Saint-Vorle (anciennement Sainte-Marie-du-Château) un souterrain abandonné, connu sous le nom de Chapelle-Saint-Bernard. Voilà le premier monument que le Christianisme ait élevé à Châtillon : il rappelle parfaitement, par sa construction, ces petits oratoires que bâtissaient les premiers chrétiens, et où ils avaient coutume de se réunir en secret pour éviter les persécutions des infidèles et leur dérober la connaissance des saints mystères. On voit en effet, dans Grégoire de Tours, que, *en ces temps-là, ceux qui étaient chrétiens célébraient secrètement l'office divin dans d'obscures retraites; car, lorque des payens découvraient des chrétiens, ils les battaient de verges et les perçaient du glaive.* « Certainement ceux qui ont consulté les archives de l'Abbaye, et considéré la sculpture et la forme de l'église de Saincte-Marie-du-Chasteau, concluent qu'elle date pour le moins du IVe siècle, qu'elle étoit, dès cette époque, desservie par des prêtres envoyés à cet effet par les évêques de Langres; et tous conviennent que c'étoit alors un oratoire, ou, comme on disoit en ces temps, une mémoire de la Sainte-Vierge où les premiers chrétiens, qui étoient en petit nombre, s'assembloient pour faire oraison. » (Le P. Legrand).

Sans doute, cette haute antiquité où se perd sa fondation doit expliquer cette espèce d'instinct qui attache si vivement les cœurs châtillonnais à l'ancienne église des Ducs. Si nous avons tous, enfants ou vieillards, de la prédilection pour ce vieux monument, c'est que, du haut du rocher où il est resté seul debout, il a vu toutes les générations qui nous ont précédés vivre et mourir à ses pieds, que toutes les traditions du pays natal se mêlent à son souvenir, qu'enfin c'est pour nous quelque chose de saint et de national à la fois. Nous aussi, nous voulons prier aux lieux où, depuis quinze siècles, sont venus prier nos pères.

On vient de voir le paganisme disparaissant du pays des Lingons; la même révolution s'était accomplie dans les autres provinces. L'empire romain devait tomber avec les dieux qui avaient présidé à sa naissance et à ses conquêtes. Aussi, quand la religion chrétienne eut pris racine sur la terre, en se mêlant, comme nous l'avons dit, à l'organisation intérieure des cités; quand les évêques eurent eu en main le gouvernement des choses; c'est à dire, quand l'arche eut été construite, où devait se réfugier l'humanité pendant le déluge des Barbares; alors, les barrières étant ouvertes aux nations, les nations du nord se précipitèrent par torrents sur l'empire romain. Et quand, après ces temps de ravages et de confusion, un peu de repos fut donné aux peuples, un nouveau monde avait commencé.

LE MOYEN AGE.

Insuper est castrum, Castellio nomine, vicus
Nobilis, Allobrogum decus et munitio regni :
Quem fluvius medium renitenti perluit undâ
Sequana; nobilium pater instructorque virorum,
Nulla quibus toto gens est acceptior orbe,
Militiâ, sensu, doctrinis, philosophiâ,
Artibus ingenuis, ornatu, veste, nitore.

GUILLAUME-LE-BRETON. *Philippide.*

TROISIÈME ÉPOQUE.

Ve siècle. — Xe siècle.

ÉPOQUE CARLOVINGIENNE.

Lors des migrations germaniques, envahi par les Bourguignons, le canton du Lassois, de Roussillon ou de la Montagne, devient un comté. — Impression profonde laissée par Gérard, comte de Roussillon, dans les traditions et la poésie nationales. — C'est le type idéal de la chevalerie, l'âme des épopées du cycle carlovingien. — Analyse des *Aventures de Gérard d'Euphrate, comte de Roussillon, traduites en notre vulgaire français d'un poëme en langue wallonne.* — Analyse du roman provençal de Gérard de Roussillon. — C'est en effet un grand nom qu'il importe de restaurer dans l'histoire. — Le comte ou les comtes du Lassois, qui l'ont porté, paraissent avoir été les héros d'une réaction bourguignonne contre les rois francs, et les précurseurs de la féodalité. — Roussillon ou Latiscon devient un château fort. — Puissance de Gérard; sa lutte contre Charles-le-Chauve; courage de Berthe; destruction de Roussillon; Châtillon devient la capitale du comté. — Gérard retiré dans le Lassois, après sa défaite, fonde, outre d'autres églises, les monastères de Vézelay et de Pothières; son testament. — (La riche abbaye de Pothières placée sous la juridiction immédiate du Saint-Siège est l'objet de la convoitise et des violences à main armée des comtes et des évêques). — Sépultures de Gérard, de Berthe et de Thierry, leur fils, dans l'église de ce monastère.

Ce fut dans les premières années du Ve siècle que, ayant quitté les forêts natales de la Germanie sous la conduite de leurs hendins, portant sur leurs étendards la figure d'un chat, emblème de la sauvage et primitive liberté, les Bourguignons prirent enfin possession de cette terre. Entraînés par un flot de Vandales et de Suèves, ils allaient par delà le Rhin chercher fortune, quand la fertilité des belles plaines qui s'étendent aux pieds du Jura, et, on dit aussi, le fruit précieux, que produisent les riches côteaux de la Bourgogne, captivèrent ces aventureux guerriers qui, laissant le torrent poursuivre sans eux sa course et ses ravages, se fixèrent sur les rives de la Saône. Gondicaire, qu'ils avaient élu chef de l'expédition, établit à Genève le siége du premier royaume barbare qui ait été fondé dans les Gaules. Bientôt Gondioc étendit les conquêtes de Gondicaire, porta ses armes, vers le nord, jusque dans la cité des Lingons et leur enleva même deux pagi; l'un de ces cantons était celui du Lassois. Après la conquête et le partage des terres, placé sous le gouvernement militaire d'un des comtes bourguignons, il est dès lors nommé indifféremment, dans toutes les chartes, *le comté du Lassois, de Roussillon* ou *de la Montagne (comitatus de Montaná)*, à raison du mont élevé où se trouvait située la ville capitale, et non pas, comme on paraît le croire généralement, eu égard au site montagneux de ces contrées.

Par la nature même de leur origine, ces comtés, résultat de la victoire, devinrent des propriétés indépendantes et héréditaires. On ne tenait un fief, disait-on plus tard, que de Dieu et de son épée. Les comtes du Lassois, ou si vous voulez, de Roussillon, le surent bien faire valoir, quand les rois voulurent retenir sous leur vasselage ces hommes de la conquête. L'histoire, qui a été tout éblouie des faits que je vas rapporter, devrait s'en souvenir; tâchons, cette fois, de démentir sa terrible devise : malheur aux vaincus.

Ce fut un nom glorieux que celui de Gérard, comte de Roussillon. Demandez plutôt aux derniers Carlovingiens, à Charlemagne lui-même, à tous les échos de notre vieille poésie nationale, et, pour les retrouver, aux manuscrits trop négligés des bibliothèques de la France et de l'Angleterre. Pendant deux siècles, les trouvères et les troubadours ont charmé les châteaux des récits merveilleux de ses aventures, comme jadis les rapsodes de la Grèce allaient chantant les héros homériques du siège d'Ilion. Cet homme, qui avait si fort ébranlé l'imagination des peuples, c'est l'idéal de la chevalerie féodale, le type héroïque de la résistance des seigneurs au pouvoir central de la royauté, sous Charles-le-Chauve. Les épopées du cycle carlovingien peuvent se diviser en deux classes : les romans mystiques, consacrés à la recherche du Saint-Graal; les romans historiques, chantant la lutte de la résurrection des provinces contre la centralisation impériale qui échappe aux successeurs de Charlemagne : Gérard de Roussillon, c'est l'âme de cette seconde et glorieuse catégorie *.

La muse provençale et la poésie wallonne ont toutes deux consacré leurs plus beaux chants à la gloire du héros bourguignon. Ces chants

---

* « De tous les romans héroïques connus, tant en français qu'en provençal, a dit un savant interprète de la langue et des chants des troubadours, celui de Gérard de Roussillon est le plus curieux et le plus ancien. Il appartient, selon toute apparence, aux premières années du XIIe siècle; plus que dans les autres romans de chevalerie, on y rencontre, dans le détail, des particularités qui pourraient fournir des notions curieuses pour la géographie et l'histoire de la France, au moyen âge, sans compter le fond qui se rattache à des traditions historiques...... Parmi les nombreux héros des romans carlovingiens, il n'y en a peut-être pas de plus célèbre et de plus populaire que Gérard. Sous les noms divers de Gérard de Roussillon, de Gérard de Vienne, de Gérard de Fretta, il figure diversement avec plus ou moins d'éclat dans ces divers romans. Dans celui de Roncevaux, il est compris au nombre des paladins de Charlemagne et périt de la main du fameux roi Marsile. Dans le roman de Guydon, qui est censé faire suite à celui

oubliés, où la vérité se laisse entrevoir aux moins clairvoyants à travers le voile des fictions chevaleresques, doivent sans doute tenir quelque place dans l'histoire de ceux dont ils célèbrent les exploits. Quoique d'une date peut-être postérieure, je commencerai par l'analyse rapide du roman wallon de Gérard d'Euphrate, comte de Roussillon, que j'ai lu à la bibliothèque du Roi.

Dans une de ces îles du Rhin, où le moyen âge a placé ses plus mystérieuses traditions, un fils vient de naître au duc Doolin, de Mayence, l'un de ces fiers chevaliers qui ont combattu

---

de Roncevaux, il ressuscite pour briller entre les douze pairs. L'auteur du grand roman de Loherain donne Gérard de Roussillon pour mort à la suite d'une irruption des Sarrasins en Champagne; mais Gérard reparaît dans le roman célèbre de Renaud de Montauban et dans cet autre roman cyclique, si populaire, en Italie, sous le titre de *Reali di Francia*. Enfin on le voit, dans celui d'Aspremont, âgé de plus de cent vingt ou trente ans, pourtant capable de prendre une part très-active à l'expédition contre les Sarrasins d'Italie, et en partageant la gloire avec Charlemagne. Tous ces romans, où il ne figure qu'en sous-ordre ou épisodiquement, en supposent beaucoup d'autres dont il était le héros principal et qui sont aujourd'hui perdus. » L'écrivain, à qui j'emprunte ces détails, aurait pu ajouter que, dès les premiers mots du roman si connu des quatre fils Aymon, consacré aussi à célébrer la résistance féodale et la dissolution de l'Empire, sous les derniers Carlovingiens, ce vétéran de la chevalerie reparaît encore, toujours avec le même caractère.

contre Charlemagne. Cet enfant est le héros du poëme : et c'est pendant que l'horoscope des brillantes destinées qui l'attendent répand la joie dans le château ducal, que le héros de la chevalerie, Gérard de Roussillon, oncle du duc de Mayence, se présente devant le pont-levis, arrivant à propos de ses états de Bourgogne pour servir de glorieux parrain au paladin futur.

On peut penser si la féerie entoure le berceau de l'enfant prédestiné. Tandis que l'évêque de Mayence verse sur lui l'eau du baptême en la chapelle du château, le duc Gérard, frappé de voir sur son épaule droite « une croix rouge comme du sang, faite de travers, en la manière que les ducs de Bourgogne la portent en leurs guerres, » le constitue son héritier du duché de Bourgogne et des comtés de Limoges et d'Auvergne. Il passe les chartes du don, et dès lors fait nommer et proclamer son fils adoptif Gérard-le-Bourguignon.

Il appartient aussi peu à l'archéologie qu'à ce sujet de suivre le jeune paladin dans la carrière romanesque qu'il faut qu'il parcoure pour gagner ses éperons d'or et son épée de chevalier. Égaré par un génie jaloux dans les plaines de l'Orient, ce n'est qu'après avoir couru mille aventures, accompli mille beaux faits d'armes en Égypte, en Syrie, sur les bords du fleuve d'Euphrate, d'où il reçut son nom, qu'il reviendra, avec la belle Ameline, la dame de ses pensées, recevoir l'ordre de chevalerie des mains de Charlemagne; et les féautés et hommages des vassaux de Gérard, au grand contentement des évêques, des grands et de tout le peuple de Bourgogne.

Le comte de Roussillon sentant sa fin prochaine assembla dans son château chevaliers et dames, fit apporter la couronne ducale, la plaça sur la tête de Gérard; et, dans ses inquiets pressentiments des catastrophes que le génie altier de son successeur devait entraîner un jour sur ses états, il lui adressa ces dernières paroles : « Singulièrement reconnaissez le très chrétien roi de France et empereur Charlemagne pour seigneur; vous tenez de lui, mon fils, le duché de Bourgogne, Auvergne et Limosin; à cette cause il est votre seigneur lige : vous le servirez comme loyal prince doit faire. » Alors l'ayant baisé, il mourut. Une circonstance qui prouverait seule que le romancier, écrivant d'après des données historiques, a placé à Roussillon, près de Châtillon, le séjour de Gérard, c'est que l'évêque de Langres l'assistait dans ses derniers moments.

Il est à regretter que la seconde partie du poëme wallon ne soit pas connue : on ne peut douter, d'après cela, qu'on n'eût trouvé quelque trait relatif à l'histoire du comté de Roussillon, dans le récit, que promettait le traducteur, « de la rébellion du comte Gérard de Roussillon contre Charlemagne, jusqu'à la ruine et totale défaite du Bourguignon par le triomphe et gloire du grand Charles. »

Le poëme dont je dois maintenant rendre compte répond du reste à nos curieux désirs. Le sujet de ce roman provençal est la lutte, lutte célèbre, de Gérard de Roussillon contre Charles-le-Chauve : n'écrivant, comme tous les poëtes du temps, que d'après des notions traditionnelles, le romancier a dû tomber dans les mêmes méprises; c'est ainsi qu'à Charles-le-Chauve il a substitué Charles-Martel. Tel est l'avis du savant M. Fauriel dont nous allons reproduire, en l'abrégeant, l'analyse souvent textuelle; mais le conflit historique de Charles-Martel avec un autre Gérard de Roussillon ne doit-il pas plutôt expliquer cet anachronisme? C'est en effet en attribuant au même personnage les exploits de plusieurs comtes du même nom, dont l'outrecuidance politique paraît avoir inquiété toute la dynastie carlovingienne jusqu'à Charles-le-Chauve qui porta le dernier coup à leur puissance, que les romanciers ont fait, comme on l'a dit, de Gérard de Roussillon, le héros idéal de la chevalerie et de la lutte féodale contre la royauté.

Une circonstance qui, dès le début, recèle en germe le nœud et le dénouement du poëme, mêle un intérêt piquant et mélancolique aux solennités du double mariage du roi Charles et du fameux Gérard de Roussillon avec les deux filles de je ne sais quel empereur de Constantinople. Par un dévouement d'amour, que la chevalerie se charge d'expliquer, le duc Gérard, ne voulant point priver d'une couronne de reine celle qu'il préfère et dont il est préféré, a pris pour femme la bonne et ravissante Berthe, la sœur de son amie. Mais pourtant « dura toujours l'amour de Gérard et de la Reine l'un pour l'autre, sans qu'il y eût jamais de mal ni autre chose que tendre vouloir et secrètes pensées. »

Pour faire succéder à ces fêtes nuptiales et aux scènes de volupté qu'elles occasionnent les divisions et les guerres à outrance, il était inutile que la jalousie vînt aiguiser de ses excitations les vieilles inimitiés politiques qui de longtemps séparaient le Roi et le vassal plus puissant que le Roi même; car ce dernier porte un nom fatal à la royauté : une foule de braves chevaliers marchent sous sa bannière rivale : outre les deux Bourgognes, l'Auvergne, la Gascogne, la Provence, les comtés de Narbonne et de Barcelone forment l'apanage menaçant de Gérard de Roussillon.

La haine impatiente du roi et de l'époux blessé fit éclater l'orage. Un jour qu'il revenait d'une grande chasse dans ses forêts, il se présente avec un nombreux cortége d'hommes d'armes sous les murs de Roussillon. La vue d'un si fort château, situé sur un mont à pic, le déconcerte et l'arrête. « Si j'étais là-haut, dit-il, au lieu d'être çà-bas, le comte Gérard ne serait pas si fier; » et sa colère se briserait au pied de la montagne, n'était la trahison d'un vilain qui, comblé des bienfaits du comte et fait par lui son maréchal, abuse de sa confiance pour livrer de nuit au Roi une des portes de la forteresse et introduire par là l'ennemi dans la ville. Échappé à grand'peine et grièvement blessé, Gérard se retire à Avignon, d'où, revenant avec des forces nouvelles, il a bientôt repris son bon château de Roussillon. C'est maintenant le tour du Roi de fuir et de faire des préparatifs de guerre pour n'avoir pas la honte de céder.

Foulques, neveu de Gérard, arrive bientôt avec une ambassade de cent chevaliers, à Orléans, où était la cour, pour désarmer le Roi en lui remontrant que le Duc n'a pas manqué à ses devoirs de vassal et n'a fait que reprendre par force ce qui lui a été enlevé par trahison. Voici quelques paroles qui laissent bien entrevoir, avec les mœurs du temps et de la chevalerie, la puissance du comte de Roussillon et sa fière attitude; ajoutez qu'ils sont pour nous une leçon de géographie et d'histoire locales.

« Seigneur, dit au Roi follement irrité l'un des vassaux du duc de Bourgogne, nous méprisons les menaces, et Gérard pourra bien vous mettre tel frein par lequel on vous tiendra mieux que l'on ne tient mulet rétif : si vous voulez bataille en champ clos, vous l'aurez, et maint puissant baron y recevra grands coups de lance et d'épée qui lui mettront le cœur à jour; mais le comte Gérard ne perdra ni un moulin, ni un four, ni un coin de pré, ni une poignée d'herbe. — Seigneur roi, ajoute Foulques, écoutez ce que Gérard vous propose en toute justice. S'il vous a forfait en quelque chose, nous sommes ici cent à cheval pour vous en faire droit de sa part, et pour être ses ôtages en vos mains; mais je soutiens que Roussillon est à lui, si ce n'est que, le long de la Seine, sur l'autre rive, dans la forêt de Montargout, vous avez en l'an une chasse de quatorze jours par froid, et de quinze par chaud, à raison des quatre châteaux qu'il a dans ce pays, des châteaux de Quarène et de CHATILLON, de Sonegart et de Montalon. Si quelqu'un trouve que la chose n'est point comme je le dis, j'en offre la preuve, et en voici mon gant que je vous présente. — Maudit soit, dit le Roi, celui qui prendra ce gant avant que je n'aie mis Gérard hors d'état de parler de guerre. » En effet, il prétend que, si Gérard a jusqu'à présent tenu Roussillon et la Bourgogne, il les a tenus de lui, qu'il les lui ôtera quand il pourra; et, malgré les conseils de ses chevaliers mêmes, il ne veut pas que ses gens quittent leurs blancs hauberts ni leurs casques brunis qu'il n'ait traité, comme il convient, ce Gérard qui a pris et tué ses hommes. « Nous allons donc nous retirer, dit

Foulques, et parler à Roussillon de ce que nous avons vu ici; et ce ne sera ni de justice, ni de droit, ni d'amour. Votre host est prêt, seigneur, nous allons assembler le nôtre : et nous nous reverrons à Vaubeton, dans la plaine où coule l'eau de l'Arce » *.

Fidèles au rendez-vous, les deux armées se livrent une sanglante bataille à Vaubeton, en Bourgogne, quand un prodige, jetant dans les rangs l'épouvante, vient séparer les combattants. Passagèrement reconciliés, ils se hâtent de tourner leurs armes contre les Sarrasins qui viennent de franchir les Pyrénées, et remportent sur eux de grandes victoires.

La paix entre ces deux rivaux d'amour, de gloire et de puissance, cessa avec la crainte du commun danger; et plusieurs années de guerres opiniâtres, avec des échecs et des succès à peu près égaux de part et d'autre, se terminent enfin par l'entière et définitive défaite de Gérard.

Sa forteresse de Roussillon, prise une seconde fois, est détruite; il fuit sans retour; et, arrivé dans la forêt voisine, il n'a plus avec lui qu'un homme mortellement blessé qui expire bientôt, ses armes et son cheval de bataille que des voleurs lui enlèvent pendant son sommeil.

---

* L'Arce est une petite rivière qui coule à quelques lieues de Châtillon, et va se jeter dans la Seine près de Bar.

Mais il n'a pas tout perdu : Berthe lui reste encore, la fidèle Berthe qui l'a rejoint après le combat, et qui, dans la carrière d'humiliations et de souffrances qu'il va parcourir, le suivra comme son bon ange, consolant son orgueil, partageant ses misères, relevant son courage abattu.

C'est dans les chants du romancier qu'il faudrait lire le récit vraiment épique de ces longues infortunes, qui n'ont pas plus de limites que la touchante piété de femme qui les allége avec un si doux charme.

Après avoir erré quelque temps à l'aventure dans les forêts, et passé la nuit au pied de la croix d'un ermitage, auprès d'un feu allumé par le pieux solitaire, qui force Gérard au pardon, et le détourne, grâce aux prières et aux larmes de Berthe, de son projet d'aller trouver le roi Othon, de Hongrie, pour se venger du roi Charles, ils rencontrent des marchands, revenant de Hongrie et de Bavière, qui du plus loin qu'ils les aperçoivent : « Quelles nouvelles de ce pays? Que fait ce maudit Gérard de Roussillon? — Il est mort, répond aussitôt Berthe alarmée et voulant prévenir la colère imprudente du comte; l'Empereur l'a fait mourir. » Et les marchands répondent : « Dieu en soit loué! s'il vivait encore, il ferait encore la guerre et ravagerait tout. » Et les deux voyageurs reprennent tristement leur pélerinage.

Ils arrivent à une ville remplie de gémissements; il n'y a plus que des veuves et des orphelins; tous les hommes ont péri dans les guerres de Gérard de Roussillon ; Gérard n'entend, parmi les restes de cette population désolée, que des imprécations contre lui; et il mourrait de douleur et de rage, s'il n'avait à ses côtés, dans Berthe, un génie consolateur.

Ce n'était pas tout : cent messagers à cheval, envoyés dans toutes les directions, viennent de passer près d'eux, proclamant que la tête de Gérard est mise à prix; sept fois en or le poids du corps du fugitif à celui qui le rapportera! « Croyez-moi, dit alors Berthe à Gérard; évitons les châteaux, les villes et tous les lieux où il y a des chevaliers et des hommes en pouvoir. La foi est rare et la cupidité grande. » Et, changeant alors de costume et de nom, les illustres proscrits poursuivent leur route à travers les forêts.

Que d'amertume et de pleurs à dévorer en silence, pour la fierté vivace du comte de Roussillon! pour Berthe, que de trésors de consolations et de douceur à prodiguer! que de périls et de dures humiliations à subir pour tous deux, jusqu'à ce qu'enfin nous voyions, au service de maîtres charbonniers, le pauvre Ioland (c'est le nouveau nom de Gérard) portant pour quelques deniers des sacs de charbon à la ville, et Berthe, devenue couturière, travaillant pour gagner sa vie, dans un des faubourgs d'Aurillac!

Vingt-deux ans pourtant s'écoulèrent dans cette condition, et sans l'espérance d'une meilleure. Or, il arriva qu'un jour deux puissants seigneurs du voisinage donnèrent aux chevaliers du pays le divertissement d'un de ces exercices guerriers, connus sous le nom de Quintaine, et qui consistaient à abattre à coups de pique un écu placé très haut, à l'extrémité d'un poteau; toute la contrée y était accourue : cédant comme les autres à la curiosité, Berthe et Gérard y étaient aussi.

C'était vraiment un beau spectacle. A la vue de ces chevaliers en splendide attirail et en belle armure, de ces joutes qu'animait l'amour de la gloire et des belles, de ces heureuses châtelaines dont on portait les couleurs, le souvenir de fêtes pareilles qu'avait données Gérard en des temps meilleurs, de ces brillants tournois où il se distinguait par sa force et son adresse, tandis qu'elle-même jouissait avec orgueil de sa renommée, perça le cœur de Berthe qui tomba évanouie dans les bras de son époux, inondant de larmes qu'elle ne pouvait plus retenir le visage du guerrier, ou pour mieux dire du charbonnier. Gérard, sentant alors mieux que jamais tout le prix du dévouement de Berthe, toute la profondeur de l'abîme où il l'a entraînée, veut l'arracher à sa mauvaise fortune. Et il se passe là, entre les deux époux, une scène déchirante qui amène enfin le terme de tant de misère.

Berthe lui dit : « Seigneur, j'aimerais mieux être brûlée vive que séparée de vous. Oh! ne proférez plus de si dures paroles; mais, poursuit-elle, si vous daignez écouter mes conseils, nous retournerons dans cette douce France où nous sommes nés; voilà vingt-deux ans que vous en êtes sorti, et je vous vois brisé par la fatigue et la douleur. Vous fûtes autrefois l'ami de l'Impératrice, et je suis sûre que, si elle intercédait pour vous, l'Empereur n'est si dur ni si cruel qu'il ne vous pardonnât le passé. » Il est donc décidé que Gérard fera, pour l'amour de Berthe, ce que la honte l'eut sans doute empêché de faire pour lui-même.

Arrivé le jeudi saint à Orléans, où le Roi tenait alors sa cour, il se mêle, aux portes de l'église, parmi les pauvres à qui la Reine devait, le jour de la cène, distribuer des aumônes; mais un prêtre, qui le voit grand et vigoureux au milieu d'une foule d'infirmes, le repousse avec ignominie. C'en était trop pour le Comte, et il eut succombé, si Berthe ne fût encore venue à son aide. Lui rendant l'anneau que la Reine lui avait donné le jour de leur séparation, en le nommant son chevalier, elle lui rappelle les serments de sa sœur en lui remettant ce gage d'amour qu'elle avait conservé au milieu de toutes leurs traverses; et, fortifiant son cœur, elle l'engage à ne désespérer de rien. Gloire au bon ange! enfin Berthe a sauvé Gérard.

C'était le vendredi saint, et l'heure des ténèbres était venue, quand, selon l'usage, la Reine arrivant nu-pieds à l'église alla prier dans une chapelle solitaire, faiblement éclairée par une lampe. Gérard se glisse à pas lents aussi près d'elle qu'il peut, lui adresse timidement la parole; et, après quelques mots pour s'assurer que les sentiments de la Reine ne sont pas changés, il présente l'anneau de chevalerie et se nomme. Il n'y eut plus alors de vendredi saint pour elle, s'écrie naïvement le romancier; et Gérard fut baisé cent fois sur la place.

A force d'adresse et avec le temps, la Reine obtient de Charles la grâce de Gérard; elle fait plus : sentant que son ami, son chevalier, serait trop mortifié, s'il ne devait qu'à la clémence du Roi ce retour de fortune, elle l'aide de tout son pouvoir à se faire un parti à la tête duquel il a bientôt recouvré son bon château de Roussillon, et une partie de ses anciennes possessions. Le Roi, en l'apprenant, en est indigné : mais les médiations de la Reine empêchent la guerre de se rallumer, et Gérard meurt paisiblement dans sa forteresse de Roussillon.

Non, pas plus que l'Iliade, ceci n'est une pure fiction inventée à plaisir. Les Bourguignons (Alberic nous l'apprend) les Bourguignons redisant, dans les chants héroïques qui les menaient au combat, les exploits de Gérard de Roussillon, prouvent assez qu'il y a là de

l'histoire. De savants hommes l'ont ainsi jugé, *
et si des documents peu connus ne m'avaient
confirmé dans la pensée que ces romans sont,
pour ainsi dire, les chroniques contemporaines,
les traditions nationales chantées dans le langage
que tous les peuples parlent dans leur enfance,
qu'on ne croie pas que je m'y serais si com-
plaisamment arrêté. Mais de tous ces détails
que j'ai à dessein reproduits, il m'a semblé que,
sans trop encourir le reproche d'une crédulité
téméraire, on pouvait induire des événements,
et je ne crains pas de le dire, de grands événements historiques : l'existence glorieuse de
Gérard de Roussillon, et même de plusieurs
comtes de ce nom, leur pouvoir sur toute la
Bourgogne, leur lutte opiniâtre avec les derniers
Carlovingiens suivie de leur totale défaite et de

---

* Parmi de nombreux témoignages, je citerai seulement
ce passage des *Mémoires de l'Académie des inscriptions et
belles-lettres* (T. XV. P. 581) : « Les compositions des
trouvères et des jongleurs ne portaient que sur des sujets
historiques. Charlemagne faisait, de la lecture de ces poésies,
son amusement ordinaire; c'étaient sans doute de pareils
ouvrages qu'Albéric avait vus, qu'il cite dans sa chronique
sous le titre de *Heroïcæ cantilenæ*, et d'après lesquels il fait
mention des victoires que Charles-le-Chauve remporta,
en 866, sur Gérard de Vienne, duc des deux Bourgognes.
Ainsi, par le moyen des bardes, les traditions historiques
des anciens peuples de la Gaule s'étaient perpétuées dans
le temps de César et de Strabon ».

la ruine de la ville dont il portaient le nom, enfin sa situation sur le mont Lassois, à une lieue de Châtillon. La partialité peu dissimulée des poëtes provençaux en faveur de ce redoutable vassal, la tendance contraire qu'on remarque dans les romanciers wallons, jointes à l'élan populaire qui fit de Gérard de Roussillon le plus glorieux et, longtemps, l'unique héros des romans épiques, montrent bien qu'il fut, lors de la dissolution de l'empire de Charlemagne, l'agent le plus puissant de l'émancipation des provinces qui, réunies par la conquête au royaume des Francs, profitaient du relâche qui leur était donné par la mort du grand Charles et les divisions de ses successeurs, pour recouvrer leur indépendance primitive. C'était le prélude de la formation de la France féodale qui ne s'accomplit qu'au X° siècle. Il fallait que cet homme eût été un grand personnage historique pour avoir laissé de tels souvenirs; pour être, trois siècles après sa mort, le thème de toutes les épopées de la langue d'oc et de la langue d'oïl. Qu'on y songe en effet : l'humanité ne se passionne pas ainsi pour un homme; et, pour être l'objet de sa prédilection et de ses chants, il faut au moins que cet homme soit le représentant de quelque grand intérêt national. J'y vois plus; et Gérard de Roussillon, au rapport des romanciers, duc des deux Bourgognes, et maître de la partie des Gaules correspondant précisément à l'ancien royaume de Burgondie, me semble peut-être l'un des descendants de la dynastie gombette (comme il s'en glorifiait lui-même), mais sûrement le chef héroïque d'une de ces réactions contre les Francs, telles qu'il s'en éleva souvent chez les Bourguignons, après le détrônement de leurs rois par ceux de la race mérovingienne. C'est du reste ce que confirment les renseignements historiques qu'il me reste à rapporter et qui serviront de contre-épreuve au roman.

C'était le temps où, Charlemagne étant mort, la confusion se mit dans l'Empire; où les fils des conquérants, ne pouvant renoncer sur le sol des Gaules à la vie de courses et de pillage qu'ils menaient dans la Germanie, quittèrent les villa gallo-romaines, où ils s'étaient d'abord établis, pour bâtir sur la cime des montagnes des repaires assurés contre leurs brigandages. C'était l'époque où la féodalité se formait sur la France, et où Charles-le-Chauve, sur les prières réitérées des évêques, tenta de détruire ces châteaux « *d'inspiration diabolique* » qui s'élevaient de toutes parts. Les comtes du Lassois étaient de ces fiers guerroyeurs qui continuaient, après la conquête, cette carrière d'aventures qui leur seyait si bien. C'est pour s'assurer un refuge contre les attaques que leurs audacieuses entreprises leur attiraient, qu'ils firent alors relever, sur un mont si escarpé, les murs de Roussillon et ce château-fort du haut duquel ils inquiétaient toute la contrée. J'ai lu, dans une chronique latine que je ne puis précisément indiquer, les plaintes d'un évêque demandant au roi Charles la répression des vexations continuelles de ces opiniâtres conquérants qu'on peut considérer comme les précurseurs de la féodalité naissante. On verra tout-à-l'heure l'issue de la lutte qui s'ensuivit entre le Roi et le redoutable vassal.

Les comtes du Lassois avaient établi leur résidence dans la forteresse de Latiscon, place forte et importante, jadis repeuplée par la milice lætique, colonisée dans ces pays par l'empereur Constance-Chlore. De l'ancien nom de cette ville, on les appela les comtes de Roussillon *. L'église de Saint-Marcel, servant de paroisse aux villages de Vix et d'Estrochey qui passent pour des restes de Roussillon, peut aider à déterminer l'emplacement du château dont elle était, dit-on, la chapelle. On trouve encore à l'entour des pierres sculptées, provenant des ruines de la forteresse. Un puits d'un beau travail, qu'on remarque encore sur la montagne, l'alimentait des eaux abondantes et limpides qui coulent à ses pieds.

---

* Vocatur idem oppidum et alio nomine Rossillum, à quo Giraldus cognominatur.... Et à Giraldo comite, suis temporibus, *patrio jure* possessum. Siquidem vestigia murorum et parietum testantur patenter magnam et fortem hominum habitationem ibi fuisse.

Manuscrits de l'abbaye de Pothières.

Le manuscrit de Pothières nous apprend que les ancêtres du fameux comte Gérard firent bâtir l'ancienne forteresse, détruite lors de l'invasion et du siége des Vandales. C'est là, à l'abri de toute attaque, que vivaient ces barons indépendants, rendant la justice dans leur comté, entourés de leurs compagnons de guerre qu'ils entretenaient dans leurs villa : on voit encore au pied du mont Lassois les traces d'un hameau anciennement appelé Villecomte *(villa comitis)*. Il n'en reste plus que la ferme de Crevan où l'on a découvert, il y a environ vingt ans, une grande salle souterraine avec des médailles et différents objets antiques ; cette salle communiquait à un conduit souterrain dont on n'a pas osé parcourir l'étendue, et qui peut-être conduisait à la forteresse. On a aussi trouvé une framée dans le bois de Vesvres, qui est à quelques pas de là.

Grande devait être la puissance de ces comtes : j'ai déjà dit quelles traditions ils ont laissées dans la mémoire des hommes. Le comté de Roussillon ne formait pas, à beaucoup près, tout leur domaine : ils gouvernaient encore la Bourgogne dont, en effet, releva directement ce pays après l'établissement du duché ; ils se disaient même, à tort ou à raison, originaires de l'antique dynastie des Bourguignons, et agissaient à l'avenant. Enfin, marque non équivoque d'un grand pouvoir ou d'une audacieuse usurpation au milieu de l'anarchie de ces temps là, ils avaient ou s'étaient arrogé le droit de battre monnaie; c'est ce que confirme une pièce frappée au château de Latiscon, sur laquelle on lit : *Latissio caste...* *. Suivant plusieurs anciens manuscrits, on a aussi battu monnaie à Châtillon, lorsque cette ville fut devenue chef-lieu du comté du Lassois, après la dernière destruction de Latiscon par Charles-le-Chauve **.

Si nous ne connaissons rien autre chose des premiers seigneurs du Lassois, nous savons au moins qu'ils étaient les ancêtres du célèbre Gérard qui tenait le comté et la ville de Roussillon par droit de naissance *(patrio jure possessum)*. Comme je l'ai déjà dit, ce nom, qui semble avoir appartenu successivement à plusieurs comtes, a jeté quelque confusion dans l'histoire. La première fois qu'on l'y rencontre, c'est vers l'an 727. Souvent déjà, la noblesse bourguignonne avait tâché de s'affranchir de la domination importune des rois francs ; et, comprimée en dernier lieu par la fermeté de Dagobert, elle n'attendait qu'une occasion de se soulever de nouveau.

La faiblesse des derniers Mérovingiens la lui offrit. Childéric III, ce descendant dégradé de la race de Clovis, qu'on envoya dans un couvent

---

* L'abbé Leblanc. — *Traité historique des Monnoies.* Paris. 1690.
** Mss. Delamothe.

porter une autre couronne, se laissait aller aux plaisirs efféminés, en même temps que son orgueil et sa cruauté l'avaient rendu odieux et méprisable à tous. Alors l'insurrection se manifesta de toutes parts, parmi les nobles : cependant les Bourguignons restèrent dans le devoir jusqu'en 727, qu'un homme puissant parmi eux, mettant en avant le prestige d'une antique et royale origine (*vir nobilis magnæque auctoritatis, se ex vetustâ regum Burgundionum stirpe asserens*), essaya de faire valoir ses prétendus droits héréditaires, et de relever l'ancien royaume de Bourgogne. Mais il fut arrêté au milieu de son entreprise et tué par Charles-Martel. Selon les manuscrits et les traditions, le combat eut lieu dans les plaines d'Estrochey où l'on a souvent trouvé des débris d'anciennes armures. Les Bourguignons, ramenés à l'obéissance, furent, comme auparavant, réunis au royaume des Francs *.

---

* *Rerum Burgundicarum libri sex*, auctore Ponto Heutero Delphio.

On lit aussi dans le *Rerum Burgundionum chronicon*, de N. Vignier, de Bar-sur-Seine : Anno 727. Burgundiones rebus novis studentes, Carolus, ducto in Burgundiam exercitu, præsidioque Lugduno et aliis civitatibus imposito, in officio retinuit : id quod annales Gallici ejus motûs actorem faciunt Gerardum quemdam à Russillone, magnis opibus, in Burgundiâ virum, qui, ut scribit Begatius, in suis Commentariis Burgundiæ, quod se ex vetustâ

Mais cette race savait mal se soumettre ; et c'est maintenant que je dois parler du héros du poëme provençal, si tant est que les chroniqueurs ne soient pas tombés dans les méprises des romanciers, et aient eu raison d'attribuer à plusieurs comtes de Roussillon les tentatives de révolte et les projets qu'un seul aurait faits et conçus. L'existence au moins de celui-ci n'est pas problématique, non plus que sa puissance et ses exploits. * Élevé à la cour de Louis-le-Débonnaire, il se trouva de bonne heure mêlé aux révolutions qui divisaient alors l'empire des Francs. Dans la querelle de Louis-le-Débonnaire contre ses enfants qui le détrônèrent deux fois, il prit parti pour l'Empereur, et reçut de lui le comté de Paris, en récompense de sa fidélité et de ses loyaux services. Dans la lutte qui suivit entre les trois fils de Louis-le-Débonnaire, au sujet du partage embarrassant des royaumes conquis par Charlemagne, lutte qui se termina par la bataille de Fontenay, il embrassa la cause de Lothaire, et c'est ce qui causa sa ruine : car Charles-le-Chauve, vainqueur, persécuta cruellement les partisans de Lothaire. Gérard perdit

---

Burgundionum regum stirpe assereret, amplissimam rei benè gerendæ occasionem in tantis Galliæ motibus nactum esse arbitrabatur.

* L'érudition de M. Fauriel nous sera ici encore d'un grand secours.

alors le comté de Paris, et je pense que c'est aussi à ce propos que, au concile commencé à Langres et continué à Savonières, au diocèse de Toul, il fut dépouillé de toutes ses autres charges et possessions *. La fortune lui revint avec la paix : Lothaire, en le faisant rentrer dans une partie de ses domaines, lui donna de plus le gouvernement de la Bourgogne, et quelques historiens voient même en lui la tige des comtes de cette province **.

Louis-le-Débonnaire et Lothaire ont montré quel cas on doit faire de Gérard de Roussillon, le premier en lui donnant en mariage la fille de son fils Pépin, roi d'Aquitaine, l'héroïque Berthe, une des femmes les plus remarquables du moyen âge, et à qui les traditions attribuent le tumulus de Cerilly ; le second, quand, la Provence ayant été érigée en royaume pour le plus jeune de ses fils, encore enfant, il lui confia la tutèle de cette ombre de roi. C'était alors un des grands les plus redoutables de l'Empire. Aux nombreuses possessions qu'il tenait de son père

---

* L'abbé Mathieu.

** Quidam (ignobiles tamen scriptores) ab eo Burgundionum comitum originem deducunt : quod cùm ei (ut asserunt) agellus in provinciâ remansisset, Theoderici pater fuerit, cujus filius Falco, à quo Girardus secundus, Vaultherum patrem Reinaldi primi, Burgundiæ Bysontinæ comitis, progenuit. — *Rerum Burgund. chronicon.*

Leuthaire, un des puissants seigneurs de la Haute-Bourgogne, Gérard de Roussillon réunissait encore le commandement du duché et de la comté de Bourgogne, de la Savoie, du Lyonnais, de la Provence et du Dauphiné. Lyon était devenu la capitale de son gouvernement; et on montrait encore au XVII° siècle, dans l'église Saint-Jean de cette ville, une nappe d'autel donnée, par Berthe, sa femme, à l'évêque Remy, et sur laquelle étaient brodés, en fils d'or, et des mains de la duchesse, seize vers latins qu'il rapporte *. Ajoutez enfin à tout cela une bravoure personnelle qui, se signalant en plusieurs occasions, notamment contre les Normands qu'il expulsa de la Camargue où ils avaient essayé de s'établir, vers 860, attira à Gérard de Roussillon, avec l'admiration des peuples, la royauté de la plus belle partie de la Gaule méridionale, qui portait encore des traces magnifiques de la grandeur et de l'opulence où elle était parvenue sous les Romains.

Son ancien ennemi vint le troubler dans cet état de prospérité inouïe. Charles-le-Chauve, qui convoitait ardemment le royaume de Provence, commença alors avec Gérard de Roussillon une guerre désastreuse qui dura plusieurs années, le

---

* Mille. — *Histoire de Bourgogne*, d'après Duchesne, Dunod, D. Martenne. — Le P. de Colonia, Lamure, etc.

plus souvent au préjudice du Roi, jusqu'à ce qu'enfin, en 869, ce dernier, ayant envahi subitement la Provence et frappé à la fois de toutes parts, battit Gérard près de Pont-Arlier, et assiégea Berthe dans Vienne. Les romanciers n'ont point trop exalté le courage de cette femme : elle eut repoussé les forces de Charles-le-Chauve, si les habitants moins braves qu'elle n'eussent reculé devant la crainte d'un assaut. Ce fut le dernier coup. Ne recevant point de secours de l'Empereur, Gérard céda la Provence au roi Charles-le-Chauve, qui en remit le gouvernement au célèbre Boson. Quant à lui, il se retira avec Berthe, en Bourgogne, dans son comté de Roussillon *.

Il est permis de croire que ces deux illustres héros, qui se reconcilièrent bientôt avec Charles-le-Chauve, établirent alors leur résidence au château de Châtillon, à moins que la forteresse de Roussillon n'eût échappé à la ruine de cette ville, qui fut prise pendant la lutte dont nous venons de parler. En effet, de toute la ville de Roussillon, il ne resta que quelques parties du château ; et, au temps de l'illustre président Bégat, notre compatriote, le bailli de la Montagne et les prévôts de Châtillon, dont la juridiction remplaça celle des comtes, se transportaient encore tous les ans, à jour nommé, sur

---

* Mille, Dunod et M. Fauriel.

les ruines de ce château, soit pour tenir des assises, soit pour recevoir, au nom des ducs de Bourgogne, les serments de foi et hommage; sans doute par souvenir que cette ville avait été le premier chef-lieu du pays : on ignore quand cet usage a cessé. *

Avant de mourir, Berthe et Gérard voulurent laisser quelques monuments durables de leur piété et de leur puissance sur la terre. Ce fut alors qu'ils fondèrent, en Bourgogne, les fameuses abbayes de Vézelay, près d'Avallon, et de Pothières, à une lieue et demie de Châtillon, au pied du mont Lassois, témoin de leur gloire et de leurs revers **.

---

* .... In locum, ubi arcis ruinæ sunt, fidem recepturus, ducis gratiâ; quod fit in memoriam datæ ab illo fidei monasterio quod est apud Pultarias........ — *Commentarii rerum Burgundiæ*, J. A. Begatii, *in senatu Burgundiæ præsidis.*

** Ce ne sont pas les seules fondations que l'on doive attribuer à Berthe et à Gerard; qu'on juge par là de leurs richesses et de leur pouvoir immenses. On lit dans l'église collégiale d'Avallon, sur un reliquaire de saint Lazare, où Gérard est représenté offrant l'église à la sainte Vierge, que l'on voit portée sur un nuage, ces mots gravés sur une plaque d'acier : « Je suis Gérard de Roussillon, duc de Bourgogne; l'église d'Avallon pour Notre-Dame fondai et autres, pour les victoires que Dieu me donna contre Charles-le-Chauve et mes ennemis : la main cy je mis l'an vijj cent xlvi. » Une seconde inscription peinte sur un ancien tableau est ainsi conçue : Environ l'an huit

La fondation et les vicissitudes de la célèbre abbaye de Pothières sont plus que de l'histoire locale. L'acte de donation, ou, pour parler le langage du temps, le *testament* de Gérard confirme ce que nous avons déjà rapporté de ce comte de Roussillon. Il porte, avec les sceaux de vingt-huit personnages de distinction (*virorum illustrium*) que, à leur nom d'origine germanique, on doit tous supposer nobles et comtes, les suscriptions du comte Gérard, de Berthe, sa femme, « qui présentèrent à Dieu cette offrande, pour le salut de leur âme, et en scellèrent et firent sceller le testament à Ève leur fille qui, après avoir pris connaissance de la volonté de ses père et mère, la confirma par son agrément. »

On y lit : « ...... Moi, Gérard, par la miséricorde divine et la royale munificence de notre glorieux empereur, élevé à la dignité de comte; conformément au désir de notre très-chère épouse et bien aimée Berthe, et d'après un vœu commun, nous avons tous deux voulu, de con-

---

cent trente de l'incarnation de N.-S. J.-C., l'église de céans fut commencée et fondée, en l'honneur de la très-sainte Vierge Marie, par très-illustre prince et seigneur Gérard de Roussillon, duc de Bourgogne, et dame Berthe, sa femme, comtesse de Sens, en Bourgogne, qui fondèrent du temps de Charles-le-Chauve, roi de France, l'abbaye de Vizelay, Poulthières, près Châtillon-sur-Seine, et dix autres églises en Bourgogne. »

cert et sous l'inspiration divine, élever à Notre-Seigneur Dieu, de nos propres biens et avec les titres de nos possessions, un monument éternel où l'on célébrât ses louanges à jamais. Nos patrimoines s'étant grandement accrus grâce aux largesses et aux libéralités de nos maîtres et seigneurs, à savoir, notre maître et empereur Louis (le Débonnaire), notre glorieuse dame et reine Judith (de Bavière) et leur fils, aussi notre seigneur et maître Charles (le Chauve), qui nous ont comblés des plus hautes charges et dignités, il nous a semblé de toute justice de fonder, par amour pour eux, ce lieu de prières, où, en reconnaissance de leurs bienfaits signalés, on fît en l'honneur de Dieu des oraisons et des solennités continuelles pour le salut de leur âme. En effet, nous avons gardé un pieux souvenir de leur bienveillance à notre égard, de la bienveillance de notre maître Louis-Auguste, de notre dame Judith, de Charles, leur fils, également notre maître et seigneur, maintenant régnant. Nous avons aussi voulu, par la fondation de cette abbaye, honorer dignement nos aïeux, à savoir, Leuthaire et Grimilde, Hugo et Bève, de bonne mémoire, et leurs aînés fils et filles, tous ceux qui reposent déjà dans les bras de Dieu, ou qui vivent encore et nous sont unis par les liens de la parenté ou de l'alliance, à savoir, Leufrède et Adalard, très-hauts et très-puissants comtes;..... nous avons voulu par là éterniser leur mémoire, et attirer sur eux la miséricorde divine, ainsi que sur les proches que nous avons remplacés par droit héréditaire dans la possession de ces biens. »

Gérard et Berthe ajoutent qu'ils ont fondé, en l'honneur de Dieu et des princes des apôtres, les bienheureux Pierre et Paul, un monastère d'hommes, dans un champ traversé par la Seine et regardant une *villa*, nommée de toute ancienneté Pothières, dans le canton du Lassois, au royaume de Bourgogne. Après l'énoncé des constitutions de l'abbaye, soumise à la règle célèbre de saint Benoît, et la description détaillée de toutes les possessions du canton du Sénonais et du canton de Troyes, dont ils dotent le monastère, ils le placent à tout jamais, ainsi que celui de filles de Vézelay, sous la juridiction du souverain pontife de Rome et du Saint-Siége auquel les moines de Pothières seront tenus d'envoyer chaque année deux livres d'argent. Il faut appliquer à cette église ce que M. Thierry dit de celle de Vézelay : « En transportant à cette abbaye tous ses droits de propriété et de seigneurie, le comte Gherard avait voulu qu'elle en jouît en toute franchise et liberté, c'est-à-dire qu'elle fût à jamais exempte de toute juridiction temporelle et ecclésiastique, excepté de celle de l'église de Rome. Il obtint, à cet égard, un diplôme de l'Empereur, affranchissant l'église de Vézelay et ses hommes, tant libres que serfs, de la juridiction de tout empereur, roi, comte, vicomte ou évêque, présent et avenir. En outre, le pape régnant prononça solennellement l'anathème contre tout seigneur ecclésiastique ou laïc, qui oserait enfreindre les libertés d'une église, fille de celle de Rome, et faisant partie des domaines du bienheureux apôtre Pierre. » Aussi la charte de fondation ajoute : « Surtout nous défendons très-expressément à qui que ce soit de porter atteinte à ce monument de notre piété; que si jamais (et nous ne croyons pas que le cas arrive) que si jamais quelqu'un était assez osé pour le faire, qu'il soit condamné conformément au diplôme de notre seigneur, le grand roi Charles; que Notre-Seigneur Dieu lui fasse expier dignement son forfait; que, d'après la bulle du souverain pontife de Rome, il soit, comme un sacrilége et un ravisseur des choses sacrées, chassé du nombre des enfants de Dieu, et qu'il encoure, s'il persiste dans son crime, les châtiments éternels. Et vous, très-vénérables pères et évêques, au nom de notre rédempteur, nous vous conjurons de protéger, en toute occurrence, ce monument de notre dévotion » *.

---

* Ces précautions solennelles du comte Gérard prouvent que ses craintes n'étaient pas sans fondement. En effet, malgré la charte royale et les menaces d'excommunication contenues dans la bulle du Pape, les évêques et les nobles, héritiers des droits du comte de Roussillon, ne purent

L'abbaye de Pothières fut construite avec magnificence : le manuscrit latin dont nous avons déjà parlé nous apprend que tous les cloîtres étaient de marbre. Le pape Jean VIII,

voir, sans convoitise, un si riche domaine soustrait à leur autorité seigneuriale; et Gérard ne fut pas sitôt mort que la guerre commença. C'est ce qui résulte de trois lettres du pape Jean VIII.

« Sachez, écrivait-il aux moines de Pothières (en envoyant un exemplaire du testament de Gérard, sanctionné par une bulle, à l'archevêque Angésius et au comte Conrad, dans les possessions duquel les biens de l'abbaye étaient compris), sachez, mes frères, que, à la lecture de vos lettres, le récit de toutes les calamités que vous avez à endurer chaque jour d'hommes iniques nous a plongé dans un profond chagrin..... Aussi, voulant pourvoir à votre sûreté, et conformément à vos vœux, nous mandons par votre messager, au très-puissant prince Bozon et à Hugo, très-noble abbé, que, pour l'honneur de Dieu, des princes des apôtres, Pierre et Paul, et par charité pour nous, ils vous prêtent secours, en étendant la main de leur puissance contre tous les ennemis de Dieu et les vôtres, afin que vous puissiez, en toute tranquillité, rendre gloire à Dieu, administrer les biens du monastère et en disposer pour le service de Notre-Seigneur...... Voyez donc si tous ces secours peuvent vous protéger ou non, et faites nous le savoir, pour que nous puissions, de tout notre pouvoir, aviser à votre défense et prendre les mesures nécessaires. » Jean VIII disait encore dans sa lettre à Hugo : « Nous vous conjurons de leur être en aide (aux moines), et de leur prêter main forte; car de mauvais voisins les troublent, les inquiètent et les accablent journellement des plus cruelles vexations, à tel point qu'ils ne peuvent plus

qui allait au concile de Troyes, vint lui-même consacrer, en 878, l'église de ce riche monastère placé sous sa juridiction.

C'est dans ce lieu même que Berthe et Gérard

---

labourer leurs domaines, ni se livrer aux autres travaux qu'exige la culture de la terre. »

Mais les persécutions ne s'en tinrent pas là; et les violences que les papes furent obligés de réprimer, par des excommunications, ne firent qu'accroître avec le temps. Car je lis dans la *Biographie des évêques de Langres*, de l'abbé Mathieu : « L'évêque Raymond de Bar, ternit sa réputation par sa conduite envers les moines de Pothières qui étaient sous la protection des comtes de Bar-sur-Seine; (le canton du Lassois comprenait en effet les doyennés de Bar-sur-Seine et de Châtillon). Ses prédécesseurs avaient plusieurs fois essayé, mais en vain, de remettre cette maison sous leur juridiction. Vers l'an 1069, Raymond emploie la force ouverte et la violence, et se présente devant le monastère, la croix et les bannières en tête, avec tout l'appareil d'une procession religieuse. L'abbé et les moines faisant résistance, il ordonne de briser les portes : ses gens furieux pillent, égorgent, mettent le feu au bourg et à l'abbaye et les réduisent en cendres. Le pape Alexandre II, instruit de ces horribles excès de la part d'un évêque, prépare ses foudres; etc. »

Peu de temps après, l'abbaye de Pothières eut beaucoup à souffrir de l'église de Langres, tellement que Grégoire VII manda, en 1075, à l'archevêque de Lyon et aux évêques d'Autun et de Mâcon, d'empêcher ce clergé persécuteur de continuer ses vexations et de lui faire réparer ses dommages, sous peine d'excommunication. — Nous apprenons d'une lettre de saint Bernard (la 81e, adressée à Gérard, abbé de Pothières) qu'alors (en 1130) la paix de ce monastère était

furent tous deux enterrés. Du côté de l'évangile était la sépulture de Gérard avec cette inscription :

HIC JACET ILLUSTRISSIMUS GIRARDUS DE ROUSSILLON, TOTIUS BURGUNDIÆ MULTARUMQUE ALIARUM PROVINCIARUM PRINCEPS, SACRI MONASTERII PULTERIENSIS FUNDATOR, VIAM UNIVERSÆ CARNIS INGRESSUS EST ANNO 890.

encore troublée. Saint Bernard annonce qu'il a écrit au comte de Nevers, un des successeurs de Gérard de Roussillon, de se transporter à Pothières pour y rétablir la paix. Hugues de Montréal exerça pareillement des violences contre cette abbaye. Un jour ses hommes de Châtillon, Mussy et Pothières, tombèrent sur le monastère et le maltraitèrent si fort que le dommage fut estimé à 1900 livres. Un chevalier Lambert de Châtillon, avec son frère, figure parmi les arbitres.

Mais, ajoute M. Bourceret, la plus grande catastrophe eut lieu pendant que l'évêque Hugues de Rochecorbon était embarqué avec saint Louis pour la Terre Sainte. Ce prélat avait mis ses domaines sous la protection de Jean, sire de Til-Châtel, qui leva une armée pour marcher contre Pothières. Les religieux alarmés appelèrent à leur aide les seigneurs qui leur étaient attachés : ils furent assistés dans cette conjoncture par la duchesse de Nevers, le comte de Joigny, Jean du Plessis, et plusieurs baillis et prévôts du roi de France. La qualification de *guerra de Pulteriis*, donnée à cette expédition dans un cartulaire de l'évêché de Langres, et trois mille livres tournois d'indemnité, font croire qu'il y eut réellement des combats entre les deux partis.

Beaucoup de titres des archives de Bourgogne, que je

On lisait sur le tombeau de Berthe, du côté de l'épitre :

HIC JACET ILLUSTRISSIMA BERTA, GIRARDI DE ROUSSILLON TOTIUS BURGUNDIÆ PRINCIPIS, HUJUS SACRI MONASTERII FUNDATORIS UXOR, VIAM UNIVERSÆ CARNIS INGRESSA EST ANNO 890.

Ces mots avaient sans doute remplacé les deux inscriptions primitives, de même style et de

---

pourrais citer, renferment des preuves nombreuses des *oppressions, injures et méfaits* commis sans cesse contre l'abbaye et ses hommes, par les comtes, rois et autres seigneurs, qui se disputaient la garde de Pothières, jusqu'à ce que « lesdits religieux, jugeant qu'il leur était loisible d'élire un autre gardien pour se garder et conserver, élirent pour leur gardien, dès lors en avant, M. le duc Philippe, fils de roi de France, pour lui et ses successeurs, ducs de Bourgogne, ayant considération à ce que leur dite église avait été fondée par ses prédécesseurs, ducs de Bourgogne, comme par Gérard de Roussillon. »

Parmi les conditions de garde, on remarque celles-ci : « *Item,* que mondit sieur duc ni ses successeurs ne pourront ou devront avoir au monastère ni en la terre d'icelui, aucun séjour de chevaux, de chiens, d'oiseaux ni de personne, ni de quelque autre chose. — *Item,* qu'ils ne pourront retenir ni avouer hommes ni femmes de ladite église en leur bourgeoisie ou aveu, s'ils ne vont demeurer sous mondit sieur ou sesdits successeurs. — *Item,* et s'il advient qu'aucun soit pris pour cas de crime dont il doit souffrir la mort, lesdits religieux en auront le jugement, et ils le rendront aux gens et officiers de mondit sieur tout nu et tout condamné, au pont d'Estrochey, pour iceluy être exécuté. »

même nature que les épitaphes gravées en distiques latins et en lettres romaines du IX° siècle sur deux tombes de marbre blanc qu'on remarquait au pied du maître-autel ; l'une d'elles couvrait la sépulture de Thierry, fils de Berthe et de Gérard, né à Lyon et mort en bas âge, probablement à Châtillon ; d'après ce qu'on en pouvait lire, l'autre, plus ancienne encore, me paraît être celle d'une aïeule ou de la mère du comte Gérard, regrettant d'avoir vu mourir ses enfants avant elle. (Voir ces inscriptions dans le *Voyage littéraire de deux bénédictins*, p. 105.)

C'est donc sous les dalles brisées de cette église, à peu de distance de Châtillon, que reposent ignorées ces héroïques poussières. La France a oublié les grandes choses, les noms mêmes de ceux qu'elle a tant glorifiés dans ses deux langues naissantes. Seul peut-être au monde, dans ses pèlerinages historiques, celui qui écrit ces lignes va quelquefois visiter la place de leur forteresse et de leurs sépultures ; et il croirait n'avoir pas fait quelque chose de complètement inutile s'il pouvait seulement restituer à un fait important la place qui lui convient, et illustrer d'un beau nom de plus l'histoire de son pays.

QUATRIÈME ÉPOQUE.

Xe siècle. — XIVe siècle.

ÉPOQUE FÉODALE.

I.

DESCRIPTION DE CHATILLON A CETTE ÉPOQUE.

Lors de l'établissement de la féodalité, Châtillon, seule ville du canton du Lassois ou de la Montagne qui ait résisté aux désastres du IXe siècle, devient la capitale du comté et, dès sa formation, du bailliage de la Montagne. — Châtillon se compose de deux villes profondément distinctes pendant des siècles : l'une d'origine gallo-romaine, l'autre d'origine bourguignonne : le Bourg et Chaumont. — Cette diversité d'origine, cause première de la non-homogénéité de leurs populations et de leurs sanglantes rivalités. — Comment le Bourg et Chaumont vinrent à être renfermés dans la même enceinte de murailles, et enfin à ne former plus qu'une ville dans le XVIIe siècle. — *Description de Chaumont.* — Son *Châtelot :* il devient le séjour des comtes du Lassois après la défaite de Gérard de Roussillon et la ruine de Latiscon. — Maison-Dieu. — Saint-Jean. — Faubourg de Courcelles. — Léproserie. — Maison des Dames. — Faubourg du Temple. — Château de la Feuillée. — Maisons de Templiers. — *Description du Bourg.* — Son château. — L'oratoire souterrain transformé en église de Sainte-Marie et Saint-Martin. — Reconstruction de cette église après qu'on y a transféré les reliques de saint Vorle, dont elle prend le nom. — Légende de saint Vorle, patron du pays. — Saint-Nicolas. — Hôpital Saint-Germain. — Petit-Lugny. — (Chartreuse de Lugny. — Prieuré du Val-des-Choux). — Faubourg et église Saint-Mametz. — Notice sur les sépultures. — Couvent des Cordeliers. — Abbaye de Notre-Dame. — Écoles célèbres de Châtillon au moyen âge. — Ses illustrations : Aganon. — L'auteur de l'Alexandréide ? — Saint Bernard. — Particularités sur l'enfance de ce grand homme qui semblent avoir décidé de sa vocation. — La maison qu'il habitait à Châtillon.

La défaite de Gérard de Roussillon, que j'ai appelé le précurseur de la féodalité, n'arrêta pas les entreprises des seigneurs qui finirent bientôt par se rendre indépendants dans leurs terres; si bien que, vers le Xe siècle, morcelée en autant de petites souverainetés, on vit reparaître dans la France de Charlemagne des distinctions de races que la main du temps et le fer des vainqueurs croyaient avoir effacées. On sait quel fut le sort des deux Bourgognes.

Compris dans la partie de cette illustre province qui devint le premier duché-pairie du royaume, le comté du Lassois ou de la

Montagne continua d'être soumis à la juridiction immédiate des ducs de Bourgogne, jusqu'à l'institution des bailliages qui, formés vers le règne de Philippe-Auguste, subsistèrent jusqu'à la division départementale de la France. Celui de la Montagne, composé de l'ancien canton du même nom, et, de plus, de celui de Duême, d'une partie de celui de Mesmont, de l'Auxois et du Barrois, s'étendait, avec ses enclaves, d'Arc jusqu'au delà de Saint-Seine et de Salmaise, de Salives jusqu'à Laignes, qui faisait alors partie de la Champagne : plus de quinze bourgs de quelque importance étaient compris dans ce vaste territoire; dernier chef-lieu du Lassois, Châtillon en était la capitale. D'après notre plus ancien terrier « dressé par Jehan de Foissy, bailly de la Montenne, à la Saint-Martin d'hyver, l'an mil ccc soixante et onze, » on voit que ce bailliage se divisait en dix prévôtés, qui étaient celles de Châtillon, Buncey, Villaines-en-Duesmois, Aisey, Baigneux, Salmaise, Salives, Aignay, Étalente et Villers-le-Duc, *dont ressortissaient 208 villes.* *

---

* On trouve dans ce terrier la charte d'affranchissement d'Aisey et du Chemin, qui mérite d'être citée : « Cy-après s'ensuit le contenu de la chartre de ladite ville, pour laquelle lesdits hommes sont francs..... Laquelle nous vue et lue de mot à mot :

« Hugo, dux Burgundiæ, universis præsentes litteras

Des différents *castra* que nous avons jusqu'ici signalés dans ce canton, Châtillon seul, à cette époque, avait résisté ou échappé aux invasions du IXe siècle qui, suivant les grandes voies romaines dont ce pays était sillonné, avaient consommé dans le Lassois l'œuvre de destruction des invasions germaniques; Châtillon seul à l'avenir doit fixer nos regards. Mais, sous ce nom, hâtons-nous de distinguer deux villes qui, pendant des siècles, n'eurent rien autre chose de commun : cette distinction me semble la clef de notre histoire.

D'un côté, à l'abri du castell ou Châtillon, s'étaient agglomérées des habitations qui prirent le nom générique de *Bourg* (*burgus de Castellione*) : c'est à cette partie de la ville qu'il faut appliquer tout ce qu'on a dit jusqu'à présent de Châtillon.

Lorsque les Bourguignons envahirent le canton du Lassois, ils laissèrent, dans le partage

---

inspecturis salutem : Noveritis quòd nos hominibus nostris de Aiseyo et de Chemino talem franchisiam concessimus, quòd nulli præpositorum meorum (mes prévôts) in aliquo respondebunt : imò quolibet anno inter se majorem (un maire) eligent, per quem se justiciabunt, ità tamen quòd de amendis et de clamoribus respondebunt mandato meo ad usum et consuetudinem de Castellione, ... salvis calvachiis et exercitibus meis. — In cujus testimonium præsentes litteras sigilli mei fecimus appensione muniri. Actum anno Domini 1237°, mense octobri. »

qu'ils firent des terres conquises, le Bourg et son château au pouvoir des Lingons vaincus. Mais comme ce point était, vers le nord, la limite de leur royaume, ils établirent, sur le mont aride qui regarde le Bourg, une autre ville qui fut nommée Chaumont-les-Châtillon (*calvus mons*). C'est ce qui résulte d'anciennes traditions conservées dans les deux manuscrits de Pothières et rapportant en effet « que le château de Châtillon, fondé vers le Ve siècle, fut très-souvent habité depuis par les comtes du Lassois, et que les nombreux seigneurs qui étaient à leur suite bâtirent çà et là des maisons qui formèrent une ville avec le temps. » Or, il est évident que cela doit s'entendre du Châtelot et de la ville de Chaumont : car, sans compter que les ducs de Bourgogne, héritiers des droits des comtes du Lassois, n'eurent jamais de possessions dans le Bourg avant la concession des évêques de Langres qui fera époque dans notre histoire, il a été bien démontré, ce semble, par les voies romaines qui venaient aboutir au plateau de Saint-Vorle et par les autres traces d'antiquité qu'on y a découvertes, que la ville et le château du Bourg sont au moins l'ouvrage des Romains, et par conséquent bien antérieurs au Ve siècle.

C'est avec empressement que nous avons pris acte de ce récit traditionnel des manuscrits; avant d'en avoir connaissance, pressentant qu'il n'en pouvait être autrement, nous laissions au cours de l'histoire à justifier cette opinion, téméraire peut-être, à savoir que Chaumont est une ville d'origine bourguignonne, tandis qu'il est certain que le Bourg est une ville gallo-romaine : ce passage a changé, pour nous du moins, nos conjectures en certitude. Ce n'est que dans cette diversité d'origines que nous pouvions trouver la raison de la différence de mœurs et de caractères qui naguère encore distinguait les habitants de deux villes si rapprochées. — Dans ceux de Chaumont, hommes laborieux et robustes, livrés aux pénibles ouvrages des mains, et dédaignant les arts et la science de l'école, jusqu'à se déclarer avec orgueil dans leurs chartes « *ignares et non lettrés*, » * il nous semblait reconnaître le sang des anciens Bourguignons, presque tous gens de métier, infatigables dans les plus durs travaux, d'une haute stature, se plaisant dans les combats. Nous retrouvions au contraire la civilisation antique, dans le

---

* Autre trait à l'appui. — Pour s'exempter, de contribuer aux charges du collége, ils présentèrent au Parlement des lettres où l'on trouve ce passage : « . . . . Aussi le collége est-il inutile aux habitants de Chaumont qui sont tous artisans et manouvriers; il n'y en a aucun parmi eux qui fasse autre profession : pour l'exercer, c'est assez de savoir lire; et, pour cela, ils ont un écrivain dans leur rue qui est capable de leur enseigner tout ce qui est requis pour leur profession, etc. »

Bourg, ville tout ecclésiastique et toute romaine, remplie d'oratoires, de monastères, de collégiales, asile où l'intelligence humaine se conserva comme la lampe du sanctuaire au milieu des ténèbres de ces âges. On verra plus tard si, durant cette époque de transition, le Bourg a été, à Châtillon, l'élément romain, Chaumont, l'élément germanique ; et leur mélange, qui fut l'œuvre du moyen âge, sera ici d'autant plus apparent que les deux races, au lieu de se trouver confondues, dès leur contact, dans la même cité, sous les mêmes lois et les mêmes seigneurs, se montreront face à face, chacune dans leur ville ; ayant chacune à sa tête un digne représentant : l'une, je veux dire la race conquise, l'évêque de Langres ; l'autre, la race conquérante, le duc de Bourgogne.

Cette différence de population nous donnait seule encore, la cause première des inimitiés profondes qui, pour être effacées de nos jours, n'en ont pas moins armé pendant des siècles le Bourg et Chaumont l'un contre l'autre. Que l'on conçoive en effet deux villes qui, outre les rivalités haineuses qu'amène le voisinage, avaient pour habitants des hommes si opposés de langage, de mœurs et d'institutions ; la première, composée de gens de guerre, la seconde d'hommes d'église ; et retenus seulement, les uns par la crainte des armes, les autres par celle des excommunications papales et des rescrits des rois, qui ne demandaient pas mieux, en prenant la cause du clergé, d'avoir un prétexte d'abaisser dans le duc de Bourgogne un des plus redoutables vassaux de la couronne; c'est seulement alors qu'on comprendra cette animosité, source annuelle de guerres auxquelles plusieurs de ceux qui liront cette histoire ont encore pris part dans leur jeunesse. Et gardez-vous de croire, à en juger par les derniers conflits dont nous avons été témoins, que ce fussent là des jeux d'enfants : jeux sanglants, combats en forme, où des hommes d'âge et peut-être de considération périrent quelquefois, et contre lesquels vint échouer l'autorité du Parlement et de ses arrêts sévères et réitérés. Le jour du combat était la Chandeleur ; la Dwi, le champ de bataille ; le cri d'armes, *Chaumont et le Bourg!* En parlant de personnes en mésintelligence, on se servait de cette locution devenue proverbiale dans toute la contrée : « *Ils s'accordent comme le Bourg et Chaumont.* »

Ces deux villes, entourées chacune d'une enceinte féodale de remparts et de fossés, étaient chacune dominées et défendues par un château fort, au dessus duquel on voyait flotter les bannières rivales de l'évêque de Langres et du duc de Bourgogne. Assises en présence l'une de l'autre à l'abri de leurs forteresses respectives, sur le revers de deux plateaux opposés, elles étaient séparées par une île formée par la Seine dans la fraîche prairie qu'elle enlace de mille plis à leur pied. C'est seulement au XIe siècle que, dans cette île jusqu'alors inhabitée, il s'éleva quelques maisons dont le nombre, s'augmentant avec le temps, finit par former une espèce de troisième ville * qui, à l'instar de celles qu'elle unissait, eut bientôt aussi ses murailles. Déjà en effet, dans les commencements des troubles de la Ligue, en 1571, on l'avait fortifiée de larges fossés et, du côté des prés de l'évêque de Langres, d'une chaussée sur laquelle est plantée maintenant la promenade des Boulangers. **

---

* Ce fut dans la suite une rue assez riche et assez peuplée pour avoir son église : je veux parler de la chapelle Saint-Martin qui, fondée en 1578 aux frais des habitants de la rue des Ponts, parmi lesquels on remarque François Riel, prévôt, et MM. Legrand, Rémond, de Marcenay, Thomassin et Personne, a subsisté jusqu'à la révolution. Cette rue, bien que faisant partie du Bourg, servit de lien entre les deux villes ennemies qu'elle joignait par le Pont-aux-Poissons et le pont Girard-Grand, appelé depuis pont Saint-Martin, vu le voisinage de la chapelle. Sa position explique suffisamment l'étymologie de la rue de l'Ile et de la rue des Ponts.

** On sait qu'elle doit son existence et son nom aux amendes levées, vers la fin du siècle dernier, sur les boulangers pour leurs exactions. C'est pareillement avec l'argent provenant d'une amende correctionnelle, imposée à quelques jeunes gens qui, par manière de divertissement, avaient enlevé en une nuit tous les tourniquets de la ville, qu'on construisit, à la même époque, le *pont des Tourniquets* qui conduit à cette promenade.

Mais comme cette défense n'était pas suffisante pour les guerres terribles qui se préparaient, et que la rue des Ponts, ouverte à chaque extrémité, facilitait les entreprises qu'on aurait pu faire séparément contre le Bourg et Chaumont, les habitants convoqués, les 24 et 25 juin 1586, en assemblée générale, délibérèrent unanimement de la faire clore de remparts, afin que Châtillon, circonscrit dans les mêmes murs, pût réunir et combiner ses moyens de défense et fût par là plus en état de résister contre les attaques qu'on allait avoir à soutenir. * C'est alors seulement que les trois enceintes formèrent une seule enceinte. Plus tard, en 1637, les deux villes furent officiellement réunies d'après un traité dont les articles furent arrêtés par le prince de Condé, gouverneur de Bourgogne; l'autorité royale fit plus : pour faire à jamais disparaître les traces des anciennes inimitiés, Louis XV fit raser, en 1746, la double porte séparative de Chaumont et du Bourg : et on grava sur l'emplacement même une inscription consacrée à rappeler ce souvenir. Chose étonnante! la division morale survécut encore à

---

* Les remparts furent jetés par dessus les bras de la Seine pour rejoindre les murs de Chaumont et du Bourg : les ouvertures, garnies de chaînes et de grilles en fer, formèrent dès lors le *pont des Grand'Grilles* et le *pont des Chaînes*.

la réunion matérielle des deux villes : ce n'est que dans le gouffre de la révolution que ces inimitiés, déjà bien affaiblies dans les malheurs communs du XVIe siècle, devaient se perdre enfin avec toutes les antiques traditions, bonnes ou mauvaises.

Maintenant qu'on a vu comment Chaumont et le Bourg vinrent dans la suite à rassembler leurs populations dans les mêmes murs, sous un seul nom et dans un patriotisme commun, je voudrais, pour l'intelligence de Châtillon à cette époque, que le lecteur, vivement pénétré dans son esprit du spectacle, si attrayant pour nous, que présentaient les vieilles cités du moyen âge avec leurs châteaux, leurs hôtels de ville, leurs abbayes, leurs francs marchés, leurs foires qui étaient autant de pélerinages, avec tout l'appareil féodal, toutes les variétés de la vie civile, avec leurs bourgeois, leurs gens de métier, de robe, d'église et d'épée, se reportât en imagination aux temps où ces deux villes rivales, dans toute leur puissance, étaient soumises à des lois différentes, à des gouvernements ennemis.

D'un côté, c'était Chaumont, la ville bourguignonne. Quand le nom de Châtelot (*Castelletum*) qu'il conserve encore ne l'indiquerait pas, le grand nombre de médailles antiques trouvées dans ses fondations et les environs serait une preuve suffisante que le château fort de cette ville fut élevé sur l'emplacement d'un castel gallo-romain : l'inscription de Pisca Maximilla, trouvée au pied même du rocher sur lequel il est construit, me porte à croire que les bâtiments réparés dont elle fait mention ne sont pas autre chose, et qu'ils dûrent être habités par cet Emilius Desdamesus à qui sa femme Maximilla consacrait ce monument de sa piété.

Nous l'avons déjà dit : c'est à ce château et non à celui du Bourg, qui appartenait alors en toute propriété à d'autres seigneurs, qu'il faut appliquer ce que nous enseignent les romans de Gérard de Roussillon et les manuscrits de Pothières : qu'il fut fondé par les comtes du Lassois, vers le V° siècle de l'ère chrétienne; que le célèbre Gérard le fit fortifier pour y trouver un refuge; qu'après sa défaite et le renversement de la forteresse de Latiscon, il devint le séjour de Gérard et des autres comtes ses successeurs, et ensuite des ducs de Bourgogne qui les remplacèrent dans le gouvernement du Lassois ou de la Montagne; que la fraîcheur des eaux et le voisinage d'immenses forêts y attiraient souvent ces différents seigneurs encore remplis des souvenirs et des habitudes de la Germanie; qu'enfin on y battit monnaie quand Chaumont, succédant à Latiscon, fut devenu le chef-lieu du comté. *

---

* Le Châtelot fut inféodé dans la suite par les ducs de Bourgogne aux seigneurs de Sainte-Colombe, de l'illustre

Ces divers aperçus peuvent expliquer l'origine et les progrès de Chaumont. Le séjour des Comtes, des Ducs et de leurs compagnons de guerre, y avait amené un grand nombre d'hommes de toute sorte, notamment d'artisans, dont les maisons, groupées à l'abri du Châtelot, s'étaient bientôt étendues, en descendant la colline, jusqu'au bord de la Seine. Dans l'enceinte des remparts de cette ville, on ne voyait alors pour tous autres monuments que le pilori, où l'on exposait les criminels, à la place où fut depuis élevée la *Belle-Croix;* et la *Maison-Dieu* ou l'*Hôpital de Chaumont*, fondée en 1380, en un lieu nommé auparavant *Maison d'Amboyne*, par Guy de Pointquarrey, bourgeois de Chaumont,

---

maison des sires de Grancey. Entièrement rebâti et habité au XVe siècle par le chancelier Rollin, si célèbre dans l'histoire de Bourgogne, il présentait encore après cette époque une apparence de place forte qu'il n'a plus aujourd'hui. Quand la peste qui ravageait depuis deux ans Dijon et une partie de la Province obligea le Parlement à venir siéger à Châtillon, le prince de Condé, Henri de Bourbon, gouverneur de Bourgogne, qui suivit la Cour, logea au Châtelot, chez le trésorier Legrand, seigneur de Sainte-Colombe. C'est de cette famille, dont l'historien de Châtillon, le P. Legrand, était originaire, que cette habitation est passée, avec la seigneurie de Sainte-Colombe, aux pères de M. le maréchal, duc de Raguse, qui, avec la magnificence qui l'a toujours distingué, en fit une demeure délicieuse.

dont le nom se retrouve dans nos plus anciens terriers *.

A l'époque et dans la ville féodales, dont nous essayons de tracer un tableau, l'église de Saint-Jean n'existait pas encore; elle fut seulement fondée en 1537, « en ces jours de perturbations des méchantes hérésies luthériennes pour lors régnant en plusieurs lieux contre les fêtes de la Vierge Marie, et solennellement consacrée, le dimanche après les Rois de l'an 1551 par messire Philibert de Beaujeux, évêque de Bethléem, qui, en mémoire perpétuelle, octroya un ossement de monsieur saint Jean-Baptiste, pour le faire colloquer en quelque beau et honnête vaisseau » **.

---

* Le fondateur, en assignant à la Maison-Dieu un revenu annuel de vingt livres avec soixante draps, avait de plus fait bâtir, auprès de l'hôpital et en l'honneur de saint Michel, un petit oratoire consacré, le 8 octobre 1382, par l'évêque de Langres, Bernard de la Tour d'Auvergne, qui avait contribué lui-même à cette œuvre pie. La desserte de la chapelle et le soin des malades étaient confiés à des religieux hospitaliers de Saint-Antoine qui sans doute étaient établis près de la porte de ce nom. Les manuscrits d'Hocmelle nous apprennent encore que, la Maison-Dieu étant tombée en ruines, vers l'an 1620, ses biens passèrent d'abord aux chevaliers du Carmel, et dans la suite à l'hôpital Saint-Pierre.

** Procès-verbal de la consécration de Saint-Jean, dont la charte fut déposée sous la pierre du maître autel.

La ville de Châtillon vient d'être témoin d'une solennité

« Jusqu'alors, en la ville de Chaumont, il n'y avait eu aucune église ni chapelle, où l'on pût célébrer la messe, sinon (comme on vient de voir) en l'hôpital et Maison-Dieu d'icelle rue où les pauvres malades étaient reçus et logés. Cependant, dans les temps de peste, les habitants dudit Chaumont craignaient d'aller en ladite chapelle; et puis les églises de Châtillon étaient assez lointaines, sans compter qu'on ne voulait les y souffrir, comme souvent était advenu par cidevant; au moyen de quoi lesdits habitants pouvaient être longtemps sans ouïr messe, sinon qu'ils en fissent dire sur autel portatif; et aussi plusieurs vieilles gens, serviteurs et enfants n'oyaient messe les jours de fête » *.

C'est alors que Jean Dupuis, bourgeois de Chaumont, fit construire l'oratoire de Saint-Jean, qui est maintenant une des trois églises de Châtillon.

Tout Chaumont n'était pas, comme aujour-

---

pareille. Le 6 août 1835, Mgr. Rey, évêque de Dijon, a consacré, avec toutes les pompes du catholicisme, en présence des magistrats, d'un nombreux clergé, et d'une grande multitude de fidèles, accourue de toutes parts, l'église de l'hôpital Saint-Pierre, restaurée par les soins des sœurs hospitalières de cette maison, dont le dévouement est trop au-dessus des éloges que j'en pourrais faire.

* Extraits de l'acte d'autorisation donnée à Jean Dupuis, par l'abbé et le chapitre de N.-D. de Châtillon.

d'hui, dans l'enceinte de ses remparts. La Ligue a détruit de fond en comble tous les faubourgs de Châtillon, qui, au dire des contemporains, « égalaient la ville en grandeur et en multitude de maisons. » Deux de ces faubourgs, dont il ne reste plus la moindre trace, s'étendaient de deux côtés opposés sous les murs de Chaumont.

Celui de Courcelles « auquel, dit avec douleur le P. Legrand, témoin de la ruine de sa ville natale, il ne manquait que des murailles et des tours, pour faire une autre ville semblable à Châtillon, » renfermait les fabriques de cette draperie de loi et de ces tapisseries si justement renommées.

Près de là, était la Léproserie, d'où le quartier a conservé le nom de la Maladière. Sans vouloir parler de cette affreuse contagion, appelée *lèpre* ou *ladrerie,* qui a fini par disparaître de l'Europe qu'elle a tant effrayée au moyen âge, il n'est pas hors de propos, pour apprécier le dévouement des religieux dont nous allons parler, de connaître quelques articles de ces règlements qui retranchaient impitoyablement des villes et du commerce des hommes ceux qui en étaient atteints.

Quand un homme était convaincu infecté de ladrerie, il était interdit : la cloche de l'église sonnait trois coups d'agonie; et, couvert d'un drap mortuaire, le malheureux, après avoir assisté à son service funèbre, était conduit au cimetière; on lui répandait de la terre sur la tête, et on lui disait : « Mon ami, c'est signe que tu es mort quant au monde : aie donc patience et résignation. »

Du cimetière, on le menait processionnellement hors des frontières de la seigneurie, et le curé lui faisait, selon la formule, les prohibitions suivantes :

« Tu sais, ami, qu'on t'a dénoncé comme ladre; je requiers donc que tu observes strictement les articles ci-après. *Primò,* quand tu seras malade, tu n'entreras en aucune maison, si ce n'est en ta hutte élevée sur quatre *estocques,* à une distance de vingt pieds au moins des chemins et habitations, laquelle hutte sera brûlée après ta mort véritable ainsi que les hardes et effets à ton usage, le tout à la réquisition du seigneur qui pourra néanmoins se réserver l'étain, plomb, fer, chaudrelage et autres de tes biens non infectés. *Item,* il t'est défendu de paraître dorénavant en cette ville pour faire tes quêtes, si ce n'est les jours de la Pentecôte, de Noël, de la Toussaint et le dimanche gras. *Item,* tu n'entreras plus dans nulle procédure pour requérir jugement. *Item,* tu ne viendras point te mirer en puits ou fontaine quelconque; mais on laisse à ta soif l'eau de l'étang solitaire ou du ruisseau qui coule au fond du bois. Si tu rencontres quelqu'un, agite en manière d'avis ta bruyante tarterelle; et, si tu oses parler, que ce soit au-dessous du vent. *Item*, ami, garde-toi, nous t'en prions, et, en cas de besoin, te l'enjoignons, de boire jamais en un autre vase que le tien, de passer jamais sur une planche ou le long d'un parapet sans avoir mis tes gants. *Item*, ne découche jamais sans congé du curé du lieu et de monseigneur l'official. »

Tous les assistants criaient ensuite : « Va-t-en, ami, va, va; » et le lépreux était mort à la société. * Couvert d'un large chapeau de joncs, d'un manteau gris d'une forme particulière, muni d'une besace et d'une crécelle qu'il devait agiter pour avertir de son approche, et qui lui étaient fournis par les paroissiens aux frais desquels les épreuves étaient aussi faites, pour s'assurer de l'état du pestiféré, il menait ainsi sa déplorable vie, *quasi mortuus*, attendant qu'après sa mort véritable il fut brûlé dans sa loge, avec ses meubles et ses habits.

Avant qu'un décret du concile de Latran (1179), prenant en pitié la position de ces parias, n'eût permis aux lépreux, qui vivaient ensemble en assez grand nombre, d'avoir une chapelle, un cimetière et un prêtre pour les desservir, bien avant que la plupart des villages voisins n'eussent aussi leur maladrerie, Châtillon possédait déjà une église pour les ladres de la

---

* Adrien Van-Moërse. — *Musée des familles*.

ville, avec un cimetière et un chapelain : la léproserie, dont il ne resta plus après les guerres de la Ligue que la chapelle Saint-Léger, qui passait pour avoir été fondée par les seigneurs de Larrey ou plutôt de Grancey, paraît avoir joui de quelques priviléges : car, de même qu'à Dijon, où les lépreux étaient régalés aux frais de la ville, lors des quatre grandes fêtes de l'année, d'un quartier de veau, d'un septier de vin, et, à Noël, d'une *fouace* de 60 onces, j'ai vu, aux archives de Bourgogne, une sentence par laquelle « les bouchers du Bourg ont été condamnés à bailler et délivrer à l'amodiateur de la Maladière, pour le temps à venir, toutes et chacune les langues des grosses bêtes qu'iceux bouchers tueront suivant que le tout est plus amplement rapporté dans ladite sentence. »

Près des Lépreux, la maison qui, détruite par les flammes à la même époque, a gardé le nom des *Dames-Brûlées,* était habitée par une communauté de religieuses du même ordre que l'abbaye de Châtillon dont elle relevait : le principal emploi de ces femmes était alors de soigner et de panser les pauvres lépreux. Un fait, digne d'admiration et qui ne doit pas être perdu pour l'histoire du christianisme et de ce pays, c'est que, malgré l'horreur générale qu'inspirait cette affreuse maladie, plusieurs filles et veuves, distinguées par leur naissance et leur fortune, consacrèrent leur vie à ce pieux et pénible ministère. Il n'était pas rare qu'un seigneur se fît recevoir comme frère parmi les chanoines, tandis que sa femme prenait le voile dans la *Maison des Dames*. Hugues de Nesle et sa femme donnèrent notamment, en 1196, un exemple de ce beau dévouement.

Le faubourg de la Feuillée, aussi fort étendu, possédait un château dont il est difficile de déterminer l'origine et la destination. D'anciens titres, par lesquels un seigneur de la Feuillée donne aux chevaliers du Temple quelques terres dépendant de son domaine, permettent seulement de conjecturer que ce château, qui existait dès le XIIe siècle, appartenait alors à quelque seigneur de Châtillon, officier du Duc ou de l'Evêque. Détruit avec le quartier dont il faisait partie, il n'en resta plus qu'un pan de murailles qu'on voyait encore dans le siècle dernier. « Ce fief noble, mouvant directement du Roi, pour son duché de Bourgogne, » était possédé depuis longues années par les seigneurs du Ban, qui, prenant le titre de comtes de la Feuillée, ont été, jusqu'en 1789, gouverneurs pour le Roi des ville et château de Châtillon.

Le faubourg, dont il est ici question, renfermait encore une maison de Templiers, qui lui avait fait donner le nom de faubourg du Temple. Les chevaliers de cet ordre illustré par ses merveilleuses entreprises, et comblé, en France et en Angleterre, de richesses qui lui devinrent si funestes dans la suite, avaient de grandes possessions dans le pays de la Montagne, où beaucoup de lieux gardent encore leur souvenir et leur nom. C'est à eux, dit-on, que l'on doit la fondation de la belle église de Gurgy : Miles de Noyers, Eude de Grancey, Guy de Villiers, Sibille de Recey, Thibaut de Thissey, Marguerite de Fauverney, le duc de Bourgogne lui-même, leur avaient cédé leurs droits seigneuriaux sur les fiefs de Bissey, Bure, Louême, Layer, etc.; ils avaient pareillement acquis la terre de Courban, d'Erard de Chastenay, de cette illustre et antique maison qui possédait vingt seigneuries en Bourgogne; ce même chevalier qui, lors de la captivité de saint Louis dont il avait suivi la bannière en Terre-Sainte, s'était rendu caution de son roi pour dix mille livres.

Voulaines-lez-Temple était, dans ce pays, comme la métropole des Templiers : c'est dans la grosse tour carrée qu'ils y avaient élevée dans leur château, qu'était la salle du chapitre, ornée des portraits de leurs grands-maîtres : dans le caveau de l'église, on voyait, rangés par ordre, les tombeaux des prieurs inhumés avec tous les brillants insignes de leur pouvoir. Les commanderies de Bure-les-Templiers, Épailly et Mormant, relevaient du grand prieuré de Voulaines.

Après l'abolition de cet ordre célèbre, la

maison qu'ils possédaient à Châtillon, dans le faubourg du Temple, passant aux chevaliers de Malte, fut érigée en une commanderie, dépendant du grand prieuré de Champagne, dont le chapitre général s'y est tenu quelquefois.* Sur la fin, elle n'était plus habitée que par un seul religieux, comme il apparaît, entre autres titres, d'un relevé des cens dus à l'évêque de Langres, où l'on voit : « Jehan d'Anzeville, religieulx de sainct Jehan de Jérusalem, pour la maison et les appartenances du Temple, assises hors des murs de Chastillon. » Il ne resta plus de cet établissement qu'une chapelle élégamment construite (la chapelle Saint-Thibaut), sur les murs de laquelle on remarque encore des croix de Malte; on a trouvé à l'entour, il y a quelques années, les fondations d'une partie des anciens édifices.

Sur le revers de la montagne opposée, le Bourg de Châtillon élevait, au milieu des demeures d'artisans qui trouvaient à l'abri du château et de l'église un asile pour eux et des franchises pour leur industrie, ses tours, ses donjons et les mille flèches de ses maisons religieuses : c'était la ville gallo-romaine, la ville épiscopale. Sur le rocher à pic qui la dominait, vous pouviez voir alors cette redoutable forteresse, si pompeusement célébrée par les contem-

---

* Courtépée.

porains. Construite sur un plan carré, elle était flanquée de quatre grosses tours crénelées, dont la plus haute s'appelait la tour de la Guette; elle comprenait, dans son enceinte, le palais du duc et celui de l'évêque, les habitations des officiers de l'un et de l'autre seigneur, le perron de Mauconseil où les ducs de Bourgogne, à leur avénement, rendaient solennellement foi et hommage aux évêques de Langres, le donjon où l'on enfermait les prisonniers, les anciens cloîtres des chanoines de Notre-Dame, dont nous parlerons plus tard, enfin l'église de Sainte-Marie-du-Château, placée dans la suite, comme elle l'est encore, sous la vocation de saint Vorle : je vais expliquer à quelle époque et pourquoi.

Quand les premiers chrétiens se furent accrus en nombre et en puissance, que la religion du Christ put enfin se montrer librement au monde qu'elle était venue sauver, le petit oratoire souterrain de Sainte-Marie, quoique soigneusement conservé comme le plus ancien monument de la piété de nos pères, s'éleva vers le ciel en un temple plus vaste, surmonté de la croix triomphante; et, comme l'auréole qui couronnait alors le tombeau de saint Martin de Tours, le saint de la vieille France, l'oracle des rois mérovingiens, faisait placer sous son patronage la plupart des églises bâties à cette époque dans les royaumes consternés de la Gaule, celle-ci, dans une grande calamité qui affligeait la ville, lui fut aussi dédiée : on l'appela l'église de Sainte-Marie et Saint-Martin. L'histoire de ses vicissitudes ne se termine point là : quand, au Xe siècle, les incursions des Normands, remontant le cours des fleuves sur leurs barques d'osier, vinrent porter le ravage jusque dans le pays de la Montagne, où Semond, Viefville et Lantz-sur-Laignes aussi, dit-on, succombèrent sous leurs coups; que le peuple de la plaine allait chercher un asile dans le fond des forêts et dans l'enceinte des châteaux; que, dans toute la France, on transportait dans des lieux sûrs les reliques des saints, pour les soustraire aux profanations des infidèles; que la terrible croyance répandue dans l'Europe d'après une parole de l'Apocalypse, que le monde devait finir avant l'an mil, redoublant la terreur apportée par cette nouvelle invasion des hommes du Nord, occasionnait de toutes parts des pélerinages et des fondations religieuses, ce fut dans cette église qu'Isaac-le-Bon, évêque de Langres, transféra solennellement le corps de saint Vorle qui reposait alors dans un caveau, sous le chœur de l'église de Marcenay, où l'on voit et révère encore son tombeau formé de deux grosses pierres, à la manière des cercueils gaulois dont j'ai parlé plus haut.

Saint Vorle, dès cette époque, c'est l'ange gardien et le patron tutélaire du pays. A l'abri de sa châsse, devenue un but de pèlerinages, la ville retrouvera souvent la confiance, les malades la santé. Aussi l'historien de Châtillon manquerait-il à toutes les sympathies locales en omettant ce nom qui, imploré et glorifié pendant plus de huit siècles, dans toutes les réjouissances comme dans toutes les infortunes publiques, est encore en si grande vénération dans les souvenirs populaires *.

« Pendant la vie du serviteur de Dieu, qui exerçait alors le sacerdoce à Marcenay, il arriva que le vénérable roi des Bourguignons, le seigneur Gontran, passa dans ce village. Ce prince, très-zélé lui-même pour la religion, le pria de célébrer en sa présence le sacrifice de la messe. Le ministre du Seigneur, pour répondre

---

* Les légendes conservées à l'abbaye de la ville, un manuscrit de la reine de Suède, sous le n° 80, un livre imprimé à Genève et retrouvé au château de Poligny, font descendre saint Vorle des anciens rois de Bourgogne, dont il aurait quitté la cour pour se livrer plus librement à sa vocation : ils en font le conseiller et l'ami du bon roi Gontran, et attribuent même à l'influence du saint prêtre de Marcenay le retour de ce roi à des œuvres et à des sentiments meilleurs. Mais l'écrit le plus précieux et le plus ancien que nous ayons sur ce sujet, celui qui me semble avoir servi de base à toutes les autres légendes du patron de Châtillon, c'est l'homélie prononcée devant un nombreux auditoire, au XI° siècle, un jour de fête de saint Vorle, par un certain Aganon, chanoine de Notre-Dame.

au désir du Roi, commença donc l'office solennel selon l'usage : mais après la lecture de l'évangile il parut s'assoupir, comme on rapporte qu'il arriva au grand saint Ambroise, à l'heure du trépas de saint Martin. Cependant le Roi et les grands qui l'accompagnaient, témoins d'un événement si singulier, ne pouvaient se dissimuler entre eux leur inquiétude et leur surprise; mais aucun d'eux ne voulut se hasarder à parler au bienheureux prêtre. Enfin, après l'espace d'une heure environ, le serviteur de Dieu, revenu à lui-même, continua l'office qu'il avait commencé; et, lorsqu'il eut fini, le Roi l'aborda pour lui demander ce qui lui était arrivé. . . . Alors l'homme de Dieu lui raconta que l'ennemi du genre humain avait mis le feu à une maison du village de Plaines, distant de Marcenay de quelques lieues, tandis que les habitants

---

Fournissant mille renseignements sur le diocèse et les évêques de Langres, la vie de Gontran, la tenue du concile d'Airy et les calamités de toute espèce qui précédèrent et suivirent l'an mil, cette légende, qui a mérité les éloges des savants Bénédictins de Saint-Maur, dans leur *Histoire littéraire de la France* (t. VII, p. 253 et seq.), a été publiée par les continuateurs de Bollandus avec des notes historiques et critiques. C'est de cette homélie confrontée sur plusieurs exemplaires qui se trouvaient aux archives de l'abbaye de Châtillon et dans la bibliothèque du président Bouhier que sont extraits les courts passages que nous en rapportons.

s'étaient rendus à Mussy pour entendre le service divin, n'ayant laissé dans le village qu'un seul enfant en bas âge ; saint Vorle ajouta que, le Seigneur lui ayant fait connaître ce qui se passait, il s'était hâté d'obéir à ses ordres, qu'il avait retiré l'enfant des flammes et arrêté entièrement l'incendie. A ce récit, le Roi encore plus étonné envoya des personnes sûres qu'il chargea de s'informer sur les lieux de la vérité du fait ; ceux-ci étant donc partis en diligence trouvèrent que tout ce que l'homme de Dieu avait rapporté était vrai ; ils apprirent qu'on avait vu saint Vorle auprès de la maison embrasée, et que cette maison ainsi que le petit enfant avaient été préservés par le secours prompt qu'il avait apporté..... »

Longtemps après la mort du saint prêtre, les habitants de Marcenay qu'il avait tant aimés pendant sa vie avaient encore recours à lui dans son tombeau ; et Dieu voulait qu'ils y trouvassent des consolations à leurs souffrances et quelquefois des remèdes à leurs maux. « Ce fut alors que l'église de Langres fut gouvernée par Isaac, prélat très-vénérable, qui, appliqué uniquement à procurer la gloire de Dieu, enrichit et décora, autant qu'il lui fut possible, tous les lieux saints de son diocèse et les rétablit dans un état plus convenable, soit par les largesses dont il les gratifia, soit par les sages réformes qu'il y introduisit pour le maintien des mœurs......

« S'étant donc assuré des miracles que le Seigneur continuait à opérer dans le village de Marcenay, par les mérites de saint Vorle qui avait d'abord été inhumé en ce lieu, le pieux évêque, guidé par son zèle ordinaire, convoqua tous ceux qui pouvaient le seconder dans cette occasion et leur exposant son projet : « Il n'est
« ni juste ni convenable, leur dit-il, que les
« reliques d'un serviteur de Dieu, qui opère
« par ses mérites tant de guérisons en faveur de
« ceux qui réclament son assistance, demeurent
« plus longtemps renfermées sans honneur
« dans un simple village; c'est pourquoi nous
« voulons les transférer dans un lieu où elles
« puissent être conservées avec plus de sûreté
« et de respect, où nous ayons nous-même la
« facilité de les visiter plus souvent, et nous
« sommes décidé, si Dieu prolonge nos jours,
« d'établir, dans le lieu que nous avons choisi,
« une communauté de chanoines ou de moines,
« qui seront uniquement occupés à servir Dieu
« et son saint confesseur. »

« Tous les assistants goûtèrent un projet si louable, et l'approuvèrent d'une voix unanime. Le vénérable prélat, ayant donc convoqué une nombreuse assemblée tant du clergé que du peuple, se rendit aussitôt à Marcenay; et, après avoir fait ouvrir le tombeau du saint, il en retira les reliques et les transféra solennellement à Châtillon, avec un grand nombre de croix et de flambeaux, et au chant des hymnes qui ne fut pas interrompu durant toute la marche. Étant arrivé, il plaça les mêmes reliques avec les cérémonies convenables dans l'église dédiée à la sainte mère de Dieu et au glorieux confesseur de Jésus-Christ, saint Martin *. »

Isaac et ses successeurs firent plus : voulant honorer, d'une manière digne de ses vertus et de l'admiration des fidèles, le divin pasteur que l'amour et les hommages du peuple avaient,

---

* La translation des reliques de saint Vorle est l'objet d'un tableau du XV⁰ siècle, à volets, peint sur bois, qui couvrait autrefois la châsse du saint, et qui se trouve maintenant au-dessus du portail de l'église qui porte son nom ; on y remarque, entre autres détails curieux, les vues de Marcenay, de l'église et du château du Bourg de Châtillon. Au-dessus on lit : « Cette translation fust faitte au temps de Charles-le-Chauve, roy de France. » Au bas se trouve cette inscription en lettres d'or gothiques :

> Quand . sainct . Vorle . fut . translaté .
> De . Mercenay . en . ceste . ville .
> Isaac . le . fist . manifester .
> Avant . les . ans . côplets . de . mille .
>
> Ce . bon . Isaac . voult . s'employer .
> D'une . ardeur . de . dévotion .
> Jusqu'en . ce . lieu . le . colloquer .
> Pour . y . faire . sa . mension .

D'autres tableaux, ornés de quatrains versifiés à la manière du XVI⁰ siècle, représentent, dans la même église, les principaux traits de la vie du saint auquel elle est consacrée.

de son vivant, placé parmi les saints, ils édifièrent, en la place de Sainte-Marie et Saint-Martin, l'église paroissiale de Châtillon, consacrée alors sous le vocable du prêtre de Marcenay, et qui, sauf quelques lourdes constructions d'une date postérieure qui ne font qu'en détruire l'élégante originalité, est la pittoresque église aux deux clochers, que nous voyons aujourd'hui sur la montagne, debout au milieu des ruines du boulevard de la Bourgogne : image frappante de la fragilité des grandeurs de la terre opposée à l'immortalité des célestes choses!

Pour arriver à ce qu'il me reste à dire du Bourg de Châtillon, je dois parler encore de quelques monuments religieux qu'on y voyait dès cette époque. C'était Saint-Nicolas, construit au milieu des maisons d'artisans, bourgeois et marchands, qui paraissent avoir établi en cet endroit le foyer de leur commerce et de leur industrie, Saint-Nicolas, qui, grâce à sa position centrale, devait devenir, lors de la révolution, en place de Saint-Vorle, la métropole de la ville, et dont la fondation se perd dans les obscurités du moyen âge. On sait seulement que le sanctuaire de cette église fut construit en 1546, avec une partie du chœur, aux frais de la ville, « dont il appert par une inscription étant au chœur à droite, auprès du maître-autel. Du surplus, disait, en 1642, M⁰ Louis Verdin, lieutenant-criminel au bailliage de la Montagne, dans un manuscrit qu'il nous a laissé sur la ville de Châtillon, on ne sait rien du tout quant à l'origine de Saint-Nicolas; du moins puis-je assurer que quelque soin que j'aie pris d'en apprendre quelque chose, soit par les religieux ou gens de justice ou anciens personnages, je n'ai pu en rien découvrir, et tout le monde m'a payé d'un *nescio.* »

Non loin de là, c'était l'hôpital Saint-Germain, destiné, dans son origine, à offrir l'hospitalité aux pélerins et aux croisés revenant de Terre-Sainte, accablés de ces guerres lointaines; on a continué, dans la suite, à y loger les pauvres passants, jusqu'à la réunion de cette maison à l'hospice Saint-Pierre, où l'on voit encore les tombes de ses recteurs *.

---

* Le cri de *Dieu le veut!* n'avait pas eu de peine à entraîner hors de leurs castels, avec leurs hommes, les comtes et barons de ces contrées. Sans parler des autres, l'histoire des croisades a retenu les noms d'Erard de Chastenay, dont j'ai déjà parlé, des nobles sires de Grancey, du chevalier Lambert de Châtillon, qu'on retrouve dans tous les actes du temps, et de Godefroy de Roche-Taillée. Je ne puis m'empêcher de rapporter un beau trait digne de ces temps chevaleresques. — D'Anglure, seigneur de Jours, près de Châtillon, était un de ces vaillants qui quittèrent de grand cœur leurs baronnies pour ces expéditions religieuses. Fait prisonnier par Saladin, il obtint, sur sa promesse de revenir au bout d'un certain temps, la permission de retourner en France faire ses derniers adieux à sa patrie, à sa famille.

C'était aussi le Petit-Lugny (maintenant la maison du Cours-Massol) *, où les chartreux de ce nom venaient chercher un asile pendant les temps de guerre; et enfin, hors de l'enceinte

---

Il n'y manqua pas : au terme marqué, ce Régulus inconnu revint de lui-même se remettre dans les fers, entre les mains de son ennemi qui, ne voulant point être vaincu en générosité et en grandeur d'âme, lui rendit la liberté; de retour en France, le chevalier, dont la reconnaissance fut égale à la magnanimité, fit graver, pour conserver la mémoire de ce bienfait, l'action, les croissants et l'image de Saladin, sur les murs de son château de Jours, où on les verrait encore, si l'ignorance et le fanatisme révolutionnaires, prenant des musulmans pour des saints, nous avaient laissé autre chose que des bas-reliefs mutilés.

* En 1382, messire Guy de la Tremoille, chevalier, premier chambellan du duc Philippe-le-Hardi, instituant six religieux en la chartreuse de Lugny, donna, pour cette fondation, quelques biens qu'il possédait à Châtillon. C'est alors qu'ils établirent dans cette ville un hospice où ils venaient, selon les temps, percevoir leurs revenus ou chercher un refuge.

La magnifique chartreuse de Lugny avait été fondée, en 1172, par Gauthier de Bourgogne, évêque de Langres et fils de Hugues II. Tout en regrettant que ce ne soit pas ici le lieu d'en retracer l'histoire, on n'a pu se résoudre à ne pas lui consacrer au moins un souvenir, ainsi qu'au célèbre prieuré du Val-des-Choux.

Au milieu de l'immense forêt de Villers-le-Duc serpente une espèce de précipice arrosé par les cascades d'un petit ruisseau qui prend sa source au fond du *val*. C'est dans la grotte où il cache sa naissance que Guy vint placer son

du Bourg, et, à ses portes, l'église de Saint-Mametz et le couvent des Cordeliers. Saint-Mametz, construit au milieu d'un faubourg considérable, entièrement ruiné lors des guerres

---

ermitage : à l'imagination exaltée, pour laquelle les rigueurs de la chartreuse de Lugny n'avaient pas semblé un moyen assez efficace de servir son Dieu, il ne fallait pas moins que ces gouffres, ces déserts impraticables, cet océan de forêts : nul lieu n'était plus propice aux sublimes contemplations, plus conforme à la règle sévère qui y fut pratiquée : je ne sache pas dans toute la Bourgogne de site plus approprié au recueillement de la vie monastique.

Le duc de Bourgogne, qui passait quelques mois dans sa maison de chasse de Villers, fit rencontre du pieux solitaire, près de la fontaine qui a dans la suite conservé son nom : on l'appelle la fontaine du Duc. Près de partir pour quelque expédition, il fit vœu, s'il revenait vainqueur, d'élever un monastère à la place de l'ermitage. Eude III, triomphant, se souvint de sa promesse, et le Val-des-Choux fut fondé, vers 1193.

Telle est, selon la légende, l'origine de ce chef-d'ordre dont dépendaient trente prieurés en Écosse, en Espagne et en Portugal, et qui, fidèle à son institution, pratiquait la règle austère des Chartreux mêlée aux observances plus austères encore de Cîteaux. Le silence le plus absolu y était un des premiers commandements : qu'on juge de l'effet que devait produire dans ces sombres solitudes la seule parole permise à ces hommes qui creusaient de leurs mains chaque jour leur tombeau : *mon frère, il faut mourir.*

La vue du Val-des-Choux peut encore donner quelque idée de ce qu'était un monastère au moyen âge : trois grands corps de logis, séparés par trois grandes cours

de la Ligue, « était, dit le P. Legrand, l'une des belles et grandes églises de la province. Mais il faudrait être devin ou bien avoir tenu toutes les vieilles chartres de la cathédrale de Langres,

---

carrées, en faisaient pour ainsi dire une bourgade étrangère au monde qu'elle ne connaissait que pour le bénir et l'aider : la première cour renfermait, outre toutes les choses nécessaires à l'exploitation d'une ferme, à la culture de la terre et à la nourriture des bestiaux, une chapelle, une hôtellerie pour les voyageurs égarés, et un hôpital pour les pauvres malades des villages voisins auxquels les religieux prodiguaient des secours. Venaient ensuite les bâtiments nécessaires à l'industrie et à divers métiers, des forges, des usines, des fabriques de toute sorte pour les besoins du monastère ; une habitation pour les princes de la maison de Condé qui venaient chaque année avec leur suite en pélerinage au Val-des-Choux, les cloîtres des moines, une belle église, d'architecture gothique, dont un utilisme destructeur menace de faire disparaître les ruines magnifiques, et qui renfermait les mausolées de deux enfants du duc Eude III, représentant, dans des bas-reliefs de bon goût, des processions de moines conduites par un évêque, tout cela c'était comme le sanctuaire du prieuré ; par derrière s'étendaient de vastes jardins bornés par un amphithéâtre de montagnes boisées, et arrosés par le ruisseau de la caverne du solitaire, dont les eaux, alimentant par des conduits souterrains les usines et les fermes dont j'ai parlé, formaient, dans le verger, le vivier sur les bords duquel, dit M. Maillard de Chambure, dont l'érudition nous a déjà servi, l'ombre du grand-prieur... apparaissait chaque nuit, agenouillée et demandant pardon à Dieu d'avoir, à la tête de ses religieux, tué de sa main

pour découvrir son origine et ses fondateurs. Il est certain qu'elle était déjà bâtie du temps de Robert, roi de France, l'an mil trois ou quatre;

---

une troupe d'Anglais qui, dans les temps de guerre, ravageaient le pays et menaçaient le monastère.

J'ajouterai un dernier trait qui montrera combien les moines du Val-des-Choux avaient gardé, au milieu de la dégénération monastique du dernier siècle, les observances et la pureté primitives. Lors de la suppression des couvents, un cri général s'éleva dans le pays pour demander la conservation de cet autre Saint-Bernard. « Ces bons religieux, est-il dit dans une pétition présentée à l'assemblée constituante par M. le comte de Chastenay, à qui il était réservé de prolonger l'existence du couvent dont ses ancêtres avaient favorisé la fondation, ces bons religieux sont jardiniers, maçons, artisans et laboureurs : ils travaillent sur les chemins, regardent leur maison comme un asile ouvert aux pauvres et aux voyageurs qu'ils y reçoivent avec une hospitalité touchante; et leur journée toujours active ne se termine que pour employer à la prière une partie de la nuit. Souvent ils ont répandu dans les villages voisins des secours que la Providence seule pouvait leur ménager; notamment pendant les hivers derniers, où les neiges entassées interceptaient toute communication. Plusieurs d'entre eux, au péril de leur vie, traînèrent, par des forêts et des montagnes impraticables, des charrettes pleines de pain jusqu'au village d'Essarois qui en manquait absolument et les regarde aujourd'hui comme ses anges tutélaires. Leur destruction serait une calamité pour le pays qu'ils habitent; ce sont les vœux d'un grand nombre d'habitants des campagnes que les représentants de la commune de Châtillon expriment en ce moment devant l'assemblée nationale. »

nous trouvons en effet que, après qu'on eût rapporté les reliques de saint Vorle du concile d'Airy, on les exposa à la vénération du peuple, proche la basilique de Saint-Mametz. »

Si une conjecture m'était permise, voici l'origine que j'assignerais à ce monument. Ce ne fut qu'au IX° siècle que, ntroduit par la vanité des grands, l'usage fut généralement suivi d'enterrer dans l'intérieur des temples les simples clercs et les riches bourgeois, dont les pierres tombales pavent encore maintenant les allées de nos églises : les pauvres gens, qui ne pouvaient acheter le privilége de reposer dans ces sépultures isolées, étaient inhumés dans des caveaux communs où la mort étageait leurs cercueils. *
Il n'y a guère qu'un demi-siècle que le danger

---

* Étant un jour descendus dans un de ces caveaux (dans l'église de Saint-Vorle) dont la pierre n'avait pas été soulevée depuis près de cinquante ans, nous n'avons pas été peu surpris d'y trouver, au milieu d'un amas d'ossements blanchis, le cadavre conservé d'un homme, réduit à l'état de momie, et dont les formes étaient peu ou point altérées. Ce fait serait plus surprenant si l'on ne savait que plusieurs lieux souterrains, notamment à Toulouse, ont la propriété de conserver les cadavres en bon état, et que, dans le fameux caveau de la tour Saint-Michel, à Bordeaux, des corps, qui comptent bien plus de cent ans, gardent encore, le long des murailles où ils sont dressés, l'attitude et les expressions qu'ils avaient au moment où la mort les a roidis pour jamais.

d'inhumer dans les églises, bien constaté par des pestes périodiques, en a fait cesser l'usage. Mais, avant que les morts n'eussent obtenu la consolation de faire mourir ceux qui leur survivaient, il y avait, hors de l'enceinte des villes, des cimetières communs, au milieu desquels on élevait ordinairement une chapelle funéraire. Les nombreux tombeaux de pierre, semblables à ceux qui furent en usage jusqu'au IX° siècle, trouvés autour de Saint-Mametz, nous portent à attribuer cette destination originaire à cette église, placée du reste, comme les chapelles sépulcrales, aux portes de Châtillon, et où nos pères se souviennent encore d'avoir assisté à des services funèbres et suivi des convois, quand on eut reporté à l'entrée des villes les lieux de sépulture *.

J'ai hâte d'arriver aux Cordeliers de Châtillon, dont les colonies eurent bientôt formé des couvents du même ordre, entre autres celui de

---

* Sur une tombe de cette église étaient représentés au trait un homme et une femme ayant les mains jointes et les figures en beau marbre blanc ; aux pieds de l'homme étaient douze enfants priant à genoux, six aux pieds de la femme. A l'entour on lisait cette inscription qui est aussi de l'histoire : « *Cy gissent saige sire Jehan de la Marche, bourgeois, très-passé en l'an 1343, 15 mai, et honneste dame Mairie, très-passée en 1348 ; lesquels mariés eurent 12 fils et 6 filles, desquels enfants imaiges sont ci-dessoubs pourtraictées.* » Suivant la tradition, ces dix-huit

Bar-sur-Aube. En 1226, quelques pèlerins de saint François, sous la conduite de Rodolphe d'Assise, passèrent à Châtillon. L'immense charité, que professaient ces pauvres missionnaires franciscains, édifia les habitants, qui obtinrent par leurs instances que leur chef laissât dans la ville deux de ses religieux pour y fonder un monastère.

« * Au dehors des fossés de Châtillon, en une prairie du côté du midi, étoit une petite chapelle, fondée par les seigneurs de Chamesson, au long de laquelle couloit un petit ruisseau d'eau vive. Ce lieu étoit fort dévotieux; car le peuple de la ville y alloit faire ses prières le matin avant que de se mettre au travail, et le soir auparavant de se coucher; de sorte que telles heures sembloient être de petites processions et pèlerinages. Auprès de cette chapelle étoit une petite maison, dans laquelle on logea ces deux bons pères. »

---

enfants auraient tous assisté à l'enterrement de leurs père et mère.

Cette épitaphe en rappelle une autre du cimetière de l'abbaye, qui confirme également ce que les anciens ont raconté de la forte constitution et de la longévité de nos pères, qu'ils attribuaient à l'excellence du climat châtillonnais. Elle est ainsi conçue : « *Cy gist honorable Jehan Bouvot, qui trépassa le 4 d'août, l'an 1502, et a eu trente-trois enfants qu'il a laissés tous vivants.*

* Fodéré. — *Histoire des couvents de la province de Saint-Bonaventure.*

Jacques Flamand, bourgeois de Châtillon, leur donna un verger chargé d'un cens envers la maison des Templiers; Jehan de Noident, une petite prairie le long des murs de Châtillon; noble dame Isabeau de Thoissey, un jardin; et c'est ainsi que, grâce à l'enthousiasme qu'ils avaient excité, ils parvinrent à se former un modeste enclos autour de leur chapelle. « Ils y célébraient la messe et disaient leur divin office avec autant d'affluence de personnes que d'édification de tous les bons habitants, qui attendaient quelque aide à l'honneur de Dieu pour bâtir un couvent. » Cet aide ne se fit pas longtemps attendre : bientôt, comblés de largesses et de priviléges, les Cordeliers de Châtillon comptèrent le roi saint Louis parmi leurs bienfaiteurs. Le duc de Bourgogne, Hugues IV, leur fit élever un monastère avec une grande magnificence; * Robert II eut pour eux la même vénération que son père; jaloux de contribuer à cette pieuse fondation, il y ajouta de nouveaux cloîtres, et s'y ménagea des appartements où il

---

* Pour la plus grande commodité des religieux franciscains, il ordonna à ceux du Bourg de pratiquer une porte de ville vis à vis l'entrée du couvent : malgré les remontrances des magistrats, qui alléguaient l'inutilité d'une nouvelle porte si voisine de celle de Roche, distante de moins de cent pas, elle fut faite et appelée la porte de Saint-François ou des Cordeliers.

se retirait pour prier les veilles des fêtes solennelles, toutes les fois qu'il résidait dans *son chastial* de Châtillon. L'église des Cordeliers était d'une merveilleuse architecture, et les plus puissants y briguaient un tombeau dans ses riches chapelles : on y remarquait ceux de Guillaume et de Jean *de Chastoillon*, chevalier, *qui par grande dévotion avoit pris l'habit de saint François*, en 1344, celui de Charles du Bec-Crespin, vice-amiral de France, de cette illustre famille qui donna à la France un cardinal, deux archevêques, un maréchal et le chevalier qui portait l'étendard apostolique à la bataille de Hastings. On y voyait encore le saint sépulcre entouré de douze grandes figures, qui a été transporté dans l'église Saint-Vorle après la destruction des Cordeliers dans les guerres de la Ligue : Edme Régnier de Romprey, lieutenant-général au bailliage, et sa femme, qui en avaient orné l'église, s'étaient fait représenter à genoux aux pieds du Sauveur mourant. Le reste du monastère répondait à tant de magnificence, si bien, dit le P. Fodéré, que « ce couvent étoit un des plus grands et des plus somptueux que l'on pût voir de-çà les monts, et une demeure si délicieuse et d'une assiette si agréable qu'elle paraissoit un paradis de plaisir. »

L'abbaye de Notre-Dame de Châtillon, ayant ses colons, ses serfs, sa juridiction, son territoire particulier, trouvant d'ailleurs en elle-même, comme les abbayes du moyen âge, toutes les ressources et toutes les industries nécessaires, formait, à côté, une espèce de troisième ville bien distincte du Bourg et de Chaumont. Aganon disait dans son homélie : « L'évêque Isaac fit quelques donations à l'église dédiée à la sainte mère de Dieu et au glorieux confesseur de Jésus-Christ, saint Martin, où il venait de transférer les reliques du bienheureux saint Vorle; mais, quand il voulut exécuter le projet qu'il avait conçu d'y établir une communauté de chanoines, il se trouva tellement embarrassé dans des affaires importantes jusqu'au moment de sa mort, qu'il lui fut impossible de faire ce qu'il avait désiré avec tant d'ardeur. Son successeur Geilon, informé des intentions d'Isaac, et témoin lui-même des miracles que le corps de saint Vorle ne cessait d'opérer, fit aussi des dons à la même église, et voulut aussi y réunir un certain nombre de prêtres; mais les grandes occupations dont il fut surchargé l'en ayant pareillement empêché, il était réservé à Brunon, prélat d'un rare mérite, qui gouverna l'église de Langres après Geilon, de réaliser le projet de ses prédécesseurs; il donna à l'église de Châtillon plusieurs fonds de terre avec quelques églises voisines; et, quelques personnes pieuses l'ayant secondé par leurs largesses, il y établit un corps de chanoines qui, depuis ce temps, célèbrent, jour et nuit, avec un grand zèle, les divins offices, pour rendre gloire au roi éternel et honorer son illustre confesseur, et ne cessent de faire retentir son saint temple du chant harmonieux des hymnes sacrées. »

Telle est l'origine de la célèbre abbaye de Notre-Dame qui, enrichie par de pieuses libéralités, acquit une puissance que les diplômes des évêques et les bulles des papes eurent soin de défendre contre les entreprises des grands et du clergé : l'histoire des vexations continuelles qu'eut à souffrir le monastère de Pothières nous a révélé le sens de ces anathêmes si souvent répétés, seul frein contre une cupidité brutale, dans ces temps grossiers. « Maudit soit (disait, en 1138, aux chanoines de Notre-Dame, le pape Innocent II, dans une charte confirmée par la suscription de six cardinaux) maudit soit quiconque tentera de troubler votre église, de lui imposer quelque injuste exaction, de lui ravir ses possessions, de les retenir après les avoir ravies, de les diminuer ou de vous inquiéter comme que ce soit..... Et, s'il arrive que quelqu'un, ayant connaissance du prescrit de cette constitution, ait la témérité ou l'audace d'y contrevenir, s'il ne s'empresse d'y satisfaire dûment après la seconde lecture qui lui en sera faite, qu'il soit privé de ses charges et dignités, qu'il sache qu'il a commis un acte infâme, et qu'il soit retranché de la très-sainte communion du corps et du sang de notre Dieu et Seigneur Jésus-Christ. »

Les chanoines de Notre-Dame, qui sont quelquefois appelés chanoines de Saint-Vorle, s'étaient établis autour de l'église de ce nom, quand saint Bernard, qui rétablissait alors la discipline cénobitique, se souvint de l'abbaye où il avait passé sa première enfance, et, de concert avec Guillenc, évêque de Langres, remplaça les chanoines de la première collégiale par une communauté régulière, de l'ordre d'Aroaise, en Artois. Cette réforme eut lieu vers l'an 1138, comme il résulte de la bulle du pape Innocent II; et ce fut à cette époque que, quittant les cloîtres qu'ils occupaient près de l'église du Château, les nouveaux religieux allèrent habiter, dans la prairie à l'est du Bourg et de Chaumont, le monastère construit avec une grande magnificence, grâce aux libéralités des ducs de Bourgogne, Hugues et Eude, des évêques diocésains, de Thibaut de Champagne, d'une reine de Pologne dont on ne dit pas le nom, et de plusieurs bourgeois et seigneurs entre lesquels on remarque Arnaud et Hugues de Grancey, sénéchal de Bourgogne. *

« Sans mensonge et sans exagération, s'écrie

---

* C'est dans l'*Histoire* et le *Cartulaire* manuscrits de l'abbaye, déposés à la bibliothèque de la ville et rédigés par François Hocmelle (qui, né en 1692, fut quelque temps chanoine de Châtillon, et mourut à Troyes, le 29 décembre 1730, en allant prendre possession du prieuré d'Oigny.)

le P. Legrand, nous pouvons dire que ceux qui n'ont pas vu l'ancien monastère de Châtillon auront peine de croire et de concevoir son étendue, sa beauté et la commodité de sa demeure. Il se treuvoit, il n'y a pas douze ans, des personnes plus vieilles d'un siècle entier, et, à l'heure que j'écris ceci, il en reste encore quelques-unes qui ont vu toute la plaine qui est entre la ville et la Seine, jusqu'au pont des Lépreux, faire l'enclos de l'Abbaye et servir de sol aux bâtiments du monastère, qui étoient en grand nombre et d'une très-belle et très-exquise structure, et servoient aux divers usages des personnes qui demeuroient en ce saint lieu. Les uns faisoient l'appartement des religieux, d'autres celui des hôtes; il y en avoit pour les valets, pour les laboureurs, pour les métayers. Les frères convers, qui étoient beaucoup plus multipliés, avoient aussi le leur. Cette vaste étendue étoit encore partagée en jardins, en parterres, en petits bocages, en étangs et en réservoirs de poissons (car les religieux au commencement faisoient l'abstinence de chair, et vivoient dans la même rigueur que ceux de

---

qu'il faut lire, dans un latin pur et coulant, outre quelques particularités sur nos autres églises, la fondation de Notre-Dame, la liste de ses abbés, sa destruction dans les guerres de la Ligue, sa réforme et ses autres vicissitudes; son origine seule doit ici nous occuper.

Prémontré). L'église, qui est haute, longue, claire et solidement bâtie, étoit au centre de ces divers appartements, comme l'arche d'alliance au milieu du camp des douze tribus d'Israël. » La bibliothèque de N.-D. était fort remarquable.

Il y a peu de mérite à répéter maintenant qu'une abbaye, construite sur le modèle des riches maisons romaines et entourée de murailles crénelées, formait une espèce de bourgade où, sous la bannière inviolable d'un saint, se conservaient, au milieu de la barbarie du moyen âge, avec les doctrines vivifiantes qui ont régénéré le monde, les merveilles de l'industrie, les secrets des métiers et des arts, le culte des lettres, débris, perdus sans cela, de la civilisation antique, qui ont aidé au bien-être matériel des peuples, à l'épuration du goût, à l'adoucissement des mœurs. L'abbaye de Châtillon, à ce titre, un des berceaux du monde moderne, a aussi droit à nos hommages.

En créant une collégiale à Châtillon, Brunon de Roucy avait chargé les chanoines du soin et de la direction des écoles instituées depuis longtemps dans cette ville. Ce n'était pas en effet seulement en opposant une barrière aux invasions nouvelles que Charlemagne avait mérité le surnom de restaurateur de l'empire d'Occident : on sait quel concours il avait trouvé dans l'Église pour ressusciter, avec l'unité impériale, la civilisation et les lettres latines, qui ne furent jamais entièrement en oubli sur la terre des Gaules. Betton, 34e évêque de Langres, était une de ces intelligences précoces qui aidèrent à la royauté dans cette utile et noble mission. Nommé par Charlemagne son *missus dominicus* dans ces provinces, et choisi par lui pour rédiger ses capitulaires, Betton eut aussi la gloire de rétablir à Langres des écoles où l'on enseignait la grammaire, la rhétorique, la physique, etc., et de plus une académie militaire où l'on s'exerçait au maniement du bouclier, de l'arc et de l'arbalète. Pour remettre ces écoles en honneur, des exemptions et priviléges avaient été accordés à ceux qui les fréquentaient. L'origine de celles de Châtillon, où l'on étudiait la théologie, le droit canon et les autres sciences, remonte à ces âges; il est vrai que, dès le VIe siècle, les évêques de Langres y envoyèrent des prêtres de la cathédrale pour desservir l'église et instruire la jeunesse : les chanoines les remplacèrent, et leur enseignement ne fut pas sans quelque profit ni quelque renom, quand, après les catastrophes qui précédèrent et suivirent l'an mil, l'humanité rassurée put se livrer aux travaux intellectuels qui firent la gloire des deux siècles suivants.

Ce fut alors que fleurit le chanoine Aganon. Tandis que, près de là, dans la célèbre abbaye de Pothières, Lambert, un des précurseurs de la science, à qui l'on attribue les vers élégiaques gravés sur le tombeau de Thierry, fils de Berthe et de Gérard de Roussillon, éclaircissait par son érudition philologique le livre des Psaumes que les écoles de Charlemagne avaient déjà fort répandu; que, consulté par Albéric, abbé de Saint-Bénigne de Dijon, il levait plusieurs difficultés grammaticales par un savant traité que Mabillon a jugé digne d'être inséré dans ses *Analectes*; Aganon cultivait, dans les cloîtres de la collégiale de Châtillon, les secrets du talent et du goût littéraires que les savants Bénédictins ont reconnus dans l'homélie de saint Vorle, le seul monument qui nous reste de lui.* Le titre de *scholasticus*, qui lui est commun avec l'historien bourguignon Frédégaire, et sous lequel Leibniz nous apprend quelque part qu'on désigne encore les maîtres des écoles dans les monastères d'Allemagne, nous ferait croire qu'Aganon était alors chargé de la direction de celles de Châtillon; à moins qu'on ne préfère (et on le peut aussi) entendre par cette dénomination un homme versé dans la connaissance des lettres.

C'est peut-être ici le lieu de signaler l'auteur de l'*Alexandreïde*, le plus curieux ouvrage du temps avec la *Philippide* de Guillaume-le-Breton. Philippe Gauthier (dont le poëme calqué sur l'histoire de Quinte-Curce, et remarquable, comme toutes les productions du moyen âge, par un mélange bizarre des idées catholiques et

---

* *Histoire littéraire de la France*, par les Bénédictins.

profanes', eut une si grande vogue qu'il était généralement admiré et étudié de préférence à l'*Énéide* qu'on commençait à connaître) Philippe Gauthier était né, dans la première moitié du XIIe siècle, à Lille, dont il changea le nom qu'il portait d'abord, pour prendre celui de Châtillon, où il vint prendre la conduite des écoles et se distingua par quelques poésies légères. Les érudits, qui nous apprennent encore qu'il quitta Châtillon, où il ne trouvait pas les avantages que son génie naissant lui permettait de désirer, n'ont pu préciser dans laquelle des trois ou quatre villes de ce nom le poëte du XIIe siècle était venu s'établir. * La présomption légitime que la célébrité de ses écoles fait naître en faveur de Châtillon-sur-Seine (tandis qu'on ignore si les autres Châtillon eurent en ce temps-là des établissements de ce genre), engage seule à revendiquer pour notre ville natale le chantre d'Alexandre; l'éclat que donne à sa collégiale l'homme dont il reste à parler maintenant dispense suffisamment de recourir à des gloires d'emprunt.

Être par son seul génie l'homme de tout un siècle, le modèle de la plus belle éloquence, le conseiller des princes, la colonne de l'église, l'oracle des nations; du fond d'une cabane de ramée et de feuillage, dans les bois les plus

---

* *Hist. litt. de la France*, par l'Institut, tome XV.

sauvages où il ne peut cacher sa vertu, soulever et calmer l'Europe à son gré, réformer les mœurs d'un monde grossier et la discipline relâchée des monastères, commander aux consciences; écrire, et, d'un mot, décider des résolutions des rois et du sort des peuples, dicter les décrets des conciles, nommer et déposer les souverains pontifes; parler, et foudroyer, pour conserver l'unité catholique, ce que l'esprit le plus habile et le plus dialectique sait trouver de plus insinuant; se taire, et, d'un regard, renverser dans la poussière ce que la grandeur obstinée prépare de plus audacieux; d'un geste, faire fondre en larmes des populations étrangères; marcher, et voir sur son passage les malades retrouver la santé, la confiance renaître, être obligé de livrer à l'amour et à l'empressement des peuples les pans de sa robe sainte; toujours aussi simple et aussi sublime, également digne d'admiration, quand, sous les chênes de Clairvaux, il enseigne aux disciples qui l'entourent cette charité persuasive que le philosophe de nos jours est forcé d'aimer, ou lorsque, avec l'enthousiasme inspiré d'un prophète, prêchant, dans les conseils des rois et sur les places des villes, le saint sépulcre profané, les infidèles menaçant la chrétienté de leurs invasions, il sauve et civilise l'Europe en la précipitant sur l'Asie, et refuse pour lui le commandement de la seconde croisade; — voilà la destinée merveilleuse de l'homme, je veux dire du saint, dont le séjour à Châtillon fait la plus belle illustration de notre histoire : j'ai nommé saint Bernard.

Que les illusions d'un faux patriotisme ne nous abusent pas; et, bien que de recommandables témoignages placent à Châtillon le berceau de ce grand homme, * disons, avec le seul biographe contemporain qui ait mentionné le lieu de sa naissance, que saint Bernard reçut le jour au château de Fontaines-lez-Dijon. Je n'aurais garde, en parlant d'une telle gloire, de relever la double noblesse de son origine, si elle n'était pour nous de l'histoire; mais, descendant par sa mère de l'illustre maison de Montbard, le héros futur du XIIe siècle comptait pour aïeux paternels des chevaliers qui avaient précédé les

---

* Quelques auteurs l'ont soutenu, entre autres Platine, dans la *Vie des Papes* (p. 17). C'est aussi l'opinion de plusieurs illustres Châtillonnais. Guillaume Philandrier, dans ses *Notes sur Vitruve* (l. V, c. 4), appelle saint Bernard son compatriote, «encore que d'autres, ajoute-t-il, l'aient fait naître à Fontaines.» Le président Bégat, dans sa *Réponse pour les députés de Bourgogne*, se dit aussi *natif de la ville dont était saint Bernard, ce bon personnage bourguignon,* etc...... Toutes ces considérations semblent tomber devant ce passage de Guillaume de Saint-Thierry, disciple et ami de saint Bernard, qui commence ainsi la biographie du saint, écrite à son insu et dès son vivant : « *Bernardus Burgundiæ partibus, Fontanis, oppido patris sui, oriundus fuit..... »*

évêques de Langres dans la seigneurie du Bourg de Châtillon, où ils conservaient encore une ombre de leur antique puissance. *

« Dans le territoire de la cité de Langres, dit Geoffroy, biographe de saint Bernard, dont il avait été le secrétaire et l'ami, est situé un noble castrum, jadis illustré par de beaux faits d'armes, qui a nom Châtillon, et renferme une nombreuse noblesse, renommée par sa bravoure

---

* Voici la généalogie de cette famille tirée, par le P. Legrand, des archives de l'abbaye de Fontenay, où elle a laissé tant et de si glorieux souvenirs. Werric ou Guerric, comte de Châtillon, seigneur de Laignes, qui (selon le P. Chifflet) est appelé dans quelques titres Werric du Pont, parce qu'il avait, à Châtillon, sa maison dans l'*Ile* (probablement dans la rue des Ponts) eut trois fils : André de Châtillon, qui se fit chevalier de Jérusalem après la mort de sa femme, Godefroy de Châtillon, qui devint religieux et prieur de Clairvaux, et Tescelin de Châtillon, qui fut le père de saint Bernard.

André eut deux fils : Gérard de Châtillon, seigneur d'Eschalot, qui, marié à la sœur du seigneur de Salives, en eut Milon de Châtillon. — Godefroy de Châtillon, père de Nivard et de Hugues de Châtillon, eut une fille qui transporta le bourg de Laignes dans la maison de Tonnerre. — Enfin le troisième fils de Werric, Tescelin de Châtillon, épousa la célèbre Aleth ou Alix, fille de Bernard de Montbard : il en eut plusieurs enfants qui prirent tous le titre héréditaire de Châtillon, et dont voici les noms selon l'ordre de leur naissance : Guy, Gérard, *Bernard*, André, Barthélemy, Nivard et Humbeline.

chevaleresque, mais plus encore par sa fidélité à tous les devoirs. Par-dessus tous, brillait Tescelin, surnommé *Sorus* (c'est ainsi qu'on appelle vulgairement ceux qui sont presque roux). C'était un homme d'une haute naissance, possesseur de riches domaines, connu pour la bonté de son caractère, une éminente charité envers les pauvres, une piété éprouvée et une scrupuleuse équité;.... du reste brave chevalier, fuyant les éloges avec le même soin que les autres mettent à les rechercher. Jamais il ne prit les armes, sinon pour la défense de ses propres terres ou pour suivre en campagne son seigneur, le duc de Bourgogne, qui l'honorait d'une confiance et d'une amitié intimes; et jamais non plus il ne suivit sa bannière, que le duc ne remportât la victoire. Il était de Châtillon (*erat quidem indigena Castellionis*), mais seigneur d'une moindre place, nommée Fontaines, qui du haut du rocher où elle est bâtie, domine le fameux castrum de Dijon. Tescelin avait pour femme Élisabeth, de la célèbre maison de Bourgogne, fille de Bernard de Montbard, bien digne d'une telle famille et d'un tel mari, dont elle faisait du reste la gloire. Des sept enfants nés de cet heureux mariage, Bernard fut le troisième. Un avertissement céleste qu'avait eu sa mère, pendant qu'elle le portait dans son sein, lui avait inspiré une prédilection marquée pour ce fils prédestiné : aussi lui avait-elle donné le nom de son père. »

Élisabeth (qui est aussi appelée Aleth ou Alix) n'était pas une âme vulgaire : à l'onction et aux charmes d'une sainte, elle unissait cette érudition d'un autre âge, qui lui a donné rang parmi les héroïnes littéraires du XIIe siècle, * et qui, depuis elle, les Héloïse, les Laure, les Clémence Isaure, jusqu'aux Clotilde de Surville, fut aussi le partage et l'honneur des femmes. Je ne sais si je me trompe ; mais, en étudiant les premières impressions de saint Bernard, on demeurera convaincu que ce sont les tendres soins et l'influence affectueuse de cette mère qu'il aimait tant et qu'il perdit jeune encore, qui décidèrent de sa vocation et développèrent les germes de ce beau génie, en lui donnant dès lors ce zèle brûlant en même temps que cette grâce mélancolique et cette suave parole qui devaient le distinguer plus tard. Une circonstance qu'on dira tout-à-l'heure vint bientôt fortifier en lui ces séductions de son cœur et ces tendances de son esprit.

Dès qu'il fut en âge, saint Bernard trouva, à la collégiale de Châtillon, ** cette connaissance

---

* *Histoire littéraire de la France*, par les Bénédictins.

** Undè et quàm citiùs potuit, in ecclesiâ Castellionis, magistris litterarum tradens erudiendum (mater Aleth) egit quidquid potuit ut in eis proficeret. Puer autem, et gratiâ plenus et ingenio naturali pollens, citò in hoc desiderium matris implevit. etc.... (*Vie de saint Bernard,* par Guillaume, abbé de Saint-Thierry.)

exquise des lettres qu'Aleth, sa mère, cultivait elle-même avec honneur; et c'est dans ces écoles, alors les plus célèbres de la province,* qu'il puisa toute l'instruction littéraire qu'il reçut jamais; dans cette ville, dont il ne sortit guère qu'à vingt-deux ou vingt-trois ans, pour aller renoncer au monde dans les cloîtres de Cîteaux, qu'il passa tout le temps de sa première jeunesse, c'est-à-dire l'âge de la vie où l'âme s'ouvre à ces impressions qui ne s'effacent jamais et qui décident souvent de ses destinées. Ainsi arriva-t-il de saint Bernard. En lisant ses biographes contemporains, on voit, dès son entrée aux écoles, l'homme apparaître dans l'enfant: mais parmi les traits où sa vocation se révèle, il en est un qui, plusque les autres, semble l'avoir fixée.

C'était la nuit de Noël; et l'office solennel tardait à sonner, quand le jeune Bernard, qui attendait avec les autres, laissa tomber sa tête appesantie et s'assoupit: pendant ce court sommeil, le fils de Dieu lui apparut dans toute sa gloire, et, lui révélant le mystère de sa naissance, frappa profondément son esprit: cette circonstance doit compter dans sa vie. « En effet, ajoute Guillaume de Saint-Thierry, il resta persuadé, et il l'avoue encore, que l'heure de cette révélation devait correspondre à

---

*. De Villeforce. — *Vie de saint Bernard.*

celle de la nativité du Seigneur. Quoi qu'il en soit, tous ceux qui ont joui familièrement de ses entretiens ont pu voir quelle impression Dieu, en ce moment, avait produite sur son cœur, puisqu'aujourd'hui même, pour tout ce qui touche à ce sujet, il semble qu'il trouve un sentiment plus vif avec des paroles plus éloquentes; c'est aussi ce qui lui inspira, en l'honneur de la Vierge et de la divine Incarnation, cet ouvrage remarquable qu'on lit au commencement de ses traités.... » [*].

C'est cet épisode qui semble avoir donné naissance à la tradition suivante. L'oratoire souterrain de Notre-Dame de Châtillon, bâti par les premiers chrétiens et religieusement conservé

---

[*] Geoffroy, moine de Clairvaux, secrétaire de saint Bernard, rend ainsi compte du même fait : « Il y avait à Châtillon une église de chanoines qui, bien que séculiers, vivaient dans la plus austère discipline : c'est là que Bernard fut élevé dès son enfance. Or, un jour de Noël que, encore en bas âge, il dormait *dans la maison de son père*, en attendant les Vigiles, il crut voir en songe le Verbe enfant sortant du sein de sa mère; tout à coup on sonna l'office, et sa mère, l'ayant éveillé et revêtu de ses habits de chanoine (tels que les femmes dévotes en mettent quelquefois à leurs enfants), *le conduisit avec elle à l'église, comme à son ordinaire*. Bernard avait coutume de dire qu'il croyait que cette heure était réellement celle où le Sauveur était né, et que cette vision avait été le signal des nombreuses révélations qu'il eut dans la suite au sujet de la Nativité. »

dans l'église de Saint-Vorle, renfermait une image antique de la Vierge Marie, qu'on a appelée le *Palladium* de la ville, où elle était en effet fort vénérée. C'est devant elle que les ducs de Bourgogne rendaient foi et hommage aux évêques de Langres; c'est elle qui avait inspiré à saint Bernard, encore enfant, la belle hymne de l'*Ave maris stella,* que toute l'Église catholique chante dans ses solennités; c'est à ses pieds enfin, au seuil de la chapelle, qu'aurait eu lieu la vision mystique de l'Incarnation, si tant est qu'elle soit le même fait que l'événement traditionnel qui, attribuant au culte de Marie la douce et persuasive éloquence de saint Bernard, se trouve ainsi rapporté dans les chartes d'indulgence accordées à Avignon, en 1340.

« ..... Il y a, de temps immémorial, en l'église de Saint-Vorle de Châtillon-sur-Seine, une image de la bienheureuse Vierge Marie, que le peuple chrétien honore et révère; laquelle, ainsi qu'il est rapporté plus amplement dans la vie du saint, présenta miraculeusement son fils à saint Bernard, en lui disant : reçois Jésus, sauveur du monde; ensuite elle l'instruisit sensiblement des mystères de la foi catholique, lui fit voir toute sa passion, et (ce qui est au-delà de tout le pouvoir de la nature humaine) comme si c'eût été la Vierge en personne, mère naturelle de J.-C., l'image, portant la main à son sein, en fit distiller des gouttes de lait sur les lèvres du saint; au moyen de quoi il devint le fidèle orateur de la Vierge, l'apôtre du Christ, le prédicateur de sa doctrine, et le chaste amant de Marie, mère de Dieu, reine du ciel, en l'honneur et sous l'inspiration de qui il composa, pour l'usage des anges, plusieurs hymnes religieuses, entre autres le *Salve Regina*. »

De là, l'oratoire de Notre-Dame, en plus grande vénération, prit le nom de Chapelle Saint-Bernard, qu'il porte encore aujourd'hui. En 1793, des femmes armées campèrent une nuit, au feu d'un bivouac, à ses portes, pour empêcher la mutilation de cette image sacrée. Dans la niche circulaire qui servait d'encadrement à l'autel et à la vierge miraculeuse, des peintures à fresque représentent le fait reproduit dans ces chartes. Une banderolle jetée autour de saint Bernard, agenouillé dans une pieuse extase, porte ces paroles de son hymne qu'il est censé prononcer : « *Monstra te esse matrem;* » la Vierge, lui présentant son divin fils, et faisant couler des gouttes de lait de son sein, répond par ces mots : «*Suscipe, Bernarde, filium meum, totius mundi redemptorem.* »

Ce miracle, qui est aussi représenté dans la chapelle de Fontaines et est devenu le sujet de plusieurs autres tableaux, était célébré le 15 mai dans tout l'ordre de Cîteaux.

On le voit : en quittant Châtillon, le fils d'Aleth était déjà sanctifié dans l'opinion des peuples; il me reste à montrer que c'était encore un grand homme, et que la première croisade qu'il prêcha ne fut pas celle de la Terre-Sainte; il en est une moins connue, dont notre ville fut le théâtre, et que je vais vous raconter.

Réforme de la célèbre abbaye de Bénédictins de Molême, près de Châtillon, il se formait alors, en Bourgogne, dans l'exercice des travaux des plus durs et des plus austères vertus, un monastère qui devait remplir un jour l'Europe de ses colonies et de ses grandeurs. Ce fut là, dans la solitude de Cîteaux, que, orné dans son corps et son esprit des qualités les plus aimables, le noble descendant des seigneurs de Montbard et de Châtillon choisit sa demeure. Ceux à qui il fit part de cette résolution tachèrent de l'en distraire par les séductions de l'étude qu'ils offraient à ses goûts et à son génie : et peu s'en fallut, comme il l'avoua depuis, qu'elles ne l'en divertissent en effet. Mais, à la fin, l'esprit saint l'emporta. Un jour qu'il était parti de Châtillon pour rejoindre ses frères, alors au siége de Grancey, avec le duc Hugues de Bourgogne, il rencontra, chemin faisant, une église; il y entra : *
et là, s'étant agenouillé, son cœur brisé par les incertitudes qui précèdent toujours une telle résolution se fondit en prières et en larmes;

---

* Guillaume de Saint-Thierry.

quand il se releva, sa mission était décidée : saint Bernard était un apôtre.

C'est ici qu'il faut voir le premier exemple de ce merveilleux ascendant sur l'esprit des hommes qui plus tard devait remuer le monde. Dans la ferveur de son prosélytisme, Bernard prêche la vie monastique, et rien ne résiste à l'onction de ses paroles; père, frères, sœur, oncles, cousins, amis, étrangers, qu'importe l'âge ou le sexe, tous ceux qui l'entendent, convaincus, ont plié leurs volontés devant l'éloquence inspirée de ce missionnaire de vingt ans. Que lui font les obstacles, et desquels ne peut-il pas triompher? gloire militaire, éclat de la naissance, affections de famille, attraits du monde, tout ce que les hommes ont de plus cher sur la terre, que lui fait tout cela? Bernard n'a point de relâche que, ces liens brisés, le chevalier ne soit religieux, le mari, l'épouse et leurs enfants, religieux. Mais, dans l'accomplissement d'une telle entreprise, la persévérance ne lui manquera pas; il en aura besoin. Hugues de Mâcon, apprenant le dessein de son ami, vient le conjurer avec des pleurs de ne pas renoncer ainsi à la gloire qui l'attend : Bernard l'écoute, l'embrasse, pleure avec lui, et Hugues de Mâcon ne s'en retourne pas qu'il n'ait aussi promis de se consacrer à Dieu. A quelque temps de là, Bernard apprend que, cédant à d'autres conseils, son ami a changé de résolution : il monte à cheval, arrive à son château, l'aborde au milieu des chevaliers qui chevauchent avec lui, et, après quelques mots, le sire de Mâcon, à jamais converti, vient rejoindre, à Câhtillon, la colonie religieuse dont nous parlerons tout-à-l'heure. Hugues de Mâcon bâtit plus tard Pontigny et fut évêque d'Auxerre.

Tous les parents de Bernard le suivirent aux monastères. Il n'y eut pas jusqu'à son frère, Nivard, (jeune enfant, héritier de tous les biens de la famille, laissé pour consoler son vieux père) qui, les voyant partir, ne fût jaloux de leur sort et n'allât se joindre à eux. Tescelin lui-même reçut bientôt à Clairvaux, des mains de son fils, l'habit monastique. Sans vouloir ici reproduire l'histoire de ces conversions miraculeuses et des obstacles qu'elles rencontrèrent, qu'il suffise de dire que Guy, l'aîné de ses frères, brave chevalier, et la noble Ève de Grancey, sa femme, entrèrent dans les cloîtres; Asceline, leur fille, fut abbesse de Porlangy; Gérard, son second frère, après avoir suivi avec honneur la carrière des armes, se fit moine; Humbeline, sa sœur, d'abord femme de Guy de Marey, devint religieuse à Juilly; André de Montbard, son troisième frère, résista longtemps, mais à la fin il suivit l'exemple; Barthélemy de Fontaines, son quatrième frère, fut religieux à Clairvaux; Gaudry, son oncle, seigneur de Touillon, guerrier vieilli dans les combats, se rendant le

premier à l'appel divin, devint aussi moine de Clairvaux; Milon, un autre de ses oncles, prieur de Fontenay; Robert, son cousin maternel, abbé de la Maison-Dieu; Gaudry, autre cousin, fonda l'abbaye de Morimont; de ses deux fils, l'un, nommé Godefroy, fut par la suite évêque de Langres; l'autre, chanoine de cette cathédrale.*
Enfin, entraînés par son irrésistible éloquence, trente jeunes gentils-hommes d'élite furent en peu de temps prêts à le suivre à Cîteaux.

Saint Bernard avait établi sa demeure à Châtillon, à quelques pas des écoles, dont les élèves venaient à chaque instant augmenter le nombre des âmes qu'il avait gagnées. « Comme ses prédications ne se bornaient plus à des entretiens privés, dit Guillaume, un de ces prosélytes, les mères éloignaient de lui leurs enfants, les femmes leurs maris, les amis leurs amis, parce que l'esprit saint donnait tant de force à ses paroles qu'aucun lien n'était assez puissant pour préserver de leur atteinte. Le nombre de ceux qu'il avait ainsi convertis s'accroissait de jour en jour..... Ils avaient à Châtillon une maison où ils se rassemblaient, vivaient, conversaient ensemble; sanctuaire où nul n'osait pénétrer qui ne fût de leur assemblée. » C'est de là qu'ils partirent pour Cîteaux, après un séjour

---

* Guillaume de Saint-Thierry. — Le P. Chifflet. *Sancti Bernardi genus illustre*.

de six mois : saint Bernard avait pour lors vingt-deux ans. L'univers sait le reste.

On montre encore, à Châtillon, parmi les restes vénérés de cette maison, que je pense avoir été celle de son père ou de quelque autre de sa noble famille, comme il me paraît résulter, entre autres témoignages, d'un écusson de chevalier qu'on y voit religieusement conservé dans la muraille, on montre encore la chambre *où saint Bernard priait dans son enfance.* Des traditions non interrompues l'ont toujours entourée des hommages populaires. « Les habitants de la ville, dit le P. Legrand, contemporain de ce qu'il raconte, avoient coutume, aux bonnes fêtes, lorsque la dévotion les portoit à visiter les églises, de venir faire des stations en cette maison ruinée, comme en celle de saint Bernard ; et les vieillards de cent ans, tant de la ville que du voisinage, tant de la noblesse que des villageois, se souvenant que leurs parents les y avoient autrefois amenés, pendant qu'ils étoient jeunes, ne manquoient pas, par une ancienne coutume dont on ne sauroit retrouver la trace, d'y amener ou envoyer leurs enfants, pour honorer saint Bernard en sa maison. .... Et, depuis que l'ordre de Cîteaux fut arrivé à cette prodigieuse grandeur qui le fit connaître à toute l'Europe, et qui lui donna des monastères en Pologne, en Allemagne, en Flandre, en Italie, en Espagne, en Angleterre, en Hibernie, en Écosse, etc. ; et que l'intérêt de la subsistance de ce grand corps et la conservation de l'union des membres avec le chef l'eût obligé de s'assembler en chapitre général à Cîteaux même; tous les Polonais, Allemands, Flamands, Espagnols et autres, qui venoient à ce chapitre ou qui s'en retournoient, se détournoient, s'il étoit besoin, du droit chemin, pour venir à Châtillon reconnoître cette maison de saint Bernard et rendre honneur à sa mémoire dans les masures qui restoient encore des injures du temps. »

Cette maison en ruines était passée entre les mains de noble Jean Gaillard, de Châtillon, qui aurait eu (comme il paraît par son testament) « dévotion de bâtir une chapelle à la mémoire de saint Bernard, dans le lieu même qu'il avait habité, et où il avait réuni ses premiers compagnons, qu'il entraîna avec lui à Cîteaux, et où se passèrent plusieurs choses grandes et mémorables, selon qu'en fait foi l'histoire du saint », lorsque, au commencement du XVIIe siècle, les religieux de Notre-Dame des Feuillants, réforme de Cîteaux qui, pour ranimer en Bourgogne le culte de saint Bernard, venaient d'élever un monastère de leur ordre au château de Fontaines, voulurent consacrer aussi, par une fondation de même nature, le lieu où il avait reçu plus que la naissance.

Alors, est-il dit dans l'acte de donation, passé à Dijon, en mars 1621, et renouvelé le

1er juin à Pignerol, en un chapitre des Feuillants, « se renouvela aux descendants de Jehan Gaillard le désir de satisfaire à la volonté de leurs père et aïeul, et de contribuer autant qu'il leur était possible à la vénération et décoration dudit lieu; et, pour cela, ils firent aux Feuillants don et donation de la maison *sise en la rue du Truchot, où cy-devant a fait sa demeure monsieur sainct Bernard,* pour y construire une chapelle ou église ou maison, en l'honneur de Dieu, de sa glorieuse mère, de saint Jean-Baptiste et dudit saint Bernard. » *

Avant de bâtir leur couvent, dans lequel ils eurent soin d'enfermer les appartements de construction primitive, restes sacrés de la maison de saint Bernard, les Feuillants s'étaient assurés de l'authenticité de *la traditive* qui est pour notre ville un de ses plus beaux titres de gloire.

---

* Louis XIII qui, ainsi que Louis XIV, croyait devoir une partie de ses heureux succès à l'assistance de saint Bernard, et qui honora d'une protection également spéciale les Feuillants de Fontaines et ceux de Châtillon, confirma cette fondation par arrêt du conseil : on y lit : « Louys, par la grâce de Dieu, etc. Quelques particuliers de notre ville de Châtillon ayant fait don aux religieux Feuillants de l'ordre de Cîteaux de la maison appelée de Saint-Bernard et autres circonvoisines situées en ladite ville, afin d'y renouveler par le rétablissement d'une église et couvent la mémoire de tant de sacrés monumens dont ce vénérable saint l'a comblée... etc. » L'entérinement de cet arrêt au Parlement

Un père Feuillant, député à cet effet par le chapitre général de l'ordre, avait obtenu, le 16 décembre 1620, les lettres suivantes, le procureur et l'avocat du roi entendus :

« Nous N. Le Sain, conseiller du roi et lieutenant général au bailliage de la Montagne, etc., avons octroyé acte au R. P. dom François de Saint-Maur, de ce que le glorieux saint Bernard est tenu pour un patron tutélaire et protecteur de cette ville; que la chapelle proche de l'église du château est appelée et a toujours été appelée la chapelle Saint-Bernard; en laquelle ledit saint eut plusieurs apparitions divines, faisant ses prières et dévotions ordinaires, par le bruit commun et tradition des anciens, mêmement pour celles de la Vierge lui ayant présenté de son lait, dont il y a légende particulière en ladite

---

de Bourgogne, le 12 février 1624, fut facilité par l'acceptation qu'en firent les maire et échevins de Châtillon et toute l'assemblée du peuple, en grand nombre, le 29 janvier 1621, dans des lettres expédiées à ce sujet, et où il est dit « qu'il sera permis aux Feuillants, conformément au bon plaisir du Roi et de monsieur de Langres, de bâtir un couvent au lieu vulgairement appelé la maison de saint Bernard, et non ailleurs. »

C'est dans cet ancien monastère des Feuillants qu'est maintenant établi le couvent des religieuses Ursulines qui concourent, avec d'autres établissements non moins précieux, à prodiguer, à Châtillon, des soins pleins d'intérêt à l'éducation des filles.

église du château, en vieux caractères; que la maison donnée auxdits PP. Feuillants est tenue et réputée pour celle où aurait icelui glorieux saint fait sa demeure par plus de treize ou quatorze ans, et est appelée et dite la maison Saint-Bernard; en laquelle se seraient entendues plusieurs fois, ès veilles des fêtes solennelles de ladite Vierge, des mélodies et cantiques de louanges harmonieuses, sans savoir d'où provenaient ces mélodies et autres merveilles avenues de temps en temps, à l'honneur et à la gloire de Dieu, sous le nom de saint Bernard. »

Le lendemain, le même religieux obtint un acte confirmatif de ces traditions, également scellé et signé des maire et échevins:

« Certifions de plus que se treuve, en la rue du Truchot de ladite ville de Châtillon, une maison fort ancienne qui semble avoir été brûlée, qu'on nomme communément la maison de saint Bernard, donnée depuis peu aux RR. PP. Feuillants, qui est tenue et réputée de tout temps pour être celle où avait iceluy glorieux saint fait sa demeure par plus de treize à quatorze ans, avant son heureuse entrée en la religion, où l'on tient aussi par traditive que se sont faits plusieurs miracles par les mérites du saint. »

II.

DE LA CONSTITUTION FÉODALE ET DES SEIGNEURS DE CHATILLON.

Différentes conditions d'hommes qui composent à Châtillon la société féodale. — Formé à cette époque de deux villes séparées, auxquelles on doit ajouter l'abbaye, Châtillon renferme trois souverainetés distinctes, ayant chacune son seigneur : Chaumont, le duc de Bourgogne; le Bourg, l'évêque de Langres; le monastère de N.-D., l'abbé de Châtillon. — Domaine du duc. — Domaine de l'évêque. — Domaine de l'abbé. — Domaine commun aux trois seigneurs — Comment les évêques vinrent à s'associer, en qualité de feudataires, les ducs de Bourgogne, dans le domaine du Bourg. — L'inféodation a lieu au perron de Mauconseil. — Les ducs ayant obtenu des évêques, leurs co-seigneurs, de fortifier le Bourg, Châtillon devient le boulevard de la Bourgogne. — Droits féodaux communs au duc et à l'évêque. — Pour exercer la juridiction dans leur domaine respectif, les deux seigneurs ont chacun leur officier : le duc, son prévôt; l'évêque, son maire. — Le maire et le prévôt justicient conjointement dans le domaine commun. — Citation de quelques coutumes locales. — Au XIII° siècle, les ducs instituent le bailli de la Montagne; les évêques, le bailli de Langres *en deçà la rivière d'Aube*. — Les baillis jugent en second ressort : le premier, dans le domaine du duc; le second, dans celui de l'évêque; tous deux ensemble dans le domaine commun. — Ordre des appels dans les différentes juridictions. — La communauté de droits et l'indivision de domaine entre le duc et l'évêque, source continuelle d'empiétements de la part de l'un, de récriminations de la part de l'autre. — Exemples de ces dissensions. — Les rois prennent le parti du clergé : expédition de Philippe-Auguste contre le duc Hugues III. — Siége et prise de Châtillon célébrés dans la *Philippide* de Guillaume-le-Breton.

A Châtillon, comme ailleurs, plusieurs conditions d'hommes constituaient alors toutes les variétés de la vie sociale au moyen âge. C'étaient les seigneurs; les clercs; les nobles; les communiants, c'est-à-dire les étrangers qui, venant s'établir dans la ville, et y ayant acheté le droit de bourgeoisie *(forum liberum, fori libertas)* moyennant un septier de vin pour le maire, un septier pour le prévôt, et deux deniers pour les vendeurs *(ventarii)*, n'étaient tenus de reconnaître aucun seigneur, qu'autant qu'ils le voulaient; les hommes et femmes liges, qui, par le fait seul de leur naissance sur les terres d'un des seigneurs, lui appartenaient comme fruits de son domaine; et enfin les habitants communs à plusieurs seigneurs, à savoir, les enfants issus de mariages contractés entre hommes et femmes de domaines différents, en vertu des traités féodaux.

Aux seigneurs appartenaient la souveraineté exclusive et les droits qu'elle emporte. Les nobles, par le privilége de leur rang, les clercs, par le bénéfice de clergie, étaient affranchis des charges les plus onéreuses : elles pesaient donc entièrement sur le pauvre peuple, non pas toutefois d'une égale manière. Les communiants d'abord ne devaient payer que six deniers tournois, le jour de la Saint-Remy, *(pro rei recognitione);* et, parmi les habitants liges et communs, il faut bien distinguer encore les hommes libres des serfs. Justiciables de leur seigneur lige, taillables à sa merci, de haut et de bas, mainmortables quelquefois, comme étaient par exemple les hommes de l'abbaye, ces derniers constituaient entre ses mains une espèce de propriété accessoire du domaine principal dont elle suivait le sort, et susceptible comme lui de vente, de donation ou d'échange : témoin la charte de 1196, par laquelle le duc Eude III donne à l'abbé de Moutier-Saint-Jean un de ses hommes de Châtillon, un nommé Angebert *de Chamunt,* avec ses héritiers et les femmes de ses héritiers à perpétuité.

Les hommes libres, liges ou communs, n'étaient pas à beaucoup près en cet état de discrétion arbitraire. Sauf une redevance annuelle et invariable qu'ils étaient contraints à payer pour leur *commandise,* sorte de droit d'affranchissement et de protection, ils étaient exempts de toute taille (*omni tailliá*, comme disent les lettres d'Eude II); et, ainsi que nous le montrerons plus tard, ils trouvaient quelques garanties dans ces débris des franchises des municipes, qui conservaient encore dans la ville féodale une ombre de l'ancienne curie romaine.

Mais, après cela, clercs, nobles, communiants, hommes liges ou communs, libres ou serfs, tous, sauf quelques priviléges, étaient tenus envers leurs seigneurs respectifs de certains services et droits féodaux dont la simple énonciation révèle l'histoire de cette époque.

Comme on l'a vu, Chaumont et le Bourg (auxquels il faut ajouter l'abbaye de Notre-Dame) formaient, sous le nom de Châtillon, trois villes séparées, trois souverainetés distinctes, ayant chacune leurs hommes, leurs lois, leur juridiction et enfin leur seigneur, à savoir : la première, le duc de Bourgogne; la seconde, l'évêque de Langres; la troisième, l'abbé de Châtillon.

Successeurs immédiats des comtes du Lassois, et se plaisant comme eux au milieu de ces immenses forêts, de ces nombreux rendez-vous de chasse, dans ces habitations ducales dont la plupart ont retenu leur nom (Maisey-le-Duc, Villers-le-Duc, Aisey-le-Duc, Aignay-le-Duc, Duême, Villaines, La Perrière, etc.), les ducs de Bourgogne en avaient tous les droits dans le comté devenu le bailliage de la Montagne; ils possédaient, à Châtillon, le domaine de Chaumont. Tous hommes et femmes de cette ville, ainsi que leurs enfants, leur appartenaient ligement. Ils étaient seigneurs de tous les grands chemins, avaient la connaissance de tous les forfaits et délits qui s'y commettaient, prélevaient les amendes de ces délits, les épaves et autres choses qui se trouvaient sur ces voies; tous les ormes et autres arbres plantés sur leur bord dans toute la prévôté de Châtillon leur appartenaient pour raison du fonds dont ils étaient sires. « Qui les coupait sans licence était amendable arbitrairement; et, si l'arbre était ancien, il encourait peine capitale. » Ils avaient encore en domaine propre toutes les terres situées depuis le chemin des Lépreux jusques et y compris le finage de Marmont; le cens d'une maille d'or à eux concédée par l'abbé de Châtillon sur le moulin d'*Espasses;* et le droit de péage, sur les douze grands chemins, débris des anciennes voies romaines qui venaient aboutir à Châtillon et qui, à cette époque, étaient encore très-fréquentées.

Monsieur le duc, disent les terriers, avait aussi, en la rue de Chaumont, deux foires par an, de quatre jours chacune, commençant: la première, cinq jours avant la nativité de saint Jean-Baptiste; l'autre, le lendemain de la fête Saint-André. Tous les profits de justice et émoluments naissant de ces foires lui appartenaient sans partage. La veille de chacune d'elles, monsieur le bailli de Langres et monsieur le bailli de la Montagne faisaient crier par les rues, de par monsieur de Langres et de par monsieur le duc, que nuls marchands ni marchandes, à quelques seigneurs qu'ils appartinssent, quelles que fussent leurs marchandises, ne vendissent ni achetassent fors qu'en la foire de monsieur le duc, aux lieux accoutumés, sous peine de soixante-cinq sols tournois d'amende. Monsieur le duc, sans devoir de conduit, devait aide aux marchands, garantie à leurs denrées, la foire durant. Chaque marchand, selon la nature et l'étendue de son commerce, devait payer au *foirier* ou gouverneur de la foire, un droit de portage et d'étalage. Le tarif imposé aux hommes des divers métiers, tapissiers, drapiers, marchands de laine, *aignelons*, cuirs, tiretaines, fers et faucilles, merciers, pelletiers, fripiers, marchands de plumes, selliers, potiers, corroyeurs, etc., indiquerait seul, à défaut d'autres renseignements historiques, que ces foires étaient fort suivies et que Châtillon dut être alors un centre remarquable de commerce et d'industrie. « Les pauvres gens qui vendaient leurs lits ou leurs habits par misère, quoique sur un étal, ne payaient que quatre deniers; les marchands de fils, toiles, nappes, etc., *qui vendaient tout droits, sur leurs bras*, ne devaient ni place ni étalage. La garde de la foire appartenait au prévôt qui la faisait exercer par ses sergents. Le dernier jour on publiait à son de trompe, de par monsieur le duc, que nul ne s'éloignât qu'il n'eût payé son étal, sous peine d'une amende de soixante-cinq sols tournois.

« Monsieur le duc avait enfin exclusivement une noble juridiction lige : c'était celle de la chancellerie. Car tous ceux et toutes celles qui faisaient testaments, donations ou actes quelconques ; qui s'obligeaient ou promettaient de s'obliger (de quelque juridiction qu'ils fussent, ou quel que fût leur rang, même les nobles et clercs), devaient le faire, moyennant un certain droit en la cour de monsieur le duc de Bourgogne ; et la connaissance de toutes exécutions ou rébellions, touchant le fait de ces lettres passées sur ledit scel, appartenait à monsieur le duc en l'auditoire de sa chancellerie, sans que les diocésains ou d'autres y eussent aucun droit. » *

---

* Cette juridiction particulière au duché était exercée dans six siéges établis à Dijon, Beaune, Autun, Châlon, Semur et Châtillon. Quand le chancelier de Bourgogne tenait ses assises dans une de ces villes, il connaissait de toutes les contestations relatives aux lettres qu'il avait précédemment scellées : tous les notaires du ressort étaient tenus de présenter les contrats qu'ils avaient reçus depuis la dernière session aux gardes-scels qui les scellaient.

Philippe-le-Hardi régularisa et rendit permanente cette juridiction ambulatoire comme le Parlement dans l'ori-

L'évêque de Langres avait des droits pareils dans son domaine : seigneur tenant sa place parmi les ducs et pairs, possesseur de grands biens à Châtillon même et dans les environs, où des prés fertiles, des bourgs entiers et des bois d'une grande étendue, portent encore le nom de leur maître dépossédé.

A quelle époque et par quelles circonstances la seigneurie du Bourg de Châtillon était-elle passée entre les mains des évêques de Langres, on l'ignore; mais en même temps qu'on voit des maisons de Châtillon, de l'une desquelles saint Bernard était originaire, conservant dans le Bourg, avec leur titre seigneurial, quelque souvenir de la position privilégiée qu'elles y

---

gine; en 1395, il fixa à Dijon la résidence du chef suprême sous le nom de gouverneur de la chancellerie; des lieutenants furent établis dans les autres siéges. Cette juridiction, pour l'exécution des actes et contrats, avait sa sergenterie. Les actes judiciaires conservaient encore quelque chose de symbolique : entre autres particularités qu'on trouve à ce sujet dans le terrier de 1371, on lit ce qui suit : « S'il est nécessaire de saisir des biens, le sergent prend une petite quantité de terre et la met pendant sept nuits dans un lieu où elle peut être aperçue; et, après les sept nuits, il fait savoir au débiteur qu'il aille voir vendre son héritage; ce qui s'exécute après quatre publications faites de quinze en quinze jours. » L'office du lieutenant général à la chancellerie de Châtillon a été réuni dans la suite à celui de lieutenant au bailliage de la Montagne. — *Mss. Bourcerel.*

avaient tenue autrefois, on trouve les évêques, dès les temps les plus reculés, en possession exclusive de ce domaine.

Tous les habitants originaires du Bourg, ainsi que leurs enfants, étaient, par leur naissance même, hommes et femmes liges de monsieur de Langres. Toutes les corvées (et elles consistaient en trois jours de charrue par an) appartenaient exclusivement à l'évêque. « Quiconque, porte la charte coutumière publiée par Eude II, quiconque a une charrue dans la ville de Châtillon, même moi, doit à l'évêque une corvée. » Sans compter le Bourg, la même charte ajoute que la moitié de la terre comprise entre les fossés de Chaumont et le chemin qui passait devant la maison des Lépreux, conduisant à Ampilly, était entièrement du domaine et de la justice de l'évêque. Il avait sur toutes ces terres, ainsi que sur celles qui s'étendaient du chemin des Lépreux jusques et y compris le finage de Marmont, la tierce des laboureurs, c'est-à-dire la douzième gerbe de leur récolte, avec plusieurs cens sur des maisons et places de la ville, payables en argent, poules (*gelines*), œufs et autres denrées: les propriétaires de ces héritages tenus à cens devaient encore à monsieur de Langres trois *corvées de corps* aux différentes saisons de l'année, à la Chassaigne : l'une pour sarcler, l'autre pour *fener preys*, la troisième pour moissonner.

L'abbé de Châtillon avait aussi son domaine.

Il se composait des hommes et femmes liges nés et procréés de ceux qui s'étaient donnés à lui dès l'origine pour éviter les persécutions des autres seigneurs. Tous étrangers forains venus de quelque part que ce fût faire maison en la ville de Châtillon, s'ils voulaient avouer ledit abbé, devenaient aussi ses hommes et femmes, justiciables, taillables de haut, de bas et de mainmorte.

Les hommes et femmes de l'église de Châtillon étaient en toutes actions personnelles responsables et justiciables à monsieur l'abbé; selon ce que dit monsieur le duc dans la charte ancienne : « *omne jus hominum ecclesiæ Castellionis pertinet dictæ ecclesiæ* ». Monsieur l'abbé tenait sa juridiction en l'église de l'abbaye : elle était exercée en son nom par un officier appelé le gouverneur de la justice de l'église; lequel traitait le coupable par la manière que le cas désirait; et, s'il était trouvé qu'il devait être exécuté, *le maistre de l'église le délivroit tout nud, le chevestre au col, au chef de la planchotte de l'abbaye, au prévost de Chastillon, pour faire l'exécution.*

L'appui solennel de la cour de Rome joint à la piété des fidèles et à la protection des évêques avait acquis à l'église de Châtillon des droits et un pouvoir considérables. L'abbé de Notre-Dame était en effet un riche et puissant seigneur. D'après le diplôme donné par Robert de Bourgogne (en 1087), « sur l'avis que quelques voisins jaloux cherchaient à nuire audit abbé, défense expresse avait été faite, *sous peine d'anathême,* d'ériger aucune église, ni chapelle, ni oratoire, d'Ampilly au mont Lassois, de là à Massingy, de Massingy à Crépan, de Crépan à Maisey, de Maisey à Ampilly; et cela, dans la crainte que l'église de Châtillon n'en ressentît quelque dommage. » Voici le détail de ses nombreuses possessions : le terrain où était située l'abbaye, avec toutes ses dépendances; les églises de Saint-Vorle, Saint-Jean, Saint-Mametz, la Maison-Dieu, l'hôpital Saint-Germain, la Léproserie, la maison des Dames, enfin toutes les chapelles et oratoires que renfermait la ville, avec la cure et la desserte de toute la paroisse, plus le droit de nommer le recteur aux écoles; les églises de Poinçon et Larrey, de Prusly, Massingy, Buncey, Chamesson, Villotte, Coulmier, Ampilly, Bàlot, Saint-Phal, Giey, Courteron, et une partie de l'église de Brion; deux fours à Châtillon; la moitié du droit de minage tant au marché qu'ailleurs; le moulin de Courcelles et celui d'Ampilly; la dixième partie des tierces que l'évêque possédait à Châtillon; les dîmes et offrandes de la même ville; les dîmes de Montliot; le tiers de celles de Massingy et de Prusly; le quart de celles de Sainte-Colombe, et une portion de celles de Belan; les dîmes et terrages du Val-de-Nuit et du Val-Sainte-Marie; des droits annuels auxquels on donnait le nom latin de *cruces*, dans toute l'étendue du pays renfermé par Giey, Grancey, Lanty, Coulmier, Savoisy, Bâlot, Laignes et un autre Coulmier; les villages en toute seigneurie de Poinçon, Villotte et Chaume, avec toute la justice de ce dernier; l'exemption des droits de péage, vente, etc., accordée aux chanoines de Notre-Dame par les ducs de Bourgogne, tant à Dijon qu'à Beaune et à Fleurey; tous les bois de Voisin, celui du Faole; la sixième partie de celui du Troncet; toutes les corvées cédées par les évêques de Langres; l'exemption de payer les dîmes sur les terres de l'abbaye; des cens à Crépan; des droits à Montmoyen, à Thoires; le droit de nommer à tous les bénéfices et charges dans les églises nommées plus haut; le droit exclusif de sépulture dans la ville de Châtillon; et encore s'en faut-il que j'aie tout compris dans cette énumération.

C'étaient là, on le comprend, des droits dont l'abbé de Châtillon devait se montrer d'autant plus jaloux qu'on lui en contestait plus souvent la jouissance; et ce sont ces conflits renouvelés sans cesse qui occasionnèrent et peuvent seuls expliquer d'une manière satisfaisante ce qu'on rencontre à chaque page de notre histoire : ces interventions de la papauté rendues quelquefois nécessaires; ces traités des abbés de Notre-Dame avec les ducs de Bourgogne et les évêques de Langres devenus plus fréquents à l'époque des croisades où la confusion était plus grande et les droits moins respectés; ces nombreuses transactions avec les maisons religieuses placées sous la juridiction de l'abbaye; et ces rivalités haineuses qui eussent fourni la matière de bien des *lutrins*. C'est ce qui arriva, pour citer un exemple, en l'année 1258, quand, après différentes contestations avec les Franciscains, dont la prospérité naissante excitait leur jalousie et leur haine à tel point que le pape Alexandre III avait dû interposer son autorité souveraine, les chanoines de Châtillon, revendiquant par là leur droit de sépulture, enlevèrent avec violence de l'église des Cordeliers, et pendant le service funèbre, un corps qu'on allait y enterrer.

Les mariages (longtemps ils furent prohibés) entre les hommes et femmes liges des différents seigneurs, le besoin pour le plus faible de chercher ailleurs un appui qu'il ne pouvait trouver en lui; des conventions mutuelles; mille autres circonstances enfin, avaient établi les relations compliquées de la hiérarchie féodale entre les domaines originairement distincts et indépendants l'un de l'autre, du duc, de l'évêque et de l'abbé.

Placé, par la force des choses, sous la sauvegarde du duc, par les lois ecclésiastiques, sous la juridiction de l'évêque, et en contact avec tous deux, par la nécessité du voisinage, l'abbé de Châtillon possédait communément avec l'un ou l'autre seigneur et quelquefois avec tous deux les enfants issus de mariages contractés par ses hommes et femmes liges avec les femmes et hommes liges ou communs de leur domaine : seulement sa portion de seigneurie sur de semblables têtes était *serve* de mainmorte, tandis que franche était la portion des deux autres seigneurs. Spirituellement justiciable de l'un, en sa qualité de clerc, il était tenu envers l'autre, par sa condition de vassal, à certains services féodaux. Ainsi, « quand le duc mariait sa fille, était fait prisonnier, ou que sa terre était grevée, il pouvait demander lui-même ou faire demander à l'abbé par autre honnête personne aide pour la dot, la rançon ou le rachat; et, si l'abbé refusait, le duc pouvait aggraver de 300 sols tournois le domaine de l'église. *Item*, les hommes de l'abbé étaient astreints au service militaire; mais, requis pour quelque ost, chevauchée ou autre expédition, ils pouvaient se refuser à suivre à la guerre les prévôts ou officiers du duc : obligés seulement qu'ils étaient de suivre la personne du duc, en sa propre affaire. * »

---

* *Lettres*, sur le scel de R. P. en Dieu, messire Manassès, évêque de Langres, *des confession et reconnaissance* faites par le duc Hugues et par ses gens, en la présence dudit évêque, *des coutumes gardées entre ledit duc et les abbé et chanoines de Notre-Dame de Châtillon*, en 1182.

Les rapports de l'évêque et du duc étaient plus complexes et dès lors aussi plus difficiles. Seigneurs de deux souverainetés isolées, de deux villes rapprochées, mais distinctes, long-temps ils n'avaient eu d'autre communauté que celle résultant des mariages contractés entre les hommes et femmes liges de leurs domaines respectifs; mais la nécessité pour l'évêque de se jeter dans les bras du duc de Bourgogne, afin d'assurer sa seigneurie du Bourg contre les entre-prises continuelles des gens de guerre, et peut-être du duc lui-même, multiplia entre eux, avec des germes de discorde, des relations qu'il nous reste à signaler.

En l'an 973, l'évêque de Langres, Waldric, donna à Henri, comte de Bourgogne, qui prit plus tard le titre de duc, trente *meix*, sur les terres de Saint-Mametz, dans son domaine de Châtillon, pour en jouir à titre précaire, lui et un de ses héritiers seulement. * Les clauses de cette donation sont, 1° que le comte ou son héritier est tenu de payer, chaque année, à la fête et sur l'autel de Saint-Mametz, un cens d'une livre d'argent; 2° que, après la mort du comte Henri et de son héritier, les évêques

---

* *Cart. Ling.* — Dom Plancher. — *Meix*, en Bourgo-gne, signifiait une étendue de terres pouvant suffire au labour de deux bœufs. C'est la *manse* des Romains, appelée *mois* en Normandie; *mas* en Provence et ailleurs.

pourront rentrer paisiblement dans ce domaine. Remarquons bien cette concession : renouvelé dans la suite avec plus d'extension par tous leurs successeurs, ce rapprochement du duc et de l'évêque, premier lien entre le Bourg et Chaumont, n'est pas la source la moins féconde de l'originalité de l'histoire de Châtillon.

Dans les mille mémoires qui s'en suivirent, pour la défense des droits du premier seigneur contre les prétentions sans cesse envahissantes de l'autre, l'origine de cette association léonine est toujours mise en avant d'une part, et d'ailleurs l'objet de toute sorte de récriminations. * C'est ainsi qu'on lit dans un de ces factums : « Anciennement les évesques étoient seigneurs de Chastil-

---

* Il est dit dans une réclamation pour l'évêque-cardinal de Givry, au sujet des banvins : « Les évesques de Langres étoient anciennement seuls et pour le tout seigneurs du Bourg de Chastillon ; et depuis, pour avoir main-forte, ils ont appelé et associé avec eulx les ducs de Bourgongne. » « Par les anciens tiltres du sieur évesque, voit-on encore dans un autre mémoire de 1593, pour l'évêque Charles d'Escars, touchant la mairie de Châtillon, il conste *(constat)* assez que le Bourg de Chastillon appartient *ab antiquo* à l'évesque de Langres : et, comme c'était une bourgade non fermée, estant vexée par les gens de guerre, ils se mirent en la garde et protection du duc de Bourgongne, lequel leur donna quelques siens officiers, pour les conserver. Les évesques de Langres, pour gratifier les ducs, leur donnèrent quelques droicts et honneurs audit Chastillon, lieu dict au *perron de Mauconseil.* » ....

lon et avoient seuls tous droicts de justice haulte, moyenne et basse, ès rues du Bourg et des Ponts : et comme les subjects de l'évesque furent vexés par les gens de guerre et que les soldats ne respectoient pas beaucoup les gens d'église, ils se mirent en la protection et garde du duc de Bourgongne, lequel establit quelques siens officiers à l'effect de ladicte garde ; mais peu après ils firent en sorte que la justice, qui étoit particulière à l'évesque, devint commune entre le duc et l'évesque. Vray est que le duc, en recognoissance de ce, promit de reprendre de fief de l'évesque, en un lieu particulier de ladicte ville, où il étoit tenu de se treuver et ses successeurs, nommé le perron de Mauconseil ou Malconseil. » *

---

* Ce lieu est célèbre dans notre histoire. « Si aucun débat vient à naître entre les deux seigneurs, est-il dit dans le terrier de 1371, ils en doivent convenir sur le lieu, étant au chastel de Châtillon, appelé le Malconseil, auquel lieu on fait la bénédiction des épousailles. » Il en était déjà question dans les lettres de 1206, dont l'article XVI s'exprime ainsi : » S'il s'élève entre l'évêque et moi, duc de Bourgogne, quelque contestation sur les affaires de Châtillon, nous, ou nos représentants *(nostri vicarii)* devons, pour discuter la cause, nous rendre au *perron de Mauconseil* ou dans le cloître des chanoines ; et moi, ou mon lieutenant *(vicarius)*, je dois fournir à l'évêque la moitié de mes *chaziers*, autrement dits *ferdaux*, dudit Châtillon (c'est-à-dire ceux qui habitent les manses ou le château du seigneur), qui sont alors tenus de veiller sur les intérêts de l'évêque, comme s'ils étaient ses hommes liges, et de le servir

C'est dans cette salle renfermée dans le palais, et contiguë à l'église du château où elle avait des jours, que les ducs de Bourgogne, en contact à Châtillon avec les évêques de Langres dont ils

---

fidèlement, sans offenser le duc. Si la cause doit être jugée, le jugement en appartient à l'évêque (comme suzerain), et il peut le rendre en sa maison de Châtillon, s'il lui plaît. » L'appel de ce jugement appartenait au roi, en son parlement, au roi juge souverain des contestations qui venaient à s'élever entre le vassal et le seigneur suzerain, pour la propriété des fiefs. On lit aussi dans un mémoire manuscrit, dressé par le bailli du duc contre le bailli de l'évêque, au sujet d'une des nombreuses contestations élevées entre les deux seigneurs : « Bien est vray qu'aucun d'iceulx (ducs de Bourgogne), pour dévotion qu'ils ont eue à une image de Nostre-Dame, estant en l'église du chastel de Chastillon, se sont mis à genoux devant ladite image, sur ledit perron, la saluant et donnant à perpétuité cent livres de cire à l'église de Langres, par forme d'aumosne.... Ce perron se voit encore aujourd'hui et s'appeloit *Mal-conseil*, pour le mauvais conseil desdits ducs, de faire hommage auxdits évesques. » Le bailli de Langres eut pu répondre, avec plus de raison peut-être, que le perron était ainsi nommé pour le mauvais conseil qu'avaient eu les évêques de s'associer, en la seigneurie du Bourg, un si audacieux vassal ; car il n'eut pas plus tôt pris possession de ce domaine, qu'il ne se fit pas de scrupule d'accroître sa part de seigneurie ; et n'étaient, comme on l'a déjà dit, la crainte des excommunications des papes, la puissance rivale et envieuse des rois, et enfin le lien de la foi féodale, le duc de Bourgogne eut bientôt entièrement ruiné la juridiction épiscopale à Châtillon.

étaient les vassaux, leur rendaient, chacun lors de son avénement au duché, foi et hommage pour tous les fiefs qu'ils tenaient d'eux, notamment pour ceux de Châtillon et de Montbard. Cette cérémonie féodale était pleine de solennité. En présence de nombreux chevaliers, tête nue, sans épée ni éperons, les mains dans celles de l'évêque qui était assis et couvert, le duc agenouillé prononçait la formule : « Je deviens votre homme de ce jour en avant, de vie, d'honneur, de membres, de terrestre honneur; à vous serai féal et loyal, et foi à vous porterai, sauf la foi que je dois à notre seigneur le roi, des fiefs liges que je reconnais tenir de vous, à savoir, de tout ce que je possède à Châtillon, et dans les dépendances de sa châtellenie, tant en fief qu'en domaine; du château de Montbard, avec toutes ses dépendances, fors la maison que vous possédez audit château, et que vous tenez de l'abbé de Moutier-Saint-Jean; et enfin du fief de Larrey. »* Alors le duc était reçu par le seigneur *audit hommage, à la foi et à la bouche,* c'est-à-dire au baiser.

Le Bourg, *ville non fermée,* excitait par ses grandes richesses la cupidité des seigneurs. Appelés à le défendre contre ces agressions,

---

* Voir les formules du serment féodal, aux livres des Fiefs; et, dans l'*Histoire de Bourgogne*, les hommages des ducs de Bourgogne aux évêques de Langres.

les ducs de Bourgogne obtinrent, non sans peine et sans condition, de le fortifier; et c'est alors qu'ils en firent ce redoutable castrum, boulevard de leur province, qui en était défendue vers le nord et qui prit pour cri d'armes : *Chastillon au noble Duc!*

C'est à Hugues III qu'il faut attribuer cet événement, qui mit Chatillon en relief dans l'histoire, et qui, faisant de cette ville la clé du duché, lui donna une trop fameuse célébrité en trois grandes circonstances : lors de l'expédition de Philippe-Auguste, des invasions des Anglais et des guerres de la Ligue. Hugues III profita du moment que, son oncle Gauthier occupant le siége de Langres, une concession de cette nature devait lui être plus facilement accordée par son co-seigneur; elle le fut en effet : mais sous la promesse solennelle que ces fortifications ne pourraient jamais, même en cas de guerre entre eux, préjudicier au repos ou à la liberté des hommes de l'évêque, qu'ils demeurassent dans la ville ou au dehors; ni porter aucun dommage à leurs biens. La chose était grave : le duc jura, sur l'autel Saint-Nicolas de la chapelle de l'Hôtel-Dieu (hôpital Saint-Germain), d'être fidèle à sa parole; et, pour prouver sa bonne foi, il fit jurer à tous ses chevaliers et vassaux en arrière-fiefs de quelques parties du domaine du Bourg, qu'il tenait lui-même en fief de l'évêque, que si lui ou aucun des siens entreprenait jamais quelque chose de non conforme au traité juré, ils s'éleveraient tous contre, et réuniraient leurs efforts pour faire rendre bon droit à l'évêque et à l'église de Langres.

Chaque duc, lors de son investiture au perron de Mauconseil, devait répéter le même serment, et le faire répéter à tous les nobles de la ville : car, à Châtillon, « tous les nobles ou chevaliers (*milites*) étaient hommes du duc, et le duc était homme de l'évêque. » « Hugues, mon prédécesseur, dit Eude, dans sa charte de 1206, n'a pu fortifier Châtillon sans le consentement de l'évêque de Langres; et il a été convenu entre eux que, quand le duc de Bourgogne reçoit l'inféodation de l'évêque pour la seigneurie de Châtillon, il est tenu, pour plus de garantie, de jurer et faire jurer à ceux qui sont sous ses ordres dans la ville, de ne mettre la main ni sur les choses que l'évêque possède à Châtillon et dans les dépendances, ni sur ses hommes, quelque discorde qu'il s'élève d'ailleurs entre eux. »

Voici, d'après les terriers, chartes, lettres de reconnaissance, transactions et traités, renouvelés sans cesse, et pour cause, entre l'évêque et le duc, quels étaient leurs droits seigneuriaux sur leur domaine commun de Châtillon.

Et d'abord le pouvoir législatif leur appartenait communément. Ainsi, 1° le duc ne pouvait établir de nouvelles coutumes à Châtillon ou dans la banlieue, sans le consentement de l'évêque, qui ne pouvait rien ajouter sans le duc à celles que ce dernier et ses prédécesseurs avaient reconnues.*

2° Nulles autres monnaies n'avaient cours dans la ville, que celles de Dijon et de Langres, chacune selon sa valeur; nul des deux seigneurs ne pouvait sans le concours de l'autre changer le titre ou le poids de sa monnaie.**

3° Les hommes libres de Châtillon, qui étaient dans la commandise du duc et de l'évêque, n'étaient tenus d'aller guerroyer ou chevaucher (*ad nullam expeditionem equitatumve*) qu'après la proclamation d'un édit émané des deux seigneurs. ***

4° Ils étaient soumis à leur juridiction commune. ****

En leur qualité de co-seigneurs de la ville, le duc et l'évêque partageaient encore le profit des droits féodaux qu'ils avaient à Châtillon, c'est-à-dire des droits de vente ou franc marché, d'épaves, de vacherie ou pâturage, de gastellerie, panneterie, salage, portage, banvin; et les amendes prononcées en jugement pour les

---

* Lettres de Eude, portant confirmation des *coutumes de Châtillon*. — Art. X.

** *Idem.* — Art. XXVIII. — Dom Plancher. — *Convention de* 1185.

*** Lettres de 1206. — Art. XIX.

**** *Idem.* — Art. XX.

grands forfaits, et touchant la police de la rivière, de la boucherie, des souliers, des terres et places communes, des poids et mesures, etc. Voici quelques uns de ces droits féodaux.

« En la ville de Chastillon, tant en Chamont comme au Bourg, monsieur le duc et monsieur l'évesque ont, chacung an, onze sepmaines de banvin. Et est tel le ban, que nul ne peult ni ne doibt vendre vin à détail, c'est à sçavoir à taverne, lesdites onze sepmaines durant, fors que Nosseigneurs, ou si ce n'est par leur licence. » La charte de 1206 énonce ainsi les personnes privilégiées : « Les clercs et les soldats de service qui se fournissent de pain dans les cours seigneuriales des environs de Châtillon *(curiis,* espèces de manses) ne sont pas tenus d'observer ce ban : on ne leur défend pas même d'acheter ou de vendre un muid de vin et plus. » Le terrier de 1371 ajoute : « Et, chacun ban, l'an neuf passé, comme aussi de reschef le dimanche de Pasques-closes passé, l'on crie, de par monsieur de Langres et de par monsieur le duc, que nul ne vende vin sans licence du *banchier,* sous peine de 65 sols d'amende..... Et c'est à sçavoir que combien que les bans soient en les jours suivans, toutefois peut-on vendre sans ban ni licence, *le dimanche graissot,* le jour de sainct Vorle, le jour de l'Ascension Nostre-Seigneur, le jour de Pentecoste, pour cause de la solennité de ces jours. Ainsi est accoustumé de tout temps. »

Longtemps avant que le droit de gabelle ne fût introduit en Bourgogne et un grenier-à-sel établi à Châtillon, l'impôt sur cette denrée de première nécessité, appelé droit de *salaige,* formait une des charges les plus lourdes pour les pauvres gens :

« Nul ne peut vendre en la ville de Chastillon sel à étaul, qu'il ne doive à Nosseigneurs une mesure de sel, une fois payée ; et, s'il vend salignon, il doit à un chacun de Nosseigneurs un salignon..... De ces choses, le prévost, pour monsieur le duc, le maire, pour monsieur de Langres, baillent lettres, ce qui vaut chartre pour vendre librement..... Quiconque vend en la ville de Chastillon sel en menu, chacung jeudi, jour de marché, et en foire, chacung jour de foire, le maire et le prévost font prendre, devant chacung vendeur de sel à étaul, tant comme un homme peut lever de sel en sa main nue, sans aide de l'aultre, en plongeant la main dedans le sel ; et, s'il demeure sur le bras, du sel, on l'abat ; et n'en demeure fors ce qui est sur la main. Et de ce sel, a monsieur le duc, le quart, les hoirs de maistre Massé (qui paraît avoir rempli quelque grand rôle à cette époque)* le

---

* On lit en effet dans ce terrier de 1371 : Monsieur le duc a encore au Bourg de Châtillon une tour nommée la *Tour Me Massé,* avec la maison de l'entrée de ladite tour et ses appartenances, *que les habitants ont données au duc.* »

quart; et les religieulx de Louesme, la moictié. »

Citons encore le droit de *gastellerie :* « Nul ne peut faire en la ville de Chastillon gasteaux à vendre ni vendre iceulx sans licence; c'est à sçavoir, gasteaux sans levain; et, qui le fait, il est amendable de 65 sols..... Toutefois, si aucun des habitans vouloit faire ou faire faire gasteaux pour luy ou pour donner, il le peut faire sans amende; en oultre, il peut porter sa fleur chez aucun fournier, faire gasteaux grands et petits, payer au fournier sa façon et le cuire, et emporter son *gastel* sans que le fournier en soit repris : mais si le fournier luy vendoit la fleur du gastel il *mesprendraist :* car il auroit vendu son gastel sans licence. »

Mais, sans contredit, le plus important monopole de la puissance féodale, c'était la justice. L'un et l'autre seigneur, à Châtillon, était donc haut et bas justicier des hommes liges de son propre domaine; de plus, des attributions particulières avaient étendu la compétence personnelle de chacun d'eux : en cette matière, tous les nobles de la ville étaient spécialement justiciables de monsieur le duc; et, si aucun noble venait à être exécuté, son fief retournait de droit au duc suzerain; tous les clercs de Châtillon étaient pareillement justiciables de monsieur de Langres; au cas qu'un d'eux fût condamné *à l'eau de tristesse et au pain de douleur* (c'est-à-dire à la prison perpétuelle, qui équivalait à la peine de mort pour un clerc), ses meubles étaient dévolus à monsieur de Langres; et ses héritages, s'il en avait d'assis dans la ville ou la châtellenie, se partageaient par moitié entre les deux seigneurs. La connaissance des causes relatives aux hommes du domaine commun, et aux communiants, je veux dire aux étrangers qui, venant s'établir entre les portes de Châtillon, n'étaient tenus d'avouer aucun seigneur, appartenait à la juridiction commune. Il en était de même de certains cas déterminés par des conventions particulières. « Si un homme de quelque domaine qu'il soit, est-il dit à ce sujet dans les traités, a commis quelque grand forfait, il est arrêté et poursuivi au nom de monseigneur l'évêque et de monseigneur le duc de Bourgogne. Or, les grands forfaits appartiennent à leur justice commune, à savoir, la prostitution, l'homicide, le vol, l'adultère, le viol et le concubinage, les fausses mesures, le mépris et l'infraction de la loi commune, c'est-à-dire des ordonnances émanées des deux seigneurs, et les défections dans la guerre. » Il nous reste à voir comment et par qui les différentes juridictions étaient exercées.

D'après les institutions gallo-romaines mêlées aux coutumes de la Germanie, la justice d'abord était rendue dans des assises périodiques, tenues et présidées par les comtes, assistés des hommes libres du pays : espèce de jury, où le fait était apprécié par les pairs de l'accusé, et la condamnation prononcée par le comte ou ses officiers. Plus ou moins régulières selon les temps, plus ou moins fréquentes selon l'étendue du ressort, le nombre et l'importance des affaires, ces assises ou *plaids* avaient lieu en champ clos, le plus souvent sur un cimetière, aux portes des villes ou des églises. Celles du comté, devenu depuis le bailliage de la Montagne, se tinrent originairement sur le Mont-Lassois, et, même après la destruction de Latiscon, au milieu des ruines de cette antique capitale du pays et du séjour de ses premiers comtes. Ce n'est que plus tard que, avec les siéges des prévôtés, elles furent transportées à Châtillon ou à Villers-le-Duc, pour une partie du ressort, et à Baigneux-les-Juifs ou à Aignay-le-Duc, pour la partie méridionale du bailliage : les maïeurs de Chaumont qui avaient remplacé les anciens comtes germaniques dans l'administration de la justice, conservant, comme eux, le droit d'ordonner les gages de bataille et les duels judiciaires, continuèrent longtemps à tenir leurs assemblées et à traiter des affaires publiques sur le cimetière de l'Abbaye.

Quand les institutions juridiques eurent perdu ce sanglant caractère; que, les combats en champ clos et les jugements de Dieu sévèrement proscrits par la royauté, l'étude sérieuse des lois romaines et des coutumes eut remplacé la science des armes, les hommes de guerre se retirant de ces plaids où ils n'avaient plus rien à faire, abandonnèrent aux gens de robe le soin peu noble de rendre justice au bon droit et non plus à la force. Ce fut alors que l'évêque et le duc, héritiers des droits des premiers comtes, préposèrent l'un son maire, l'autre son prévôt, pour administrer la justice en leur nom, et percevoir les amendes, dans leur domaine respectif.

Le prévôt justiciait sur les hommes liges du duc sans le maire; et, de son côté, le maire jugeait sans le prévôt des plaintes et délits relatifs aux hommes liges de l'évêque. Mais, pour ce qui était des hommes communs aux deux seigneurs, ou des communiants, qui n'appartenaient à la juridiction lige d'aucun d'eux, le maire ne pouvait en connaître sans le prévôt, ni le prévôt sans le maire. Pareillement, si un homme était pris commettant quelque grand forfait qui, en vertu des conventions, fût de la justice commune, ni le prévôt, ni le maire ne devaient l'un sans l'autre lui mettre la main sus, l'élargir ni le juger.[*]

Les coutumes locales composaient tout le droit qu'ils avaient à appliquer. Traditionnelles d'abord, elles furent écrites pour la première fois par ordre de Philippe-le-Hardi,

---

[*] *Charte* de 1206. — *Terrier* de 1371, etc., etc. . . . .

dans le terrier de 1371. Jean de Foissy, bailli de la Montagne, est le rédacteur de cette charte châtillonnaise, qui, bien qu'incomplète et confuse, n'en jette pas moins une vive clarté sur la constitution du pays à cette époque. Qu'on me permette d'en citer quelques articles. Les bourgeois intervenant dans l'administration de la justice pour l'appréciation des faits, un tarif établi pour les coups et les blessures, presque tous les crimes et délits évalués en sols, punis par des amendes pécuniaires, quelquefois par des mutilations, d'autres traits encore, font reconnaître, dans ce code féodal, des traces non équivoques des anciennes libertés gallo-romaines et des lois barbares, dont le mélange constitue la législation du moyen âge.

« Se ung drap est prins par suspicion de faulceté, le prévost et le maire font appeler seize prud'hommes, à sçavoir, quatre maistres du mestier, quatre bons varlets, quatre tixerans, quatre bourgeois, ensemble celui qui est accusé du drap. Et les seize prud'hommes demandent à l'accusateur par serment la cause de son accusation : et, l'accusation ouïe, les seize prud'hommes se tirent à part et visitent diligemment le drap : et disent par serment aux quatre bourgeois la cause pourquoy ledict drap doit estre *ars* (*arsus,* brûlé), ou l'accusé condampné en l'amende ou absols. Et lesdits quatre bourgeois, ensemble les aultres douze prud'hommes, viennent au jugement commun desdits prévost et maire, et rapportent, par la voix de l'ung d'eux, ce qui se doit faire dudict drap. S'il est bon, on le délivre pour bon; et, s'il est faulx, le prévost et le maire le délivrent aux maistres du mestier pour l'*ardire* (le brûler, *ardere*). Et les maistres font crier, de par Nosseigneurs, qu'on alle veoir la justice qu'on va faire du faulx drap. Et lors, on le porte *ardire en la place aux bons varlets;* et *ars* est tout le mestier et toutes les choses de bois et de fer qui ont touché au faulx drap, avec tous les aisemens. Et les tisserans qui l'ont tissu donnent amende au prévost et au maire de 65 sols; et lesdits tisserans sont bannis un an et jour, lequel leur plaist, de la ville de Chastillon et du mestier. »

« En la ville de Chastillon, a quatre manières de mesures : l'une est l'aulne, à laquelle l'on mesure toutes denrées qui à l'aulne se doivent livrer..... Et si aucun marchand *mésaulne,* comme de tirer le posse arrière, ou ainsy comme les maulvais sçavent faire, l'on lui doit *coupper le posse* ou le *rambre* à la volonté du seigneur. Car c'est l'ancien appert. »

« Quiconque fait souliers pour vendre, en la ville de Chastillon, si l'empeigne devant est de meilleure beste que le tallonnier derrière, comme si l'empeigne du soulier estait de cordouan et le tallonnier de vaiche, ou l'empeigne de vaiche et le tallonnier de basaine, tels souliers sont suspicionneulx et par tricherie, et pour ce, sont amendables de 65 sols..... Et, se la semelle d'un soulier est *arse* (brûlée), les souliers doibvent estre *ars* et amendables en 65 sols. ... L'on ne peult mettre en avant souliers de cuir sec ne noir pour vendre en la ville de Chastillon, en foire ne hors de foire, qu'ils n'ayent esté visités par les maistres du mestier; et qui faict le contre, il paye 10 sols d'amende.

« Se souliers de savetiers sont appoinctés par aultre part que par le bout devant, et sont mis à étaul, ils sont amendables en 65 sols tournois, pour cause de ce que ceulx, qui les voyent appoinctés par le lieu où les aultres souliers neufs sont accoustumés estre appoinctés, *cuident* (pensent) qu'ils soyent neufs; et, pour ce, doibvent estre les souliers de savetiers appoinctés par le bout devant. »

« Nuls bouchiers ne peuvent vendre chair de bœuf ni de vaiche en la boucherie de Chastillon, se les maistres bouchiers n'ont premier veu manger la beste, avant que bouchier la tuast; et, s'il la tue sans estre visitée et la mect en avant en la boucherie, il doibt 65 sols d'amende; et est la chair jetée hors la boucherie, et la vend l'on comme chair diffamée. Les bouchiers ne peuvent vendre beste au marché dont la chair soit glaireuse.... Se aucuns bouchiers ont à leur estaul chair suspicionneuse, les maistres bouchiers leur doibvent dire : « ostez cette chair d'icy »; et ils la peuvent oster sans amende. Mais si, dessus l'assignation des maistres, le bouchier la tient encore à estaul, les maistres la doibvent prendre et porter au prévost et au maire et la doibvent faire visiter par gens en ce cognoisseurs; et, si la chair est maulvaise, l'on la fait ardire judicialement, et celuy à qui elle est doibt 65 sols d'amende..... Ainsi est-il entendu des poissons suspicionneulx, frais ou salés. »

« Se aucun est teneu à tavernier de son escot et ne le veut payer, il le peut *gaigier* (lui donner des gages) sans amende; s'il n'a de quoy gaigier, le tavernier luy doibt défendre que de la taverne il ne sorte jusqu'à ce qu'il agrée son escot. S'il n'a feu ne lieu dans la ville et qu'il se desparte de la taverne sans licence, l'amende est de 65 sols. Et s'il a feu et lieu dans la ville, nonobstant la desfense, il se peut despartir, aller chez luy et rapporter gaige au tavernier avant l'heure de brune; et, l'heure de brune passée, se le tavernier s'en plainct, il doibt 65 sols d'amende, pour ce que, selon la coutume, l'arrest du tavernier, en tel cas de célérité, vaut arrest judiciaire. »

Encore un tableau de mœurs : « Se aucun, en plaidant, dict à celuy contre qui il plaide villenie ou grant vitupère de corps, comme s'il luy dict: « Tu es ung maulvais garnement, tu es ung malestruy; » se partie se plainct de telles légières parolles gorgées, partie n'a amende *fors que d'une buchette en jugement,* et le juge 7 sols. Se la villenie touche honte de corps, comme de dire à ung homme : larron, puant, punays; ou à une femme : p....., larronnesse, sans que l'on nomme de qui ni de quoy; se plaincte est, partie a 7 sols tournois d'amende et le juge 7 sols. Et se la partie qui a dict l'injure en veult faire ung *escondit* et jurer par son serment qu'il n'y a pas de mauluaistie dans ses parolles, la partie n'a nuls 7 sols tournois, car *l'escondit est l'amende de l'injure.* Se aucun dit à ung aultre en plaidant : larron ou parjus ou mauldict; à une femme : p..... ou larronnesse; et qu'il nomme de quoy et de qui, l'amende est selon que la personne est et que le cas désire; et n'y chiect poinct *d'escondit,* se partie ne veult..... Se aucuns contendant ensemble, l'un dict à l'aultre : « Je ne suis celuy ou celle qui fit tel larcin ou tel putaige ou tel murdre, » combien qu'il ne die fors qu'en ombre, en parlant à luy et en disant : « Je ne suis pas tel; » ce n'est pas que l'amende ne soit arbitraire, pour ce que les villenies qu'il dict à l'ombre de luy redondent à la personne à qui il contempte par parolles injurieuses. »

« Se aucung mect main à aultre injurieusement ou le fière ung cop, soit petit ou grant, ou le bat tant qu'on lui escoute à l'oreille s'il est mort ou vif, seulement que mort ne s'en suive et qu'il n'y ait sang ou cuir creué, ne mutilation de membre, se plaincte en est faite, le juge a 7 sols.

Se la basture est si énorme qu'il en gisse au lict, le blessé aura son recours; et c'est ce que l'on dict : « Bien battu, mal battu, 7 sols paye. » Se aucung faict sang à aultre et cuir crèue, se plaincte en est, le blessé a pour son amende 21 sols tournois; le prévost et le maire, 60 sols; et les sergens qui font l'adjournement, 5 sols. Se la blessure est si grande et en tel lieu que mutilacion de membre y soit ou appaire, la partie doibt estre récompensée pour la moins vaillance de son corps, et pour son membre mutilé, selon que la discrécion du juge regardera. »

« On ne tient pas que ce sang qui vient par le conduict du nez ou par bouche, s'il n'y a cuir creué, que ce soit délict dont l'amende soit de 60 sols; pour ce que nature se purge ou peult purger aucunes foys par nez et par bouche, par sang ou aultrement, sans aultre force. »

« Se aucun, en la ville de Chastillon, crie à la mort ou faict tumulte de nuyt, pour quoy gens se rassemblent et il ne puisse montrer éuidente cause pourquoy il a crié à la mort ou qu'il a faict le tumulte, il doibt amende de 65 sols; tel pourroit estre le tumulte ou tel inconvénient pourroit en suivir que peine seroit en la volonté des seigneurs, et mesmement de punicion capitale. »

Les juges féodaux, après avoir instruit les procès, ne faisaient guère que sanctionner, par des décisions souveraines, les rapports des prud'hommes, dépositaires des coutumes locales; aussi, avant l'institution des baillis, n'est-il fait mention des appels dans aucun de nos titres. Il est temps à présent d'examiner cette juridiction nouvelle:

C'est dans le cours et dans les actes du XIIIe siècle qu'on rencontre les premiers *baillifs de la Montenne;* et les titres de la chambre des comptes, où ils devaient prêter serment avant d'entrer en charge, nous apprennent qu'ils avaient alors 140 et quelquefois jusqu'à 200 livres de *gage*. Vers cette époque, en effet, à l'exemple des rois de France, Hugues IV divisa son duché en cinq grands districts, nommés *bailliages*, du nom de l'officier qui était à la tête de chacun de ces gouvernements : le Dijonnais, l'Autunois, le Châlonnais, l'Auxois et le pays de la Montagne.

Les baillis, à l'instar des anciens comtes dont ils reproduisaient en quelque sorte l'image, réunissaient dans leurs mains tous les pouvoirs civils et militaires : percevaient les revenus de monseigneur, qu'ils représentaient chacun dans leur ressort ; recevaient pour lui la foi et hommage; levaient les ban et arrière-ban, sous ses ordres; avaient le commandement des places de guerre et quelquefois y commandaient en personne; c'est ainsi que, entre mille exemples, il est rapporté, dans un compte de 1409, que « messire de Saint-Hilaire, baillif de la Montagne, reçut du canonnier du duc deux canons de fer, jetant chacun cinq livres de pierres, pour mettre au chastel de Châtillon, pour la garde et sûreté d'iceluy; plus trente livres de poudre de canon; le tout délivré par messeigneurs des Comptes. » Dans la suite ils furent aussi chargés de convoquer les trois ordres du bailliage, pour l'élection des députés aux États-généraux.

La plus noble prérogative de leur charge était l'administration de la justice. Les baillis, dans le principe, siégeaient en armes dans leurs assises qui étaient fort solennelles : un titre nous apprend que Jean de Foissy tint les siennes, en 1376, *dans la haule où l'on est accostumé vendre les draps en la ville de Chastillon*. Plus tard, cette occupation seyant mal à leur humeur guerrière, ils remirent, comme avaient fait les comtes, à des lieutenants, ce soin devenu fastidieux. Des avocats et des conseillers, dont les gages étaient à-peu-près de 40 livres, complétaient enfin l'organisation bailliagère de la Montagne.

L'évêque de Langres possédait aussi dans sa seigneurie une juridiction correspondante. Il avait institué, à Châtillon, un bailli, revêtu des mêmes pouvoirs, et dont le ressort s'étendait de plus au domaine épiscopal de Marigny, Prusly et autres villages et hameaux, jusqu'à l'Aube : ce qui avait fait donner au bailliage de l'évêque le nom de *Bailliage de Langres deçà la rivière d'Aube*. Or, cette création remonte à la même époque que celle du bailliage de la Montagne; puisque c'est dans des chartes de 1260 et 1262 qu'on rencontre pour la première fois un bailli de l'évêque *(à Drocone de Castellione, ballivo reverendi episcopi)*; et que le premier qu'on connaisse des baillis de la Montagne est Viard de Saint-Bénigne, dont le nom se trouve dans un acte de 1267. ⋆

⋆ Le bailliage du duc ne fut supprimé qu'en 1789; étant devenu bailliage royal, quand après la réunion du duché à la couronne, les rois de France eurent été substitués à tous les droits des ducs de Bourgogne. Quant au bailliage de Langres, il subsista jusqu'à ce que la royauté eût absorbé et détruit toutes les juridictions seigneuriales. Ce fut là son œuvre : et cette unité, qui fait la force de la France, le grand roi l'avait consommée. Le mot de Louis XV, que nous allons rapporter, appartient bien au successeur de celui qui avait dit avec toute la conscience de sa puissance : *l'état c'est moi.*

Les bailliages de Langres et de la Montagne avaient conservé leur compétence originaire jusqu'à l'ordonnance de Roussillon (1564), portant (art. XXIV et XXV) que les doubles juridictions de justice, non royales, seraient réduites à une seule; et que, dans les lieux où la justice était rendue en commun par le roi et un autre seigneur, il n'y aurait plus à l'avenir qu'un juge en exercice : de sorte que le juge royal et le juge commis par le seigneur justicier exerceraient alternativement de trois ans en trois ans.

En conséquence de cet édit, ajoute M. Bourceret, dans son savant traité que nous reproduisons souvent, l'évêque,

Avec des pouvoirs et à un ressort plus élevés, le bailli de la Montagne et le bailli de Langres avaient la même juridiction et la même compétence que le prévôt et le maire.

Les peuples dans leur enfance comprennent peu les fictions. Dans un jugement mal rendu, quoi de plus simple que de voir le fait du juge? C'était donc, dans l'origine, contre le juge lui-même que l'appel était dirigé, c'était à lui de

---

forcé d'opter entre les deux juridictions qu'il avait à Châtillon, sacrifia la mairie. Quant au bailliage, la justice fut alternativement exercée par le bailli royal de la Montagne et par le bailli ducal de Langres, ou par leurs lieutenants. Mais quel que fût le juge, il devait toujours être assisté du procureur du roi, conjointement avec le procureur de l'évêque. De même, les amendes, confiscations et autres profits qui s'adjugeaient au siége commun, étaient partagés par moitié entre les deux seigneurs qui y avaient l'un et l'autre un receveur particulier. Cet état ne dura pas longtemps : et le roi tôt ou tard devait finir par ruiner la juridiction de l'évêque. En effet, Louis XIV vint; et, dès les premières années du XVIII° siècle, il n'est plus question de l'évêque dans l'administration de la justice dans le bailliage de la Montagne. En vain M. de Montmorin, qui gouverna l'église de Langres en 1734, voulut revendiquer ses droits méconnus. Le chancelier d'Aguesseau ayant rendu compte au roi de l'instance pendant à ce sujet à la grand'chambre du parlement de Paris, Louis XV répondit que, « étant seul souverain dans son royaume, il entendait que la justice fût rendue en son nom, sans partage et sans distinction. »

défendre sa sentence; et, si elle était confirmée dans un autre ressort, l'appelant était condamné à l'amende envers le juge.

Si une partie, plaidant devant le prévôt, en recevait grief par son jugement, et qu'elle voulût en appeler, l'appellation devait être portée à l'audience du bailli de la Montagne. De l'audience du bailli, on appelait aux auditeurs de Beaune, où se tenait le parlement de Bourgogne, avant que Louis XI ne l'eût transporté à Dijon; du parlement de Beaune, l'appel allait au parlement de Paris, où se prenait la fin des causes. Tel était l'ordre des *appeaux* en Bourgogne.

Qui appelait du maire, devait porter l'appellation à l'audience du bailli de Langres; du bailli de Langres, elle allait à Sens. La cause pourquoi l'on appelait du bailli de Langres à l'auditoire royal de Sens était que monsieur de Langres n'avait en sa terre nuls auditeurs des causes d'appeaux, qui pussent corriger la sentence de son bailli.

L'appel d'un jugement rendu conjointement par le maire et le prévôt, dans la juridiction commune, allait à l'auditoire commun du bailli de Langres et du bailli de la Montagne. Quand les deux baillis avaient sentencié communément, l'appellation de leur jugement devait être portée au ressort de Sens, pardevant le bailli de Sens et non point pardevant les auditeurs de la Villeneuve, combien que la Villeneuve fût siége souverain départi aux gens de monsieur le duc. La cause était telle : tout ce que monsieur de Langres tenait à Châtillon était le fief du roi, et ce que monsieur le duc avait en la même ville était le fief de monsieur de Langres; or, le roi étant seigneur suzerain de l'évêque, le siége de Sens était réputé ressort souverain pour les causes des appeaux des domaine et fiefs de l'évêché. Et, ce qui était commun à Châtillon entre les deux seigneurs ne pouvant être disjoint, le féal (qui était monsieur le duc) devait suivre le ressort de son seigneur suzerain (qui était l'évêque). C'est pour cette raison que l'appellation d'un jugement émané de la juridiction commune de Châtillon devait être portée devant le bailli de Sens. *

Tel était le rôle des baillis de Langres et de la Montagne dans l'organisation judiciaire. Leur personne était fort respectée : « Si aucun mettait main injurieusement à bailli en son siége, il encourait peine capitale et confiscation de ses biens. »

Pour exécuter les jugements, donner ajournements, etc., il y avait d'autres officiers de justice : d'abord quatre sergents, qui, d'après les anciennes franchises municipales, devaient être élus par les hommes libres ou bourgeois.

---

* Terrier de 1371.

« Selon les chartes anciennes, dit le terrier de 1371, messieurs ne doivent constituer ne ordonner en la ville de Chastillon sergens, se ce n'est par l'eslection des bourgeois de la ville ; et, iceulx esleus, monsieur le bailly de la Montaigne et monsieur le bailly de Langres prennent le serment, chacun d'eulx de ceulx qui leur appartiennent, que bien et loyaulment exerceront l'office de sergenterie, feront leurs rapports loyaux et véritables, donneront adjournemens, et garderont en tout le droict du seigneur duquel ils sont sergens et de ses subjects. »

Il y avait une autre sergenterie en la ville de Châtillon, qu'on appelait la *messerie*. Iceux messiers étaient tenus de garder les biens des champs, des prés et autres choses : il achetaient leur office du prévôt et du maire ; et le profit de leur messerie était tel, que chacun qui labourait au finage de Châtillon leur devait une grosse gerbe, autant qu'on en pouvait lier en un lien de moisson, *ne trop grand ne trop petit, du meilleur blé qui se cultivoit*.

Comme le duc avait la garde du château, et que le donjon pour mettre les prisonniers était commun aux deux seigneurs, « le *tourrier* de monsieur le duc qui avoit la garde des clefs estoit teneu de jurer en la main des officiers de monsieur de Langres de bien et loyaulment garder les prisonniers appartenant à monsieur de Langres, comme ceulx de monsieur le duc.

Le concierge qui gardoit l'hostel de monsieur de Langres n'estoit teneu de faire semblable serment à monsieur le duc, n'officiant rien audict chastel.... Et c'est ce que monsieur le duc dict en la chartre : *De castro Castellionis pertinet nobis custodia*. Les droicts du tourrier estoient tels que quiconque estoit mis en prison ou fermé dans le chastre devoit au tourrier 12 deniers tournois, *Item*, se aucung estoit exécuté pour ses démérites, tout ce qui estoit au-dessous de la courroye estoit audict tourrier, soit mantel ou aultre chose. *Item*, appartenoient audict office, de chacune espousée en l'église du chastel, 12 deniers tournois. »

« Monsieur le duc et monsieur de Langres pouvoient affranchir en la ville de Chastillon de tailles et exactions deux personnes, à savoir : un *febvre (faber,* serrurier), qui estoit teneu *d'enforge et d'efforge à ses coust et mission*, toutes foys que requis en estoit par les gens desdicts seigneurs ou l'ung d'eulx ; l'aultre estoit ung cordier, lequel devoit alors tous *cheuestres* et liens appartenant à quelque justice que l'on fist, *et aussy la corde pour avaler au croc* (ailleurs *au col*), *et pour mectre en gehenne les gens malfaicteurs*. »

« Chacung seigneur pouvoit seul et singulier faire exécuter gens malfaisans ès fourches de Chastillon, combien qu'elles fussent communes.» Les fourches patibulaires du Bourg étaient à *Danré*, à quelque distance de la ville, sur une colline et près de la papeterie, comme le prouvent les anciennes vues de Châtillon. La sentence des condamnés à mort devait être lue par un *crieur*, commun entre l'évêque et le duc, lequel était tenu de publier les ordonnances et commandements des seigneurs, d'annoncer les foires, les ventes, etc. Comme l'office du bourreau, « le *criage* (ou office du crieur), disent encore les terriers, va d'hoir en hoir masle; et, s'il n'y a hoir masle, messieurs le peuvent vendre ou donner, comme chose à eulx acquise. Et sont les droicts de criage tels : se aucung est exécuté pour ses démérites, en la ville de Chastillon, dont le crieur fasse le cry, il a le chaperon, le chapeau ou autre habillement de teste d'une chacune personne qui y est exécutée. *Item*, s'il crie vin, il a pour son cry, une pinte de vin ou 4 deniers, lequel mieux plaist à celuy de qui est le vin; s'il crie miel, huile ou aultre graisse, il a 4 deniers; s'il crie une vendue de bois ou d'aigue il doibt avoir 5 sols tournois : mais il les doibt crier par trois jeudys. *Item*, il a de chacune espousée qui se marie en la chastellenie de Chastillon, mais qui n'est pas dudict Chastillon, un denier. *Item*, de toutes les p...... *qui font desbattement de leur corps* et qui viennent nouvellement à Chastillon pour estre communes, il a de chacune, pour une fois, un denier. *Item*, de tous les menestriers qui nouvellement viennent à Chastillon pour jouer ou pour chanter en place, ledict crieur a de chacung, pour une fois, un denier. Et doibt, pour les droicts dessus dicts, faire tous les crys appartenant à monsieur le duc et à monsieur de Langres, sans aucung profict. »

J'ai dit l'histoire des droits : ai-je besoin d'ajouter que ce n'est pas toujours celle des faits? C'est même la violation fréquente des uns qui est, ici du moins, la principale cause des autres; c'est aux chartes, destinées à terminer les contestations que ces droits enfreints occasionnaient sans cesse entre les deux seigneurs, que nous devons tout ce que nous savons de cette époque de guerre et de représailles. Citons-en quelques traits.

Tantôt (en 1271), c'est un certain Raoul, dit Champonnois, prévôt du duc, qui fait crier par les rues de Châtillon, sans le consentement de monsieur de Langres, que certaines monnaies n'aient plus cours et ne soient plus reçues dans la ville. Et le duc est obligé de reconnaître et confesser, dans des lettres publiques, que lesdits cri et proclamation ont été faits sans sa volonté, et que cette proclamation ne peut préjudicier au temps à venir ni à l'évêque ni à ses successeurs.

Tantôt (en 1209), les sergents et le prévôt de monseigneur de Bourgogne ayant fait enfermer dans le donjon du château des hommes de monsieur de Langres accusés d'homicide, et ces officiers refusant de les rendre, Eude confesse et reconnaît, pour qu'il ne soit fait aucun détriment de liberté à l'église de Langres, que ces hommes ont été enfermés et gardés à son *desçu,* que l'église de Langres a été offensée; et il ordonne la restitution des prisonniers à l'évêque.

Quelque temps plus tard, des rixes sanglantes semblent avoir eu lieu entre les hommes des deux domaines. Car, en 1239, le duc de Bourgogne, ayant donné l'ordre de saisir quelques personnes à Châtillon, afin de découvrir ceux qui avaient tué le frère de Boin, son ancien vignier, est encore obligé de déclarer, par une charte expresse, que cette entreprise ne peut déroger en rien au traité de 1206. De pareilles scènes n'étaient pas rares alors.

D'après un pacte fait par le duc Robert II, en 1273, pour fixer les prétentions de sa belle-mère, Béatrix de Bourgogne, il avait été convenu qu'elle aurait pour douaire la ville et la châtellenie de Châtillon, avec les terres et fiefs qui en dépendaient; plus tous les Juifs qui s'y trouvaient en grand nombre, et qui, en leur qualité de serfs (et des plus misérables), étaient attachés auxdites terres, et transmissibles comme elles; enfin avec la garde de l'abbaye de N.-D. et de tous les monastères de la ville, pourvu que les supérieurs et abbé y consentissent.

Une querelle suscitée entre les officiers de l'évêque de Langres et ceux de la duchesse douairière nécessita bientôt l'intervention du roi. L'affaire fut portée pardevant Philippe-le-Hardi, en son conseil. Il s'agissait de violences exercées contre un bourgeois que ces officiers revendiquaient pour le domaine de leur seigneur respectif. Les gens de la duchesse se plaignaient que ceux de l'évêque se fussent saisis d'Odet, fils de Gille de Flavigny, homme lige de la duchesse, qu'ils l'eussent blessé et conduit en armes dans la maison du bailli de l'évêque, où ils le gardaient, sans le vouloir rendre. Ils disaient encore que des malveillants, venus à Châtillon avec le bailli de Langres, s'étaient placés sur le toit de sa maison, d'où ils avaient jeté des pierres sur des gens de leur domaine. Ceux de l'évêque prétendaient de leur côté qu'Odet était homme lige et justiciable de leur seigneur; qu'ils l'avaient saisi parce qu'ils en avaient été insultés; et que les officiers de la douairière s'étaient portés avec violence et en armes contre le bailli. Philippe condamna la duchesse en deux cents livres tournois envers lui, le roi; et en trois cents livres envers l'évêque de Langres, à qui il ordonna de punir lui-même Odet, fils de Gille de Flavigny, ou de le faire punir par qui de droit.

En 1248, saint Louis avait déjà pacifié un différend élevé entre le duc de Bourgogne et l'évêque de Langres, Hugues de Rochecorbon, pour leurs droits communs sur le domaine de Châtillon.

Le roi Louis VII, aussi, avait été appelé, en

1153, à terminer, en plein parlement, une de ces nombreuses dissensions entre les deux seigneurs. *

L'évêque de Langres, Godefroy, lésé dans son domaine du Bourg par Eude II, duc de Bourgogne, avait porté plainte à Louis-le-Jeune, qui tenait alors, à Moret, une assemblée d'évêques et de barons. Au jour fixé, les contendants comparurent au parlement, par-devant le roi de France.

L'évêque, parlant le premier, dit : « Je demande au seigneur duc pourquoi, étant mon homme et feudataire de Saint-Mametz, où il tient un beau fief, il ne m'en a pas fait hommage, ni rendu les devoirs de fief; je réclame la moitié du péage de Châtillon que prend monsieur le duc et qui m'appartient ; je réclame de plus les moulins qu'il a bâtis sur les terres de Saint-Mametz, par violence et malgré l'excommunication lancée contre lui. » L'évêque se plaignait encore que le duc lui eût enlevé et tué des hommes liges, à Châtillon, pris des clercs, brûlé la villa appelée Bissey; et demandait justice du forfait commis par Hugues Dacels et ses compagnons, qui avaient incendié cette terre et d'autres encore, tué ses hommes, et fait toute sorte de dégâts dans son domaine.

---

* Dom Plancher. — *Histoire de Bourgogne.*

Eude II se contenta de répondre qu'il avait fait toutes ces choses avant d'être vassal et homme de l'évêque; mais que, depuis, il n'avait refusé de lui faire hommage et de le reconnaître pour son suzerain, que parce que monsieur de Langres avait lui-même refusé de lui rendre justice ou de la lui faire rendre par ses officiers; et que, d'après l'usage et le droit commun, on ne devait plus foi et hommage au seigneur qui s'était rendu coupable envers son vassal de déni de justice.

L'évêque, répondant à ces allégations, prouva que le duc, qui soutenait le contraire, avait plaidé en personne et jusqu'à deux fois à sa cour, et même que l'aïeul et le père du duc avaient aussi plaidé plusieurs fois devant lui à Langres et à Châtillon, au perron de Mauconseil. Sur quoi, le roi voulait de suite rendre son jugement; mais les évêques et barons demandèrent un sursis.

Le délai expiré, l'évêque de Langres se représenta jusqu'à trois fois; le duc, mettant en avant des prétextes frivoles, ne paraissait toujours point. Au troisième ajournement, le roi l'ayant envoyé quérir, on le trouva dans sa cour, à cheval, et prêt à partir pour la chasse; il députa seulement un de ses officiers, disant que pour lui, il était fatigué de ces ennuyeuses redites. Eude II fut alors immédiatement condamné. Une bulle du pape Adrien, donnée le 6 des ides d'avril de la même année (1153), confirma la royale sentence; et le duc de Bourgogne fut, au moins pour un temps, obligé de se contraindre.

Et puis, comme on l'a dit, les rois ne négligeaient aucune occasion d'abaisser d'aussi puissants vassaux, pour élever, sur les débris de tous les autres pouvoirs, celui qui devait un jour créer l'unité française. Châtillon même fut le théâtre d'une de ces victoires de la royauté naissante contre la féodalité dans tout son éclat. La lutte eut lieu entre les deux plus héroïques champions de l'une et de l'autre puissance : Hugues III et Philippe-Auguste.

C'était, dit un historien anonyme qui vivait à cette époque, c'était pour protéger, du côté du nord, ses terres contre les entreprises du roi qu'il voyait faire de grands préparatifs de guerre, que Hugues III avait fortifié la ville de Châtillon, où il avait même laissé son fils pour la défendre en cas d'attaque. Ses prévisions n'étaient pas fausses : Philippe-Auguste, profitant avec une habileté empressée des plaintes des vassaux, et des mécontentements du clergé que les exactions du duc de Bourgogne avaient soulevés dans le duché, vint fondre sur Châtillon, qui était comme le boulevard et la clef de la province. Et c'est alors (en 1184) qu'eut lieu ce siége dont tous les historiens du temps ont rendu compte, et qui a été chanté, dans de beaux vers latins, par

Guillaume-le-Breton, chapelain du roi Philippe, qu'il accompagnait sur les champs de bataille.*

« L'année, dit-il, était à peine écoulée sans plaintes et sans réprésailles, que le duc de Bourgogne se prit à inquiéter de nouveau les gens d'église. Blessé dans le fond du cœur (car le roi, pour ses exactions précédentes, l'avait ajourné à sa cour des pairs et l'avait condamné à une forte réparation en livres parisis), il charge de nouvelles tailles les monastères, et trouble la paix du clergé; maître qu'il est d'une riche province, puissant par ses possessions, plus puissant par sa valeur dans les combats et l'appui des hommes d'armes qu'envoient sous sa bannière, Dijon, noble castrum, et l'antique et riche cité des Éduens, Autun, si fière jadis de ses innombrables légions, Autun, la sœur et l'alliée du peuple romain. Plus d'une fois, des nations lointaines ont connu la puissance de ses armes; mais, aujourd'hui, déchue et dépeuplée, là où furent jadis de somptueux monuments, une ville opulente, un grand peuple, on ne voit plus que des forêts et des bruyères. Le roi Arthur a enrichi Rome des dépouilles de cette

---

* *Philippide.* Liv. 1ᵉʳ. — Voir aussi le récit en prose que Guillaume-le-Breton a fait de la vie du roi, son maître. — Mᵉ Rigord, *chronographe du roi des Francs*, *Philippe II.* — Vignier, *Rerum burgundicarum chronicon.* — P. Émile. — Velly. — Mézeray, etc.

terre; et, plus tard, achevant sa ruine, le Norvégien Rollon l'a réduite à cet état de néant qu'à peine en voit-on maintenant des vestiges.

« Mais il restait encore au duc, avec d'autres cités, cette ville dont les riants coteaux produisent ce fruit délicieux, Beaune, la vineuse, dont les vins capiteux inspirent la guerre et ses ardeurs, Chors, Semur, Flavigny, Mulseau, Avallon, presque tous pays fertiles et fortunés, si ses enfants, hélas! pouvaient jouir de la paix. Toute la Bourgogne enfin formait le magnifique héritage qu'il tenait de ses pères, à la condition pourtant d'en faire hommage au roi.

« Il y avait de plus un castrum, ayant nom Châtillon, noble place, l'honneur de la Bourgogne et le boulevard de la province. Partagé par les eaux limpides de la Seine, c'est la patrie et aussi l'école d'hommes illustres et de grands chevaliers; nulle part ailleurs, vous ne sauriez trouver des gens plus distingués pour leur noblesse, la culture exquise des sciences, de la philosophie et des beaux arts, leur courtoisie, leur élégance et leur beauté.

« Or, craignant une attaque du roi, le duc avait eu soin de pourvoir cette ville de toutes choses nécessaires en temps de guerre : d'armes, de gardes sûrs et de nombreux chevaliers. Dans sa prévoyance, le héros l'avait fait approvisionner de blé pour la nourriture des troupes, et remplir le château d'abondantes munitions, pour que rien ne vînt à manquer en cas de siége. A son commandement, les tours sont garnies de herses et de claies en bois : on étançonne les murailles ; on pratique dans les remparts d'étroites et longues meurtrières, à travers lesquelles le brave servant d'armes, à l'abri de tout danger, puisse lancer les traits avant-coureurs de la mort. Le duc presse les travaux, n'oubliant pas de faire élargir et creuser plus profondément les fossés qui entourent les murs, afin que nul accès ne soit ouvert aux combattants du dehors, et que la place soit inattaquable de toutes parts.

« Le roi, dans sa bienveillance, écrit au duc des paroles de paix, et l'engage à se désister de ses mauvaises entreprises. Ces avis ne font que l'irriter ; et, plus audacieux que jamais, il ne met de bornes à sa fureur, qu'il n'ait accablé le clergé et chargé de tailles le patrimoine de l'Église....

« Indigné de se voir ainsi bravé, et sa royauté méconnue, le jeune roi, prenant à la hâte la conduite d'une armée, vole vers les montagnes de la Bourgogne ; peu de chevaliers l'accompagnent : car le ressentiment dont il est animé ne lui a pas permis d'attendre tous ceux qu'il a mandés. Les plaines de la Brie et de la Champagne sont déjà loin de lui ; il a rapidement dépassé Troyes, ainsi que les murs de Bar ; et bientôt le voilà dans les remparts de Mussy, hôte royal, attendant là, pendant trois nuits, la venue de ses troupes ; car cinq compagnies de gens de guerre, marchant sur ses traces, se hâtaient de le rejoindre. Pendant que ce retard de trois jours le retient dans la vallée de Mussy, il apprend par des éclaireurs sûrs, envoyés pour reconnaître les lieux, l'importance des fortifications de Châtillon, l'état des armes de la place, le nombre et la valeur des gardes que le duc a commis à sa défense. Mais ni la position de la ville fortifiée avec tant d'art et de soins, ni la nombreuse et vaillante noblesse qui a la garde de la forteresse, n'imposent tant à l'esprit du roi, qu'il n'aille aussitôt commencer le siége, et distribuer à l'improviste ses compagnies autour de la ville.

« C'était l'heure du crépuscule : soudain le jeune roi fait le tour de la place, qui contient dans son enceinte plusieurs arpents de terre ; bannière déployée et le fer à la main, il se présente avec son armée sur tous les points ; mais pas une issue n'est ouverte qui ne soit garnie de chevaliers.

« Cependant l'aurore avant-courrière du soleil a dissipé les ténèbres qui couvraient la terre, et rendu la lumière au monde. Les habitants de Châtillon, à leur lever, s'aperçoivent enfin qu'ils sont cernés de tous côtés : en foule et en désordre, ils s'empressent de fermer leurs portes, d'élever des parapets sur le haut des murailles, de monter des madriers sur leurs épaules; partout où quelque brèche, quelque crevasse, se trouve dans leurs fortifications élevées, ils se hâtent de la barricader aussitôt. Avez-vous jamais vu travailler des fourmis, alors qu'un passant ou un pâtre a remué de son bâton leur fourmilière? Les avez-vous vues, courant précipitamment çà et là, se hâtant, à l'envi l'une de l'autre, de réparer leurs cellules brisées, et sourdre, par tourbillons et en bouillonnant, de leurs greniers souterrains? C'est ainsi que les assiégés, pêle-mêle dans l'enceinte de leur ville, se pressent sur les remparts, dans les rues et sur les places; étonnés que le roi ait pu si tôt investir leurs murailles, couvrir la campagne de tant de combattants, et qu'il ait été possible, en si peu de temps, de faire venir tant de gens de guerre et de les réunir en bataille.

« Mais lui, pour ne point perdre de temps, presse nuit et jour les travaux du siége et stimule de sa personne l'ardeur des troupes. Les mangonneaux roulent et brandissent de grosses pierres à coups redoublés; les claies de bois et les mantelets dont on avait garni les tours, pour les garantir des machines de guerre, brisés par cette grêle de cailloux, cèdent; et, à travers ces défenses avancées, qui protégeaient, en les cachant, les murailles, les créneaux en ruine paraissent à découvert. A l'abri de leurs claies entrelacées et de leurs boucliers de cuir et d'osier, qui, joints les uns aux autres, forment une tortue au-dessus de leur tête, des troupes d'archers sautent sur le revers des fossés et font pleuvoir, sans discontinuer, des traits sur les murailles pour en écarter les assiégés, pour les empêcher de courir selon l'usage derrière les créneaux, et de ramasser les traits et les pierres que doivent ensuite renvoyer contre leurs ennemis les défenseurs des remparts. Les fossés sont remplis des débris des retranchements, et les échelles dressées contre les murs. Tandis que le roi est présent partout, ses gardes volent, et, avec l'agilité de l'écureuil, se glissent sous les remparts et les escaladent. Voyez-vous déjà le terrible Manassès (de Beauvoisin) et le chevalier Guillaume des Barres? Ils brillent au premier rang, et montent les échelles, en déployant toute leur force; les voilà sur les créneaux. Chassés de leurs remparts, les assiégés se précipitent en bataillons pressés vers la tour la plus élevée de la citadelle, pour y pouvoir défendre encore leur vie, ne serait-ce qu'un instant. Alors, montrant à ses chevaliers et à ses gardes toutes les richesses que renferme une ville si opulente, le roi leur en promet les dépouilles, pour prix de leur valeur; ne se réservant que les prisonniers de guerre, par le droit du fisc. Bientôt le château même ébranlé succombe; ses ruines, jonchant la terre, ouvrent un large passage au vainqueur qui y pénètre aussitôt par la brèche. On y prit, avec de nombreux chevaliers, une grande multitude de bourgeois. Parmi les prisonniers, se trouva le fils et héritier du duc, qui fut plus tard Eude III.

« Le duc, comprenant alors qu'il ne peut résister à tant de force, craignant d'ailleurs pour son fils dans les fers, renonce enfin aux orgueilleuses prétentions qu'il a conçues dans l'amertume de son cœur. Devenu plus humble, et voyant bien qu'il soutenait une cause injuste et mauvaise, il reconnaît trop tard combien il a manqué à sa foi envers son seigneur, auquel il vient de lui-même avouer ses torts : à genoux aux pieds du roi, il se met à sa discrétion et merci, le suppliant de disposer des siens à son bon plaisir, et d'ordonner de lui, pour son châtiment, ainsi qu'il lui plaira.

« Mais le roi, dont la magnanimité sait accorder plus qu'on ne lui demande, le roi, dont le cœur clément et généreux a pour vertu singulière de prendre en pitié les suppliants et de leur pardonner, serre avec effusion dans ses bras son ennemi repentant, et lui rend son amitié et ses bonnes grâces ; il lui remet ses terres, ses possessions, son noble château de Châtillon. Il pourrait à bon droit garder toutes ces choses, qu'il a enlevées au duc par droit de conquête ; mais sa grande âme préfère au droit l'équité : il lui rend tout, son fils avec ; et, bienfait que le duc eut à peine espéré ! il le lui rend sans rançon. Seulement il exigea, auparavant, qu'il réparât ses torts envers les églises. Pour garant de sa fidélité à l'avenir, le roi se contenta de quelques gages et otages et de sa parole de duc. »

III.

DE L'ÉTAT ET DES INSTITUTIONS DE LA BOURGEOISIE,

A CHATILLON,

AVANT ET APRÈS SON AFFRANCHISSEMENT.

Que la liberté n'est pas née entièrement de la révolution communale du XIIe siècle. — Ce qu'on entendait par *villes de loi.* — Châtillon, dès le IXe siècle, désigné sous ce nom. — Fait trop peu remarqué par les historiens : que les villes de loi semblent le berceau des communes. — Tentatives, plusieurs fois renouvelées par les ducs de Bourgogne, pour établir une commune à Châtillon, et toujours déjouées par la résistance des évêques de Langres; excommunications et conflit qui en résultent. — Le duc Eude III se résout à n'ériger en commune que la ville de Chaumont, dont la seigneurie lui appartient exclusivement. — Charte de la mairie de Chaumont, donnée en 1213. — Mode particulier d'élection pour les maires de Chaumont. — Étendue de leurs pouvoirs. — Ardeur des habitants de Chaumont à conserver leurs droits intacts. — Comment on obtenait le droit de bourgeoisie dans leur ville. — Les franchises de cette commune, source de prospérité intérieure et de rivalités nouvelles entre les deux villes de Chaumont et du Bourg. — Le Bourg, pendant ce temps-là, continue à être soumis au régime féodal. — Misère à laquelle sont réduits ses habitants. — Pour éviter la dépopulation de leur ville, l'évêque se décide enfin, en 1423, à leur accorder, de concert avec le duc de Bourgogne, quelques droits, mais fort restreints. — Charte de l'échevinage du Bourg.

———

Jusqu'ici l'objet de nos recherches n'a guère été que de nature à éveiller peut-être la curiosité de l'antiquaire; mais l'intérêt qu'inspire le récit des vicissitudes qu'ont subies en d'autres temps des êtres qui nous ressemblent, la sympathie qui nous attache si fortement aux destinées de ceux dont nous partageons la fortune, nous ne les avons pas encore éprouvés. Il est temps enfin de ressusciter ces hommes qui furent nos aïeux, et à qui appartient la gloire d'avoir conquis les libertés dont nous recueillons le bienfait: c'est-à-dire que notre histoire nationale va commencer.

On connaît maintenant l'élan populaire qui fit tout d'un coup surgir et revivre, au milieu de la France féodale, l'image et les institutions oubliées des antiques municipes. Mais, avant cet affranchissement des communes, le peuple, ou la bourgeoisie, comme on l'appelait alors, qu'était-il devenu? Comment et par quelles révolutions successives, si longtemps méconnu, vint-il, en cette apparition subite, à révéler son existence dans l'histoire, et ses droits dans le gouvernement de la chose publique? C'est là une question qui vaut d'être étudiée de plus près.

Pas plus que celle de 1789, la révolution

des XIᵉ et XIIᵉ siècles ne fut un événement spontané. Ce n'est pas de cette manière que va le monde; et celui-là comprendrait mal l'histoire, qui, dans l'insurrection communale, voudrait voir autre chose que la manifestation longtemps comprimée, et par conséquent énergique, d'un fait qui, pour être peu connu ou difficile à apprécier, n'avait pas moins une existence réelle et de profondes racines sur la terre où il devait éclater. Ainsi, longtemps avant que le signal de l'affranchissement n'eût été donné, la première commune officiellement reconnue, ou ce nom prononcé seulement, la chose existait déjà en quelque sorte dans la plupart des villes : Châtillon va nous en offrir un exemple.

Ne croyez pas que, après les invasions germaniques, la condition des peuples fût aussi misérable et aussi nulle qu'on se plaît à le redire. Si vous exceptez les serfs ou colons qui habitaient les campagnes, et dont le sort, adouci par une religion civilisatrice, n'était certainement pas pire que sous l'administration romaine, les habitants des bourgs jouirent dès lors ou continuèrent à user d'institutions toutes libérales et de garanties qui ne leur manquèrent jamais, à Châtillon du moins, même sous le règne de la féodalité la plus intense.

Je ne parle pas de celles qu'accordèrent les seigneurs, pour attirer et conserver une nombreuse population dans leur ville, et dont les lettres de 1206 peuvent offrir plus d'une trace.

« Tous ceux qui viendront s'établir dans les murs de Châtillon, y est-il dit, ne seront forcés d'avouer la juridiction d'aucun seigneur; s'ils sont mariés, ils auront le droit d'y amener leurs femmes et leurs enfants, sans que l'évêque ou le duc puisse les réclamer..... »

« Les hommes libres doivent être exempts de toute taille *(omni taillá)* et exaction : seulement ils sont tenus de payer leur commandise (ou droit de protection), et de se soumettre, s'ils commettent quelque forfait, à la justice des deux seigneurs. »

« Si aucun dudit Châtillon, contrarié de son seigneur, se départ de la ville, il appartient aux *chazieus* autrement dits *ferdaux* d'illec, * de le ramener sûrement (sans mauvais traitements)

---

* Les *chazieus (casati)* étaient les commensaux, les anciens convives des seigneurs, les compagnons de guerre qu'ils nourrissaient dans leurs *villa*, leurs manses et les maisons de leur domaine. Voir le *Glossaire de Ducange*, où cette phrase même se trouve citée. Voici un autre article où il est encore fait mention de ces officiers : « *Item*, monsieur le duc et monsieur de Langres, étant à Châtillon et quérant créance en choses de vivres, ne peuvent contraindre les hommes d'illec à leur croire, si ce n'est sur gages; lesquels gages ils seront tenus de prendre et garder un an et jour; et les chazieus dudit Châtillon, s'ils veulent avoir vivres, on est tenu de leur en bailler sur leurs gages, et de les garder, mais seulement sept nuits. »

devant son seigneur; et, si cet homme ne se peut accorder avec sondit seigneur, icelui chazieu le peut remettre et conduire sûrement au lieu qu'il a choisi pour sa *demourance.* »

Outre ces gages de sécurité et d'autres encore, qui avaient établi en effet au pied des deux castels de Châtillon un centre d'industrie et de commerce, une de ces villes marchandes et populeuses du moyen âge, comme nous le verrons tout à l'heure, il n'est pas rare de retrouver, dans nos terriers des XIIIe et XIVe siècles, des vestiges d'antiques libertés.

C'est ainsi que, à cette époque même, dans toute la puissance du règne féodal, il est dit : « *Selon les chartes anciennes*, messeigneurs ne doivent constituer ni ordonner, en la ville de Châtillon, sergents, si ce n'est par l'élection des bourgeois de la ville.... » C'est ainsi que nous avons vu ces bourgeois intervenant encore, sous le nom de prud'hommes, dans l'administration de la justice; espèce de jury chargé d'apprécier le fait de la cause, et de rendre, sur chaque contestation, des rapports que les justiciers des seigneurs ne font guère que sanctionner, en appliquant la peine et en prononçant l'amende : comme il résulte du terrier de 1371 et de tous ceux qui l'ont confirmé dans la suite.

Châtillon enfin, sous le règne féodal, ne cessa jamais d'être régi, pour tout ce qui concernait la police des arts et métiers, par des magistrats de son choix, d'après les coutumes locales. Et c'est ici le lieu de signaler ce que c'était que les *villes de loi*, qui précédèrent les communes, qui peuvent seules en expliquer l'origine, et que je regarde comme leur berceau.

On appelait de ce nom les villes qui, même après l'établissement de la féodalité, n'avaient jamais été entièrement dépossédées de leur ancienne forme d'administration; mais, pour la plupart, ayant perdu la liberté politique, elles avaient conservé une juridiction de police sur le fait des métiers et des délits qui s'y commettaient, avec la faculté d'élire ceux qui la devaient exercer selon des statuts particuliers. Les corporations du moyen âge qui, réunies sous leurs bannières, ont formé les communes, se rattachaient sans interruption à ces collèges d'artisans *(collegia opificum)* qui, dès l'époque antérieure à la conquête des Gaules, étaient en possession de connaître eux-mêmes de tout ce qui avait rapport à leur industrie. De cette faculté, que les vainqueurs avaient respectée, au pouvoir d'administrer librement, comme dans l'origine, les affaires publiques, il n'y avait plus qu'un pas; et ce pas, hazardé vers le XIIe siècle, au moment où la bourgeoisie, silencieusement enrichie par le commerce, avait acquis quelque consistance, produisit ce qu'on a appelé l'affranchissement des communes : au demeurant, pas autre chose pour certaines villes que la reconnaissance de droits dont elles avaient joui ou à peu près constamment, pour les autres, le recouvrement d'anciennes franchises dont la féodalité, dans son triomphe, les avait en partie dépouillées; pour les bourgs ou cités d'origine plus récente, ce fut la participation, violemment obtenue, à des priviléges dont ils avaient vu autour d'eux et recherché ardemment le bienfait.

Habité, comme toutes les villes d'alors, par une population industrielle; trouvant, dans l'excellence et la beauté des laines que produisaient les troupeaux de ses montagnes, une source de prospérité commerciale, qui avait attiré une multitude de Juifs dans son enceinte, où ils occupaient tout un quartier qu'on appelle encore aujourd'hui la *Juiverie;* Châtillon, renommé pour ses fabriques de tapisseries et de draperie, * pour ses foires, qui étaient fort fréquentées, avait conservé ou obtenu le titre et les franchises des *villes de loi.*

---

* « Cette ville, dit Courtépée, était célèbre par la draperie, les arts et métiers de toute espèce qui s'exerçaient avec succès dans le pays. L'excellence des laines porta peut-être les premiers habitants à s'efforcer d'en tirer avantage : de là ces draperies en vigueur dans des siècles fort reculés. Ces laines étaient connues jusqu'en Italie, puisque Martial en parle dans ce vers :

. *Lingonicis* agedum tumeat tibi culcitra lanis.

Combien ces manufactures ne devaient-elles pas être fameuses dans les Gaules, puisqu'elles étaient connues

Dès le IXe siècle, en effet, il se trouve ainsi désigné dans l'histoire. Les statuts et réglements concernant les arts et métiers ont été plusieurs fois renouvelés; et on trouvait dans les archives de Châtillon un grand nombre de pièces relatives à ce sujet. Les lettres de renouvellement portaient en tête que « ceste ville très-marchande, chef et d'autres fois capitale de la Montaigne, *de toute ancienneté et temps passé*, a été entretenue et gouvernée en grande police et entretennement de justice, comme l'une des dix-sept villes de loix du royaulme de France. » En 1513, Edme Reignier, lieutenant général du bailliage et Étienne Thomassin, bailli de Langres, renouvelèrent une partie de ces statuts, « pour estre mal éclaircis par le très-long temps qu'ils avoient esté faicts. » Recommençant la même opération en 1526, ils débutent ainsi dans leurs lettres du 3 avril : « Considérant que ceste dicte ville de Chastillon, de toute ancienneté et si long temps qu'il n'est mémoire du contraire est dicte, nom-

---

jusqu'à Rome! Elles sont totalement tombées par les guerres civiles (de la Ligue), par la révocation de l'édit de Nantes et par le défaut d'encouragement. Celles de Troyes et de Rheims ont profité de leurs dépouilles. La draperie de Châtillon mérita l'attention de Colbert qui en fit rédiger les statuts. Il y avait encore, en 1680, 75 maîtres drapiers, dont plusieurs avaient sept à huit métiers battants. » Dans les plus anciennes chartes, j'ai vu mentionnés des battoirs et des foulons à Châtillon.

mée, tenue et réputée une des dix-sept villes de loix du royaulme de France..... » Le P. Jacques Fodéré, qui avait fait plusieurs voyages à Châtillon vers la fin du XVI° siècle, remarque « qu'il s'y fait un grand trafic de laine, de draperie et de petite tapisserie, dont chaque métier a ses ordonnances distinctes, réglements séparés et enseignes diverses. » Un arrêt du parlement de Dijon, en date du 4 décembre 1593, porte encore « que la ville de Chastillon avoit toujours esté estimée l'une des XVII villes de loix du royaulme de France, à cause de la facture de la draperie et serge qui se continuoit toujours audict lieu. »

J'ai retrouvé quelques statuts relatifs à cette draperie dans une reproduction du terrier de 1371 qui est déposée au trésor des chartes de Bourgogne, et dont j'ai déjà fait un fréquent usage. On y lit :

« L'on faict en la ville de Chastillon drapperie de loi; et, pour garder la loi de ladicte drapperie, nosseigneurs leur ont ordonné six personnes pour estre gardes et regarder sur tout le faict de ladicte drapperie, auxquels ils ont donné pouvoir de visiter ladicte drapperie, de connoistre, terminer et finir sur tous les poincts y relatifs, infliger amendes selon les méfaicts, et icelles tourner et convertir, comme il est plus à plain contenu ès chartes sur ce données.

« .... Pour que les six *esgardeurs* soient

ordonnés et institués, il plaist à nosseigneurs que les communs de la drapperie se mettent ensemble deux fois l'an, c'est à sçavoir le lendemain de la nativité Nostre-Seigneur, l'une des fois; l'aultre, le jour de la nativité saint Jean-Baptiste; et iceulx communs eslisent xxiiij d'entre eulx qui ont la puissance d'eslire les six maistres du métier; et iceulx xxiiij eslisent les dix plus souffisans, c'est à sçavoir trois de Chaumont et trois du Bourg, et comment qu'ils soient bons varlets, teinturiers, tixerands. Et ceulx qui sont esleus, on les présente aux baillys de nosseigneurs, et ils jurent sur saincts évangiles de Dieu de bien et loyaulment gouverner la drapperie pour tous les poincts contenus ès chartes, et de garder le droict de nosseigneurs en tous lieux où il appartient. Et lors sont institués pour un terme, et ont toute puissance des faicts de la drapperie; et leur enjoint l'on de bien garder, ou ils seront punis griefvement.

« Iceulx six maistres du mestier, ensemble plusieurs aultres, instituent aussi et ordonnent deux sergens qui sont appelés *boitiers*, pour rapporter auxdicts maistres les faicts et forfaictures qu'ils treuvent; et ont puissance de prendre, sceller et arrester toutes manières de draps par suspicion de maulvaiseté ou faulceté. Et qui enfreindroit leur main ou leur arrest ou leur scel, il seroit tenu de restituer, et amendable de lxv sols.

« *Item*, la cause pour laquelle ces sergens sont appelés boitiers est telle que les tixerands et bons varlets ont d'un chacun mestier une boite où chacun mestier est tenu de mettre la sepmaine un denier et le varlet une maille; et iceulx sergens quièrent et recueillent cette boite; et pour ce sont appelés boitiers.

« Cet argent qui est mis en ces boites est pour faire les œuvres de miséricorde. On en achète drap de soie pour couvrir les morts; l'on en achète cire pour faire luminaire pour mettre entour les morts. Quand aucun du mestier est grevé par vieillesse ou par maulvaise fortune et ne peut ouvrir (faire ouvrage), on luy donne d'iceluy argent pour le soutenir. Quand aucun du mestier est mort, les boitiers vont nonçant par les ouvreurs que l'on envoye un ouvrier au corps, et ils sont tenus d'y aller. Quand on vient à l'offrande du pauvre corps, le boitier doibt donner douze mailles pour offrir. Et toutes ces œuvres se font de l'argent des boites et ne se doibt convertir qu'en œuvres de miséricorde.

« Le commun mis ensemble, comme dict est, ès jours dessus dicts, les xxiiij esleus pour eslire lesdicts six esgardeurs, ont en oultre puissance d'eslire deux communes personnes, l'une de Chaumont, l'aultre du Bourg, pour estre correctiers jurés; lesquels sont présentés comme les maistres du mestier aux baillys, et font le serment de bien et loyaulment garder le droict des marchands, et qu'ils feront vendre le pauvre comme le riche.... Et, pour le salaire qu'ils reçoivent des marchands, ces correctiers sont tenus de sonner le couvre-feu, *où est la cloche aux bons varlets.* »

« Les deux villes de Chaumont et du Bourg, rapporte M. Delamothe, dont les mémoires sur Châtillon ont été insérés dans le *Dictionnaire encyclopédique*, les deux villes de Chaumont et du Bourg, quoique si différentes entre elles d'ailleurs, partageoient cette prérogative (celle dont jouissait Troyes, d'être ville de loi sur le fait de la draperie, longtemps avant d'avoir une commune) : elles avoient réellement une justice qui n'étoit pas restreinte à la seule draperie, mais qui s'étendoit encore sur tous les arts libéraux et mécaniques qui s'exerçoient dans cette ville.

« Cette juridiction ou police des arts et métiers, exercée par trente-six juges-gardes, formoit une espèce de sénat qui ne manquoit pas de faire beaucoup de bruit dans ces siècles de ténèbres et d'ignorance ; et, comme la draperie s'exerçoit dans quantité de villages voisins de Châtillon qui était le centre du commerce et de la police, le tribunal des juges-gardes n'en étoit que plus imposant. »

J'ai dit que les villes de loi avaient été le berceau des communes : ces divers aperçus et citations peuvent déjà justifier et expliquer ma pensée; qu'on remarque de plus que ce sont le commerce et l'industrie qui ont créé la bourgeoisie; que la bourgeoisie a créé les communes; que les élections des maires et échevins se faisaient par corporations de marchands et par métiers, avec les mêmes formalités et d'après les mêmes épreuves que celles des juges-gardes dans les villes de loi; que la formule des prérogatives caractéristiques des unes est également le signe distinctif des autres : « *Collegium, sigillum, beffredus, campanum et jurisdictio.* » J'ai déjà parlé de la communauté élective *(collegium)* et de la juridiction *(jurisdictio)*; qu'il me suffise de dire, pour achever la ressemblance, que, de même que les communes, les villes de loi avaient leur scel et contre-scel *(sigillum)*, et qu'elles se rassemblaient, sous les bannières des métiers, pour délibérer de leurs affaires au son du beffroi *(beffredus, campanum)*. La cloche en effet est partout désignée comme la marque des villes de loi. Châtillon, avant l'affranchissement du XIII° siècle, avait son scel pour le fait de la draperie; il avait aussi son beffroi : dans plusieurs chartes et terriers, il en est fait mention sous le nom de *cloche aux bons varlets*. On conçoit maintenant l'idée et la possibilité d'une commune à Châtillon.

« L'état de commune, dans tout son développement, a dit M. Augustin Thierry, ne s'obtint guère qu'à force ouverte et en obligeant la puissance établie à capituler malgré elle. Mais quand, par suite de l'insurrection et des traités qui la légitimèrent, le mouvement de la bourgeoisie vers son affranchissement fut devenu l'impulsion sociale, et, pour me servir d'une expression toute moderne, une des nécessités de l'époque, les puissances du temps s'y prêtèrent avec une bonne grâce apparente, toutes les fois qu'elles y entrevirent quelque profit matériel sans aucun péril imminent. De là vint l'énorme quantité de chartes seigneuriales, et surtout royales, octroyées pendant le XIIIe siècle. Il n'y eut d'opposition systématique à cette révolution continuée d'une manière paisible que de la part du haut clergé, partout où ce corps possédait l'autorité temporelle et la juridiction féodale.... Dans le midi de la France actuelle, pays situé alors en dehors du royaume, les évêques se montrèrent en général amis des libertés bourgeoises et protecteurs des communes; mais, dans la France proprement dite, en Bourgogne et en Flandre, tantôt protégés par les rois, tantôt seuls, à l'aide des armes et de l'anathème, ils soutinrent contre les communes une guerre qui ne se termina qu'après trois siècles, par la ruine simultanée des droits des villes et des priviléges seigneuriaux. » Ce qui advint alors à Châtillon est la preuve la plus éclatante de cette politique si habilement signalée par l'illustre historien de la révolution communale.

Dès les premières annés du XIIIe siècle, en 1208, le duc Eude III octroya ou plutôt vendit aux hommes de Châtillon le droit de commune. « Commune, dit l'abbé Guibert, est un mot nouveau et détestable, et voici ce qu'on entend par ce mot : Les gens taillables ne paient plus qu'une fois l'an à leur seigneur la rente qu'ils lui doivent. S'ils commettent quelque délit, ils en sont quittes pour une amende légalement fixée; et, quant aux levées d'argent qu'on a coutume d'infliger aux serfs, ils en sont entièrement exempts. » Tels étaient les droits accordés par le duc de Bourgogne, telles aussi les préventions qu'ils rencontrèrent dans le co-seigneur épiscopal de la ville. Robert II, évêque de Langres, alla en effet jusqu'à casser la commune de Châtillon, et à prononcer contre tous les communiers le terrible anathème.

Au tintement lugubre des cloches, l'évêque revêtu de ses ornements pontificaux, debout et ayant autour de lui douze prêtres dont chacun tenait à la main une torche de cire allumée, récita en latin la formule d'usage : « D'après les lois canoniques et l'exemple des SS. PP., au nom du Père et du Fils et par la vertu du Saint-Esprit, nous les séparons du giron de la sainte mère Église, comme persécuteurs des églises de Dieu, ravisseurs et homicides, et nous les punissons par l'anathême d'une malédiction perpétuelle. Qu'ils soient maudits à la ville, maudits à la campagne! que leurs biens soient maudits et que leurs corps soient maudits! que sur eux tombent toutes les malédictions que le Seigneur a lancées par la bouche de Moïse contre le peuple violateur de sa loi. Qu'ils soient ana-thèmes, *maranatha,* c'est-à-dire, qu'ils périssent à la seconde venue de J.-C.! que nul chrétien ne leur dise salut! que nul prêtre ne célèbre pour eux la messe et ne leur donne la sainte communion! qu'ils soient tous ensevelis dans la sépulture de l'âne, et qu'ils soient comme un fumier sur la face de la terre! et, à moins qu'ils ne reviennent à résipiscence et ne donnent satisfaction par amende et pénitence à l'église de Dieu qu'ils ont lésée, que leur lumière s'éteigne comme vont s'éteindre les flambeaux que nous tenons dans nos mains!!» Alors les prêtres jetèrent leurs torches à terre et les éteignirent en marchant dessus. Ensuite, selon la coutume, l'évêque donna au peuple en langue française l'explication de la cérémonie. « Sachez tous, dit-il, que dorénavant vous devez les traiter non en chrétiens, mais en païens. Quiconque aura communiqué avec l'un d'entre eux, aura bu, mangé, conversé ou prié avec lui, ou l'aura reçu dans sa maison, à moins que ce ne soit pour l'engager à se repentir et à faire réparation, sera excommunié comme lui. » Il ajouta que, par l'autorité du souverain pontife, leurs débiteurs étaient déchargés de toute dette envers eux, et que les contrats passés à leur profit étaient nuls et de nulle valeur.*

Le duc touché de cette excommunication s'empressa de s'en rapporter, par une charte publique, au jugement de la cour de l'évêque, promettant d'ôter la commune si la cour épiscopale en ordonnait ainsi. Il permettait enfin au prélat féodal de renouveler sa foudroyante sentence tant sur Châtillon que sur toutes les terres qui appartenaient au duc dans son diocèse, s'il venait à manquer à son engagement. ** L'affaire dut être portée au perron de Mauconseil; mais le jugement ne pouvait être douteux, et la commune fut supprimée.

Ç'a été la politique des rois de favoriser à cette époque l'affranchissement des bourgeois qui achetaient leur protection, toutes les fois que cet affranchissement, sans préjudicier à leurs propres droits, pouvait leur offrir quelque moyen de compromettre la puissance des autres seigneurs. Les ducs de Bourgogne, dans leur domaine, semblent avoir eu la même pensée, du moins si l'on regarde leur conduite à l'égard des évêques de Langres. Eude III ne se tint pas pour vaincu, et Robert II ne fut pas plus tôt mort qu'il renouvela, pour l'émancipation

---

* *Lettres sur l'histoire de France.*
** *Histoire de Bourgogne. Preuves.*

qu'avaient achetée de lui les bourgeois de Châtillon, des tentatives qui ne lui réussirent pas mieux.

Ce nouvel échec ne découragea pas tant son successeur, Hugues IV, que lui aussi n'essayât d'ériger le Bourg en commune. Profitant du moment où le siége épiscopal de Langres était vacant, il s'était empressé d'accorder à cette ville la charte que son prédécesseur avait été forcé de restreindre à la rue de Chaumont, quand le premier acte du nouvel évêque appelé à gouverner l'église de Langres (c'était Robert de Torète), fut de renverser son ouvrage et de casser la commune, continuant par là l'opiniâtreté systématique que le clergé féodal apportait alors à l'affranchissement de la bourgeoisie. Cette difficulté d'ailleurs n'était pas la seule qui séparât les deux seigneurs de Châtillon : pour terminer leurs différends, ils promirent donc, sous peine d'une amende de deux cents marcs d'argent, de s'en rapporter au jugement de l'archevêque de Lyon.

C'était en 1233; les deux parties comparurent en personne devant le juge suprême qu'elles avaient choisi. Sa décision fut bientôt prise sur le premier sujet de plaintes. Le duc, accusé par l'évêque d'avoir refusé la foi et hommage de vassal qu'il lui devait rendre au perron de Mauconseil, en prenant possession de son fief de Châtillon, fut condamné à prêter le serment prescrit par le traité de 1206 : ce qu'il fit sur le champ.

Passant ensuite à l'affaire de la commune, l'archevêque de Lyon interpella le duc, par le serment qu'il venait de faire et par la fidélité qu'il devait à l'évêque de Langres, son seigneur suzerain, de ne point soutenir davantage la commune de Châtillon, s'il savait n'avoir pas le droit d'agir ainsi; il interpella de même l'évêque Robert, par la foi qu'il devait au duc, comme à son vassal, de ne point l'obliger à rompre cette commune, s'il savait qu'il eût le droit de la maintenir. Sur quoi, le duc et l'évêque s'étant retirés à l'écart pour penser à ce qu'ils avaient à faire, le duc, répondant à l'interpellation, dit qu'encore qu'il crût avoir le droit de conserver et soutenir ce qu'il avait fait, il voulait bien néanmoins, pour ne pas troubler davantage la paix qui devait régner entre lui et l'évêque Robert, rompre et ôter la commune de Châtillon, qu'elle eût été établie à tort ou à raison. Il déclara sa soumission dans des lettres publiques qu'on peut voir ainsi que ce récit dans l'*Histoire de Bourgogne*. C'est là le dernier effort apparent tenté par les ducs pour l'affranchissement du Bourg, qui resta soumis à la juridiction et à la puissance féodales.

Cependant une charte de saint Louis, en date de la même année, est pour nous la révélation des tentatives d'émancipation renouvelées encore par nos infatigables aïeux, et des obstacles qu'ils rencontrèrent de toutes parts dans la conquête des libertés dont ils ne purent jouir eux-mêmes : « Louis, par la grâce de Dieu, roi de France, à tous les chevaliers et autres hommes de l'évêque de Langres, salut : On nous a fait connaître *que vous avez fait entre vous des confédérations et des serments :* comme ces choses sont contraires aux droits de notre cher et fidèle évêque de Langres, ainsi qu'au nôtre, nous vous ordonnons de renoncer à ces confédérations et à ces serments; car nous ne saurions souffrir que de tels actes continuent. — Donné à Saint-Germain-en-Laye, l'an du Seigneur 1233. »

Ne pouvant triompher de l'opposition de l'évêque Guillaume de Joinville, le duc Eude III avait enfin pris le parti d'accorder aux hommes de Chaumont, dont il était seul seigneur, les franchises qu'il ne pouvait étendre à ceux du Bourg, dont le domaine lui était commun avec l'évêque de Langres. Ce grand événement arriva en 1213 ; je veux religieusement rapporter la charte qui l'a consacré dans la langue latine, et aussi dans la langue française, dont elle est chez nous un des premiers monuments.

« Ou nom dou Père et dou Fils et dou Sainct-Esprit, Amen. Gie, Odes, dux de Burgoigne, à tos ces qui sunt et qui saront et qui verront ces présentes lettres et cognoissance de ceste chose : Vous avez cognéu que je hay doné et octroyé à mes hommes qui sunt ou qui saront en ma rue de Chaumont à Chastillon sus Soigne tel franchise que li plus riches ou li plus poissans qui demore et qui demora en cele rue sara quittes de tottes tailles et de tote exaction, por vingt sol de la monée de Digenois à rendre chascun an à la feste Sainct-Reme ; et li plus poure et cil qui ont mains de pouoir deuront à la tauxation de quatre proudomes, qui saront esleu de la communauté de Chaumunt. Et cil quatre ordineront tottes les choses qui saront à ordiner entre les hommes demoirans à Chaumunt, et orront les plaintes et appaiseront les descors, et termineront les causes cui forfait ; et mes amandes saront levé par la main de quatre proudomes aus us et as coustumes de Talant. Li préuosts de Chastillon n'aura droit ne pooir an aus, se il ne reçoit mes rantes au Chaumont par mon commandement. Et ce sara fait à la considération des quatre proudomes esleus. Et deuans Diz, Odes, dux de Burgoigne, promet en bonne foy et suis tenus de guarantir à tous jormais ladite franchise. Et, por que ce soit ferme chose et estauble, j'ay mis mon scial en ces lettres. Ce fut donné à Talant, mon chastial, an l'an de grâce mil et deux cent et treize, ou mois d'aost, par la main de Vurry, mon chapelain, pardeuant Gauchier de Chastillon, mon séneschaut, et Poinçot de Froulois, mon mareschaut, et Geruaise Chauchar, mon chambalant. »

C'est à cette charte que remontent la mairie et

les franchises de Chaumont, qui lui étaient un si grand sujet de prospérité intérieure et de fierté nationale. Le pouvoir était exercé par quatre maires qui se nommaient par élection, chaque année, le dimanche après la nativité de saint Jean-Baptiste. Selon la coutume qui s'était introduite de traiter sur les lieux de sépulture des affaires publiques, l'assemblée se tenait sur le cimetière de l'abbaye, aux portes de la ville. « Audit jour donc, se rendait en ce lieu tout le commun de la rue convoqué non point par cri, mais par commandement des sergents de la mairie fait d'huis en huis ». Pour prévenir les choix mal séants et les résultats orageux des élections populaires, différents modes avaient été imaginés dans les diverses communes.

A Chaumont, il y avait deux degrés d'élection : tous les habitants assemblés sur le cimetière nommaient seize d'entre eux qui se retiraient à l'écart, sous un orme séculaire, planté vers le chemin des Lépreux, pour faire élection de quatre maires ou maïeurs. Ensuite de quoi, les seize venaient rejoindre les autres ; et, sans leur faire part des choix qu'ils avaient faits, ils rentraient avec eux dans la ville, et se rendaient ensemble au siége ou chambre commune, qui se trouvait alors dans la rue de Chaumont, appelée à cette époque la rue de la *maierie*. Là, les seize ayant pris séance, le plus ancien d'entre eux proclamait, devant le commun assemblé, les noms des magistrats qui venaient d'être élus. Appelés tour à tour, chacun d'eux jurait, sur les saints évangiles, de bien et loyalement gouverner la juridiction de leur rue, et d'en conserver les droits et priviléges, selon qu'ils étaient exprimés dans les chartes. Avant de se séparer, les quatre maires, ensemble la plus saine partie du commun, élisaient un censeur, appelé dans la suite procureur-syndic, dont il remplissait les fonctions, un sergent de la mairie, qui devait faire les rapports, donner les ajournements, faire les convocations, un receveur des deniers communs, un peseur de pain, un visiteur des chairs et poissons, et enfin un *vignier*, pour garder les vignes au finage de Marmont. ★

Le simple énoncé des attributions des maires de Chaumont, réunissant dans leurs mains tous les pouvoirs politiques, dit assez haut qu'il ne faut point juger des franchises municipales du moyen âge par les lambeaux qu'ont laissés, et que finiront par arracher encore aux communes, les envahissements bons ou mauvais d'une centralisation toujours croissante.

Ils pouvaient, au son de la cloche aux bons varlets, rassembler sous les bannières «tous ceux qui étaient de la commune, et les mettre en union pour parler des *besoignes* touchant l'hon-

---

★ Terriers divers.

neur et profit du seigneur et le fait de leurs franchises. »

Uniques dépositaires de la fortune publique, ils avaient la garde des clés de la ville, veillaient aux fortifications, et étaient obéis, pour tout le fait de la guerre, comme préposés à la garde et sûreté du pays.

Enfin, ils étaient tenus d'aller chaque jour au siége pour ouïr et terminer toutes les causes qui se présentaient à leur auditoire : c'était aux maires, en effet, qu'étaient passées, des mains du prévôt, la justice civile et criminelle et la police des métiers. Ils avaient le grand et le petit scel pour imprimer l'authenticité aux actes émanés de leur juridiction, et présidaient aux duels judiciaires qui, pour certains crimes, tels que l'homicide et le vol, étaient encore en vigueur aux temps dont nous parlons. A cet effet, suivant la coutume germanique, l'offensé ou un de ses parents appelait l'accusé au combat par-devant les maires tenus de remplir les formalités nécessaires à ces sortes de combats. Les champions placés au champ de bataille déposaient, avant coup férir, sur les lices, treize sols dijonnais pour l'amende au profit du duc et douze deniers pour les maires; ensuite ceux-ci donnaient le signal, et la victoire décidait du droit des parties.

Ce n'était pas un faible bienfait pour les hommes de Chaumont d'être jugés par leurs pairs. Les maïeurs donc devaient revendiquer ceux de leur commune traduits hors de leur juridiction, et *contrepeiner* sur celui qui leur refusait la cour ou connaissance du fait, et retenait leur communier ou ses biens, jusqu'à ce qu'il se fût déporté, pourvu que le *contrepeinement* ne fût sur le roi, ou que le communier ne fût retenu en vertu du commandement du roi ou du duc de Bourgogne. « Si un bourgeois de la rue de Chaumont est arrêté, disent les chartes, il est réclamé par les maires qui peuvent condamner arbitrairement le détenteur, fors que ce soit le roi ou monsieur le duc. Car sur le roi ne condamne nul; ne aussi on le peut sur monsieur le duc : car il est souverain. »

Ces franchises confirmées et même augmentées successivement par Alix, duchesse et régente de Bourgogne, à Villers-le-Duc, en 1218; Hugues IV, en 1231; Robert II, en 1277; Eude IV, à Aisey-le-Duc, en 1324; le roi Jean, à Troyes, en 1361; le duc Jean-sans-Peur, à Châtillon même, le 8 janvier 1404; Philippe-le-Bon, en 1428; Charles-le-Téméraire, en 1476; le roi Louis XII, en 1501; François Ier, en 1545; Henri III, en 1576; Henri IV, en 1601; ne manquèrent pas d'attirer à Chaumont des hommes des pays voisins, jaloux de participer à de si beaux priviléges. *

---

* Aussi voit-on, par les lettres confirmatives qu'ils réclamaient de chaque nouveau seigneur, le zèle empressé

Voici, d'après les terriers, comme on obtenait le droit de bourgeoisie dans la commune de Chaumont : « La forme de la bourgeoisie est, quand les étrangers requièrent à estre advoués

---

que les habitants de Chaumont apportaient à la conservation de ces libertés dont ils recueillaient le bienfait. Ce fut surtout dans le cours du XVIe siècle que leur patriotisme eut à surmonter de grandes difficultés, en luttant contre les empiétements de la royauté qui aspirait (elle y parvint) à concentrer en soi tous les pouvoirs.

Déjà, en mars 1523, ils avaient été inquiétés *pour une grosse entreprinse par eulx faicte contre l'auctorité du roy.* Les maïeurs avaient fait ériger une potence sur les fossés joignant les murs de Chaumont, proche la tour-Cerilly, et fait exécuter un malfaiteur. Le bailliage regarda cet acte comme une usurpation coupable ; et le procureur du roi, Edme Bégat, frère de l'illustre président au parlement, tout en avouant les droits accordés d'ancienneté aux maïeurs, prouva que jamais ils n'avaient eu le droit de faire exécuter les criminels, et conclut à ce qu'ils fussent condamnés, « *comme infracteurs de la loy et contempteurs de l'autorité du roy,* à l'amende arbitraire de cinq cents escus soleil envers le roy, à desmolir et abattre le signe patibulaire, et à rendre le corps de l'exécuté au prévost royal, pour iceluy estre pendu et mis à leurs frais, au signe patibulaire accoustumé à Chastillon. »

En 1566, un grand coup fut porté aux communes. L'article LXXI de l'ordonnance de Moulins, sur la réformation de la justice, ôtait la juridiction des affaires civiles aux maires, échevins et autres administrateurs des corps de ville. C'était leur enlever leur plus beau droit ; aussi ceux de Chaumont, qui ne s'y étaient soumis qu'à regret,

bourgeois, ils font serment en jugement, en la main des maires, sur saincts évangiles de Dieu, que, pour fraulde, ne pour barat, ne pour fraulder aultruy, ils ne requièrent l'adveu de

---

s'empressèrent de revendiquer le maintien de leurs plus précieuses franchises, à l'imitation de plusieurs villes considérables, telles que Boulogne, Angoulême, Toulouse, etc., et surtout encouragés par l'exemple de Rheims dont les vives réclamations avaient été accueillies, et qui venait d'être rétablie dans ses anciens droits, par arrêt du parlement de Paris, en date du 25 mai 1568.

S'étant donc longtemps ressentis des inconvénients graves qui résultaient pour eux d'être soustraits à la juridiction toute paternelle des maires de leur choix, et afin d'éviter ces maux à l'avenir, ils se conseillèrent entre eux et se pourvurent devers le roi, auquel ils exposèrent « que, depuis plus de trois cents ans, ils jouissaient du privilége d'élire, chacun an, quatre prud'hommes maires, qui avaient juridiction en première instance des causes criminelles, politiques et civiles, dont ils recevaient très-grand soulagement et commodité; lorsque, par l'édit de Moulins, fait sur le réglement des justices inférieures, la connaissance des causes civiles leur avait été ôtée, et icelle attribuée au bailli de la Montagne ou son lieutenant, au très-grand préjudice et intérêt d'iceux. » Leurs sollicitations et leurs démarches furent si pressantes qu'ils obtinrent, le 4 août 1576, des lettres patentes adressées à la cour du parlement de Bourgogne, par lesquelles le roi voulait et ordonnait « qu'ils fussent maintenus en la paisible jouissance desdits priviléges, et, suivant iceux, remis en l'exercice de la justice, pour icelle être faite, administrée et continuée, comme il était accoutumé par ci-devant, par les prud'-

bourgeoisie, fors que pour l'honneur du prince et la noblesse de user des franchises de ladicte bourgeoisie. *Item*, ils sont tenus jurer que, tant qu'ils vivront, ils seront bons et loyaux bour-

---

hommes maïeurs, sur lesdits habitants de Chaumont, tant civilement que criminellement et politiquement, avec défense expresse au bailli de la Montagne ou à son lieutenant d'entreprendre jamais aucune connaissance, en première instance, desdites causes politiques, criminelles et civiles. »

Sur la présentation des chartes de leur commune, confirmées par les ducs et les rois, ils parvinrent à faire entériner les lettres du roi au parlement de Bourgogne; même, à leur prière, pour qu'aucune difficulté nouvelle ne fût apportée à leur exécution par les officiers du bailliage, la cour délégua un de ses conseillers, Jean Fyot, homme distingué, ancien procureur du roi à Châtillon, dont sa famille était originaire, « lequel, s'étant acheminé sur les lieux, se transporta, le mercredi douzième jour du mois de janvier 1577, en la grand'rue de Chaumont-lez-Châtillon, devant la grand'croix, au lieu où se soulaient expédier les jours ordinaires de la mairie; et, en présence d'une grande affluence de manants et habitants de ladite ville, représentés par maître Jean Guenebaut, leur conseil, assisté d'Étienne Gâtefossé, Pierre Pichardot, Nicolas Hervé, Pierre Crouchet, Jacques Bonnot, Jean Rassin, Guillaume de Broye, Henri Fretet, Jean Bourgeois, Odin Foucaut, Jean François, receveur des deniers communs, Claude Kardot, Pierre de Sercourt, Jean Pichardot, Barnabé Pétot, Pierre Roulet, Jean Ponsot, Charles Morel, Claude Rémond, et autres, il remit ladite justice civile et police en leurs mains; et, afin de s'assurer de la

geois, maintiendront le droict du seigneur, les poincts de la franchise, et contribueront au sol et à la livre, avec les aultres habitans bourgeois de ladicte ville, à tout ce qui leur sera imposé,

---

réelle exécution de l'arrêt et de leur prise de possession, il fit appeler une cause indécise et dépendante de ladite justice civile; laquelle cause fut en sa présence appointée et expédiée par les quatre prud'hommes maires. » (*Procès-verbal de Jean Fyot*, extrait des registres du Parlement).

Bientôt les officiers du bailliage leur suscitèrent d'autres embarras. Au commencement, la justice de Chaumont n'avait aucun procureur pour faire les réquisitions et poursuivre les crimes; les maires y avaient d'abord suppléé en choisissant l'un d'entre eux pour en remplir les fonctions; et, plus nouvellement, ils avaient introduit l'usage de faire nommer par tous les habitants le jour même de leur élection, un procureur d'office. Or, le procureur du roi au bailliage, Robert Fichot, renouvelant les tentatives infructueuses de ses prédécesseurs, prétendit avoir le droit d'exercer sa charge à l'auditoire des maires; et, plus heureux, il obtint, à cet effet, le 23 juillet 1560, des lettres patentes conformes à ses vues. Mais ceux de Chaumont ne voulurent point laisser ainsi attenter à leurs droits les plus chers, et l'affaire fut portée au parlement. « Les habitants de Chaumont, disait, entre autre choses, le procureur Robert Fichot, à l'appui de ses prétentions, les habitants de Chaumont ne peuvent créer ung procureur duquel dépend la principale charge de la justice du lieu, mesmement ès causes criminelles, qui ne peuvent estre manyées que par ung homme versé en pratique, et non pas par ung marchand comme ont accoustumé lesdits maïeurs, d'appeler personnages sans

tant de rente du seigneur que d'entretien de ladicte rue. *Item*, jureront que, dedans l'an et jour, ils auront maison en ladicte rue jusques à xl sols dijenois du moins et du plus s'ils le

---

cognoissance des lettres et pratique pour ce faire. » Ailleurs il insinuait que les juges *populaires* de Chaumont « usaient de connivence et négligence à la poursuite des crimes; » assertion mensongère que les habitants de Chaumont détruisaient en renvoyant le procureur du roi à la cour de parlement « pour voir par lui-même lesquels des maïeurs ou des autres juges de la ville avaient été le plus souvent repris de négligence aux devoirs de leurs charges. » Enfin le parlement jugea et jugea bien, en autorisant, par son arrêt du 11 juillet 1583, les habitants à nommer, chaque fois qu'ils procéderaient à l'élection de leurs maires, un d'entre eux, pour faire la charge de procureur de leur communauté, et pour requérir et conclure en la juridiction de la mairie, soit ès causes civiles, de police, ou criminelles; sans que le procureur du bailliage pût s'y entremettre aucunement. »

Cet arrêt nous apprend encore que le greffier du bailliage, élevant pour sa place les mêmes prétentions, avait, « par faveur et par manifeste entreprise contre les priviléges de Chaumont, obtenu des provisions pour exercer son office près la juridiction des maïeurs. » Le parlement, le déboutant de cette usurpation, rendit aux maires de Chaumont le droit de choisir eux-mêmes le greffier de leur justice.

Au reste, toutes ces entreprises et vexations, de la part des gens du roi, n'étaient que le signal des attaques plus opiniâtres et des coups plus dangereux sous lesquels les franchises des communes, et par conséquent celles de Chaumont, devaient s'écrouler un jour. (*Mss. Bourceret*).

peuvent, et que ils y tiendront leur mesnaige, leur feu et leur lieu par eulx ou par leurs mesnagieulx, et que toujours verront tenir leur mesnaige en ladicte rue ès hôtels ordonnés, c'est à sçavoir à la feste de la Toussaint, à Pasques charnel et à la mi-aoust. A chascune feste, payeront aussi un denier au curé, pour cause de proiche, comme habitans de ladicte rue. Et, sur toutes ces conventions, l'on les tient en adveu de bourgeois. »

Alors le sergent de la mairie allait les désavouer de leurs seigneurs, « et les advouoit bourgeois de monsieur le duc, de la bourgeoisie de Chaumont; après quoi, ils usoient des mesmes franchises que les aultres communiers jusqu'à ce qu'il fussent treuvés faulx bourgeois. »

Que ce qui se passait alors à Châtillon soit un enseignement pour les détracteurs des institutions électives et des libertés municipales. En ces âges assurément pires que les nôtres, tout le commun de la rue de Chaumont, comme disent les chartes du temps, était appelé à l'élection des maïeurs, lesquels étaient souvent artisans et marchands, enfants de cette population qui s'honorait d'être *ignare,* et, ainsi que le leur reprochaient les gens du roi, « *personnages sans cognoissance des lettres ni pratiques pour ce faire.* » Mais c'étaient au moins les hommes du pays; ils en possédaient la confiance et l'amour. « L'auditoire des maïeurs, dit M. Bourceret, était comme un tribunal de famille, où les différends étaient terminés avec autant de célérité que d'économie et de justice. D'un autre côté, la police était bien ordonnée, les deniers communs sagement administrés et les fortifications entretenues avec soin. C'est le témoignage que rendirent plusieurs fois, non seulement les commissaires envoyés de temps à autre par la cour de parlement, mais encore les habitants du Bourg eux-mêmes, dont les magistrats, c'est-à-dire, le prévôt du duc et le maire de l'évêque, étrangers quelquefois à la ville, et tous aux gages de leurs seigneurs, dont ils n'étaient guère que les fermiers, ne montraient pas le même zèle pour le bien public »

Ainsi donc, pendant que les bourgeois de Chaumont se glorifiaient, à leurs portes, de ces franchises, source de force et d'honneur, ceux du Bourg, plongés dans le régime féodal, gémissaient dans cet état de dépérissement et de langueur qu'amène toujours avec soi le manque de liberté; ce qui, excitant la fierté hautaine des uns et l'envieuse jalousie des autres, maintenait entre les deux villes cet esprit de division et d'animosité profonde, qui ne devait s'éteindre qu'après leur réunion sous les mêmes magistrats et la ruine de tous les priviléges des communes. *

---

* Courtépée rapporte un exemple des contestations fréquentes que cette rivalité de puissance occasionna longtemps

Ce n'est qu'en 1423 que la pitié des évêques de Langres s'émut enfin, et que le Bourg obtint quelque amélioration politique. Épuisés par des guerres ruineuses, décimés par les maladies, les manants et habitants de cette ville adressèrent à leurs seigneurs une humble supplique qui fut mieux écoutée que les autres. Ils disaient « que, Chastillon estant en frontière et la première ville de la duché de Bourgoingne, il y avoit eu nécessité, pour la garde, tuition et défense de ladicte ville, de l'emparer et fortifier de menus fossés et aultres choses convenables, appartenant à faict de réparation et fortification de bonne ville; qu'aussy estoit-elle, de toute ancienneté, ville de loi, en laquelle l'on avoit accoustumé faire bonne et notable draperie; et, avec ce qu'elle renfermoit plusieurs notables et anciennes confrairies; pour l'entretennement desquelles choses et aultres regardant le faict d'iceluy Bourg, avoient les habitants d'icelle faict au

---

entre le Bourg et Chaumont. « Chacune de ces villes, dit l'historien bourguignon, envoyoit ses députés aux états. Celui de Chaumont, comme place plus franche, plus privilégiée, avait séance avant celui du Bourg. Mais, sur une difficulté élevée aux états de 1602 entre Jean Thoulouse, maire du Bourg, et Jean Barré, député de Chaumont, la chambre du Tiers-Etat décida par provision, sans préjudice du droit des parties, qu'ils auroient tous deux séance en l'assemblée, mais qu'ils n'auroient qu'un seul suffrage donné par Jean Thoulouse. »

temps passé plusieurs imposts montans à grandes sommes et deniers; mais que, pour ce que, en iceluy Bourg, n'y avoit eu ledict temps passé aucuns échevins qui eussent eu l'euil au bien public de ladicte ville ou charge de conduire les affaires de la communaulté d'icelle, lesdictes réparations et faict d'icelle draperie et aultres mestiers et marchandises, et aussy lesdictes confrairies avoient esté comme délaissées ou très-petitement gouvernées, et les frais communs d'icelles mis comme en nonchaloir et tellement que, par faulte de fermeté et de bonne police, plusieurs notables personnes qui souloient habiter ladicte ville l'avoient délaissée et abandonnée et estoient allées demourer ailleurs, où bon leur sembloit, et estoient pareillement tentés et meus d'ainsy faire plusieurs aultres desdicts habitans qui encore estoient de présent demourant en icelle ville, si sur ce on ne les pourvoyoit de bon et convenable remède pour le temps advenir. »

Pour prévenir la ruine imminente du Bourg, l'évêque de Langres se résolut à sacrifier quelques-uns de ses droits seigneuriaux; et c'est alors seulement que fut publiée la charte tardive et peu libérale dont la citation va compléter le tableau des franchises municipales de Châtillon au moyen âge.

« Philippe, duc de Bourgoigne, comte de Flandre, d'Artois et de Bourgoigne, palatin, seigneur de Salins et de Maline; et Charles de Poictiers, par la grâce de Dieu, évesque et duc de Lengres, sçavoir faisons à tous présens et advenir que: Nous, désirant le bien et augmentation de la ville et lieu du Bourg, inclinant favorablement à la supplication de nos subjects, à iceulx avons octroyé et octroyons de notre grâce spéciale, par ces présentes, licence, pouvoir, auctorité et faculté de eulx assembler, par cry public qui se fera par notre cryeur d'illec ou aultrement deuement, en aulcune église, lieu ou en leur maison commune, si point en ont doresnavant, chacung an, eulx et leurs successeurs habitans à tous jours, le lendemain de Pasques-charnel, pour eslire entre eulx quatre notables prud'hommes habitans dudict Bourg, qui auront et porteront les noms de *eschevins*, et lesquels porteront et auront, à cause de leur office, le fait de l'eschevinage de ladicte ville, pour entendre ès affaires communes d'illec, tant au regard de la fortification, conduite et entretennements de draperies, confrairies et aultres mestiers touchans et regardans le faict et communaulté d'iceluy Bourg et appartenances, comme au regard des procès que aura la communaulté d'icelle ville. Et seront renouvellés chacung an iceulx eschevins ledict lendemain de Pasques-charnel, et ainsy esleus ne pourront resfuser la charge d'iceluy eschevinage, ains seront contraints d'iceluy accepter, sur la peinne de soixante livres tournois à payer à notre proufit par le contredisant ou resfusant. Aux quels eschevins, nous, de notre certainne science et grâce espéciale, avons donné et octroyé, donnons et octroyons, par les mesmes présentes, plaine licence et auctorité de faire assembler le peuple de ladicte ville en nombre compétent et raisonnable pour les affaires dessus dictes d'icelle ville et Bourg, toutes et quantes foys que besoing sera, et aussy de oir les comptes de ceulx qui auront eu au temps passé et qui auront le temps advenir la maniance et charge de recepte des deniers de ladicte communaulté. A la condition toutes foys que, à la création et eslection desdicts eschevins, les habitans seront teneus d'appeler nos baillifs ou leurs lieutenans, lesquels seront présens, si bon leur semble, à faire ladicte eslection, et auxquels seront teneus lesdicts habitans de présenter leurs eschevins ainsy par eulx esleus, lesquels jureront, ès mains de nos baillifs ou lieutenans, avant qu'ils s'entremettent aulcunement du faict de leur eschevinage, que au faict dudict office, ils se gouverneront bien et loyaulment, à l'honneur de nous. Et aussy seront teneus iceulx eschevins de signifier à iceulx nos baillifs ou leurs lieutenans toutes autres assemblées qu'ils feront pour y estre présens, ou y envoyer aultres de nos officiers, et ne se pourront assembler lesdicts habitants pour faire aucun monopole ou mettre sus aucune conclusion contre le bien public, ne contre nous ou nos droicts, sur peinne de perdre l'effet de ceste présente grace et octroy, et d'estre amendables arbitrairement, ou aultre pugnition telle que au cas appartiendra : et pourront nosdicts baillifs ou leurs lieutenans estre présens, si bon leur semble, ou aultre de nos officiers, comme dict est, à toutes les assemblées desdicts habitans. Et, par ce que dict est, n'est aucunement notre intention que lesdicts habitans ou eschevins ayent aucune cognoissance de cause les ungs sur les aultres ou aultrement, par quelque manière que ce soit, ou exercent aucung faict de justice ou ayent scel commun ; mais se feront et conduiront toutes leurs affaires soubs la justice commune de nous, ainsy et par la forme et manière qu'ils faisoient par avant ce présent octroy, sans autre scel ou cognoissance quelconque, comme dict est ; fors seulement au faict de la draperie, au regard de laquelle ils pourront user de scel, visitation, et aultrement ainsy et par la forme et manière qu'ils ont accoustumé ou temps passé. — Donné en la ville de Dijon, ou mois d'octobre, l'an de grâce mil quatre cens vingt-trois. »

Ces priviléges, bien que restreints et contrôlés sans cesse par l'autorité jalouse des gens des seigneurs, n'étaient pas moins un progrès dans la liberté politique. Les habitants du Bourg, auxquels ils ne donnaient pas à beaucoup près l'indépendance et les franchises dont Chaumont s'enorgueillissait, furent obligés de se contenter pendant plus d'un siècle et demi, de ces droits confirmés à leur ville par les rois, et notamment par Henri II, à Blois, en décembre 1551.

L'élection des échevins se faisait ordinairement à l'auditoire du bailliage, sous la présidence du lieutenant-général, en présence des procureurs du roi et de l'évêque. On nommait ensuite, pour le conseil de la ville, huit bourgeois chargés de traiter, avec les échevins en exercice, des affaires les plus importantes. Enfin l'assemblée élisait encore les receveurs et procureurs de chaque confrérie, les sergents, les visiteurs de chair et poissons, et le peseur de pain.

L'opposition du clergé féodal (et par conséquent des évêques de Langres) à l'affranchissement de la bourgeoisie est un fait qui n'a pas été expliqué, mais qu'il est facile de comprendre. L'émancipation des peuples était pour eux la perte de tous droits temporels : ils n'avaient pas la force en main pour les défendre. Quel risque, au contraire, pour les autres seigneurs, pour les ducs de Bourgogne, par exemple, d'accorder, à prix d'argent, des libertés, dont ils étaient toujours maîtres de réprimer par les armes l'usage ou l'abus, toutes les fois que leur intérêt l'exigeait ainsi, ou que tel était leur bon plaisir?

CINQUIÈME ÉPOQUE.

XIVᵉ siècle. — XVᵉ siècle.

GUERRES DES ANGLAIS.

Châtillon devient la place d'armes de la Bourgogne. — Il est le rendez-vous de la noblesse bourguignonne partant pour combattre les Anglais. — Le roi Jean y convoque les États de la province. — (Établissement de la gabelle dans le duché; grenier à sel de Châtillon). — Combat de Brion. — Prise de Châtillon par les Anglais. — Traité de Guillon. — Traité de la Chassaigne. — Châtillon inquiété par les Tards-venus, le comte de Montbéliard, etc. — Philippe-le-Hardi vient y tenir les États de Bourgogne. — Réception de Charles VI à Châtillon. — Passage du frère du roi. — (Gruerie, maîtrise des eaux et forêts à Châtillon). — Convoi de Philippe-le-Hardi. — Le comte de Tonnerre attaque la ville. — Elle est le rendez-vous de l'armée envoyée contre lui; — des compagnies envoyées contre les Anglais et les Armagnacs. — C'est aussi le point de mire des ennemis, le lieu des approvisionnements, des entrevues et des conférences. — Jean-sans-Peur y célèbre le service de ses frères tués à Azincourt. — Châtillon menacé est sauvé par le traité d'Arras qui met fin aux hostilités. — Épuisement de la ville à la suite de ces guerres; soulèvement des gens taillables du Bourg. —

Châtillon pris et brûlé par les troupes du roi, dans la lutte de Louis XI avec Charles-le-Téméraire. — Châtillon réuni avec la Bourgogne à la France. — Les habitants se débarrassent de la garnison laissée dans leurs murs par Maximilien d'Autriche. — Reconnaissance de Louis XI.

———

Châtillon, devenu à cette époque le boulevard de la Bourgogne, qu'il défendait du côté du Tonnerrois et des terres du roi de France, dut à sa position et à sa force d'être le rendez-vous des gens d'armes, le point de mire des ennemis, la défense avancée de la province, le centre et le théâtre des guerres qui désolèrent le pays durant le cours de plus d'un siècle; guerres ruineuses pendant lesquelles peu de relâche fut donné à notre malheureuse patrie : le duché y versa ses trésors et le plus pur de son sang; *la ville aux nobles ducs* y vit s'écrouler sa puissance féodale, avec ceux dont elle n'avait pas porté le nom sans quelque honneur.

Le roi d'Angleterre faisait alors valoir ses prétendus droits à la couronne de France; et, comme les milices permanentes n'étaient pas encore instituées, le roi Jean, en sa qualité de régent du duché pour le jeune Philippe de Rouvre, avait fait un appel à la noblesse bourguignonne. Le 10 juillet 1355, en vertu des commandements publiés en son nom dans les bailliages, l'évêque de Châlon, le maréchal de Bourgogne, Girard de Thurey, les sires de Montaigu, de Sennecey, de Broisse, Philippe de Vienne, seigneur de Pimont, le bailli de Montcénis et celui de la Montagne, les sires de Couches, de Lucey, de Montperroux, Maillard de Bourbon, les seigneurs de Larrey, de Chappe et de Foucherans, de Châlon, de Sombernon, de Rougemont, Mile de Frolois, chevalier, le seigneur de Chaudenay, Eude, son frère, Guillaume de Marigny, les seigneurs de Mont-Saint-Jean, de Gissey, de Saffres, du Val, Drève de Mello, les seigneurs de Mimeure, de Jancy et de Beyre, Hugues de Pontailler, Guillaume d'Aigremont, le sire de Beaujeu, Henri et Thibaut de Faucogney, Étienne et Jean de Musigny, les sires de Granson et de Pesmes, se trouvèrent, sous leurs bannières, en armes et en chevaux à Châtillon qui avait été indiqué pour le rendez-vous des compagnies. Ils allaient rejoindre l'armée du roi qui les attendait à Beauvais. *

A partir de ce jour, où se déploya pour la première fois l'appareil de la guerre, plus de repos qui ne soit un temps d'arrêt pour les préparatifs de nouveaux combats. Toute la province était dans cet état d'agitation, précurseur de grands événements. Les ordres et les

---

* *Hist. de Bourgogne.*

messages s'y succédaient sans interruption. Pour soutenir la guerre, — demandez à Mazarin, — il faut une chose encore que la bravoure est impuissante à donner; et le roi Jean ne savait comment obtenir de l'argent de la Bourgogne, mal disposée à se laisser imposer des droits onéreux jusqu'alors à elle inconnus. Les hésitations qu'eut à subir la monarchie dans les embarras financiers qui précédèrent la révolution de 1789, le roi les éprouvait alors; et il se décida pour le parti que, en des circonstances pareilles, ses successeurs furent également forcés de prendre; c'est-à-dire que, ayant à opter entre la convocation d'un parlement ou un appel aux contribuables, il eut recours à ce dernier moyen. Châtillon fut choisi pour être le lieu de la tenue des états de Bourgogne, qui s'y assemblèrent en effet après Noël : on était toujours à l'année 1355.

L'archevêque de Sens et le comte de Roucy, chargés par le roi de faire connaître ses volontés touchant le fait des guerres, demandèrent aux états réunis que l'imposition de la gabelle fût établie au duché, comme elle l'allait être dans les autres provinces qui, dans l'assemblée générale des états du royaume, avaient accordé au roi la levée de ce subside. Mais les Bourguignons n'eurent garde d'abandonner aussi légèrement leurs franchises. Surpris de cette proposition, les états se contentèrent de déclarer aux envoyés du roi qu'une concession d'une telle importance ne pouvait être accordée que par ceux qui avaient intérêt à la combattre; et on fut obligé de dissoudre l'assemblée sans qu'on pût en obtenir d'autre réponse. Les états convoqués postérieurement et en plus grand nombre, d'abord à Dijon, puis à Sens, où le roi vint les présider en personne, ne furent pas plus traitables; jamais ils ne voulurent entendre à laisser rien introduire de contraire à leurs priviléges nationaux. *

---

* *Hist. de Bourgogne.*
La gabelle cependant ne tarda pas à être introduite en Bourgogne, le duc Philippe-le-Hardi ayant obtenu des états de 1370 que ce droit serait levé pendant deux ans seulement. Ce fut alors que, pour la perception de cet impôt, on établit des greniers à sel dans les principales villes du duché, comme Dijon, Autun, Semur, Châtillon, etc. Mais, les deux ans expirés, les peuples fatigués de la gabelle du sel promirent une somme annuelle de onze mille francs d'or au duc, qui les exempta de payer les deux sols pour livre sur le sel qui continuerait à se vendre dans les greniers.

Jean-sans-Peur, en 1415, abolit tous les greniers et chambres à sel, à la condition que les marchands, auxquels il deviendrait libre de le vendre en gros ou autrement, paieraient aux commis de la *sannerie* de Salins, la seule où il fût permis de prendre le sel pour la Bourgogne, les droits de gabelle qu'on avait coutume de payer quand on le prenait dans les entrepôts. Mais, l'année suivante, le duc, averti par ses gens des finances que ce changement avait

Aussi bien les Bourguignons aimaient mieux payer de leur vie que d'engager ainsi leurs libertés ; car, au premier mandement, tous s'armèrent, depuis l'âge de dix-huit ans jusqu'à celui de soixante, soit à pied, soit à lances; et, marchant en toute diligence sur Breteuil, où était le roi, ils allèrent partager ses périls et ses glorieux revers à la bataille de Poitiers, où périt la fleur de la chevalerie française. Et, ce n'est pas sans émotion que nous lisons, dans les historiens, que, au milieu des fanfares, des complaintes en l'honneur de la Vierge, des chansons de Roland et des cris d'armes des différents seigneurs : Montmorency au premier chrétien ! Montjoie au blanc épervier ! Bourbon Notre-Dame ! Montjoie et Saint-Denis ! on entendait retentir le cri de guerre des Bourgui-

---

considérablement diminué ses revenus, ordonna, par ses lettres du 15 décembre 1416, le rétablissement des greniers et chambres à sel, au nombre de douze; on l'augmenta beaucoup par la suite. Le grenier de Châtillon qui, dans l'origine, était le seul pour toute l'étendue du bailliage, n'avait plus dans les derniers temps que la moitié de son ressort primitif; les autres parties dépendant des greniers les plus voisins, tels que ceux de Montbard, Saulx-le-Duc, etc.

Chaque grenier à sel avait une juridiction particulière, composée d'un président, un grenetier, un contrôleur, un procureur du roi, un receveur et un greffier. La plupart de ces places étaient créées à titre d'office. *(Mss. Bourcerel)*.

gnons : Montjoie Bourgogne! *Chastillon au noble duc!* *

Les Anglais, vainqueurs à Poitiers et poursuivant leurs invasions, se dirigèrent à marche forcée sur cette province. Comme, pour l'envahir, il fallait occuper Châtillon qui en était la clé vers le nord, c'était là qu'on portait toutes les forces de la Bourgogne. Dès le mois de mai 1359, le chevalier Guillaume de Seigney, nommé capitaine de cette place avec cinq cents florins d'appointement, entra dans le château avec les six gentilshommes qui suivaient sa bannière. Il fut bientôt rejoint par le maréchal de Bourgogne qui manda plusieurs compagnies nobles des plus fortes. On y remarquait celles de Geoffroy de Blaisy, de Jean de Crux, de Gérard de Longchamp, de Jean de Sennecey, de Guy de Frolois, de Henri de Vienne, sire de Mirebeau-en-Montagne, de Thomas de Voudenay, et des chevaliers Hugues et Jacques de Vienne, de l'illustre maison de ce nom. La plupart de ces compagnies comptaient jusqu'à deux cents hommes d'armes commandés par une foule de gentilshommes, chevaliers, bannerets et écuyers. Rarement la noblesse bourguignonne avait été si nombreuse et en si bon état.

Les prévisions qui avaient fait diriger toutes

---

* Chateaubriand. — *Études historiques.*

les ressources sur Châtillon ne furent pas trompées. Bientôt l'armée anglaise parut du côté de la Champagne, et les compagnies sortirent de la ville. La rencontre se fit à deux lieues de ses murs, près du pont de Brion-sur-Ource, dans les environs duquel il n'est pas rare de retrouver encore (et nous en avons vu nous-même) des casques à visière et des épées de chevaliers. Les Bourguignons succombèrent. Parmi les prisonniers de marque qui furent faits, se trouva le sire Mile de Noyers : pris par l'écuyer du roi d'Angleterre, Robert de Saul, il traita avec lui de sa rançon, pour le prix de sept mille mailles d'or, payables en quatre termes en l'église Saint-Thomas de Londres. Les Anglais détruisirent le château de Brion, et occupèrent ceux de Massingy et d'Ampilly, avec toute la campagne qui entoure Châtillon.

Les habitants de cette ville, que leur isolement sur les frontières exposait à de fréquentes attaques, et qu'avaient aguerris l'habitude et la nécessité de se défendre, avaient pris eux-mêmes les armes, et, réunis aux compagnies dans le combat de Brion, s'y étaient conduits vaillamment. * Poursuivis dans leurs murs, leur vigoureuse résistance leur servit peu et ne sauva point Châtillon. Chaumont et le Bourg furent empor-

---

* *H.st. de Bourgogne.*

tés et brûlés. La ruine fut si grande qu'on craignit la dépopulation de la ville, et que, en 1429, c'est-à-dire soixante-dix ans après cette catastrophe, il n'y avait plus que quatre cents habitants qui pussent payer des tailles au Bourg, encore en y ajoutant les faubourgs de la Chapelle, du Temple, et toute la banlieue. On en comptait treize à quatorze cents avant cet événement déplorable.

La bataille de Brion, ouvrant la Bourgogne aux Anglais, entraîna sur cette province les malheurs dont la journée de Poitiers avait affligé la France. Il fallut composer à tout prix. Châtillon fut des bonnes villes qui s'engagèrent à garantir à Édouard, insolemment appelé *roi de France* et d'Angleterre, le paiement des 200,000 deniers d'or au mouton, moyennant lesquels le duc de Bourgogne avait acheté une trêve de trois ans; (le denier d'or valait alors trente sols tournois). Parmi les fidèles Bourguignons qui s'offrirent d'eux-mêmes comme otages pour délivrer au plus tôt leur patrie de l'invasion, on remarque l'abbé de Notre-Dame et Marguerite de Châtillon. On voit aussi, par les lettres qu'il écrivit aux bonnes villes, gentilshommes, prélats, clercs et bourgeois, que Thomas de Wedale, seigneur anglais, vint à Châtillon, presser l'exécution des promesses faites à son roi par le traité signé à Guillon, le 10 mars 1360.

Pour mettre fin à tout sujet d'inquiétude, on résolut de se débarrasser en même temps du roi de Navarre, Charles-le-Mauvais, qui, revendiquant les armes à la main la succession du duché de Bourgogne, en qualité de plus proche héritier du dernier duc, Philippe de Rouvre, avait pris une part active à la guerre et fait beaucoup de mal au pays. Ce fut à une lieue de Châtillon et du champ de bataille de Brion, à la Chassaigne, maison de plaisance des évêques de Langres, réparée et embellie plus tard par les soins du cardinal-évêque de Givry, et *où monseigneur prenait souvent le divertissement de la chasse à l'oiseau*, que Jacques de Vienne, sire de Longwi, lieutenant-capitaine des guerres au duché, et Girard de Thurey, maréchal de Bourgogne, conclurent, le 23 juillet 1360, la paix avec les ambassadeurs du roi de Navarre. *

Mais le repos ne devait pas être si tôt rendu à notre infortunée patrie; et cette trêve, si chèrement obtenue, ne lui profita guère. Car aussitôt Châtillon redevint le rendez-vous de la noblesse contre les *grandes compagnies* qui commettaient d'affreux dégâts, et *rongeaient la Bourgogne jusqu'aux os*. A la même époque, le comte de Montbéliard essaya, sans succès, pour faire une irruption dans le duché, de surprendre la

---

* *Histoire de Bourgogne.*

ville. Quelques bruits perfidement répandus par Charles-le-Mauvais, que, d'après un prétendu traité avec le roi de France, il allait prendre possession de la Bourgogne, menacèrent ensuite la paix sans la troubler : ils tombèrent devant la réponse de Philippe-le-Hardi, datée d'Aisey, et portant qu'il était fermement résolu à garder l'apanage ducal à lui donné par le roi, son père. Enfin « les guerres, forfaits et embarras qu'aucunes personnes nobles et non nobles s'efforçaient de mettre et tenir à l'évêque et à l'église de Langres, faillirent dommager et grever grandement Châtillon, si le duc ne se fût empressé, par ses lettres données dans cettte ville, le 15 mars 1360, de faire crier en tous les lieux notables et les détroits de son duché, que, à peine de perdre corps et avoir, et d'encourir son indignation, nul de ses gens ne s'avisât de méfaire audit évêque, en corps ou en bien, en ses hommes sujets et justiciables ou en sa terre, nonobstant toutes lettres subreptices impétrées ou à impétrer au contraire. »* Ajoutez encore la guerre contre les communes de Flandre, qui occasionna une levée considérable d'hommes et de subsides. Les états de Bourgogne furent à cet effet convoqués à Châtillon, le 29 août 1382;

---

* Acte collationné à l'original, en 1673, signé Languereau et Gâteau, notaire tabellion royal, à Châtillon, paroisse Saint-Vorle.

Philippe-le-hardi vint les tenir lui-même. Les séances durèrent plusieurs jours, et la présence du duc n'y fut pas inutile. On lui accorda, pour un an, une taxe sur chaque feu, et le vingtième du vin qui serait vendu en détail. Les nobles portant les armes furent seuls exempts de cet impôt. *

Le temps que laissèrent au duc ces diverses entreprises fut employé par lui à rétablir le bon ordre dans son gouvernement, et à y tenir, au milieu des tournois et des fêtes, la plus brillante cour qui fût alors. C'est à cette époque qu'il fit rédiger nos coutumes et ces terriers où nous avons trouvé la source la plus riche de notre histoire féodale. Profitant de ces trop courts loisirs, il n'était pas rare que le prince tînt sa résidence et son conseil dans les habitations ducales de sa bonne ville de Châtillon et des pays d'alentour. En 1387, il envoya à la duchesse, qui faisait son séjour au château de Villaines, tous ses joyaux, sur un char attelé de

---

* L'ordonnance pour la levée du subside, publiée à Lantenay, le 11 septembre de la même année, porte ces mots : « Comme nos bien-aimés les gens d'église, nobles et bourgeois de nostre pays de Bourgoingne, pour ce assemblés par devant nous à Chastillon-sur-Seine, le 29ᵉ d'aoust et les jours ensuivans, nous ont libéralement octroyé pour un an, aucuns aides pour le faict de la guerre de monseigneur le roi en Flandre..... »

trois chevaux, avec une escorte de gens de guerre. Deux ans plus tard, son fils, Philippe, comte de Nevers, qui devait périr à la bataille d'Azincourt, prenait naissance en celui d'Aisey.

Châtillon, ville de passage, jetée à l'entrée du duché, sur le chemin de France, fut aussi souvent témoin des pompes des deux cours. Mais rien n'égala en magnificence les fêtes qui eurent lieu en 1389, pour la réception du roi Charles VI, qui, engagé par ceux de son conseil à parcourir le midi de son royaume, avait résolu de prendre son chemin par la Bourgogne, et de visiter à Dijon le duc son oncle. *

La duchesse, Marguerite de Flandre, avertie de ce dessein, au château d'Aisey, écrivit à Philippe de Jaucourt de ne rien négliger pour rendre les honneurs au roi. Plusieurs princes et gentilshommes, le duc de Touraine, le duc de Bourbon, le sire de Coucy, « modèle de toute chevalerie, » étaient de ce voyage. On voit, par le compte d'Amyot Arnaud, qu'il fallait par jour, dans les lieux où séjournait le royal cortége, 6 bœufs gras, 80 moutons, 30 veaux, 700 poules et 300 œufs. La queue du meilleur vin était estimée 14 livres. La dépense, par jour gras, montait à 230 livres, et à 300 livres par jour maigre. **

---

* M. de Barante. — *Hist. des ducs de Bourgogne.*

** M. Peignot. — *Essai sur les anciennes coutumes de la Bourgogne.*

Le roi, parti de Paris vers la Saint-Michel (1389), fut reçu, à Châtillon, par le duc de Bourgogne, qui était venu au devant de lui jusqu'à la première ville de son duché, avec son fils et une escorte nombreuse de chevaliers qui l'accompagnèrent, en cet équipage, à Dijon où son entrée fut des plus solennelles. On lui donna des fêtes et des mystères, selon le goût du temps. Il y eut des joûtes et des tournois, où des prix furent donnés aux *mieux-faisans*.* « Pour l'amour du roi, dit Froissard, estoit venue à Dijon grande foison de dames et de damoiselles, que le roi veoit moult volontiers. Là estoient la dame de Sully, la dame de Vergy, celle de Pagny, et moult d'aultres dames belles, fresques et bien aornées, qui s'efforçoient de chanter, danser et fort réjouir le roi, qui fut plusieurs jours en esbattement. »

Le 13 février de l'année suivante, le frère du roi, duc de Touraine, « qui était le plus aimable prince, » revint à Dijon avec la duchesse, sa femme. Le duc de Bourgogne, son oncle, envoya le sire Guillaume de la Trémoille, à sa rencontre, à Châtillon, et donna ordre à Guillaume Baudot, lieutenant de la gruerie, et à Jean Cressonnier, maître des eaux et forêts au bailliage, d'offrir au prince, à son passage, tout

---

* M. Peignot. *Essai*, etc.

ce qu'ils pourraient avoir de plus beaux poissons. On sait que ceux des rivières de la Montagne étaient alors fort renommés. Les officiers de la gruerie et des forêts exécutèrent ces ordres, « de telle sorte que le duc de Touraine *en fut étonné*, et qu'il exprima sa surprise, en en faisant ses remercîments. » *

Toutes ces pompes se terminèrent par une triste cérémonie, mais non moins magnifique.

---

* *Hist. de Bourgogne.*

La *gruerie*, qui prit dans la suite le nom de *maîtrise des eaux et forêts*, est ancienne en Bourgogne. Les ducs avaient un *gruyer* général et plusieurs gruyers particuliers qui avaient, chacun dans leur ressort, l'inspection sur les bois, forêts, étangs et rivières du duché.

L'édit de février 1554 établit des maîtrises particulières près de tous les principaux bailliages. On en comptait neuf dans la généralité de Bourgogne, savoir : celles de Dijon, Autun, Châlon, Avallon, Châtillon, Mâcon, Belley, Auxerre et Bar-sur-Seine. La maîtrise du bailliage de la Montagne (un des pays les plus boisés de France, et où, malgré de nombreux défrichements, les rois, substitués aux droits des ducs, possédaient à eux seuls, d'après M. Delamothe, plus de vingt mille arpents de forêts, à l'époque de la révolution) était une des plus considérables.

Chaque maîtrise se composait d'un maître particulier, un lieutenant, un procureur du roi, un garde-marteau, un receveur des bois, un greffier, un garde général, plusieurs arpenteurs, etc. Toutes ressortissaient à la table de marbre de Dijon ; et, depuis la suppression de ce tribunal, en 1771, au parlement de Bourgogne.

Le corps de Philippe-le-Hardi, mort dans ses états de Flandre, au milieu des fêtes qu'il donnait à sa bonne ville de Bruxelles, revenait lentement vers la Bourgogne, pour être, conformément à ses dernières volontés, déposé dans la chartreuse de Champmol, que lui-même avait fondée. Le convoi, mené par les trois fils du duc et le comte de Richemont, frère du duc de Bretagne, partit du château de Halle, le 1er mai 1404; et, prenant sa route par Audenarde, Courtrai, Lille, Douai, Saint-Quentin et Troyes, il arriva à Châtillon le 26 du même mois. De grands services funèbres furent célébrés à son entrée dans le duché. On donna soixante-douze draps de Lucques, de douze écus pièce, aux douze églises dans lesquelles le corps reposa. La ville de Dijon envoya au devant, jusqu'au Val-Suzon, les maire et échevins, avec cent des principaux bourgeois à cheval, et cent pauvres vêtus de noir et portant des torches de cire. * Des jours de deuil allaient recommencer pour la province.

En 1412, le comte de Tonnerre, qui était entré dans la ligue des princes, ayant fait signifier au duc de Bourgogne qu'il ne le reconnaissait plus pour son seigneur suzerain, Jean-sans-Peur fit assembler une armée à Châtillon, sous le

---

* Dom Plancher et M. de Barante.

commandement de Jean de Vergy, maréchal de Bourgogne. L'expédition ne fut pas longue; bientôt les compagnies bourguignonnes, sortant de Châtillon, paraissent en armes devant le château de Tonnerre, y entrent la torche à la main et le ruinent. Déployant dans leurs représailles la fureur qui signale les guerres de parti, les hommes du maréchal désolent tout le pays sur leur passage. Les châteaux forts de Cruzy, de Channes et d'Argenteuil, appartenant au comte, sont emportés et rasés.*

Voilà ce qui occasionna, ici du moins, la reprise des hostilités. En qualité de ville frontière, placée comme un poste avancé du côté du théâtre de la guerre, Châtillon allait avoir à soutenir de grands assauts à la fois contre les Anglais, les Armagnacs, le comte de Tonnerre en particulier, et redevenir le lieu des approvisionnements militaires, et le rendez-vous des hommes d'armes, envoyés pour combattre l'étranger et la faction opposée à la maison de Bourgogne.

Déjà, cette place, qui était le point de mire des ennemis du duc, avait été munie, pour sa propre défense, de poudre et de canons jetant plusieurs livres de pierre; on en avait donné le commandement à son capitaine, Guillaume de la Tournelle, écuyer, pannetier de monsei-

---

* *Hist. de Bourgogne.*

gneur de Bourgogne. Elle tarda peu à se remplir de chevaliers, bannerets et écuyers. Leurs forces s'élevaient à 2,300 hommes, qui allaient rejoindre le duc alors occupé, en Artois, dans la guerre des Anglais. Châtillon leur avait été indiqué pour le lieu de la réunion en corps d'armée; et ils y furent reçus et passés en montre, du 18 avril au 30 mai 1414, par Jean de Neufchâtel, seigneur de Montaigu, chevalier banneret, nommé chef et capitaine général de ces compagnies. *

Les premières qui se rendirent dans la ville la sauvèrent du pillage, en repoussant une troupe de six cents cavaliers ennemis qui, ayant voulu la surprendre, faisaient depuis quatre heures de très-grands efforts pour l'assaillir. Plusieurs hommes furent blessés dans cette rencontre, ainsi qu'il paraît d'après la lettre du bailli de la Montagne, écrite de Châtillon à ceux du conseil et des comptes, le 26 avril 1414. Comme le bailli ajoutait que les six cents chevaux, retirés vers Juilly, n'attendaient qu'un renfort pour venir avec plus de succès entreprendre sur Châtillon, on eut soin d'y laisser, après le départ des compagnies, une garnison suffisante pour repousser toute attaque.

Ce fut fait prudemment : car il y avait à peine

---

* V. le rôle des montres des gens d'armes, aux archives de la chambre des comptes de Dijon.

huit jours que les chevaliers et leurs gens de guerre avaient quitté la ville, pour marcher en Artois, que les ennemis revinrent en toute hâte sur cette frontière avec des forces nouvelles pour pénétrer par là dans le duché.

Dans un grand conseil tenu à Rouvres le 13 juin, et où le bailli de la Montagne fut mandé, on résolut de porter en diligence sur les points menacés tout ce qu'il y avait de ressource en Bourgogne, pour s'opposer à son envahissement. Châtillon était en si grand péril d'être surpris avant l'arrivée des gens d'armes, que le sire de Saint-George, Guillaume de Vienne, fut obligé d'y faire entrer cinq chevaliers et trente-deux écuyers avec une troupe d'arbalétriers, sous la bannière de Jean de Vienne, sire de Roland. Ce fut encore sur Châtillon qu'on s'empressa de diriger, dans le courant de juillet, un renfort inattendu envoyé de Gênes au secours du duc, la compagnie de cent six arbalétriers conduite par le castellain Wast. Elle fut bientôt suivie de celle de Girard de la Guiche, chevalier banneret, bailli du Charollais, qui avait sous son commandement quatre chevaliers et cent sept écuyers. Ils furent reçus à Châtillon, le 25 juillet, par le lieutenant du maréchal de Bourgogne. Enfin, on y joignit les compagnies de Henri de Chauffour, écuyer, et de Jean de Montreuil, aussi écuyer : la première composée de trente-cinq écuyers et sept archers; l'autre de vingt-sept écuyers. C'était ce point du duché, le plus exposé de tous, qu'on songeait surtout à défendre : car il était descendu de ce côté un très-grand nombre de gens de guerre et de trait, sous la conduite du comte de Tonnerre, et d'autres ennemis *accourus*, disaient-ils, *pour fouler et dommager le duc de Bourgogne et ses sujets*. Il ne fallait pas moins de toutes ces forces pour leur fermer l'entrée du pays et préserver la ville.

Combien de fois encore, durant le cours de ces déplorables guerres, Châtillon ne vit-il pas déployer dans ses murs les bannières des chevaliers qu'on menait à de nouveaux combats, et les préparatifs d'une défense sérieuse contre les entreprises des Armagnacs qui, secondés par le comte de Tonnerre, s'obstinaient à vouloir saisir cette clé de la Bourgogne; mais cette place tint bon, et la Bourgogne ne fut pas envahie. Châtillon, à cette époque, était devenu la ville de guerre du duché, le point où s'était transportée toute la vie de la province. C'était le lieu des conférences avec les ambassadeurs, de la tenue des conseils, des rassemblements des troupes, des entrevues du duc avec la duchesse, quand les loisirs de la guerre et le besoin d'hommes ou de subsides l'amenaient dans son gouvernement. Il était là, quand on apprit la funeste issue de la bataille d'Azincourt, où ses deux frères, le duc de Brabant et le comte de Nevers, avaient été tués. Comme toute la noblesse bourguignonne était en ce moment réunie à Châtillon, prête à marcher contre les Anglais, Jean-sans-Peur fit célébrer avec magnificence, le 11 novembre 1415, un service funèbre pour le salut de l'âme de ses frères, en l'église Saint-Nicolas de cette ville. L'évêque de Bethléem, confesseur du duc, officia lui-même. Ce fut lui qui distribua les aumônes du prince à treize pauvres qu'on fit habiller de noir, et à plusieurs autres. Il présenta aussi les offrandes du duc et de la duchesse, et fit le partage des libéralités ducales à ceux qui avaient servi dans la cérémonie, dit les messes et tenu le chœur. *

C'est de Châtillon aussi que Jean-sans-Peur partit pour Montereau, après un long séjour durant lequel il avait rétabli ses finances, rendu des ordonnances pour le bien de la province et des chevaliers qui s'étaient vaillamment conduits dans la guerre, rassemblé de nouvelles troupes et pourvu d'artillerie les places et châteaux forts des marches de Bourgogne, principalement ceux de Châtillon, Montbard, Semur, Montréal, Villaines, Aisey, Vergy et Saulx-le-Duc. Il en partit, vainqueur, accompagné d'une grande suite de seigneurs et de gens d'armes,

---

* *Hist. de Bourgogne.*

pour traiter avec le dauphin de la paix générale, et ne revit plus la Bourgogne : on connaît le tragique événement de l'entrevue du pont de Montereau.

Cent ans plus tard, quand François Ier, visitant la chartreuse de Dijon, se fit ouvrir le tombeau de Jean-sans-Peur, on rapporte qu'un religieux dit au roi, en lui montrant la blessure dont le duc était mort : « Sire, c'est par ce trou que les Anglais sont entrés en France. » C'est en effet l'assassinat du duc Jean qui jeta dans le parti des Anglais le duc de Bourgogne, jaloux de venger la mort de son père, et qui, confondant les haines, fit tant de mal au pays et amena Charles VII à n'être plus que *le roi de Bourges* ou *le comte de Ponthieu;* jusqu'à ce qu'une jeune et pauvre fille des champs survint, dont le patriotisme inspiré releva le courage des chevaliers français et sauva le royaume. Alors la guerre qui, par cette alliance faite à contrecœur avec l'étranger, avait été reportée loin des frontières du duché, changea de théâtre et de face. Le maréchal de Bourgogne, battu et forcé d'abandonner le Tonnerrois, se retira sur Châtillon. De leur côté, les Français vainqueurs s'avancent à leur poursuite et reprennent Mussy dont s'étaient emparés les Bourguignons, qui, d'échec en échec, sont réduits à défendre leurs places. Et on ne sait ce que serait devenue celle de Châtillon, quand la réconciliation du roi avec le duc, signée dans le traité d'Arras (septembre 1435), vint en aide à la ville, en mettant terme à propos à ces guerres malheureuses. Il y avait près d'un siècle qu'elles avaient commencé.

Pauvre ville en ruines! Prise et brûlée par les Anglais, foulée par le passage continuel des compagnies et les attaques réitérées d'ennemis de toute sorte, dépeuplée par les guerres, obérée d'impôts, à quel état de dépérissement n'était-elle pas réduite alors! Ce fut un premier coup, coup mortel, porté à sa prospérité commerciale : la Ligue fit le reste. Les témoins appelés à l'information de 1464 déclarent que, par les guerres et mortalités, les droits de monseigneur à Châtillon ont été considérablement diminués, et que les foires ne sont presque plus fréquentées par les marchands du dehors. On voit dans un autre acte, « que le peu de draperie dont les habitants se souloient entremettre et vivre était de présent toute perdue et mise au néant. » Déjà, les ducs Jean-sans-Peur et Philippe-le-Bon, lors de leur séjour à Châtillon, leur avaient fait remise des tailles auxquelles ils ne pouvaient plus suffire en effet. Le Bourg, surtout, où tous les habitants étaient encore taillables à merci, devint *comme désert et inhabité;* pour ne pas payer, des marchands se dirent nobles, et plusieurs se firent tonsurer, *qui oncques n'avoient esté en escole et ne sçavoient mot de lettres.*

La supplique, que les hommes et femmes taillables de cette ville adressèrent en cette occasion au duc Philippe, offre un tableau touchant de leur misère. « Très-redouté seigneur, disaient-ils, les tailles que vos humbles sujets sont obligés de payer chaque année peuvent monter, avec les frais qu'entraîne leur collection, à 500 livres tournois et plus. Et ils ne sont mie *(pas)*, tant en nombre de personnes, comme en faculté de chevances, la tierce partie des habitants d'icelui Bourg, ce qui est moult peu de chose et pauvre. Car, d'icelles tailles se veulent exempter plusieurs qui se disent nobles, et mêmement plusieurs de vos officiers, serviteurs et sergents, de ceux de monsieur de Langres, et aussi les clercs demeurant audit Bourg, qui ont pourtant sans comparaison trop meilleures chevances que lesdits suppliants; sans compter que ceux qui se veulent exempter de payer se mêlent et vivent de marchandises et de métiers, et que plusieurs de ceux qui se disent clercs, ne furent oncques en école et se sont fait faire clercs pour être exempts d'icelles tailles tant seulement. Et, avec cette charge de 500 livres tournois qu'ils ont portée par chacun an, ils ont été, par tout le temps passé, contribuables, sans être épargnés, avec les autres habitants du Bourg, à tous les autres impôts qui illec ont été faits pour fouages et emprunts, prêts, présents, fortifications de ville, gages de capitaines, et autres charges ordinaires et extraordinaires, tant pour les affaires et besognes dudit Bourg que pour autres embarras et procès illec survenus : à la contribution desquelles tailles, iceux suppliants, qui n'avaient de quoi payer au procès qui sur ce eut pu sourdre, n'ont pu ni osé, pour leur pauvreté, faire contraindre ceux qui de raison devaient être contribuables ; mais ont été les pauvres suppliants et sont longtemps demeurés forcés de porter seuls entièrement lesdites charges. A l'occasion de quoi, ils sont tellement appauvris et endettés envers plusieurs personnes, qu'ils doivent trop plus qu'ils n'ont vaillant. Et a convenu à la plus grande partie d'eux de vendre le peu d'héritages qu'ils avaient, chargés de cens et autres droits dont ils ne pouvaient plus rien payer depuis quelque temps. Et aussi un peu de draperie dont ils se soulaient entremettre et vivre est de présent toute perdue et mise au néant; car, pour leur pauvreté, ils ne trouvent qui leur baille laine et autres denrées pour marchander. Et ne sont mie iceux suppliants situés ni assis en lieu de vignobles ou de labeur, où ils se puissent entremettre pour soutenir leur pauvre vie. Et, pour cause desdites charges, n'y a-t-il personne quelconque qui ose s'arrêter pour demeurer en icelui Bourg; et, si aucuns d'aventure s'y arrêtent, vont-ils demeurer en la rue de Chaumont, où, vu des priviléges soi-disant, on paie pour toute taille vingt livres tant seulement..... Et, par ainsi, icelui Bourg déchoit chaque jour d'habitants; car faut bien que lesdits suppliants, par grande pauvreté, et parcequ'ils ne peuvent plus supporter lesdites charges sans l'aide de ceux qui de raison doivent être contribuables, se départent dudit lieu de Châtillon et aillent demeurer en étrange pays et contrée, pour gagner la pauvre vie d'eux, de leurs femmes et leurs enfants. Et, par ce moyen, ledit Bourg est en aventure de demeurer inhabitable. »

Il y eut, à ce qu'il paraît, des troubles dans la ville; plusieurs la quittèrent. Philippe-le-Bon fut même obligé d'envoyer des commissaires de son conseil et de la chambre des comptes, pour aviser aux moyens d'empêcher la *ruine et la dépopulation* du pays; on démasqua hardiment ceux qui, pour se soustraire aux charges, réclamaient sans raison le bénéfice de noblesse ou de clergie. * Et, « pour mettre fin aux divi-

---

* Voici quelques récriminations qu'on lit dans l'enquête faite à ce sujet par les commissaires du duc, cette même année. Elle est tirée du trésor des chartes de Bourgogne.

« Plus le rôle de ceux qui se disent nobles, au Bourg de Châtillon, savoir : Les enfants de Nicolas Dangueneville: leur père-grand fut ennobli; et ne tiennent aucune chose en fief, et n'ont aucun d'iceux poursuivi les armes; mais vivent des héritages qu'ils ont, et mêmement des bêtes grosses et menues que l'on tient d'eux.... — La veuve de

sions, séditions et débats, par lesquels la ville se pouvait dépeupler et venir en perdition, comme déjà était commencé et se continuait de jour à autre; afin aussi que ceux qui s'étaient départis, pour la grande charge qu'ils soutenaient, pussent retourner en ladite ville, et eux tous ensemble demeurer et habiter en icelle, en bon amour, paix et tranquillité, les clercs du Bourg, au nombre de 99, renonçant à leur privilége, consentirent à payer dorénavant de la taille leur portion modérée et raisonnable, selon leur état,

---

feu Nicolas : le roi ennoblit feu Jean de Namur, son premier mari, qui était pelletier de peaux, et peut-être elle avec lui; et fut ledit Jean, pelletier du duc Philippe, et oncques ne poursuivit armes. Depuis, sa veuve s'est mariée audit feu Nicolas qui était marchand tanneur. — Jean de Reculaine, quelque chose que dise son père, ne fut oncques noble, et sa mère fut dudit Châtillon, fille d'un boucher. — Arboullet de Huissans : l'on ne sait rien de sa noblesse, fors que, par son seul dire, il a poursuivi les armes en plusieurs pays; mais, depuis vingt-six ans ou environ qu'il a été marié audit Châtillon, il a vécu et s'est mêlé d'hôtellerie, d'être tavernier et regrattier, etc. »

Ensuite est le rôle des clercs dudit Châtillon, au nombre de 104, dont plusieurs sont mariés et dont l'un se dit clerc marié, qui est hôtellier, tavernier, marchand public et laboureur. On y trouve cet article : « Et ne faut point mettre en doute que la plus grande partie des clercs ne savent mot de lettres, et qu'ils ne furent oncques à l'école pour y rien apprendre; et ont été clercs tellement quellement. »

faculté et chevance. » A ce prix l'ordre fut rétabli dans la ville, et la *dépopulation fut évitée*.

Au lieu du repos, dont il était alors si grand besoin, la longue lutte de Charles-le-Téméraire et de Louis XI, c'est-à-dire du dernier, mais du plus chevaleresque représentant de la féodalité, avec un des plus habiles fondateurs de la monarchie à qui demeura la victoire, vint consommer la ruine de Châtillon. Dès l'année 1473, Regnaut Daubenton, conseiller-receveur d'Auxois, Pierre Charraut, lieutenant du chancelier de Bourgogne, et Jean Grignard, licencié en décrets, procureur du duc au bailliage d'Auxois, étaient venus dans cette ville porter aux députés sur le fait des trèves, les mémoires et instructions touchant les entreprises faites journellement, sur les marches du duché, par les gens du roi, qui se tenaient prêts à l'envahir. Aussi, profitant du moment que la pensée gigantesque de rétablir l'ancien royaume de Bourgogne dans de plus vastes dimensions retenait Charles-le-Téméraire en Lorraine, les troupes royales fondirent enfin sur la proie qu'elles convoitaient ; et, le 15 juillet 1475, aidées de ceux de Troyes, après avoir livré au feu et au pillage Bar-sur-Seine sur leur passage, voici qu'elles surprennent Châtillon et le détruisent presque entièrement. * « Le

---

* *Journal de Paris*, sous les règnes de Charles VI et Charles VII. p. 264 et 265.

chastel et le Bourg, est-il dit dans une charte du temps, fusrent bruslés pour la plus part et aussy la rue de Chaumont pour la plus part. » Les plus anciens monuments de la ville, notamment l'Hôtel-Dieu et Saint-Vorle, furent en partie la proie des flammes; de précieux manuscrits, que l'on conservait de toute ancienneté au trésor de l'église, périrent dans l'incendie. *

Cette fois la ville fut presque dépeuplée; et l'on eut peine à y ramener ceux que la détresse avait poussés à chercher ailleurs une patrie plus heureuse. « Est à savoir que la ville de Châtillon-sur-Seine a été prise, en l'année de ce compte, 15° jour de juillet 1475, par les Français qui la démolirent et la brûlèrent; ce qui fut une perte inestimable pour les pauvres habitants d'icelle qui en sont demeurés comme mendiants, mêmement pour les pauvres officiers de monseigneur le duc qui ont perdu tous leurs biens, ont vu leurs maisons brûlées, et, qui plus est, aucun d'eux mis à grande rançon. Toutefois, c'est

---

* Hocmelle. *Cart. de l'abbaye.* — Voir aussi une charte rapportée par le P. Legrand, où on lit cette phrase : « Votre révérende paternité n'ignore pas la désolation et l'incendie de notre ville de Châtillon et de ses églises qui est arrivé (comme chacun sait), il y a quelques années, et a brûlé et consumé plusieurs livres, calices, ornements, joyaux et choses précieuses et nommément beaucoup de chartes et lettres. . . . . »

une certification à rendre que messire Claude de Vaudrey, chevalier, bailli dudit bailliage, son lieutenant, les avocats, procureurs et autres officiers de monseigneur, ont toujours, nonobstant ladite prise, bien et loyalement exercé leurs offices audit bailliage, en y tenant les jours et assises et en y délivrant les fermes, avec plus grande peine sans comparaison qu'ils n'eussent eue en temps de paix, et, qui plus est, avec pertes inappréciables, comme il est tout notoire; si bien que, grâce à Dieu! par la bonne adresse qu'ils y ont faite, le bailliage a toujours été entretenu. Depuis, ces mêmes officiers ont réduit les sujets de monseigneur à retourner audit Châtillon où de présent ils sont demeurants. Et ont, en toute cette besogne, bien et loyalement desservi après la perdition de leur chevance, et en grand danger de leur personne, tellement que, abandonnant leur corps, ils se *retrahèrent* audit Châtillon afin d'y faire *retraire* le peuple et repeupler ladite ville en sa pauvreté et misère qui a été et est encore une pitié inestimable. » *

Quoique maîtres de Châtillon, les gens du roi n'avaient pu pénétrer plus avant en Bourgogne, ni même conserver les places qu'ils avaient

---

* Rapport de Jean Courret, receveur du bailliage, pour l'année 1475, à la chambre des comptes de Dijon.

surprises sur les frontières : mais la fortune et la politique de Louis XI accomplirent, deux ans plus tard, cette occupation momentanée. Et, son téméraire ennemi avait à peine trouvé, le 5 mai 1477, sous les murs de Nancy, la mort qu'il était follement allé chercher, que, déployant toutes ses ressources et toute son habileté, Louis XI prenait possession, mais non sans résistance, de cette magnifique province dont la conquête fut le rêve de toute sa vie et l'un des plus grands actes de son règne. Du reste, il n'y eut par là qu'un nom de changé à Châtillon, du moins pour le moment : le roi, substitué à tous les droits du duc, étant devenu, avec les mêmes pouvoirs et sous les mêmes institutions, seigneur de Chaumont et co-seigneur du Bourg avec l'évêque de Langres.

Malgré l'attachement que tous les bons et vrais Bourguignons portaient à la famille de leurs ducs, les Châtillonnais avaient encore le cœur plus français qu'allemand, et ils le firent bien voir. Quand Maximilien d'Autriche, qui avait épousé Marguerite de Bourgogne, l'unique descendante de cette race glorieuse, vint, les armes à la main, revendiquer le duché comme son héritage, il s'avança en personne sur Châtillon, s'en rendit maître et y mit garnison. Mais les habitants, qui ne voulaient pas entendre à faire partie de l'Empire, égorgèrent une partie de la troupe laissée dans le château; le reste fut repoussé hors des murs, et ne put rentrer dans la place. Averti par ce trait, Maximilien fut peu de temps à se départir du duché.

En reconnaissance de ce fait d'armes, Louis XI permit aux bourgeois de Châtillon de charger l'écusson de leur ville, orné déjà d'un château fort à tours crénelées, des trois fleurs de lis de France, de front en chef : ce sont là les armoiries qu'elle a portées jusqu'en 1793.

Que ce symbole héraldique ne soit pas pour nous une lettre morte. La bannière de France plantée sur les tours de la ville *aux nobles ducs!* Quelles paroles peindraient mieux que cette image le caractère de l'histoire de Châtillon, durant l'époque que nous avons à parcourir, entre la féodalité et la révolution, entre la nationalité bourguignonne et la nationalité française?

LÉGENDE EXPLICATIVE

DE LA VUE DE CHATILLON EN 1570.

- A. L'église Saint-Mametz.
- B. Le château des ducs.
- C. L'église Saint-Vorle.
- D. La fontaine de la Dwi.
- E. La porte du Recept.
- F. Le foulon de la Dwi.
- G. La maison de ville.
- H. La porte dijonnaise.
- J. L'église des Cordeliers.
- K. Danré, lieu de justice.
- L. La porte aux Poissons.
- M. La porte Muette.
- N. La Maison-Dieu.
- O. L'église Saint-Jean.
- P. La Tour de Cerilly.
- Q. La porte de Chaumont.
- R. Lieu où est actuellement le Châtelot.
- S. La chapelle Saint-Léger.
- T. La tombe Saint-Léger.
- V. Les Dames-Brûlées.
- X. Le foulon Rotiot.
- Y. Ancien pont de Paris.
- Z. Porte de Paris.
- &. L'abbaye royale de Sainte-Geneviève.
- 1. La porte de la chapelle.
- 2. Le moulin du Recept.
- 3. Le moulin des Passes.
- 4. Le fort des Ponts.
- 5. Le moulin de la Dwi.

6. Le jeu de l'arc.
7. La rivière de Seine.
8. Les Ponts.
9. Le guichet Saint-Martin.
10. Le jeu de l'arbalète.
11. Le pont du Trou-au-Loup.
12. La porte des Cordeliers.
13. L'église Saint-Nicolas.
14. Le guichet de la Madelaine.

LES TEMPS MODERNES.

> Je me contenteray et pacifieray ma douleur (de voir les débris de ma patrie ruinée dans les troubles de la Ligue) en baisant et admirant ses funèbres reliques et cendres; et, tant qu'en moy sera, leur rendray la juste et dernière piété de nourrisson et enfant officieux, pour en célébrer et faire vivre le souvenir, tant qu'il plaira au jugement des doctes et au temps que ces écrits aient vie et mémoire.
>
> Chronique du XVIe siècle.

Magnus ab integro sœclorum nascitur ordo.
Virgile.

SIXIÈME ÉPOQUE.

XVIe siècle.

LA LIGUE.

La réforme trouve peu de sectaires à Châtillon. — Prédications; désordres qu'y excite l'établissement d'un prêche; temple à Buncey. — Modération des habitants au milieu de l'exaltation religieuse des esprits. — Châtillon se jette dans le parti des Ligueurs. — Passage des ducs de Guise et de Mayenne; de Catherine de Médicis, du roi de Navarre (Henri IV), etc. — Représentations de mystères. — Séjour de Monsieur, frère du roi, avec une armée de Huguenots. — *Histoire admirable et prodigieuse touchant une image de saint Antoine.* — Pestes; processions des reliques des saints; vœu singulier. — On songe à la défense de Châtillon; nomination du capitaine S. Noirot. — On s'exerce au maniement des armes; établissement du jeu de l'arquebuse; ses statuts. — Réparations des murailles et du château. — Réunion de Chaumont et du Bourg dans la même enceinte de remparts, par la fermeture de la rue des Ponts. — État de l'artillerie de la place. — Châtillon inquiété par les Reîtres du duc Jean-Casimir et foulé par les garnisons envoyées pour les combattre; attaque de Coligny. — La ville est réduite à une misère extrême. — Élection de députés aux états de Blois. — Vues avancées comprises au cahier des doléances. — Châtillon est du nombre des villes qui reconnaissent pour roi le cardinal de Bourbon, sous le nom de Charles X. — Siége des châteaux voisins occupés par les ennemis des Ligueurs. — Châtillon menacé par les armées royalistes est mis en état de défense. — Le baron de Thenissey est nommé gouverneur. — Attaque de la ville par le maréchal d'Aumont. — Le gouverneur se saisit du château; les habitants essaient de le reprendre pour le détruire. — Violences du gouverneur; émigration des partisans de Henri IV. — Le baron de Thenissey fait raser tous les faubourgs de la ville, sous le prétexte d'ôter tout retranchement à l'armée de Biron. — Les habitants songent à quitter le parti de la Ligue; on obtient un armistice de quatre ans. — Conduite odieuse du gouverneur. — Passage de Henri IV à Larrey et à Villaines. — Châtillon veut se soumettre enfin à l'obéissance du roi. — Traité de réduction. — Nouvelles violences du baron de Thenissey; sa mort. — Empressement des habitants à détruire le château. — *Appendice.* Histoire des luttes qui eurent lieu pendant les troubles de la Ligue pour l'établissement d'une mairie commune au Bourg et à Chaumont : efforts d'une part, opposition de l'autre. — Réunion définitive de Chaumont et du Bourg en une même ville. *

———

Après un siècle environ, Châtillon, pour son malheur, reparut dans l'histoire. Le fanatisme des controverses religieuses exalté par les rivalités politiques avait enfin éclaté dans une

———

* Tout ce qui suit est tiré des sources les plus sûres, des archives mêmes de la ville. Ici, comme ailleurs du reste, les

grande crise; et la Ligue vint porter un dernier coup à cette antique place d'armes qu'un aussi long intervalle de repos n'avait pu relever de l'épuisement où l'avaient réduite les guerres répétées des Anglais, du roi de Navarre, des comtes de Tonnerre et de Montbéliard, des Tards-venus, des Armagnacs et de Louis XI.

Une des premières villes de la province, Châtillon signa avec empressement la *Sainte-Union*, dont elle devint un des plus ardents foyers, poussée dans ce parti par son propre zèle, les conseils de ses chefs, et son dévouement à la maison de Lorraine qui comptait alors tant de partisans et d'admirateurs dans la Bourgogne, dont d'Aumale et Mayenne étaient les gouverneurs. Nulle terre, aussi bien, n'avait élevé de plus beaux ni de plus nombreux monuments à la foi catholique que celle qui renfermait, dans l'espace de quelques lieues, l'abbaye de Notre-Dame et les Cordeliers de Châtillon, la chartreuse de Lugny et le grand prieuré du Val-des-Choux, les Bénédictins de Pothières et de

---

mémoires de M. l'abbé Bourceret ont été la base de notre travail. Nous éprouvons donc plus que jamais le besoin de répéter, dans la crainte qu'on ne l'oublie, tout ce que nous devons aux recherches patientes et laborieuses de l'homme sans qui l'histoire de Châtillon ne serait pas encore, et peut-être n'aurait jamais été. Cela soit dit en passant pour la plus grande gloire de celui qui a préparé ce livre et l'acquit de la conscience de celui qui le publie!

Molême, les Bénédictines du Puits-d'Orbe, Ogny et Fontenay. Et puis la ville d'où était sorti saint Bernard devait être naturellement disposée à s'engager par serment à mourir en conservant la religion contre les entreprises des hérétiques : vingt ans de malheurs inouïs et de la guerre la plus cruelle ne lui avaient pas encore appris combien ce prétexte cachait au fond d'inimitiés politiques et d'ambitions personnelles.

Dès les premières années du XVI° siècle, « les perturbations des méchantes hérésies luthériennes régnant en plusieurs lieux contre les fêtes de la Vierge Marie » n'avaient fait qu'y donner une excitation nouvelle à la foi populaire. C'étaient tous deux des enfants de Châtillon que Guillaume Rémond et Jean Bégat, ces illustres conseillers, que le parlement de Bourgogne députa au roi pour lui remontrer le préjudice que ne manquerait pas de causer à la sûreté de l'État l'édit de 1562 accordant aux réformés le libre exercice de leur culte, et qui remplirent leur mission avec tant de succès et de talent que les remontrances furent accueillies, l'édit révoqué, et que plusieurs gentilshommes de la cour dirent hautement « que le parlement pouvait se vanter d'avoir conservé le dernier fleuron de la couronne. » Quand, l'année suivante, malgré de nouveaux efforts de l'éloquence de Bégat, il fallut enfin faire cette concession aux protestants qui la réclamaient les armes à la main, et qu'il s'en trouva en assez grand nombre à Châtillon ou plutôt dans les villages voisins pour avoir un temple à Buncey, * et un prêche dans un des faubourgs de la ville, combien la piété de nos pères n'en fut-elle pas alarmée ! Pour empêcher les progrès de l'hérésie, les échevins du Bourg et les maires de Chaumont, s'étant réunis, sollicitèrent et obtinrent un prédicateur, sur le motif « que les prêtres de Châtillon étaient insuffisants pour le moment actuel, vu le trouble qui existait dans la religion chrétienne, et eu égard à l'établissement d'un prêche qui, pour sa grande proximité, serait cause, s'il n'y était pourvu incessamment,

---

* Les calvinistes de Buncey avaient pour ministre Me Jean Gravier, qui venait de Giey-sur-Seine, pour les endoctriner et les former à la religion prétendue réformée. Le curé de Buncey était Edme Migneret qui, dans de fréquentes conférences avec Jean Gravier sur les points controversés, réduisait au silence et confondait par l'autorité de la religion le ministre protestant ; celui-ci faisait alors le voyage de Genève, pour consulter les chefs du parti et puiser de nouvelles armes dans leur entretien.

Aussi la foi qu'il avait inspirée à sa famille ne survécut pas à la révocation de l'édit de Nantes. Car on lit dans les registres de l'état civil de la paroisse Saint-Vorle : « Le 12 janvier 1686, en l'église de Saint-Nicolas, succursale de Saint-Vorle, paroisse de Châtillon, dame Sara de Bodard, veuve de Me Jean Gravier, ci-devant ministre à Buncey,

que plusieurs personnes seraient dévoyées de la vraie religion chrétienne, comme déjà était arrivé. »

Malgré les précautions prises pour éviter les collisions fâcheuses qui pouvaient résulter de la liberté accordée aux religionnaires, et la sévérité des peines portées contre quiconque serait trouvé en armes ou commettant quelque acte séditieux ou scandaleux, Châtillon ne fut pas exempt des désordres qui troublèrent alors la plupart des villes de la province et en ensanglantèrent quelques-unes. Aux termes des ordonnances, le duc d'Aumale, gouverneur de Bourgogne, avait assigné aux réformés de Châtillon et de la banlieue le faubourg de la Maladière, pour tenir leur prêche hors de

---

accompagnée de ses enfants, Daniel, Jean, Elisabeth et Claire-Marie, a abjuré la religion prétendue réformée, et confessé croire tout ce qui est de l'église catholique, apostolique et romaine. »

On a peine à concevoir qu'un ministre, aussi mal édifié qu'était Jean Gravier, ait pu faire quelques prosélytes. Cependant lorsque les protestants de Buncey apprirent la nouvelle de la révocation de l'édit de Nantes (22 nov. 1685), ils donnèrent les signes du plus grand deuil, se répandant dans tout le village, jetant les hauts cris, embrassant leurs maisons, etc. (Note communiquée par M. le D^r. Bourée, dont la science archéologique n'a pas besoin du témoignage public que nous nous empressons de lui donner ici.)

l'enceinte de la ville. Or, il arrivait que ceux-ci, sortis de leurs villages, pour se rendre à l'assemblée, se trouvaient réunis, quelquefois au nombre de trois ou quatre cents, aux portes de Châtillon, et traversaient alors, d'un air triomphant sans doute, la rue de Chaumont, dans toute sa longueur. De quelque côté que vinssent les premières agressions, des propos injurieux et des menaces souvent suivies d'effet accompagnaient d'ordinaire ce passage des réformés. On répandait parmi les habitants de Chaumont que les protestants les voulaient assassiner; ces derniers au contraire prétendaient que ceux de Chaumont conjuraient contre leur vie. Pour prévenir des malheurs que l'irritation croissante des esprits aurait peut-être causés, le gouverneur de Bourgogne fut obligé d'enjoindre au lieutenant général du bailliage, par ordonnance du 28 novembre 1564, de faire passer à l'avenir les protestants sur les fossés de la ville, et de sévir, selon toute la rigueur des édits, contre ceux qui auraient provoqué quelque sédition, et particulièrement ceux qui porteraient au prêche des pistolets, arquebuses et autres armes. Comme les religionnaires se disaient encore maltraités, les maires de Chaumont garantirent qu'aucune insulte ne leur serait faite désormais, pourvu que le passage dans la ville leur fût absolument interdit.

Mais, à part ces querelles de parti et un

procès-verbal, en date du 26 mars 1565, « des ruptures et démolitions faites à la grange et dépendance de la Maladière par ceux de la religion prétendue réformée, » (ce qui ferait croire à quelques excès), on ne voit pas que la paix ait été troublée davantage à Châtillon. Il est vrai que la courageuse résistance de deux grands citoyens dont les noms sont encore chéris et vénérés, du président Jeannin et du lieutenant général Éléonor Chabot, comte de Charny, préservant la Bourgogne du massacre de la Saint-Barthélemy, épargna à la province bien des malheurs, et à Charles IX des crimes et des remords de plus. Mais, tandis que toutes les villes voisines se laissaient entraîner par la violence du fanatisme religieux et politique, qu'égorgés à Is-sur-Tille et ailleurs, les calvinistes égorgeaient les moines de Molême, la tolérance et le bon naturel des habitants de ce pays, si devoué pourtant à la cause de l'Union, ne se démentirent pas. On lit dans un mémoire de 1575 : « Combien que S. M. ait plusieurs fois ordonné, durant les troubles des années précédentes, de saisir les biens de ceux de la religion prétendue réformée, si est-il que ce a toujours été sans effet au bailliage de la Montagne. » C'est la réponse du baron d'Orthe, gouverneur de Bayonne : « Sire, j'ai communiqué le commandement de V. M. à ses fidèles habitants et gens de guerre de la garnison ; je n'y ai trouvé que de bons citoyens et braves soldats, mais pas un bourreau : c'est pourquoi eux et moi prions très-humblement V. M. de vouloir bien employer nos bras et nos vies en choses fesables. »

Excités cependant par des persécutions cruelles et d'odieuses représailles, les deux partis étaient devenus deux armées; on a vu comment Châtillon fut amené à se jeter dans celui des Ligueurs. Aussi le passage des ducs de Guise et de Mayenne, et de madame de Nemours, de ces illustres princes de Lorraine que l'opinion publique plaçait à la tête de la Ligue, et même du royaume, y excita-t-il de grands transports. Les pâtés de truites, présent d'honneur de la ville, ne furent pas oubliés en cette occasion. L'année suivante (1585), le duc de Mayenne, repassant à Châtillon, y fut encore reçu avec un enthousiasme qui témoignait de l'esprit des habitants. Les maires et échevins, le gouverneur et le capitaine, allèrent à sa rencontre jusqu'à Aisey où ils le complimentèrent. Cinq grands pâtés de truites lui furent présentés. On ne voit pas que les mêmes honneurs aient été rendus à la reine mère, Catherine de Médicis, quand elle fit son entrée dans la ville, le 24 août 1564, avec Monsieur, frère du roi, duc d'Alençon, le roi de Navarre, qui fut depuis Henri IV, et plusieurs autres princes et gentilshommes de la cour, allant au-devant de Henri III, qui revenait de son royaume de Pologne prendre possession du trône de France.

Rien ne fut négligé par les Ligueurs pour exalter les esprits, ni les prédications, ni les mystères, ni les pélerinages. C'est ainsi que, aux fêtes de la Pentecôte de 1582, on représenta à Châtillon, le combat de David contre le géant Goliath. La Ligue, employant sans retenue les effets dramatiques, choisissait d'ordinaire les événements où l'intervention divine apparaissait en faveur de ceux qui combattaient pour la sainte cause de la religion et de la patrie.

Dans ces circonstances, une aventure pleine de merveilles, qui, selon Bollandus, eut plus de trois mille témoins à Châtillon, était venue effrayer les imaginations, et redoubler l'horreur et la haine des habitants contre les hérétiques. Le duc d'Alençon, qui tenait le parti des Huguenots, s'était reconcilié, en 1576, avec le roi son frère; et, en attendant l'exécution des promesses du traité de Beaulieu, il parcourait, par forme de divertissement, les provinces, à la tête d'une troupe indisciplinée, qui pouvait monter à sept ou huit mille hommes. Comme Monsieur avait pour secrétaire de ses commandements maître Martin Legrand, originaire de Châtillon, où sa famille occupait le Châtelot, il prit la résolution de passer dans cette ville quelque temps de son loisir. Il y entra en effet, le 5 juin 1576, accompagné du prince de Condé, de Laval, de La Noue, de Bussy d'Amboise, de plusieurs autres gentilshommes huguenots et catholiques mécontents, enfin de toute son armée qu'il logea chez les habitants, dans les villages voisins et dans le quartier de Chaumont, où ils se livrèrent, pendant vingt-un jours, à tous les excès d'une soldatesque brutale, pillant les maisons, brisant les meubles, frappant leurs hôtes, qui étaient tous bons catholiques; à tel point que *personne ne se pouvait dire maître de sa maison, de son bien ou même de sa vie.*

Alors se passa la scène que le P. Legrand, arrière-petit-fils du secrétaire du duc d'Alençon, a reproduite avec toute l'horreur qu'elle avait inspirée aux témoins de cette profanation, dont il la tenait lui-même. On ne sera pas fâché de retrouver dans son propre récit quelque trace des impressions qu'elle produisit alors.

Quelques soldats de la suite de Monsieur étaient de garde près du Châtelot. Or, ayant précipité, par dérision, de la niche qu'elle occupait, une image de saint Antoine fort vénérée des habitants, et placée au-dessus de la porte de ville à laquelle elle donnait son nom, « ils l'habillèrent d'une mandille de drap turquin, luy mirent sur la teste un chapeau de paille avec une plume de coq, et l'arquebuse sur l'épaule, pour en faire un soldat de risée et un objet ou plustost un jouet de leurs folles humeurs. En cet équipage, ils la transportèrent sur le boulevard de la première porte et la placèrent là comme une sentinelle ; ce qu'ils firent le lundy, onziesme jour de juin et le lendemain de la Pentecoste, tant ils étoient vuides de l'esprit de Dieu et remplis de celuy du Diable ; ils le laissèrent en ce lieu là jusqu'au jeudy suivant ; mais, pour en faire une farce plus accomplie et de plus galantes impiétés, ils luy changeoient d'habits de temps en temps, et le vestoient, tantost d'un roquet de charretier, qu'ils appellent en Bourgongne un chemisot ou une blaude, tantost d'un manteau ou d'une houppelande à la mode de ce temps-là, et contraignoient les paysans qui entroient dans la ville à fléchir le genou devant l'image du saint, avec des blasphèmes exécrables qu'ils vomissoient de leurs bouches sacriléges. Voilà le galand, disoient-ils ; par la mort, il faut que vous fassiez vos prières devant luy ; et autres impiétés que j'ai horreur de faire couler de ma plume sur le papier.

« Cette scène affligeoit vraiment tout le monde. Mais, comme s'il y avoit de la générosité à estre impie en dépit des gens de bien, ils résolurent pour contrecarrer la piété des habitans, de faire le procès à cette image de saint Antoine. Voyez-vous le compagnon, disoient ceux qui s'étoient portés pour parties contre luy ? C'est un traître au roy et à la France ; il ne dit pas : Qui va là ? Il ne prend point garde à ceux qui entrent ou qui sortent, et n'avertit pas des approches de l'ennemy. Sans doute il est d'intelligence avec luy, et, partant, il mérite d'être lapidé.....

« Que l'aveuglement de l'hérésie et du libertinage est grand et incurable! Un de ces bandouillers, lassé de roidir le bras et de jeter inutilement contre l'image une gresle de cailloux (qui ne manquent pas en ce pays-là), luy mit sur la teste un bonnet rouge, comme à ces forçats que leurs crimes attachent à la galère. Dieu ne différa pas plus longtemps la punition de cette insolence : car le soldat devint furieux et forcené et s'en alla se précipiter dans la rivière qui n'est pas éloignée de cette porte de Saint-Antoine de plus de deux ou trois cents pas.....

« Il semble que la frénésie de ces impies se devoit guérir par cet accident; mais soit qu'ils l'ignorassent pour lors, soit qu'ils fissent les esprits forts et déterminés,..... ils se prirent à arquebuser cette image, et à luy porter des coups d'estocade avec des mots de railleries puantes et blasphématoires; mais, comme s'ils eussent eu la berlue ou qu'ils eussent veu doublement les objets, jamais ils ne la purent atteindre..... A la fin pourtant l'image frappée de plusieurs balles fut renversée. Aussitost ils accoururent avec blasphèmes et dirent : « Par la mort, le galand est mort; mais ce n'est pas assez, il a mérité le feu : qu'on brûle son corps, qu'il soit réduit en cendres, et la poussière jetée au vent. Là-dessus ils arrestèrent un charretier qui menoit une charrette de bois dans la ville ; ils la deschargèrent et firent un grand feu dans lequel ils jetèrent l'image ; et, se chauffant à l'entour au cœur de l'esté, ils disoient en jurant : « Par la mort, c'était un bon garçon, il fait bon feu. » Voilà le génie du libertinage brutal et de l'impiété grossière et balourde des esprits du dernier ordre. »

Mais Dieu ne retarda pas sa vengeance davantage. « A mesme que l'image fut brûlée, les trois bourreaux de soldats qui l'avoient jetée au feu et qui blasphémoient autour d'elle, furent saisis d'une furieuse maladie qui leur fit courre les rues, crians et hurlans comme des insensés ou des démoniaques. Le Roy de Nolay qui l'avoit frappée au front courut toute la nuit, jetant des cris épouvantables, et redoublant à tout propos ces paroles : « Je brûle, je brûle. » Courcelles disoit : « Je suis dans le feu, retirez-moy. » La Pierre un peu moins hors de soy que les deux autres se retira chez Quenotte, son hoste ; et, rentrant sérieusement en soy-mesme par la considération des choses qui étoient arrivées, fit appeler un prestre, abjura son hérésie, et le lendemain fit dire messe en l'abbaye de Châtillon, sur l'autel consacré à Dieu sous le nom de saint Antoine.....

« Courcelles demeura longtemps interdit de son esprit ; mais enfin Dieu rendit à ce pauvre garçon son bon sens, avec une véritable connoissance de l'énormité de son crime, duquel il conçut un si grand repentir qu'il en fit une espèce de pénitence publique, s'en confessant devant tout le monde, et l'exagérant à un point et avec des termes si puissants et si pleins de douleur, qu'il étoit aisé de juger que le Saint-Esprit travailloit dans son cœur. Il abjura son hérésie, comme avoit fait La Pierre sur l'autel de saint Antoine......

« La fin de Le Roy de Nolay ne fut pas si heureuse.... Ce malheureux roy de village étoit si furieux et si hors de son bon sens qu'il courut toute la nuit, s'égarant çà et là, sans pouvoir trouver la maison de Jouard, son hoste.... Deux hommes de la paroisse le ramenèrent en son logis.... Mais, bon Dieu! quels blasphèmes ne vomissoit pas cet enragé! quelles funestes visions n'avoit-il pas! « Mort! disoit-il; portez-moy en cette fontaine noire que je vois là-bas; je brûle, je brûle. » Effectivement il disoit vrai; car les deux hommes qui le conduisoient asseuroient qu'il étoit tout en feu, et qu'ils n'osoient approcher leurs mains de sa chair nue; et ne l'eussent pu faire à moins que de se brûler.... Enfin, arrivé à la maison de Jouard, ce frénétique prit une échelle qu'il rencontra par hasard, et commença à monter et descendre si souvent et si vistement qu'il mourut dans cette action, dans sa folie et dans ses péchés; et les bonnes et simples gens de ce temps-là l'enterrèrent encore devant l'église de Saint-Jean avec celuy qui s'étoit noyé.... Ainsi finit l'histoire prodigieuse et miraculeuse de l'image de saint Antoine profanée par l'impiété des soldats que la nouvelle religion avoit corrompus et instruits au mépris des choses saintes et sacrées. »

Cet événement merveilleux et les conversions dont il avait été suivi firent beaucoup de bruit et d'impression dans la ville; la poésie populaire s'en empara; et de grossières peintures, échauffant le zèle des Ligueurs, représentèrent longtemps, sur les murailles des maisons de Châtillon et des campagnes environnantes, les châtiments terribles dont Dieu avait frappé les hérétiques, profanateurs de sa religion et de ses saints. * Une image de saint Antoine, replacée au-dessus de la porte de ce nom, a toujours été depuis l'objet de la vénération publique. Ne serait-ce

---

* Voir le P. Legrand, qui cite une complainte faite à ce sujet par un prêtre du diocèse de Troyes. — Cette histoire est rapportée dans le recueil de Bollandus, au mois de janvier. — C'est aussi le sujet d'un opuscule imprimé à Troyes, en 1586, et dont j'ai vu un exemplaire à la bibliothèque du roi. Il est intitulé : *Le vray récit et discours par cy-devant avéré du fait énorme et plein de blasphèmes, d'aucuns soldats, advenu en la ville de Chastillon-sur-Seine, l'an 1576, contre une image de saint Antoine qui étoit au-dessus d'une des portes de ladite ville; où l'on peut voir quelle punition ont soufferte lesdits soldats*, etc.

pas à l'histoire miraculeuse qui vient d'être racontée qu'on devrait rapporter l'origine de la procession qui se faisait, de nos jours encore, à la porte Saint-Antoine, aux fêtes de la Pentecôte, et à laquelle assistaient les magistrats et tout le peuple de la ville?

Les guerres de la Ligue furent accompagnées de ces fléaux que la terreur populaire regardait alors comme le signe de grandes calamités politiques. Des maladies contagieuses avaient déjà désolé Châtillon en 1563 ; pendant trois semaines, les portes de la ville avaient été fermées, et les pestiférés placés hors des murs, où les maires et les échevins leur fournissaient tous les remèdes nécessaires. La peste se fit ressentir dans le courant de 1583. On voit que les échevins retinrent, « à raison de six francs de gage par mois, un certain Jean de La Noue, peigneur, cardeur de laines, pour traiter les malades. » On eut recours alors au patron de la ville : de longues processions, suivies des magistrats du bailliage, allaient sans cesse en pèlerinage avec les reliques des saints martyrs au tombeau de saint Vorle, à Marcenay : Châtillon et tout le pays d'alentour étaient remplis de prières, de pleurs et de gémissements. * La stérilité de l'année

---

* « L'an 1583, le mercredy 26ᵉ du mois de mars, fut porté en procession, au lieu de Marcenay, monsieur saint Vorle, patron de cette ville de Chastillon-sur-Seine ; où se

1586 renouvela ces malheurs. Un mémoire du temps rapporte que « tous les habitants qui avaient accoutumé de faire trafic de laine, à

---

trouvoit mestre Edme Rémond, lieutenant général au bailliage de la Montagne, avec messieurs les conseillers et une belle compagnie dudit Chastillon; et il y avoit de filles blanches 643. — Et le mercredy, 1er jour de juing suivant, fut portée la châsse de monsieur saint Vorle, ensemble les autres reliques, à Pouthières; et y avoit pour lors l'abbé monsieur de Saint-Brienne, en telle compagnie que dessus; et y avoit de filles blanches 700. — Et le jeudy 2e jour du présent mois de juing, audit an, les trois réserves sont venues en cette ville de Chastillon, en bel ordre, deux à deux; premièrement y avoit de jeunes garçons 550, filles blanches 367, hommes mariés 682, femmes en deuil 147, femmes mariées 240; on compta environ 60 prêtrés, et non prêtres, en habits d'hommes d'église, environ 52, le tout plus que moins; et fut, en cette ville de Chastillon, défoncé vin, et donné pain, au milieu des rues, par messieurs de la ville. — Et le 12e jour de juing, an que dessus, la procession de Pouthières vint en ce lieu de Chastillon, où y étoit en personne monsieur l'abbé avec ses religieux, et plusieurs habitans dudit Pouthières et les pourcessions de sa terre. — Et le 29e jour de juing, jour de saint Pierre, fut de rechef portée la châsse de monsieur saint Vorle avec les autres reliques, audit Marcenay, où était monsieur de Chellé, bailli du bailliage de la Montagne, avec plusieurs habitans de la ville de ce lieu de Chastillon, et furent remises les reliques devant l'église dudit Marcenay, où fut fait le service, avecque la prédication édifiante de monsieur Bouot, gardien du couvent des Cordeliers dudit Chastillon. » (*Archives de la ville.*)

cause que les trois quarts de la ville se mêlaient de la draperie, étaient contraints de se tenir clos et couverts dans leurs maisons, sans pouvoir vendre aucune chose de leur état, pour leur subvenir; à cause que, par toutes les villes et villages circonvoisins, l'on avait fait défense de laisser entrer lesdits habitants, ni trafiquer en sorte du monde en ladite ville, *tellement qu'une grande partie en étaient morts de faim.* » Mais on eut surtout à souffrir de la peste de 1595, amenée par la misère extrême qui fut la suite des guerres. Un chirurgien, nommé André Savery, qui fit preuve de zèle en cette circonstance, obtint l'exemption de toutes gardes, tailles et autres subsides, plus une récompense de vingt livres: « le tout pour avoir, gratuitement et pour l'honneur de Dieu, servi les pauvres malades qui se seraient trouvés aux hôpitaux et par la ville, comme aussi les prisonniers; réduit les dislocations de ceux qui avaient été mis à la torture; visité les décédés qui étaient suspects de contagion, ainsi que tous pauvres soldats blessés, et les sorciers et sorcières qui auraient été arrêtés en justice, tant de cette ville que d'autres. » (On n'ignore pas les cruels supplices excercés alors contre les personnes accusées de maléfice et sortilége). Le fléau continuant ses ravages l'année suivante, les maires et échevins assignèrent aux malades deux emplacements hors des murs, savoir : les champs de la Pidance, pour ceux de

Chaumont ; la combe d'Espasse, pour ceux du Bourg. Les réglements les plus sévères avaient été pris pour éloigner les pestiférés de l'enceinte des villes. A Dijon, l'ordre était donné aux arquebusiers de tirer sur ceux qui approcheraient des remparts. Le lendemain du jour que la résolution eut été publiée à Châtillon, de sévir contre quiconque, atteint du mal contagieux, ne se retirerait pas aux lazarets qu'on avait indiqués, ou en sortirait avant son entière guérison (le 20 août 1599), tous les pauvres malades quittèrent tristement la ville; c'était pitié de voir un tel spectacle. Il y eut alors un nommé Jean Barrey, économe de l'abbaye, qui se retira avec sa femme et ses enfants dans une loge qu'il plaça à quelque distance des portes. Ni les injonctions les plus pressantes des maires eux-mêmes, ni les amendes auxquelles il fut condamné comme infracteur des ordonnances, ne purent le déterminer à se réunir aux autres pestiférés : on fut obligé de brûler sa loge pour la lui faire abandonner. La terreur avait chassé de Châtillon un grand nombre d'habitants ; une guette active était faite sur les portes de Saint-Vorle et de Saint-Antoine, pour interdire l'approche de la ville.

Les hommes tournèrent enfin leurs espérances vers le ciel ; et, ne sachant plus à quel saint se vouer, les magistrats envoyèrent à l'abbaye de Bèze, où reposaient les reliques de monsieur saint Prudent, martyr, demander à Dieu la cessation de la peste, et faire un vœu singulier : on promettait de donner le nom du saint au premier enfant qui naîtrait à Châtillon. Pendant tout le pélerinage, qui dura plus de trois jours, les cloches de Saint-Nicolas ne cessèrent de sonner, pas même pendant le silence des nuits. Pour s'acquitter du vœu qu'on avait fait, le 27 août 1597, les échevins, à la tête de tout le peuple de la ville, accompagnèrent en grande pompe à l'église un enfant né la veille, de Toussaint Thierry, maître drapier drapant. En l'absence du maire, Jean Toulouse, procureur syndic, lui servit de parrain ; la femme du trésorier, Nicolas Legrand, fut la marraine. Et, comme si cette touchante solennité eût apaisé la colère du ciel, la peste sembla se ralentir, et cessa bientôt.

C'est au milieu de ces malheurs qu'il fallut songer à la défense. Les soins qu'elle exige étaient entièrement dans les attributions des maires et échevins, qui jusqu'alors avaient pu y suffire ; mais, cette fois, prévoyant les assauts terribles qu'on allait avoir à soutenir, ils résolurent de confier la garde de la place à un capitaine plus expérimenté dans le fait des guerres, et chargé, sous leurs ordres, de commander la milice bourgeoise, de veiller aux fortifications et d'aviser à tout ce qui serait nécessaire à la sûreté de la ville. Leur choix tomba sur Sébastien

Noirot. Ce jeune officier, qui avait suivi dans sa jeunesse honorablement la carrière des armes, fut continué, pendant tout le temps des troubles, dans cette charge qu'il remplit avec beaucoup de distinction. On lui a reproché seulement, à tort ou à raison, d'avoir, « s'oubliant soi-même et ses bienfaits, piqué d'ambition, et gagné par le miel des lettres du duc de Mayenne, tiré sa patrie au parti des Guise, » et de l'avoir entraînée dans les malheurs qui s'ensuivirent. *

Les communes n'avaient guère d'autres défenseurs que leurs enfants ; or, en ces temps de discordes civiles, où chaque bourgeois devenu soldat pouvait être, à tout instant, appelé à défendre sa ville natale, le premier soin du capitaine Noirot fut d'exercer ses concitoyens, dont les corporations formaient la milice bourgeoise, au maniement des armes. Déjà, il existait depuis longtemps à Châtillon des associations d'archers et d'arbalétriers, dont on avait encouragé les

---

* La pierre tombale de Sébastien Noirot et de sa famille, que nous avons trouvée près du portail de l'église de l'ancienne abbaye (aujourd'hui hôpital Saint-Pierre), porte ces mots : « Cy-gissent honorable home Loys Noirot, marchand de Chastillon, et dame Jehanne Gaillard, sa femme, laquelle très-passa le 20 d'aoust 1549, et ledit Noirot, le 10 décembre 1560. Cy-gist aussy noble Sébastien Noirot, leur fils, vivant, capitaine dudit Chastillon, qui... » Le reste de l'inscription est effacé par la surcharge d'une autre épitaphe, qui est celle de Pantaléon Pion.

exercices par des privilèges. Mais l'invention de la poudre avait rendu inefficaces les services qu'on pouvait attendre de ces compagnies. C'est pourquoi, le 4 avril 1575, pendant que les habitants étaient réunis en assemblée générale pour l'élection de nouveaux échevins, Sébastien Noirot remontra que la plus sûre défense d'une ville consistait en l'adresse et maniement de l'arquebuse, que la plupart des habitants étaient assez bien usités dans cet exercice, à l'occasion des troubles et guerres qui avaient régné; et, pour attraire les habitants à cet exercice, et répondre à la bonne volonté d'un grand nombre d'entre eux', il proposa de demander pour le roi de l'arquebuse quelque grâce ou libéralité royale, ainsi qu'il avait été fait ès bonnes villes du royaume. Ce conseil fut agréé; et, au mois de décembre de cette année même, on obtint l'exemption de toutes tailles et autres charges pour le roi du *papegaud*, durant l'année de sa royauté, sur les motifs, dit Henri III, « que le jeu et industrie de l'arquebuse est honnête et bien requis pour la défense des villes et places fortes du royaume, à quoi plusieurs jeunes hommes et autres s'appliquent, tant pour aucunes fois prendre récréation, que aussi, quand besoin il y a, pour s'employer à la garde de ces villes; considérant encore que les manants et habitants de la ville de Châtillon, située sur la rivière de Seine, ont fait dire et remontrer que leur ville est peuplée d'habitants en grand nombre, bonne partie desquelles gens ont pris habitude et accoutumance de tirer et s'appliquer au jeu de l'arquebuse, dont ils font souvent exercice pour s'instruire au maniement de l'arquebuse, afin que ci-après ils puissent plus commodément et dextrement aider pour la conservation et défense de la ville, si aucune affaire y survenait; chose qui serait alors très-utile et nécessaire.... » *

---

* Telle est l'origine du *noble et hardi jeu des chevaliers de l'Arquebuse* de Châtillon, dont la compagnie se trouva à plusieurs grands prix notamment à celui de Tournus, en 1753. Ils avaient sur la charme de Braux un vaste jardin renfermant les cibles où ils s'exerçaient les dimanches et fêtes, la bascule pour placer le *papegai* qu'on tirait les jours de saint Sébastien, de saint George et de saint Vorle, et des pavillons où ils faisaient leurs réunions et leurs banquets. De graves personnages ne rougissaient pas alors de ces loisirs; et la compagnie des arquebusiers de Châtillon, qui avait pour capitaine, dans le siècle dernier, Jean-Vaillant de Savoisy, chevalier de saint Louis, lieutenant des maréchaux, compta souvent parmi ses membres des hommes de distinction, et, pour en citer un, le président Jean-François Jouard, auteur d'un manuscrit sur la coutume de Bourgogne, dont on regrette la perte. Ayant harangué le grand Condé lors du premier voyage qu'il fit à Châtillon, pendant sa retraite au château de Nesle, comme il se préparait à tirer en cible, le prince, lui frappant sur l'épaule, lui dit avec amitié : « Si vous tirez, monsieur, aussi bien que vous haranguez, vous aurez certainement le

En même temps que les bourgeois s'exerçaient aux armes, on s'occupait activement de réparer les fortifications de la ville, de creuser les fossés, construire des boulevards, tendre des chaînes; le château fut mis alors en état de défense. C'est aussi à cette occasion que la rue des Ponts fut entourée de remparts, et les deux villes isolées, qui composaient Châtillon, comprises dans une seule enceinte de murailles, afin que les habitants, réunissant leurs efforts, fussent plus dans

---

prix. » *(Courtépée.)* Belle et utile institution, qui rendit des services à la France, pendant la guerre, et qui, dans des temps plus heureux, maintenait entre les habitants d'une même ville, au milieu de mille joyeux propos, les louables traditions du pays natal, l'amour de la patrie, et ces sentiments de gaîté franche et de cordiale amitié que les discordes et les révolutions civiles ont bannis loin de nous. En sommes-nous meilleurs?

La compagnie se composait d'un capitaine en chef et d'un capitaine-lieutenant, portant tous deux la demi-pique, d'un enseigne, d'un connétable, du roi (c'est-à-dire celui qui avait remporté le grand prix de l'année), et quelquefois d'empereurs : on décorait de ce titre ceux qui avaient obtenu trois fois la royauté du jeu. Le connétable, le roi et les empereurs, portaient la canne, marque de leur dignité, et marchaient à la tête des chevaliers qui suivaient, vêtus de rouge, l'arquebuse sur l'épaule et l'épée au côté. C'est en cet équipage, « au son des fifres, hautbois, violons, tambours et autres instruments de guerre, » que, réunis devant le logis du roi, ils allaient disputer les grands prix, après avoir assisté à un *Veni creator* chanté

le cas de résister. Ils s'empressèrent de fabriquer de la poudre, du salpêtre, des boulets, et de faire fondre des coquilles de fer, des boîtes et du canon. Voici l'état de l'artillerie de la place à

---

solennellement dans l'église Saint-Vorle : « voulant par là rendre à Dieu, principe de toutes choses, les devoirs et adorations qui lui sont dus, et donner au moins autant de marques de bons chrétiens que de valeureux chevaliers, pour mériter les grâces et la protection de ce grand Dieu des armées. »

« Incontinent le papegai abattu, les chevaliers accompagnaient en bon ordre leur nouveau roi en l'église Saint-Nicolas, où l'on avait coutume de célébrer un *Te Deum*, et de là en son logis. On allait auparavant à l'hôtel du maire, le prier de conserver au roi les priviléges et immunités du jeu. »

Indépendamment de ces franchises, le roi, plus que les autres, était encore environné des égards que les simples chevaliers se devaient entre eux. Lors du mariage ou de l'enterrement du roi ou de quelque autre chevalier, la compagnie devait l'accompagner à l'église *pour lui faire honneur;* et nul ne pouvait se dispenser de ce pieux devoir *sans cause légitime.* « Outre quoi, tous les chevaliers étaient tenus de prêter tout confort, aide et support aux enfants du roi défunt, et faire en sorte qu'ils pussent jouir des priviléges du jeu, tout ainsi et pour le temps qu'eût fait le roi leur père... »

Qu'on me permette encore de citer quelques statuts : je les ai tirés, ainsi que ce qui précède, du registre des chevaliers de l'arquebuse déposé aux archives de la ville.

« Si aucuns étaient trouvés avoir, par moyens illicites, mis sous leur aisselle, en leur bras ou autrement induement,

cette époque : Un canon de 10,000 livres, fondu dans la ville en 1592, une pièce du poids de 3,285 livres, une autre de 2,233 et une troisième de 925, coulées pareillement à Châtil-

---

quelques engins ou autre chose pour penser se rendre plus fermes à tirer, sans branler, perdront les pièces qu'ils pourraient avoir gagnées; seront leurs armes perdues et confisquées au profit de la boîte du jeu, et seront iceux chevaliers chassés et expulsés comme *indignes* de la compagnie du roi et de ses chevaliers, et condamnés en outre à telle amende qu'il sera avisé. »

« Quiconque jurera ou blasphémera le saint nom de Dieu, comme sa mort, sa chair ou son sang, et fera vilains serments au jeu de l'arquebuse, et aussi qui nommera le diable...., sera condamné par le roi et son conseil. »

« Ceux qui vendront ou échangeront une arquebuse aux buttes du jeu, seront tenus payer une pinte du meilleur vin qui se vendra pour faire boire le roi et ses chevaliers. »

« Seront tenus tous les chevaliers, pour le moins une fois l'an, accompagner et suivre leur roi par le finage de la banlieue ou sur le cours de la rivière de Seine, pour l'exercice des armes et conservation des droits et priviléges de la ville. »

« Celui qui sera roi sera tenu faire un gâteau de telle valeur que sa bonne volonté le permettra, pour icelui être, selon la coutume, porté en sa présence et celle de tous les chevaliers, le premier et plus prochain dimanche après la fête des trois rois, à la fontaine de la Douix, et, de là, rapporté en tel lieu qu'il sera avisé, pour être partagé entre le roi et ses chevaliers le plus également que faire se pourra, et connaître celui d'eux qui sera roi de la fève qui, à cet effet, sera mise audit gâteau.... »

lon, en 1590, par des fondeurs de Daillecourt, en Bassigny; trois pièces de batterie bâtardes, achetées vers le même temps du maître de forges de Boudreville; trois chevrettes montées appartenant au corps des boulangers; une pièce, du nom de Saint-Yves, appartenant à l'ordre des avocats; les corporations des marchands, des drapiers, des tanneurs, des bouchers, avaient chacune aussi la leur. Les attaques auxquelles Châtillon était continuellement exposé prouvent assez que ces préparatifs n'étaient pas inutiles.

Après mille escarmouches dont elle ressentit beaucoup de dommage, cette ville fut encore, en 1587, le théâtre de la lutte entre les Reîtres d'Allemagne, qui marchaient sur la Loire au secours du roi de Navarre, et l'armée des Ligueurs, qui s'efforçait d'empêcher la jonction. Le duc de Mayenne avait fait passer à Châtillon plusieurs compagnies de gens de pied, qui furent bientôt suivies du corps du maréchal de La Châtre, avec ordre d'occuper les gués de l'Aube et de la Seine, pour s'opposer au passage des Huguenots. Quelques années auparavant ils avaient été remplis à cet effet de pointes de fer par des Italiens placés à Châtillon. Les huit à neuf mille hommes, qui composaient la garnison de la ville, étaient distribués dans les villages voisins, Châtillon et ses faubourgs. On en avait campés jusque dans les églises des Cordeliers et de l'abbaye.

Après avoir forcé le passage de l'Aube, l'armée des Reîtres, commandée par le comte de La Mark, le baron d'Aulne, etc., auxquels s'était joint le sire de Châtillon, Coligny, qui avait sa religion à défendre et son père à venger, l'armée des Reîtres s'avançait lentement, renouvelant sur son passage les dégâts causés aux mêmes lieux par les Huguenots, l'année précédente, se jetant par bandes indisciplinées dans tous les villages à portée de la route, notamment Maisey, Thoires, Belan, Brion, Mosson, Massingy, brûlant les métairies, pillant les maisons, battant et rançonnant les villageois, dévastant les vignes dont on allait faire la récolte, emmenant le bétail, chargeant sur leurs charriots le vin et le blé, et répandant dans la campagne ce qu'ils ne pouvaient emporter.

Enfin, le 4 octobre, elle parut au pied des Jumeaux, et se mit en marche pour passer la Seine au pont d'Estrochey. Coligny commandait l'arrière-garde composée de trois compagnies de cavalerie légère, de sept cornettes de Reîtres et de quatre cents arquebusiers à cheval. La Châtre qui était entré de la veille à Châtillon, comptant être soutenu par un corps d'arquebusiers qu'il avait embusqué dans un vallon, tombe sur lui à l'improviste. Mais Coligny, averti du piége par Berbistroph qui s'est avancé pour lui porter secours, charge à la tête de la cavalerie française les hommes du maréchal, lui tue vingt-cinq soldats, fait autant de prisonniers, et poursuit la compagnie mise en fuite jusqu'aux portes de Châtillon. Cette ville aurait même été prise et ravagée sans la résistance de ses habitants « qui s'étaient dénués de tous moyens pour la réparer et fortifier, et avaient fait fondre de l'artillerie au fourneau de Maisey pour s'opposer aux *ennemins*. »

Si la ville de Châtillon, dit le président de Thou, quoique très-faible, mais que sa position rendait fort considérable, fut épargnée par les ennemis dans cette circonstance, elle fut tellement foulée par les garnisons, que les habitants « y perdirent le peu qui leur était resté de leur pauvreté des années passées. » Les troupes nombreuses qu'on y avait successivement logées pour disputer le passage aux réformés s'y étaient comportées avec tant de licence qu'il n'y restait presque plus de chevaux ni de bœufs pour labourer, non plus que de grains pour ensemencer les champs dont les trois quarts furent laissés en friche. Tous ces malheurs, ces surcharges continuelles d'impôts, jointes à la peste qui avait, au commencement de l'année, enlevé mille personnes, c'est-à-dire, environ le quart de la population, réduisirent les habitants de la ville à cette extrémité qu'ils furent contraints en grande partie à mendier leur pain, et que les plus aisés se retirèrent dans les pays voisins où ils avaient des amis ou des parents, pour y trouver les secours de première nécessité. Le roi fut obligé d'exempter la ville de toute taille pendant six ans.

Pour nous, élevés au sein de la prospérité publique, nous aurions peine à croire à tant de misères, si le récit d'infortunes pareilles, dont nos pères ont été les témoins ou les victimes, ne rendait ces souffrances plus présentes à nos esprits et plus vives pour nos cœurs.

Cependant, pour mettre fin aux désordres du royaume, Henri III venait de convoquer à Blois les états généraux ; et c'est ici qu'il faut voir que les idées et les institutions libérales ne sont pas nées d'hier parmi nous. Conformément aux ordonnances du roi, publiées à son de trompe et au prône des églises, les abbés et prieurs des couvents, les curés des paroisses, les seigneurs, ainsi que les habitants des villes, bourgs, villages et communautés de la Montagne, représentés par des mandataires de leur choix, se trouvèrent réunis, le 25 juillet 1588, à Châtillon, en la grand'salle du couvent des Cordeliers, à l'effet de nommer leurs députés. Par un double degré d'élection, tout le peuple votait, et les choix n'en valaient pas moins. Une sage règle voulait, pour que les nominations ne fussent pas abandonnées à d'intrigants ambitieux, qu'une amende fût infligée contre tout défaillant. Le clergé désigna Gilbert de Beaufort de Canillac, abbé de Saint-Seine ; la noblesse, le baron de Lanty, Joachim de Chastenay, gouverneur de Châtillon, de cette noble famille à qui il était donné de paraître avec honneur à toutes les phases les plus brillantes de notre histoire, et de représenter le pays aux deux plus grandes tenues d'états qui se soient faites en France : à Blois, en 1588; à Versailles, en 1789. L'élection de la chambre du Tiers occasionna quelque incident. Le suffrage unanime des habitants des bourgs et villages s'étant porté sur Edme Rémond, lieutenant général au bailliage, homme distingué d'ailleurs, et qui fut de nouveau député aux états de la Ligue, les échevins et maires de Châtillon, chargés de voter à l'assemblée pour les villes du Bourg et de Chaumont, s'empressèrent de protester contre ce choix, « non pas qu'ils voulussent dire qu'Edme Rémond en fût indigne, mais qu'il ne pouvait être nommé et encore moins accepter, comme officier du roi et occupant une charge de judicature, et que, en cette double qualité, il ne pourrait librement présenter aux états les cahiers des doléances qu'ils avaient dressés et qui contenaient plusieurs remontrances sur la réformation de la justice et l'élection des gens du roi. » Le bailli qui tenait l'assemblée ayant passé outre à cette réclamation, les maires et échevins la portèrent au parlement. Déchus encore de leur opposition par arrêt de la cour du 14 août, ils députèrent l'un d'entre eux,

Jacques Personne, échevin du Bourg, « pour aller au nom de la ville aux états de Bourgogne délibérer ce qu'il serait nécessaire de proposer aux états du royaume, en se conformant aux vœux exprimés dans leurs cahiers. »

Ce n'est pas sans étonnement qu'on les lit. Les vues sages et avancées qu'ils renferment nous inspirent de pieuses émotions pour les hommes qui, dès ces temps reculés et du fond de leur commune, rêvaient déjà des libertés et des réformes politiques que plus de deux siècles d'efforts et de réactions n'ont pas encore entièrement réalisés pour leurs enfants. Je ne puis m'empêcher de faire partager à d'autres les pensées que fait naître la lecture de quelques-unes de ces remontrances :

« Pour ce que la chose la plus recommandée de Dieu pour faire vivre les sujets du roi sous son obéissance et autorité est la justice, et que néanmoins elle est en beaucoup de lieux dépravée tant par le moyen de la vénalité d'icelle que des parentés et alliances qui sont pour cejourd'hui ès cours souveraines et bailliages, sera suppliée S. M. d'ordonner que tous les parlements du royaume seront ambulatoires et tous états de judicature donnés à personnages idoines et capables, gratuitement et selon l'élection qui sera faite d'iceux. »

« Que nuls officiers royaux ne pourront tenir qu'un seul office. »

« Qu'à l'avenir, en toutes assemblées d'états généraux et particuliers des provinces, nuls officiers du roi ne seront nommés ou élus pour y être envoyés. »

« Qu'il sera instamment requis que, en tout le royaume, il n'y ait que mêmes poids, aune et mesure, comme aussi une seule coutume, si faire se peut. »

« Que les juges politiques auront juridiction pour le fait de la police sur les ecclésiastiques et nobles, et pourront les contraindre d'obéir aux ordonnances de même que les laïques et roturiers. »

« Que les pauvres de toutes villes seront nourris ès hôpitaux ou lieux plus commodes qui seront arbitrés par les maires et échevins. »

« Que toute personne indifféremment qui sera trouvée avoir plus grande quantité de blé ou de vin que celle requise pour la nourriture d'icelle et de sa famille pour un an ou deux sera tenue d'en faire vente; sinon elle y sera contrainte par les officiers politiques, et ses grains menés au marché pour y être vendus publiquement. »

Ces mêmes hommes oubliés qui, en 1588, avaient pressenti le code, l'unité de mesure et les plus sûres garanties d'un gouvernement libéral, proposaient encore sur le droit civil, l'organisation judiciaire, la salubrité et l'ornement des villes, la répartition des subsides, la sûreté des citoyens et l'économie politique, des réformes utiles qui, après bien des luttes et des malheurs, devaient enfin prendre place dans la législation française. Du reste, leurs cahiers portent aussi quelque empreinte de l'esprit du temps et surtout de l'exaltation religieuse qui avait jeté si avant Châtillon dans le parti de la Ligue, comme on le peut voir par ce début : « *Premièrement*, sera suppliée S. M. d'ordonner qu'en tout son royaume il n'y aura autre exercice de religion, sinon de celle catholique, apostolique et romaine, suivant les saints édits. » Le grand nombre et souvent la minutie des articles qui suivent, concernant les peines à porter contre les *blasphémateurs*, la discipline sévère à introduire dans l'Église et les couvents, l'autorité à attribuer à la cour de Rome, tout annonce, dans Châtillon, une ville entièrement dévouée à la Sainte-Union.

Elle l'était en effet; et on en put juger aux transports et aux salves d'artillerie qui éclatèrent *pour la réjouissance de monsieur de Guise*, aux honneurs et aux présents qui accueillirent à son passage, le 18 janvier 1589, le duc de Mayenne qui, accompagné de madame de Montpensier, sa sœur, de plusieurs gentilshommes du parti et d'une troupe levée à la hâte, y coucha une nuit, quand il courait venger la mort de son frère, Guise-le-Balafré, assassiné aux états de Blois, par ordre du faible Henri III, jaloux de sa popularité, effrayé de sa puissance ; on en jugea encore mieux à l'empressement que Châtillon mit à reconnaître pour légitime roi de France le cardinal de Bourbon, sous le nom de Charles X, et Mayenne pour son lieutenant général, promettant de traiter comme hérétique et perturbateur, quiconque se soumettrait à la souveraineté d'un Huguenot, du roi de Navarre, (Henri IV).

Dès lors, la Bourgogne fut en proie à toutes les horreurs des discordes civiles, envenimées par le fanatisme des passions religieuses. Les deux partis (deux frères les commandaient!) les deux partis, ayant chacun leurs armées, chacun leur parlement, chacun leurs villes et leurs châteaux, s'y faisaient, comme en champ clos, une guerre à outrance. Semur, Flavigny, Saint-Jean-de-Lône, étaient pour Henri IV; l'esprit de la Ligue dominait à Dijon, Châlon, Beaune, Mâcon, Châtillon; les autres villes, telles que Montbard, Avallon, Autun, étaient mélangées de royalistes et de ligueurs : ce furent naturellement les plus maltraitées. Les bourgs et villages qui n'embrassaient pas d'eux-mêmes le parti de la ville voisine y étaient contraints par la force des armes.

Châtillon, qui tenait fortement pour la Ligue, se trouva donc dans l'état le plus violent; obligé, en même temps qu'il travaillait à repousser tout assaut, d'attaquer les châteaux d'alentour restés fidèles à Henri IV, et dont les garnisons venaient jusqu'à ses portes enlever le bétail, piller la campagne et rançonner les habitants; réduit à pourvoir à l'entretien des camps qui en faisaient le siége et à la fois à sa propre défense; ayant également à craindre et des entreprises des royalistes et des garnisons des ligueurs; place de guerre en butte aux coups des uns, arsenal où les autres puisaient à discrétion.

Le siége des châteaux d'Aisey, Duême, Villaines, Savoisy, Nesle, La Margelle, Autricourt, Crépan, Villiers, etc., *occupés par les ennemis des catholiques*, dura plusieurs années, et donna beaucoup à faire aux ligueurs dont les chefs, notamment le vicomte de Tavannes, y parurent en personne. Mais, passant le récit pénible et sans intérêt des réquisitions continuelles d'hommes, de vivres (et même de gibier pour les chefs), d'artillerie, de poudre, de balles et de boulets, de convois, de chevaux, de charpentiers, pionniers et voituriers, et de grandes sommes d'argent, qui épuisèrent Châtillon contraint de fournir à toutes les demandes de ses exigeants alliés, j'ai hâte d'arriver aux attaques dont cette ville fut directement l'objet.

Chaque mouvement de troupes royalistes y causait les plus vives alarmes. Ainsi, pour en citer un exemple, au mois de juin 1589, les troupes du duc de Longueville et de La Noue, avec plusieurs compagnies de reîtres et de lansquenets, s'étant approchées de Châtillon sans l'inquiéter, les échevins et le capitaine Noirot ordonnèrent en action de grâces une procession solennelle suivie du sermon édifiant d'un prédicateur qui faisait grand bruit à cette époque, le P. Bouot, gardien des Cordeliers. Châtillon ouvert de tous côtés avait alors de justes sujets de crainte; et on avait grand'peine à retenir au travail des fortifications les ouvriers que faisait fuir chaque annonce de l'approche de l'ennemi.

Enfin, après quelques escarmouches et bien des fausses terreurs, on apprit, dans le courant de 1591, par des courriers qu'on avait envoyés à la découverte, que l'armée victorieuse du maréchal d'Aumont se portait sur Châtillon. Dès le 2 mai, dans cette prévision, la chambre du conseil d'Union avait résolu de mettre cette place en état de défense; et le baron de Sennecey, gouverneur de Bourgogne, y avait fait entrer à cet effet plusieurs compagnies de gens de guerre, sous les bannières des sires de Grammont, de Lanty, de Thoires, de Montigny, de Loche et de Saint-George; elles étaient cantonnées dans la place et les faubourgs, ainsi qu'à Sainte-Colombe et dans les autres villages de la banlieue, d'où elles accouraient au premier signal de danger. On travaillait aussi avec activité à fabriquer de la poudre et du salpêtre, avec quelques grenades; la ville se pourvut de coquilles de fonte, de balles et de boulets de différents calibres, et chaque habitant fournit une contribution de métal pour fondre de nouveaux canons. De la poudre et d'autres munitions de guerre furent distribuées aux Cordeliers, pour défendre leur couvent situé hors des murs de la ville.

Châtillon avait alors pour gouverneur un de ces hommes de parti dont les pouvoirs se servent, dans les moments de crise, pour exalter les passions politiques. Craignant sans doute une défection ou du moins quelque réfroidissement, Mayenne avait fait choix de lui, « comme d'un brave gentilhomme, affectionné au parti de l'union des catholiques, dont la fidélité et suffisance étaient connues par beaucoup de grandes preuves qu'il en avait données; » dans ses lettres de provision, il lui avait donné mission expresse d'aviser par tous les moyens possibles « au bien et service de cette sainte cause et à la conservation de la place dans le parti de ladite union; » et nul autre n'était mieux disposé à la remplir qu'Antoine de Gellan, baron de Thenissey, seigneur de Maisey, Rochefort et Essarois, mestre de camp d'un régiment de gens de pied; homme sûr et d'un dévouement aveugle, caractère violent et impérieux, qui fit beaucoup de mal non seulement à Châtillon, mais encore à cette partie de la Champagne, comprise entre Troyes, Bar-sur-Aube et Chaumont, sur laquelle il étendait son autorité tyrannique; du reste brave soldat et s'entendant au fait des armes, comme il l'avait montré au siége d'Aisey, et en donna de nouvelles preuves en cette occasion.

Le 18 septembre 1589, les envoyés rapportèrent que le maréchal d'Aumont, ayant quitté Langres, était cantonné avec son armée à Arc et à Polisy; on n'était plus séparé de l'ennemi que par quelques lieues : la garnison et les corps de métier qui formaient la milice bourgeoise coururent aux armes et l'on se mit en état de résister. Voici le récit de l'attaque écrit le lendemain même de l'action par les magistrats : « Depuis les commencements des troubles jusqu'à présent, les ennemis de cette ville se sont efforcés par tous les moyens à eux possibles, comme ils font encore journellement, de la réduire à leur dévotion ; et, pour y parvenir, ils ont fait plusieurs desseins et entreprises qu'ils se sont mis en devoir d'exécuter. Spécialement hier, veille de saint Mathieu, vingtième jour du mois de septembre, environ les trois heures du matin, le sieur maréchal d'Aumont et plusieurs autres gentilshommes et capitaines, avec leurs troupes en grand nombre, ont assailli la ville avec tels efforts et violence que, sans l'aide de Dieu, du sieur baron de Thenissey, d'autres capitaines et soldats de son régiment, à présent en garnison en cette place, et de quelques habitants qui y accoururent, Châtillon était en danger d'être pris, saccagé et pillé, les hommes tués, et beaucoup d'autres mauvais actes exercés. Mais le sieur de Thenissey et ceux qui l'accompagnaient firent si bien que les ennemis furent repoussés avec perte et dommage, non toutefois sans que quelques-uns de notre part n'y fussent blessés, mêmement le sieur de Trion qui a reçu un coup au bras, et quelques autres en fort petit nombre.

« Or, cet acte de résistance et le devoir fait par le sieur de Thenissey et ses gens méritent d'être récompensés ; et comme, sans cette récompense, ce serait donner occasion d'estimer les habitants ingrats et méconnaissants, il est besoin d'aviser aux moyens de les reconnaître d'un tel bienfait, ainsi que le sieur de La Grange qui a donné l'avertissement de l'entreprise, rien n'étant plus raisonnable et qui puisse mieux servir à les encourager à être affectionnés à la conservation de la ville, et à s'employer à l'avenir, si les circonstances le requièrent, pour sa défense.

« C'est pourquoi, le dimanche 22 septembre, à l'issue des vêpres, honorables hommes Jean Charbonnier, Jacob Ligerot, Benigne Chazot et Jean Darce, échevins de la ville de Châtillon, pour la présente année, honorables hommes Philippe Marcenay, Pantaléon Pion, Claude Boitouzet et Gille Esprit, maïeurs de la rue de Chaumont, noble Sébastien Noirot, capitaine de Châtillon, maîtres Étienne de Mallerois, conseiller au bailliage, Claude Champeau, avocat, Jacques Personne, procureur du sieur révérend évêque de Langres, Simon Nicaise, procureur, et plusieurs autres habitants du lieu, faisant et représentant la plus grande et saine partie de la ville, se sont assemblés, au son de la cloche, selon la coutume, en l'auditoire du bailliage, par-devant le lieutenant général, Edme Rémond; et là, chacun ayant pris séance, les échevins, maire et capitaine, ont prié les assistants de donner leur avis sur cette proposition, et de délibérer ce qu'il serait de besoin à ce sujet, afin que le tout pût réussir à bien.... Et, après que chacun l'un après l'autre et en son ordre eût déclaré ce qui lui semblait être bon de faire, on résolut, selon l'opinion de la plupart des assistants, qu'on lèverait une taille de 333 écus sur les habitants de Châtillon pour être distribuée par les échevins et maires au baron de Thenissey, à ses capitaines, soldats et autres, qui avaient bien mérité du pays. »

Cependant l'armée était encore à portée de Châtillon, méditant une nouvelle entreprise. Le 27 septembre, le maréchal parvint même, malgré le feu des arquebusiers, à placer un pétard près de la porte de la rue de Chaumont, pour la faire sauter, et pénétrer par là dans la ville. Mais les capitaines d'Aulgy et de Nogent, se portant sur le point attaqué, parvinrent à en éloigner l'ennemi et à s'en rendre maîtres. Le surlendemain, la ville distribua à ces deux officiers une reconnaissance de 200 écus.

Sans cesse menacé par les armées royalistes qui s'avancèrent plus d'une fois sous ses murs, Châtillon trouva peu de repos dans les années qui suivirent; mais la ruine de cette ville vint d'où elle devait attendre son salut : elle fut le résultat des violences de son gouverneur.

L'épuisement général, plusieurs années de luttes sanglantes, sans résultat comme sans espérance, sans doute aussi la valeur personnelle du Béarnais, commençaient à jeter de guerre lasse à ses pieds les villes les plus dévouées d'abord au parti des ligueurs; celle de Châtillon pourtant, « quoique nulle autre n'eût été traitée avec plus de diverses violences, » Châtillon persistait encore. Tout récemment même, on y avait repoussé les ouvertures faites par les échevins de Chaumont en Bassigny, « de se concerter ensemble pour le repos du pays, et de s'adresser à cet effet avec une entière confiance à leur agent, Gaucher Andrieu, maître des ports et passages de Champagne et de Brie, pour lors résidant à Châtillon. » Ceux de Chaumont avaient dit que, d'après les réponses qu'on leur ferait, ils se décideraient eux-mêmes « à rester attachés à la Ligue ou à délaisser ce qui les avait déjà tant travaillés. »

Cependant, dans la crainte fausse ou justifiée de menées secrètes, le baron de Thenissey, de retour de quelque excursion lointaine et des états de la province, se prit à gouverner Châtillon comme une place conquise. « Feignant d'avoir quelque grande entreprise à exécuter, il ramassa 1200 hommes de guerre aux environs de la ville, laquelle il surprit en plein jour, se saisit du château, ruiné dès longtemps, qu'il fit rebâtir aux frais des habitants, prit toutes leurs armes, pièces d'artillerie, munitions de guerre, avec quantité de leur blé et de leur vin, et fit mettre le tout dans le château. Pendant qu'on le rebâtissait, il fit vivre ses troupes à discrétion dans la ville, et traita les habitants comme ennemis, encore qu'ils fussent de même parti. Cela fait, il dressa un régiment qu'il équipa des armes des habitants, pour le sire de Nogent, son frère, qui le conduisit au duc de Nemours. » En même temps il pressait la reconstruction de la forteresse; pour avoir des matériaux plus à portée, n'eut-il pas la brutalité de faire démolir cent ou cent vingt maisons du voisinage et du faubourg de Saint-Mametz, et raser ce qui restait encore de l'église de ce nom, déjà détruite par ses ordres, ainsi que tout le quartier du Temple, dans le dessein de couper tout retranchement et toute défense à l'armée du maréchal d'Aumont, quand elle menaçait la ville! Puis, quand le château réparé eut été mis en état de défense, il y fit entrer une partie de sa compagnie, sous le commandement du capitaine Chaumont, dit La Folie, obligeant les habitants à pourvoir à l'entretien de la garnison, et à fournir par jour cent pains et une feuillette de vin à ceux qui étaient dans la citadelle. On eut grand'peine, à force de prévenances et de présents, d'obtenir de lui la remise de quelque taille : on lui avait offert, au mois de novembre, un muid de vin de Dijon, à dix écus; et, au jour de l'an, pour étrennes, deux cents écus de la part du Bourg, de la vaisselle d'argent au nom de ceux de Chaumont. S'étant ainsi assuré de la ville qu'il était maître de foudroyer du haut de la forteresse, le baron de Thenissey s'en alla guerroyer sur les marches de Champagne et de Bourgogne.

A Châtillon, tous les habitants gémissaient en secret de cette oppression, et surtout *ne pouvaient regarder sans trembler le château qui captivait leur liberté.* Ce dernier point leur tenait fort à cœur. Déjà, dans le commencement des troubles, ils avaient refusé à Mayenne de remettre leur forteresse au comte de Grammont, « gentilhomme affectionné au bien de la ville, et plus en état que personne de procurer son repos; » le suppliant de conserver intactes leurs franchises, et bien résolus à n'y point laisser porter atteinte, ils avaient décidé, le 10 novembre 1590, en assemblée générale, que le château serait démoli et ruiné, d'autant qu'il était devenu inutile, depuis la réparation des murailles et la fermeture de la rue des Ponts, et que le capitaine Noirot ne l'avait fait fortifier et construire la curtine, que pour la retraite des femmes et des enfants, dans le cas où le siége aurait été mis devant la ville encore ouverte de tout côté. Grammont lui-même, dans une autre assemblée qui s'était tenue cinq jours après, avait représenté que si le commandement du château lui avait été donné, ce n'était pas pour en mal user envers les habitants, mais bien pour veiller mieux à leur sûreté : reconnaissant toutefois que la conservation de ce fort pourrait dans la suite devenir préjudiciable à la liberté du pays, il avait consenti à sa démolition ; et telles étaient à ce sujet les craintes des habitants que ceux de Chaumont, qui se refusaient au paiement des réparations faites au château sans leur concours, s'étaient offerts avec leurs femmes et leurs enfants pour travailler à le détruire.

Quels regrets pour eux en ce moment, de n'avoir pas alors, écoutant leurs justes prévisions, réalisé le projet que le malheur des guerres survenues les avaient empêchés d'exécuter ! Aussi, profitant de l'absence du gouverneur, ils essayèrent par deux ou trois fois de rentrer en possession de ce poste menaçant, par surprise d'abord, et puis en gagnant l'officier qui en avait la garde. Inutiles et malheureuses tentatives, qui, découvertes, furent bientôt le prétexte de nouvelles rigueurs ! Car le baron de Thenissey entra dans une étrange colère à la nouvelle de cette insurrection, et fit jeter les principaux habitants de la ville dans les donjons du château, où les mauvais traitements qu'ils eurent à souffrir ne contribuèrent pas peu à détacher un grand nombre d'une cause à jamais perdue et qui n'avait amené pour Châtillon que des malheurs. Ceux qui penchaient en secret pour Henri IV sortirent de la ville « pour se déclarer à l'ouvert serviteurs du roi ; » nos archives ont conservé les noms de tous ceux qui composaient cette petite émigration : ils étaient plus de quatre-vingts, et *des plus apparents*, « tellement, dit un mémoire du temps, qu'étant assemblés en un lieu, il se pouvait appeler plutôt Châtillon que non pas le lieu d'où ils étaient partis, où ceux qui étaient restés n'étaient plus libres, et n'osaient dire et faire que ce qui plaisait au baron de Thenissey. »

Biron, à cette époque, était entré en Bourgogne où Mayenne avait placé ses dernières espérances ; et la nouvelle de la reddition des villes voisines, achevant le découragement, entraînait le reste des habitants, « qui avaient dans leur cœur la volonté de se soustraire au joug de la Ligue et dès lors en recherchèrent tous les moyens. Ce qu'ayant découvert, le baron de Thenissey se comporta si adroitement dans cette affaire qu'il se fit prier par ceux de la ville de consentir qu'ils obtinssent du roi une trêve ou suspension d'armes, sans qu'on sût que la chose venait de sa part, combien que ce fût lui qui plus la désirât, afin d'en tirer 24 mille écus qu'on s'engagerait à lui payer par les articles du traité. » Encore, par politique, se fit-il prier longtemps ; il parut céder enfin, et, pour plus grande sûreté, il voulut choisir lui-même les députés chargés de négocier la trêve auprès du roi. Ils partirent le 11 février de l'année 1595.

Ils n'avaient pas plus tôt quitté la ville qu'on apprit que l'armée du maréchal de Biron se portait sur Châtillon dont effectivement elle s'était approchée. C'est alors que, sans attendre l'issue de la députation qu'on avait envoyée à Henri IV, non plus que la confirmation des bruits qui annonçaient l'approche du maréchal, le gouverneur, se livrant à des actes dont rien ne pouvait expliquer la violence, fit raser sans pitié tous les faubourgs, ceux de Courcelles Prévoir, de la Maladière, de la Chapelle et du Temple, *qui surpassaient la ville en grandeur et en multitude de maisons.*

Dans la crainte mal fondée « que l'ennemi, *venant à assiéger* la ville, ne trouvât les grands bâtiments du dehors à la bienséance de son dessein, » le couvent des Cordeliers, « qui étoit le plus beau et le plus magnifique *que l'on pût voir deçà les monts*, » fut entièrement détruit. « La perte de leur maison fut d'autant plus sensible aux religieux qu'elle étoit échappée à tous les troubles de la Ligue, et singulièrement à une armée de 42 mille reîtres qui ne s'y étoient pas permis la moindre dévastation, quoique cet édifice fût dehors de la ville et n'eût qu'un petit détachement de gens d'armes pour le défendre. Il étoit réservé au baron de Thenissey, qui se disoit catholique, et qui, comme tel, étoit obligé de veiller à la conservation des maisons religieuses, de porter la sape à celle-ci; et en quelles circonstances encore? dans un temps où l'on étoit à la veille de la paix. » Le P. Picquet, rapportant aussi cet acte de vandalisme gratuit, fait la même remarque que Fodéré, en ajoutant que l'auteur de cette dévastation ne manqua pas de ressentir la vengeance du ciel, étant mort peu de temps après de la suite d'une blessure.

La maison des Dames, dont l'emplacement a conservé depuis le nom de *Dames-Brûlées*, fut la proie des flammes. De beaux vestiges de la magnificence romaine, et des monuments non moins précieux de la foi et de l'art du moyen âge périrent en cette occasion. On eut surtout à déplorer la perte du cloître de l'abbaye de Notre-Dame construit dans le XIIe siècle, et dont les contemporains nous ont laissé de si magnifiques descriptions. Il faut entendre à cet égard les récriminations et les regrets du P. Legrand. «On avoit déjà enlevé, dit-il, le toit de l'église, quand un des religieux touché d'une vive douleur de son débris offrit quelques pièces d'or qu'il avoit de réserve pour en empêcher l'entière démolition. Et cet or, qui n'excédoit pas dix écus, fut plus puissant que toutes les grandes raisons d'État, et arrêta les hautes considérations qui portoient ces catholiques zélés à faire des actions qu'on n'eût attendues que des reîtres ou calvinistes de France.... Le seul faubourg de Courcelles occupoit toute l'étendue de terre qui est depuis le pont de l'Abbaye à celui des Ladres : il ne lui manquoit que des murailles et des tours pour faire une autre ville semblable à Châtillon. Maintenant nous pouvons dire : *hic seges est ubi Troja fuit!* »

Le baron de Thenissey poursuivant ses violences fit emprisonner dans les cachots du donjon une quinzaine de bons habitants qu'il soupçonnait, disait-il, d'être du parti du roi et de travailler sourdement la ville en son obéissance. Tout leur crime était sans doute d'avoir laissé échapper de leur cœur les sentiments que de tels ravages devaient naturellement inspirer. Car la terreur régnait à Châtillon, « au point, dit une chronique contemporaine, que personne n'osait *ne hiscere quidem;* et de plus, parler du roi, il falloit bien s'en garder. »

La suite prouva combien ces rigueurs et ces dévastations étaient peu nécessaires. L'armée de Biron n'approcha pas; et, le 12 mars 1595, les envoyés de la ville, Jacques Bouvot, dit de l'Ile, et Siredey, échevin, revinrent avec un traité d'armistice pour quatre ans, signé à Paris, le 20 février, et dont l'exécution fut jurée, le 8 avril, au château et entre les mains du seigneur de Dinteville, lieutenant général aux gouvernements de Champagne et de Brie, par le baron de Thenissey, ainsi que par les maires et échevins de Châtillon, et des villes de Troyes, Chaumont, Bar-sur-Aube, Châteauvillain, Vandœuvre et Mussy, sur lesquelles le gouverneur étendait aussi son empire.

Mais il ne tint pas à ce dernier que les habitants jouissent d'un tel bienfait. Il s'était d'abord refusé à rien entendre avant qu'on n'eût rayé de la trêve le démantellement du château de Maisey, dont il était le seigneur. Alors il avait fallu envoyer au roi une députation nouvelle, faire d'autres démarches ; mais heureusement la bonne âme de Henri IV, ne voulant pas que si peu de chose retardât les avantages qu'on pouvait espérer de la surséance d'armes, avait révoqué sans difficulté cet article.

La trêve était jurée; et, rien ne paraissant plus devoir mettre obstacle « à cette paix qu'ils avaient recherchée avec tant d'impatience et par tant de divers sacrifices, » les habitants conjuraient leur gouverneur de les en faire jouir en effet, promettant de lui payer leur quote part de la somme qui lui était garantie par le traité, aussitôt que ses troupes seraient sorties de la ville et du château. Mais le baron de Thenissey exigea avant tout que ceux de Châtillon lui fissent l'avance des 20 mille francs qui lui étaient dus par toutes les communautés du bailliage; et, comme ceux-ci lui faisaient entendre que, à cause de leur pauvreté et des grands frais occasionnés pour l'obtention de la trève, ils ne pourraient jamais trouver cette somme que d'ailleurs ils ne devaient pas, il répondit qu'il voulait bien condescendre à leur accorder quelque délai pour se la procurer; mais à la condition que dix ou douze habitants, qu'il choisirait lui-même, se rendraient cautions pour lui de dix-sept mille francs; les trois autres mille francs devaient du reste lui être payés comptant.

« Là-dessus, les habitants s'assemblèrent en l'auditoire royal où cette résolution fut trouvée par tous tyrannique et déraisonnable. Mais le sire de Thenissey, s'étant assis au siége, assisté d'un bon nombre de ses gens de guerre, même de dix ou douze capitaines, les uns étant dans la salle, les autres à la porte, qui intimidaient le peuple, déclara de colère et d'arrogance qu'il voulait que les habitants lui fissent de suite avance des 20 mille francs en argent comptant, ou qu'ils s'obligeassent comme il avait dit; que, quant à lui, il estimait les beaucoup gratifier de s'obliger avec eux comme caution. Et, comme il eut entendu un des habitants, nommé Jean Saincthomey, sergent au bailliage de Langres, qui murmurait et disait que cela ne se devait faire, ledit de Thenissey lui donna un coup de bâton sur la tête et le fit mettre prisonnier, disant qu'il l'apprendrait à parler. Tellement que les habitants ne pouvant autrement échapper et éviter leur entière ruine, sur le refus que faisaient quelques-uns de s'obliger, il fut dit à l'instant même que les contrats seraient passés à la volonté du gouverneur, et que ceux qui s'en rendraient réfractaires seraient déclarés indignes d'être habitants de la ville, expulsés hors d'icelle, et leurs biens saisis pour le profit de la communauté. »

Cependant les villes de la province s'étaient presque toutes détachées du parti de la Ligue; le maréchal de Biron écrivait sans cesse au roi que la Bourgogne épuisée n'attendait qu'une occasion de se jeter dans ses bras, et que sa présence seule ne manquerait pas d'entraîner les populations encore indécises. Sur ces avis réitérés, Henri IV partit de Paris le 24 mai 1595, et, le 30, il était dans les murs de Troyes. Un courrier vint annoncer à Châtillon que, le 1er juin, le roi devait coucher à ses portes, au château de Larrey. On y conduisit des vivres de la ville. Les habitants de Châtillon firent offrir à S. M. les vins d'honneur avec un pâté de truites. Le lendemain, Henri IV sortit de Larrey, et, laissant Châtillon sur la gauche, alla coucher au château de Villaines. On lui fit encore porter des vivres pour sa suite, et présenter par son sommelier, au nom de la ville, un muid de vin clairet de 16 écus. Henri IV ne quitta pas Villaines sans mander aux maires, échevins et habitants de

Châtillon qu'il était satisfait de leur empressement.

Ce passage du roi, la célèbre victoire qu'il remporta deux jours après (le 5 juin) sur les marches du bailliage, à Fontaine-Française, la générosité dont il avait fait preuve lors des négociations relatives à la trève, et l'accueil qu'il venait de faire encore aux envoyés de la ville, avaient achevé de lui gagner tous les cœurs; dans une assemblée où les sentiments n'étaient plus comprimés par la présence du gouverneur, on représenta que Châtillon était alors presque la seule ville de la province qui eût persisté dans la rébellion; que, quelle que fût la clémence du Béarnais, une plus longue résistance ne pouvait manquer d'être préjudiciable, et qu'il était temps enfin de se soumettre à l'obéissance du roi : là-dessus on dressa l'acte de réduction dont nous citerons les principaux passages :

« Sire, encore qu'il plaise à V. M. de permettre à vos très-humbles serviteurs et sujets, habitants de votre ville de Châtillon-sur-Seine, de jouir librement du fruit et effet de la trève et suspension d'armes qu'elle eut agréable de leur accorder au mois de février dernier; toutefois, leur fidélité et bonne volonté ne leur permettant de vivre seuls en cette diversité au milieu de votre royaume, et craignant que leur résistance pleine de faiblesse ne leur apporte quelque mauvaise impression à l'endroit de V. M., les rendant à l'avenir indignes de sa grâce et faveur; ayant d'ailleurs, contre leur espérance, reconnu par le traité de la trève qu'elle n'a jamais refusé le bénéfice de sa clémence à ceux qui l'ont implorée, ils se sont résolus par assemblée publique et solennelle de tous les habitants, au lieu de vivre plus longuement dans les conditions de la trève qui néanmoins leur sont très-avantageuses, de reconnaître absolument V. M. pour leur vrai et légitime roi et souverain seigneur, la suppliant très-humblement de les vouloir recevoir et remettre en sa bonne grâce, et les traiter à l'avenir comme ses bons et loyaux sujets et serviteurs, et, ce faisant, ordonner que, suivant les articles de la trève, tous et chacun des habitants rentreront et seront remis et rétablis en la libre et entière jouissance de leurs biens, états, offices et bénéfices, nonobstant tous arrêts, saisies, dons, confiscations et autres choses faites et ordonnées tant par le feu roi que par V. M. à l'occasion des troubles et sous prétexte de la rébellion. . . .

« Que les habitants de la ville et des faubourgs, soit en général, soit en particulier, ne seront recherchés pour aucunes choses qu'eux, leurs gouverneurs, maires, échevins et autres personnes sous eux, ont faites durant le temps et à l'occasion des présents troubles : le tout comme ayant été fait pour la nécessité de la guerre. . . .

« Que tous et chacun des priviléges, franchises, immunités, droits et exemptions, accordés par les défunts rois aux habitants, même ceux octroyés par le duc de Mayenne et le cardinal de Bourbon (Charles X), seront confirmés et continués, pour eux en jouir tout ainsi qu'ils faisaient ci-devant et avant les troubles....

« Que les habitants de la ville de Châtillon ne se pourront provoquer ni attaquer l'un l'autre, ni ressentir par injures, reproches ni autrement, de tout ce qui fut fait et passé ; mais que, au contraire, les réfugiés, qui s'en sont absentés et sont hors de la ville et du bailliage à l'occasion des présents troubles, y pourront retourner pour jouir de leurs biens, maisons, états, offices et bénéfices, et y vivre à demeure en toute sûreté et liberté, et qu'il sera étroitement commandé à tous les habitants de vivre doucement et paisiblement, comme bons compatriotes, frères, amis et voisins, sont tenus et doivent faire, à peine d'être punis comme perturbateurs du repos public.

« V. M. ne permettra, s'il lui plaît, qu'il se fasse autre exercice que de la religion catholique, apostolique et romaine, en la ville de Châtillon et en l'étendue du bailliage de la Montagne. »

Deux échevins, Bénigne Chazot, marchand, et Jean Siredey, furent députés pour porter au roi les articles de la réduction. Henri IV se trouvait alors au camp de Pesme, à trois lieues de Pontarlier. Soit politique, soit clémence, soit, comme je le crois, l'un et l'autre de ces motifs, il accueillit toutes ces demandes, et d'autres encore, pour l'obtention de certains droits * et la remise de quelques tailles. Le traité fut signé en conseil d'état, le 23 juillet 1595; le drapeau blanc fleurdelisé remplaça, à Châtillon, la bannière rouge et noire des ligueurs, et les habitants, rendus à la paix et à la liberté, ayant, « contre leur espérance, » obtenu une amnistie franche et sincère, ainsi que la conservation de leurs droits les plus précieux, par-dessus tout, l'exercice exclusif de la religion de leurs pères, n'eurent plus dès lors à regretter que des malheurs dont le temps n'a jamais pu effacer la trace. Le reste de l'année se passa dans les réjouissances et les fêtes. Le 14 octobre, on y reçut le maréchal de Villeroy; le 7 juillet, la belle Gabrielle d'Estrées, qui se rendait à Dijon, auprès du roi, avec une brillante escorte de gentilshommes de la cour : on s'em-

---

* Voici un des articles : « Pour ce que la ville de Châtillon est sur le grand chemin de Paris à Lyon, environnée de plusieurs bois et détroits qui ont été de tout temps périlleux et pleins de voleurs, il plaira aussi à V. M. que le nombre des archers du prévôt des maréchaux dudit Châtillon sera augmenté jusqu'à vingt hommes, lesquels seront si bien payés et entretenus qu'ils n'auront occasion de s'excuser du devoir qu'ils doivent au service de V. M. et du public. »

pressa de rendre à l'amante de Henri IV les honneurs de la ville, en lui présentant des boîtes de confitures et de dragées. Au premier jour de l'année suivante, des pistolets garnis de leurs fourreaux en velours furent donnés en étrennes au maréchal de Biron, gouverneur de Bourgogne; le baron de Thenissey eut aussi les siennes : on lui offrit des chandeliers d'argent, et des salières aussi d'argent au capitaine Drée qui avait sous lui le commandement du château.

Mais la présence du baron de Thenissey, glaçant encore les habitants de terreur, empêchait la sécurité de renaître; cet habile gouverneur avait eu l'adresse, après la réduction, de se faire maintenir dans le commandement de la ville qu'il se vantait d'avoir contribué à remettre dans les bonnes grâces du roi, et où on s'efforçait en vain de vaincre par des prévenances l'inflexibilité de son caractère. Tout récemment encore, il avait, « sur quelques considérations ou appréhensions, » fait travailler aux fortifications du château. Et c'est sans doute aux murmures et aux propos que durent exciter ces nouveaux préparatifs qu'il faut attribuer l'emprisonnement du procureur syndic, Jean Poissenot, un des plus zélés défenseurs des libertés municipales. Celui-ci se plaignit au parlement « que le gouverneur le fit retenir prisonnier dans le donjon, si étroitement qu'il ne lui était permis de parler à aucun de ses amis ou domestiques, ni à eux de le soulager soit d'effet soit autrement, recevant au contraire plusieurs indignités et menaces dangereuses de jour en jour, sans néanmoins qu'on pût savoir la cause de sa détention. Et, comme il n'était raisonnable que tel acte fût toléré, considéré la mauvaise conséquence d'icelui, et que le suppliant était homme d'honneur et personne publique, le requérant demandait à la cour d'ordonner au sieur de Thenissey de le faire mettre en liberté. » Mais le gouverneur n'était pas homme à tenir compte des arrêts du parlement, et le prisonnier ne fut élargi qu'après trois semaines de détention arbitraire.

Enfin un ordre du roi qui mandait au baron de Thenissey de se rendre à l'armée de Picardie délivra la ville. Car le bruit courut à Châtillon, vers la mi-novembre (1597), qu'il avait péri dans la campagne. On refusa d'abord de croire à cette nouvelle; mais bientôt Claude Cliquelle, drapier, envoyé à la vérification, vint la confirmer, en rapportant qu'il avait appris à Longwi que le baron de Thenissey, blessé à mort d'un coup de feu sous les murs de Luxembourg, n'existait plus.

Alors on prit à Châtillon une résolution prompte et énergique. Dans une assemblée générale des habitants, auxquels s'étaient joints quelques gentilshommes et autres des lieux circonvoisins, on représenta combien le château avait apporté de ruine au pauvre peuple de la ville et de tout le plat pays, partant, qu'il fallait, sans plus tarder, démolir cette forteresse qui pourrait tomber entre les mains d'un nouveau maître, recevoir garnison et captiver encore leur liberté. On n'eut point de relâche, que, par des prières et des promesses d'argent, la place n'eût été remise en leur pouvoir par le sire de Saint-Anthost, frère du baron de Thenissey, qui lui en avait confié la garde à son départ. Et les habitants n'en furent pas plus tôt en possession, qu'ils se mirent à la démanteler et à la ruiner de leurs mains.

Pendant ce temps-là, on était parvenu, en représentant l'état de misère dont on ne pouvait se relever qu'à l'aide d'une longue paix, à éloigner de la ville l'armée du maréchal de Biron qui pensait à y venir prendre ses cantonnements. Mais, quand le maréchal de camp, sire de Vienne, eut appris que les habitants, de leur propre autorité, faisaient démolir le château, il donna ordre à l'armée de marcher sur Châtillon. Des députations composées des maires et échevins qui s'empressèrent d'aller offrir, à Lux, au maréchal, deux pistolets et une arquebuse à rouet, avec leurs fourreaux de velours, plus trois indispensables pâtés de truites, épargnèrent encore à la ville le passage de l'armée qui eût consommé sa ruine. Mais Biron exigea qu'on suspendît les travaux et qu'on lui donnât un compte exact des poudres, grenades, boulets, couleuvrines, canons et autres munitions de guerre, pour être conduits à l'arsenal de Dijon. Cependant le maréchal laissa à la ville ses couleuvrines, et on cacha en terre quelques pièces d'artillerie, afin de les soustraire à la visite du commissaire envoyé pour opérer le désarmement

A peine délivrés de cette crainte, les habitants revinrent à leur premier projet de se débarasser à tout prix de la citadelle. Ils se mirent donc en devoir de lever les obstacles de tous genres apportés par le nouveau gouverneur, le sire de Commarin, et les officiers du bailliage; et, après mille démarches, ils obtinrent, le 30 janvier 1598, des lettres patentes du roi autorisant la démolition du château.

On vit alors un curieux spectacle : ainsi qu'au champ de la fédération, des femmes et des enfants abattant les murailles, enlevant les décombres, contribuant ainsi à l'affranchissement de la patrie, « suivant leur état et faculté. » Il en vint des villages voisins, jaloux de détruire au plus vite ce château redoutable, d'où étaient sortis tant de fois des gens de guerre, pour fouler leurs campagnes, brûler leurs moissons et rançonner leurs familles. La ville fournissait du pain et du vin à ces travailleurs patriotes.

Plusieurs pourtant ne voyaient pas sans regret disparaître cet antique et beau monument; et, quand on en fut à la tour la plus élevée, vulgairement appelée *la guette,* (le 10 mars), les officiers du bailliage signifièrent aux habitants de surseoir à la démolition de cette tour, qui, disaient-ils, servait non seulement à l'ornement de Châtillon, mais à grande commodité, de sorte que sa ruine apporterait un dommage *inréparable*. La tour n'en fut pas moins sapée, la guette placée au clocher de Saint-Vorle; la destruction continua avec plus d'ardeur; et bientôt il ne resta plus que de magnifiques débris de ce château qui avait fait, pendant des siècles, l'honneur du pays, la défense de la Bourgogne, et dont les ruines seules seront longtemps encore la plus belle gloire de la ville.

———

La Ligue vit naître, à Châtillon, après bien des luttes opiniâtres et des difficultés vaincues, une institution qui, réunissant le Bourg et Chaumont sous des magistrats communs, devait enfin ne faire qu'une seule et même cité de deux villes si profondément ennemies et distinctes. C'est donc ici le lieu de rapporter, d'après les chartes mêmes, le récit suivi de l'établissement de la mairie, que nous avons cru devoir isoler de l'histoire des troubles civils qu'il eût sans cesse interrompue.

Les habitants du Bourg, jaloux à juste titre des franchises municipales où leurs voisins enorgueillis trouvaient d'ailleurs un si grand sujet d'accroissement et de prospérité intérieure, se prévalurent de leur empressé dévouement à la Sainte-Union, pour en réclamer aussi le bienfait. Dès le 31 décembre 1587, ils remontrèrent donc au roi Henri III « que la ville de Châtillon, encore qu'elle fût des meilleures et plus anciennes du duché, ne jouissait pas entièrement des mêmes priviléges que les autres villes du royaume; qu'à la vérité Chaumont avait la puissance d'élire des maires ayant la juridiction politique sur les hommes de leur rue : ce qui faisait que toutes choses étaient bien réglées et policées en cette partie de la ville; et tout au contraire dans l'autre partie appelée le Bourg; bien qu'elle fût plus grande et meilleure, même qu'en elle se fît l'exercice de la justice, et que les plus riches et principaux habitants y eussent leur résidence, la police n'étant point faite par un maire électif, comme en Chaumont, y était si mal régie et gouvernée, et toutes choses concernant le public s'y faisaient avec telle confusion et désordre que sans doute la ville s'en allait peu à peu déclinant de son ancienne splendeur, et était pour lejourd'hui quasi réduite en un vrai chaos. A cette cause, et afin que la ville de Châtillon ne devînt de pire condition que les autres du royaume, aussi pour qu'elle ne fût divisée en soi-même, et qu'une partie de ses habitants n'eussent plus d'autorité que les autres, mais qu'ils jouissent également des mêmes priviléges et fussent gouvernés d'une même façon, ils suppliaient le roi de leur accorder d'élire, chaque année, aux féries de Pâques, l'un d'entre eux qui porterait le titre de maire, à l'instar et avec l'autorité de celui de Dijon et des maïeurs de Chaumont. »

Cette requête renvoyée par le conseil d'état au parlement de Bourgogne pour avoir son avis sur la création d'un maire, et s'il ne serait pas plus à propos, pour le bien de la ville, qu'il n'y eût qu'un seul magistrat élu communément par le Bourg et Chaumont, les avocat et procureur généraux vinrent à Châtillon, interrogèrent séparément le peuple des deux villes, et, après un examen sérieux, rapportèrent au roi qu'il serait très-expédient, pour le bien et l'ornement de Châtillon, de permettre aux habitants du Bourg de choisir entre eux un magistrat annuel, homme idoine et capable, qui serait reçu maire après avoir fait sa profession de foi, et aurait, pour l'assister dans sa charge, quatre échevins élus comme lui.

« Cette création, disaient-ils, sera très-utile, voire nécessaire pour la conservation de la ville du Bourg; et seront par ce moyen ses affaires politiques et communes mieux gouvernées, les murailles, forteresse et autres édifices publics, plus soigneusement réparés et entretenus; lesquels à présent demeurent en ruine pour le peu de soin qu'en a le prévôt en garde; comme aussi la justice sera mieux administrée et à moindres frais. Que si on laisse toujours ce soin au prévôt, il y a péril que tout n'aille de mal en pire à la perte et ruine de la ville. »

« Quant à la question de savoir s'il sera plus avantageux que les habitants du Bourg et de la rue de Chaumont aient un seul maire, on pense qu'il serait plus commode et utile au public que toute la ville de Châtillon fût régie par un seul magistrat politique que par divers, à cause des confusions qu'apporte ordinairement à toutes les villes la diversité de police. Mais il semble que cet expédient ne doit être suivi, tant par ce que le Bourg et Chaumont sont séparés de tours, murailles, portes et fossés, qu'aussi ce serait faire préjudice aux priviléges très-anciens de Chaumont, pour les raisons qu'en ont données les maires ayant été sur ce entendus; avec ce que les habitants du Bourg ont déclaré qu'ils ne veulent faire la poursuite de telles franchises au préjudice de celles de Chaumont. Toutefois, pour ôter tout inconvénient, il serait utile d'ordonner que, pour les affaires politiques, les maïeurs de Chaumont fussent tenus de s'assembler de quinze en quinze jours en la maison commune du Bourg, pour aviser avec les maire et échevins aux résolutions à prendre dans l'intérêt commun de la ville. »

L'assassinat de Henri III, le premier août (1589), vint tout d'un coup empêcher l'expédition des lettres patentes du roi conformes à l'avis des commissaires du parlement, et ajourner encore l'émancipation tardive du Bourg. Ses habitants néanmoins, sans se laisser décourager par ce contretemps, poursuivirent, sans tarder, leur affranchissement communal auprès du prétendu roi Charles X, dont ils avaient des premiers reconnu la puissance. Enhardis par le succès et l'appui souverain du duc de Mayenne et des principaux chefs des ligueurs, ils avaient demandé au-delà de leurs premiers vœux, à savoir la réunion du Bourg à la commune de Chaumont, si glorieuse et si jalouse de ses antiques libertés. Et cette réunion difficile, ils l'obtinrent, attendu le bon devoir qu'ils avaient toujours fait pendant les troubles à la conservation de la ville en l'obéissance de l'union des catholiques, n'ayant rien épargné pour nuire aux hérétiques et à leurs adhérents, et sur la représentation que, depuis peu, ils avaient travaillé à la clôture et fermeture de la rue des Ponts, qu'ainsi les trois villes qui jusqu'alors avaient composé Châtillon n'en formaient plus qu'une seule, et que dès lors il était raisonnable qu'elle fût régie par un seul magistrat. Par ce moyen, ajoutaient-ils, ils seraient plus assurés de vivre en tranquillité les uns avec les autres. Les lettres du cardinal de Bourbon (Charles X) qui, après bien des débats, devinrent enfin la charte de la mairie de Châtillon, peuvent, avec les modifications qu'elles eurent à subir, se formuler ainsi :

« La ville de Châtillon, tant en ce qui est du Bourg et rue des Ponts que de Chaumont, demeurera dorénavant et à perpétuité inséparablement unie ensemble pour être un seul corps qui sera régi et gouverné, sur le fait de la police et en matière criminelle et civile, par un maire élu en assemblée publique, par tous les habitants compris aux tailles et non mendiants. L'élection sera faite, le dernier jour de décembre, en la maison de ville, avec toute sincérité, de personnage capable, originaire de Châtillon, bien affectionné à la conservation du public, et hors de toute suspicion. Lequel maire prêtera serment sur les saints évangiles de la ville, devant le portail de l'église Saint-Nicolas, en présence du peuple, après avoir fait sa profession de foi, de vivre et mourir, moyennant la grâce de Dieu, dans la religion catholique, apostolique et romaine, de s'employer de tout son pouvoir à maintenir toujours la ville en l'obéissance du roi et à conserver les droits et libertés de Châtillon, sans permettre qu'il soit fait quelque chose au contraire directement ni indirectement. Il jurera aussi que, par aucun monopole, il n'a brigué le magistrat ; et, à sa sortie de charge, il rendra compte publiquement à ses successeurs des deniers par lui administrés.

« Le maire sera assisté de huit échevins pour

gouverner la ville avec lui, dont quatre du Bourg et des Ponts, et les quatre autres de Chaumont. Chacun an, deux d'entre eux seront retenus, un de Chaumont et un du Bourg, pour instruire les nouveaux élus; les six autres sortiront et seront remplacés par élection. Et, si l'élection de maire tombe sur un habitant de Chaumont, le plus ancien échevin du Bourg tiendra le premier lieu et place après lui; et, au contraire, si le maire est du Bourg, le plus ancien échevin de Chaumont tiendra le premier lieu après le maire, en la chambre de ville et ailleurs; subsécutivement les autres échevins auront leur place et séance selon leur rang d'ancienneté.

« Afin que le tout soit régi avec plus de prudence et de fidélité, les maire et échevins seront assistés de six personnages, quatre du Bourg et deux de Chaumont, qui formeront le conseil de la ville; et néanmoins en leur chambre il ne se pourra délibérer ni résoudre de faire taille sur les habitants, ni aucune affaire importante, sans au préalable l'avoir proposée et fait entendre au peuple en assemblée générale. Et pas davantage ne pourra ladite chambre de ville faire le jet et impôt des tailles, mais il sera fait par six hommes pour ce nommés en assemblée publique, sous le titre d'asséeurs, qui seront imposés eux-mêmes par six autres habitants désignés par la chambre.

« Lorsqu'on voudra tenir les états généraux

du royaume ou les états particuliers de la province, ou qu'il viendra au tour de la roue de la ville de Châtillon d'entrer en la chambre des élus du pays, le peuple élira et députera ceux des habitants qu'il jugera plus propres et capables pour porter lesdites charges.

« Sera tenu le maire, huit jours avant le dernier de décembre, de se déposer de son magistrat, pour être fait et créé un garde des évangiles, tel qu'il sera élu et choisi par la chambre; lequel garde des évangiles, après sa réception et prestation de serment, aura pendant sa charge la même puissance et autorité que le maire jusqu'à ce que le nouveau maire ait été reçu et ait prêté serment entre ses mains. Présidera le garde des évangiles à la convocation des habitants pour la collection et réception des suffrages, ainsi qu'il est accoutumé faire à Dijon.

« Et le maire reçu et installé choisira et nommera un lieutenant de la qualité requise, qui sera présenté et reçu par la chambre, s'il est jugé capable et suffisant.

« Trois jours après l'élection du maire, il sera procédé par la chambre de ville à la nomination d'un procureur syndic, lequel, le lendemain, prêtera le serment entre les mains du maire, publiquement, devant le portail de Saint-Nicolas, selon qu'il est accoutumé en la ville de Dijon.

« Les maire, échevins et syndic, pour faire

les assemblées nécessaires à leur régime, gouvernement et administration, choisiront une maison de ville et prison; ils créeront aussi six sergents, pour l'exécution de leurs commandements, qui feront tous exploits et actes de justice requis èsdites charges.

« Les appellations des sentences des maire, échevins, lieutenant et syndic, ressortiront au bailliage commun du roi et de l'évêque de Langres. Et, pour la splendeur de la ville et autorité de la mairie, toutes les amendes qui s'adjugeront par les maire, échevins, etc., demeureront à la ville, qui supportera tous frais nécessaires à l'administration de la justice, et même pourvoira à la punition des crimes, à la charge seulement par le corps de la ville de payer chacun an au révérend évêque de Langres ce à quoi le droit qui lui appartenait auparavant èsdites amendes se trouvera monter.

« Et, pour obvier aux tumultes qui pourraient être mus pour la fermeture des portes, les portes séparant la rue de Chaumont de la rue des Ponts et celles qui séparent la rue des Ponts du Bourg seront et demeureront toujours ouvertes, et les clés seront portées ensemble à la maison de ville en un coffre fermant à trois clés dont l'une sera gardée par le maire, l'autre par un échevin du Bourg et l'autre par un de Chaumont. Toutes les portes faisant issue de la ville seront fermées à trois clés; le gardiateur des portes sera tenu, au son du tambour, de les apporter le matin au logis du maire, pour être à l'ouverture des portes et en commettre la garde à celui qui y commandera pendant le jour; lequel sera tenu de les rendre le soir, les portes fermées, à ceux de qui il les aura prises, à peine de l'amende contre les défaillants. Ceux du Bourg, des Ponts et de Chaumont indifféremment, prendront le commandement du maire, tant pour la garde de jour et de nuit que pour toutes autres choses nécessaires à la conservation et à l'utilité d'eux et de leurs biens. »

Voilà sans doute une constitution fort libérale; mais le Bourg ne put en jouir aussitôt. La mort du cardinal de Bourbon, les troubles qui survinrent dans la ville, les vives oppositions apportées tour à tour par les habitants de Chaumont qui ne pouvaient voir sans envie leurs priviléges méconnus et partagés, l'évêque de Langres dont la puissance féodale était compromise, les officiers du bailliage dont cette juridiction nouvelle diminuait ainsi la leur, le prévôt en garde, le greffier héréditaire de la prévôté et les sergents royaux dont les offices se trouvaient par là supprimés, apportèrent autant d'obstacles dont il fallut triompher par la constance, l'or, les sacrifices de toute sorte et même la terreur: car lorsque, au bout de cinq ans de luttes et de procès, on voulut enfin (le 26 février 1594) nommer le premier maire commun, on crut nécessaire, pour pouvoir procéder à l'élection, d'aposter quatre cents hommes de pied aux portes de la ville.

Le rétablissement de la paix après la reddition de Châtillon à l'obéissance de Henri IV vint réveiller avec plus d'ardeur les contestations et les dissidences politiques dont deux ans de guerres et de malheurs non interrompus n'avaient pas permis de s'occuper. Aux habitants de Chaumont et aux officiers du bailliage et de monsieur de Langres, détracteurs nés de la mairie, s'étaient joints alors plusieurs habitants du Bourg même qui, pour certains abus de pouvoir et empiétements d'autorité commis par les premiers maires, n'avaient pas trouvé dans cette institution l'utilité et le soulagement qu'ils s'en étaient promis. Tous les mécontents appuyèrent donc la requête des procureurs du roi et de l'évêque qui, remontrant avec une habileté perfide que la mairie avait été accordée, à la prière de particuliers envieux et jaloux de l'autorité du roi, par ses ennemis et rébelles, le prétendu roi Charles X et le duc de Mayenne, obtinrent en effet la suspension des lettres qui l'avaient établie. Les partisans de la mairie, de leur côté, ne s'étaient pas tenus sans agir; faisant circonvenir le roi, ils avaient reçu de lui, à Lyon, au mois de septembre 1595, des lettres patentes en forme de charte, qu'ils tinrent secrètes jusqu'aux élections prochaines.

Au jour fixé, les magistrats ayant pris leur place accoutumée dans l'auditoire « qui était tout rempli d'un grand nombre de peuple, voire même jusque et au devant d'icelui, » Mᵉ Bouvot, procureur du roi, prit la parole. Il remontra « que la mairie avait été établie à la poursuite de particuliers plus désireux et amateurs de nouveautés que non pas du bien public, au temps que les guerres et troubles avaient le plus grand cours en ce royaume; que les lettres de cette mairie avaient été obtenues du sieur du Maine, se disant lieutenant général de l'état et couronne de France; qu'elle était du tout au préjudice du roi, de monsieur de Langres et du public, selon qu'il l'avait dès longtemps reconnu, et il y eût mis dès lors empêchement si le temps et les saisons l'eussent permis, mais il ne l'avait pu faire, ni rien dire, non plus que les officiers de monsieur de Langres, leur vie étant en ce moment entre les mains des ennemis du roi. » Il parla encore des factions qui avaient été faites pour imposer au peuple lors des premières élections, déclara, ainsi que le procureur fiscal de l'évêque, qu'il s'était présenté en cette assemblée pour former opposition, au cas que l'on voulût faire nomination d'un nouveau maire, ce qui serait en peu de temps apporter la ruine totale d'une ville qui avait assez expérimenté, depuis cet établissement, quelles perte et incommodité elle en avait reçues; et termina en requérant que les choses fussent remises en la forme et manière qu'elles étaient anciennement.

Après ce discours et quelques paroles de M° Claude Febure, licencié ès-lois, maire sortant, qui remercia de l'honneur que le peuple lui avait fait en lui donnant l'année dernière le *magistrat* qu'il remettait entre ses mains, M° Jean Poissenot, en sa qualité de procureur syndic, s'adressa au garde des évangiles, et produisit alors pour la première fois les lettres du roi données à Lyon, portant confirmation de la mairie en dépit de tous les embarras qu'on pourrait susciter. Mais le procureur du roi s'opposa à cette lecture, d'autant que ces chartes n'avaient point été entérinées au parlement, mais qu'elles avaient été obtenues en cachette et par surprise, à l'insu des habitants, notamment des échevins de Chaumont et du maire, qui en effet, interpellé sur ce point, dit que certainement il n'avait rien su de la poursuite et obtention de ces lettres de confirmation, et qu'il ne lui en avait point été parlé.

« Sur quoi tout le peuple assistant à l'assemblée fit grande clameur de voix confuses, disant en général qu'il désavouait les lettres exhibées par Jean Poissenot, desquelles il ne voulait pas que lecture fût faite, pour ce que son intention et volonté n'était plus de faire nomination de maire, mais de se conformer en tout point à l'ancienne forme de gouvernement où il désirait être remis, ayant bien expérimenté le mal que lui avait fait du passé la mairie, et qu'elle pourrait apporter encore, si elle était continuée; n'étant rien plus certain que, s'il lui convenait d'en supporter davantage le joug, il serait contraint d'abandonner la ville.

« Alors Jean Poissenot, adressant de nouveau la parole au garde des évangiles, requit que silence fût imposé et défense faite au peuple de ne point user de monopole, mais de se conformer à la justice et aux institutions qu'il suivait depuis trois ans; que dès lors on ne devait trouver étranges les remontrances qu'il faisait pour le devoir de sa charge.

« Là-dessus le procureur M⁰ Bouvot et les habitants, en grande clameur, s'écrièrent que Jean Poissenot, pas plus que les maire et échevins, n'était en charge que par leur moyen, qu'il ne devait contredire ni empêcher la volonté du peuple qui, reconnaissant la servitude où il avait été du passé, voulait se remettre en sa liberté, et vivre sous les mêmes lois et statuts qu'avaient fait ses ancêtres. »

Et, protestant de nouveau qu'ils ne voulaient plus faire élection de maire, les habitants du Bourg élurent, séance tenante, d'après le titre de leur échevinage, quatre échevins, des sergents, un peseur de pain, un visiteur des chairs et poissons, un conducteur de l'horloge Saint-Martin, etc. Ceux de Chaumont se retirèrent immédiatement dans leur chambre où ils choisirent parmi eux quatre maïeurs et les officiers qui devaient les assister dans leur charge, conformément aux anciennes chartes de leur commune. Mais ces élections, résultat orageux d'une émotion populaire, ne tinrent pas, et tous ces débats furent terminés par les lettres de surannation, données à Rouen, le 25 janvier 1597, par lesquelles il était expressément enjoint aux gens du roi, tant du parlement que de la chambre des comptes, d'avoir à vérifier et enregistrer les lettres patentes de la confirmation de la mairie accordées par Henri IV lors de son passage à Lyon.

Cet ordre du roi, la passion et la cupidité avec lesquelles les affaires furent régies depuis le rétablissement des anciennes juridictions, quelques modifications apportées à la constitution municipale de la ville pour prévenir les abus qui avaient indisposé contre la création de la mairie un grand nombre d'habitants du Bourg, ramenèrent les esprits et triomphèrent des résistances. La plupart *reconnurent à l'œil* qu'il serait plus séant et honorable pour la ville d'être gouvernée par un maire du choix des habitants, que non pas par un juge prévôtal peu affectionné au pays et directement contraire à ses priviléges. » Quelques-uns des plus mécontents dans l'origine regardèrent cette institution « comme une grâce et libéralité royale qui apportait à Châtillon un lustre, une splendeur perpétuelle, et la plus belle marque qu'il pourrait jamais avoir. » Et, à l'assemblée générale du dernier de décembre 1599 pour l'élection d'un maire, le procureur syndic ouvrait la séance, devant une grande affluence de peuple, par ce savant discours qui trouvait sans doute alors plus d'un admirateur. « . . . . . Il n'y a personne qui ignore combien il est requis et nécessaire ès villes et communautés d'avoir un chef ou magistrat; et, par ce moyen, les affaires publiques sont mieux et avec plus d'ordre régies et administrées. Mais encore est-ce un bien et une commodité particulière quand on a la puissance de faire cette élection d'un d'entre ses concitoyens. Cette forme d'élire est fort bonne et ancienne, et se trouve avoir été pratiquée non seulement par les Romains et autres peuples qui n'avaient la connaissance du vrai Dieu; mais ce qui la rend plus illustre et recommandable, c'est que les apôtres de J.-C. et leurs successeurs en ont usé. . . . »

Cependant, ceux de Chaumont, ne voyant pas sans regret leur vieille nationalité confondue dans cette institution commune aux deux villes, n'avaient cessé leurs démarches secrètes auprès du roi qu'après avoir obtenu le rétablissement de leur première indépendance, sous le prétexte que l'évêque de Langres pourrait usurper quelques droits dans leur rue qui était entièrement du domaine du roi. Et, pendant que le procureur syndic développait avec une érudition si complaisante les bienfaits de la mairie dont il trouvait le modèle chez les Grecs et les Romains, même parmi les apôtres de J.-C., ils exhibèrent, devant l'assistance étonnée, les lettres patentes prononçant la séparation du Bourg et de Chaumont, qui se trouvèrent en effet désunis de nouveau pendant l'espace de trente-huit ans. Le Bourg conserva la mairie telle qu'elle avait été confirmée par Henri IV; Chaumont reprit son ancienne forme de gouvernement.

Dès lors un libre cours se trouva par là rouvert aux inimitiés, aux débats et aux récriminations, qui, depuis tant de siècles, désolaient ces deux sœurs ennemies, à tel point que les habitants de l'une et de l'autre ville refusaient obstinément les alliances même avantageuses qui leur étaient proposées par ceux de la commune voisine. Voici l'extrait d'un mémoire produit dans un des nombreux procès que fit naître à cette époque cet esprit de division.

« Ceux du Bourg reconnaissent la vérité de l'ancien proverbe : *Plurimum interesse bonum habere vicinum.* Ils sont si voisins de ceux de Chaumont qu'il n'y a qu'une muraille qui les sépare avec la fermeture d'une porte : mais ceux de Chaumont ont toujours été portés de tant d'émulation contre eux, et tant manqué d'intelligence, qu'ils ont toujours recherché les moyens de discorde.

Littora littoribus pugnant, ipsique nepotes....

De fait, ces divisions ont apporté tant de haine qu'elle passe jusqu'aux petits enfants des deux communautés, lesquels, annuellement, comme en duel assigné, au jour de dimanche avant la Chandeleur, ne faillent de venir aux mains; et, n'était la prudence des magistrats, il en adviendrait plusieurs fois de mauvais effets.

« Voire qu'autrefois, en ces querelles, des enfants y ont appelé les pères, d'où seraient advenus des meurtres; selon qu'il se voit par un arrêt du parlement du 14 août 1549, par lequel un nommé Robert Viard, boulanger de Chaumont, fut condamné à mort pour meurtre par lui commis, en telles mêlées, en la personne de Jean Gommier, tanneur du Bourg, dont le crâne fut brisé par un coup de pierre. *

---

* Extrait de cet arrêt conservé aux archives de Châtillon, dans le coffre de ville, avec les chartes de l'établissement de la mairie : «.... La cour a condamné et condamne le défendeur défaillant, Robert Viard, à avoir la tête tranchée au champ du Morimont, déclare ses biens confisqués, sur lesquels elle adjuge 100 livres tournois envers le roi, et la somme de 300 livres tournois à prendre préalablement pour la veuve et les enfants de Gommier.... Et, d'autant que l'exécution ne se peut réellement faire à cause de la fuite et absence dudit défendeur, la cour ordonne qu'elle sera faite par figure, en un tableau qui sera affixé à l'une des potences étant au champ du Morimont. Et, pour ce que, par la vision du procès, a apparu ledit meurtre

« Le plus salutaire remède qu'on avoit pu trouver étoit d'unir les deux communautés desquelles la division avoit de tout temps causé beaucoup de mal. Ce conseil d'union ayant été trouvé bon et remède souverain en tel désordre, les deux communautés furent unies en un seul corps pour être régies par mêmes magistrats et par mêmes lois. Mais quelques particuliers de Chaumont ne pouvant compatir à vivre en tel repos poursuivirent et obtinrent, sous quelques légers prétextes, la désunion dont il n'est pas raisonnable qu'ils tirent avantage et commodité au préjudice de ceux du Bourg.... Si la réduc-

être advenu par le moyen des assemblées illicites et combats que les habitants du Bourg se sont efforcés de faire contre ceux de la rue de Chaumont, au mois de février, sur et près la fontaine dudit Châtillon, icelle cour a fait inhibitions et défenses auxdits habitants et à tous autres de faire lesdites assemblées et combats, de façon que ce soit, à peine de cent livres tournois qui seront levées sur chacun de ceux qui seront trouvés faisant le contraire pour la première fois, et, pour la seconde fois, on paiera la somme de 200 livres tournois. Et si, par obstiné vouloir, il se trouve aucun contrevenant auxdites défenses, la cour l'a banni et bannit perpétuellement du royaume de France, et déclare ses biens confisqués envers ceux qu'il appartiendra. — Et sera publié le présent arrêt par les carrefours dudit Châtillon, et aux prônes des églises dudit lieu, chacun an deux fois, même le dimanche avant la fête de la Purification Notre-Dame, afin que personne n'en puisse prétendre cause d'ignorance..... »

tion des tailles prétendue par ceux de Chaumont avoit lieu, tout seroit renversé sens dessus dessous en la ville de Châtillon. Aussitôt tous les bons artisans et autres familles du Bourg qui auroient quelques moyens changeroient de domicile :

Veteres, migrate, coloni.

« Il ne faudroit plus attendre que cette partie fût habitée par gens de moyen, pour ce que, sans changer, chacun tireroit au quartier le plus avantageux. »

Les habitants de Chaumont n'ayant pas obtenu la réduction de tailles qu'ils sollicitaient des élus de Bourgogne, et contre laquelle ceux du Bourg s'élevaient avec force dans ce mémoire, se trouvèrent réduits à un tel état de détresse qu'ils ne virent pas d'autres moyens d'y échapper que de demander eux-mêmes la réunion des deux villes qu'ils avaient tant combattue.

Obligés de supporter le tiers des charges et impôts, frais de garnison, entretien d'église et de collège, outre les dépenses de leur communauté, ils étaient devenus dix fois plus pauvres que vingt ou trente ans auparavant. « Aussi les meilleures familles s'étaient retirées au Bourg, une grande partie des autres étaient décédées, et leurs biens passés à d'autres qui résidaient également au Bourg, et les plus aisés des habitants qui restaient encore en Chaumont étaient à la veille d'en sortir, tellement que, cette rue n'étant plus habitée que par ménages sans conduite ni intelligence des affaires, il était à craindre que le service du roi et le repos commun n'y fussent compromis. C'est pourquoi tous les habitants assemblés de l'autorité des maïeurs déclarèrent qu'ils souhaitaient l'union de leur communauté à celle du Bourg et se soumettaient à y entrer aux conditions de la première union, encore bien qu'elle leur fût désavantageuse. » Mais la chose n'était point facile; et on pouvait craindre que ceux du Bourg, froissés dans l'origine et usant de représailles, ne voulussent plus d'une alliance que Chaumont avait si fièrement repoussée aux jours de sa prospérité. On implora donc l'entremise du gouverneur de Bourgogne, qu'on supplia de vouloir négocier la réunion des deux villes rivales.

Le gouvernement de la province appartenait alors à Henri de Bourbon, le premier de cette illustre famille qui en ait été pourvu. Nul autre mieux que lui n'était en état d'opérer ce rapprochement malaisé, prince aimable et bon, en qui l'on entrevoyait déjà toutes les qualités des Condé, mais, par-dessus tout, chéri des habitants, et ayant pour la ville ces sentiments de bienveillance que lui conservèrent ses descendants, notamment le grand Condé, dont on voit encore aux archives des lettres pleines d'offres affectueuses. Il fallait voir les belles réjouissances que sa présence faisait naître dans la ville, et avec quelle grâce il savait s'y prêter, chaque fois qu'il se rendait à son château de Nesle! Étant alors de loisir, il aimait à passer à Châtillon quelques jours qui étaient vraiment des jours de fête. On lui donnait d'ordinaire le spectacle d'une grande pêche de truites dans la Seine, depuis la ville jusqu'à Vix et Pothières; et il paraissait prendre grand plaisir à ces divertissements, pour lesquels on faisait venir de loin les plongeurs les plus renommés.

Le prince de Condé s'acquitta donc avec succès de la mission délicate qui lui était confiée, rédigea les articles de la réunion; * les fit agréer à ceux du Bourg et de Chaumont, plus tard au

---

* Voici les principaux articles de cette réunion confirmée par Louis XIII, à Saint-Germain-en-Laye, en janv. 1638.

« Ceux de Chaumont ne pourront par ci-après prétendre se désunir du Bourg.

« La ville de Châtillon ne sera plus, tant en ce qui est du Bourg et rue des Ponts que de Chaumont, qu'un seul corps de communauté dénommé sous le nom de ville et habitants de Châtillon, tant seulement.

« Les portes qui séparent Chaumont du reste de la ville seront dépendues de leurs gonds, sans pouvoir être rétablies, sinon quand la nécessité le requerra et qu'il sera jugé expédient par nosseigneurs les gouverneurs pour le bien du service de S.M. et la sûreté des habitants.

« L'auditoire royal de Chaumont sera transféré dans celui du Bourg. — Il n'y aura d'autres prisons que celles qui sont dans le Bourg; demeureront néanmoins le carcan et

roi qui les sanctionna par des lettres patentes; et, le 1ᵉʳ janvier 1639, François de Gissey, maire élu par toute la ville de Châtillon, prêta, sur les saints évangiles et devant le portail de Saint-Nicolas, le serment accoutumé. Après quoi tout le cortége entra dans l'église, où un *Te Deum* fut chanté en réjouissance.

Ainsi furent à jamais confondues sous les mêmes lois et les mêmes magistrats deux villes voisines, dont la division était si profonde

---

le pilori qui sont en Chaumont, pour marque de la totale justice du roi audit lieu.

« Sera pourvu par monseigneur le prince, gouverneur de la province, du lieu et de l'ordre qu'on tiendra pour le magasin des poudres et canons qui sont audit Chaumont; et jusqu'à ce, le magasin subsistera.

« Tous les habitants du Bourg, des Ponts et de Chaumont, s'uniront aux exercices publics des jeux de l'arquebuse, de l'arc et de l'arbalète.

« Les foires et marchés se tiendront ès jours et lieux accoutumés.

« Les impositions de deniers royaux et autres se feront confusément et sur tous les habitants sans distinction, le fort portant le faible, à la réserve de la taille due au révérend évêque de Langres, qui sera payée par ceux du Bourg et des Ponts qui la doivent, sans que ceux de Chaumont y contribuent.

« Il n'y aura qu'un seul maire, personnage de probité, capacité et affection au service du roi et du public, qui s'élira indistinctement entre ceux du Bourg, des Ponts et de Chaumont, à la pluralité des voix de tous les habitants

qu'elle survécut encore longtemps à cette factice réunion. En dépit des arrêts terribles du parlement lus chaque année deux fois au prône des églises, la Dwi continua toujours à être le théâtre de ces combats de la Chandeleur, ensanglantés quelquefois. Nous les avons vus nous-mêmes; et, comme on l'a dit déjà, ce n'est que de nos jours que cette inimitié historique devait s'éteindre..., hélas! avec l'oubli de toutes les autres traditions de la terre natale.

---

capables de donner suffrage, et qui paieront des tailles *annuellement jusqu'à la somme de 20 sols.*

« La forme du pouvoir du maire et des officiers qui doivent l'assister dans sa charge sera telle qu'elle a été formulée par les lettres d'établissement de la mairie.

« Il y aura six échevins, savoir, trois de Chaumont et trois du Bourg.

« Les capitaines de quartier du Bourg, des Ponts et de Chaumont, demeureront pendant leur vie; et après leur mort sera suivi l'ordre que Mgr le gouverneur donnera.

« Les magistrats pourvoiront à ce que le collége public pour l'instruction de la jeunesse soit mis et établi en lieu commode pour les enfants du Bourg et de Chaumont. »

SEPTIÈME ÉPOQUE.

XVIIe et XVIIIe siècles.

LA MONARCHIE ABSOLUE.

Indépendamment des circonstances particulières, la centralisation met fin, dès ce moment, à l'histoire de Châtillon. — 1° Evénements qui viennent seuls apporter quelques exceptions à l'uniformité de la vie provinciale. — Châtillon envoie contre Galas. — La ville est mise en état de défense, en 1673, lors de la guerre avec les Impériaux. — Passage et cantonnement de garnisaires, qui réduisent les habitants à une misère extrême. — Emeutes qui en sont la suite. — (Jugements curieux.) — Sinistres et inondations. — Processions, vœux, pélerinages expiatoires. — Châtillon, préservé de la peste de 1631, devient le siége du gouvernement de la province. — La contagion y pénètre et y produit de grands ravages les années suivantes. — Réception de gentilshommes français et étrangers. — Passage de Louis XIII. — Passage de Louis XIV. — 2° Organisation politique, administrative et municipale de Châtillon à cette époque. — 3° Statistique et physionomie de la ville dans le même intervalle. — Établissements publics : Auditoire et Maison commune; Arquebuse. — Promenades : Cours l'Abbé; Petit Versailles. — Eglises et chapelles. — Couvents : Réforme et reconstruction de l'abbaye royale de Notre-Dame. — Frère Esperit. — L'abbé de Bois-Robert. — Reconstruction des Cordeliers. — Translation des Bénédictines du Puits-d'Orbe à Châtillon. — L'abbesse Rose Le Bourgeois; scandales et réforme. — Fondation d'un couvent d'Ursulines; — d'un couvent de Feuillants; — d'un couvent de Carmélites; — d'un couvent de Capucins; — d'une maison de charité. — Fondation de l'hôpital Saint-Pierre. — Extension des études au collége. — Pierre Guiotte. — Autres principaux notables. — Célébrités littéraires de Châtillon. — Jean Perrelle. — Guillaume Philandrier. — Le président Bégat. — Amadis Jamyn et autres. — Le père Legrand et autres. — Joseph-Bernard Soyrot. — MM. Delamothe, Joly et Bourceret. — Verniquet. — Vernier. — Etc.

Boulevard de la plus belle province de France, cité populeuse et manufacturière dont la renommée industrielle avait devancé celle de Troyes et de Rheims, une des dix-sept premières *villes de loi* du royaume, remarquable entre toutes par les deux éléments qui la composaient, fière des institutions libérales qu'elle avait obtenues, illustrée par ses écoles et les beaux génies qui en étaient sortis, c'était vraiment une grande et noble ville que celle de Châtillon au moyen âge! La marche envahissante de la centralisation, qui servit les intérêts généraux aux dépens des libertés et des industries locales, renversa pièce à pièce toute cette puissance privilégiée. La réunion du duché à la couronne, lui ôtant l'importance d'une position limitrophe, fit la ruine de la place d'armes *aux nobles ducs;* la royauté abattit la double tête de l'aigle de la ville féodale et les franchises de la commune; les ordonnances de Colbert lui enlevèrent ces belles manufactures de tapisseries qui ne devaient leur supériorité qu'à des statuts particuliers adoptés dès lors par les métiers des autres villes; le malheur des guerres répétées pendant plusieurs siècles anéantit son commerce et ses écoles; les désastres de la Ligue, la moitié de sa population et de son étendue; enfin la réunion du Bourg et de Chaumont, l'originalité que donnait à l'étude de ses annales la lutte de deux peuples rivaux, le contraste de deux constitutions différentes.

Faut-il le regretter, faut-il y applaudir au contraire? Châtillon n'a plus d'histoire à cette époque, et n'en aura plus désormais. Soumise à l'administration uniforme et centrale qui fait vivre des battements du même cœur toutes les villes obéissant dès lors à une pensée commune, plus de vicissitudes pour cette cité découronnée, que la royauté a déchargée du soin de pourvoir à son gouvernement et de veiller à sa défense, hormis les campements importuns de garnisons, les sinistres tels qu'inondations et pestes, qui sont, hélas! de tous les temps, les réceptions officielles des gouverneurs de la province, les offrandes municipales de pâtés de truites, de truffes du pays ou de coupes d'hypocras, les réjouissances civiques où les fontaines de vin, les arcs de feuillage, les châteaux de carton, les fusées et feux de joie, les symphonies de violons et tambourins, célèbrent l'avénement et la naissance de chaque nouveau prince, les appareils de deuil et les prédications funèbres dont on entoure leurs catafalques, les *Te Deum* chantés à l'occasion des traités de paix ou des succès des armes françaises, ou bien encore le passage de quelques grands de la cour; fêtes brillantes, s'il en fut, éclairs passagers de ce soleil de la royauté qui brillait seul sur la France.

La Ligue avait été le dernier acte de la nationalité bourguignonne et de la puissance individuelle de Châtillon, qui avait perdu toute sa gloire et sa force avec le château ducal qui en était l'emblème. Deux fois seulement depuis, nos cités furent émues pour défendre, d'abord les sympathies et plus tard l'indépendance provinciales : je veux parler ici des troubles de la Fronde et de la guerre des Impériaux dont le général Mathieu Galas a laissé parmi nous le souvenir. Mais la présence de Louis XIV, enfant, eut bientôt apaisé les révoltes qu'avait excitées en Bourgogne l'arrestation des princes de Bourbon qui y comptaient beaucoup de partisans; quant à l'autre incident, l'héroïque résistance de Saint-Jean-de-Lône, dont on vient de célébrer pour la seconde fois l'anniversaire séculaire, préserva le duché des malheurs d'une nouvelle invasion; de telle sorte que, sauf ces alarmes dont il faut bien dire quelque chose, Châtillon pour longtemps rentra dans son repos.

A la nouvelle de l'approche de l'armée impériale, toute la Bourgogne française s'ébranla, et le roi fit passer de l'argent pour l'armée de Dôle. Le convoi arriva, au mois d'août 1636, à Châtillon qui fit partir deux cents hommes armés pour l'escorter jusqu'à Chanceaux, avec une compagnie de chevau-légers que M. le Prince venait d'envoyer à cet effet dans la ville. On avait ordre de battre l'estrade à droite et à gauche de la route, à cause du danger. Comme c'était du salut général qu'il s'agissait en cette affaire, le bailliage de la Montagne envoya bientôt avec empressement contre Galas, « pour empêcher les saccagements, ravages et brûlements, que les ennemis faisoient en la province. » Châtillon fournit, dans cette levée, six cavaliers avec les chevaux et tout l'équipement : ils reçurent des mains des magistrats un drapeau orné d'écussons, l'un aux armes du roi, l'autre à celles de la ville. On connaît le résultat de l'expédition de Galas.

Mais les nouvelles guerres de l'Empire, dont la lutte avec la France remplit tout ce siècle, vinrent encore inquiéter Châtillon en 1673. Le 10 juin, la chambre de ville résolut de faire travailler aux fortifications pour le service du roi et des habitants. « Le bruit court que les ennemis de la couronne se préparent à faire une diversion d'armes contre la province, écrivait M. le prévôt à l'intendant de Bourgogne, en lui demandant les fonds nécessaires aux travaux. Ce bruit a jeté les habitants dans une si grande terreur, qu'ils en sont au désespoir, voyant leur ville hors de défense, par le mauvais état des portes et murailles, où il y a une grande quantité de brèches qui sont autant de passages à l'ennemi..... Nous avons député un de nos échevins, à condition qu'il marcherait jour et nuit pour apporter promptement le secours réclamé ; car, la ville n'étant pas fermée et n'étant qu'à une journée de la frontière, elle court risque, si les ennemis tiennent la campagne, d'être surprise et pillée en une nuit. » Le refus de toute subvention par les élus mit dans une cruelle position les habitants, qui, vu le mauvais état des remparts, ne pouvaient plus répondre de la garde de leur ville. « Il ne leur était permis de faire aucun emprunt, outre que la pauvreté était si grande, depuis plusieurs années et les fréquents passages des gens de guerre, qu'à peine pouvait-on lever les deniers des tailles, tant ils étaient ruinés ! » Il fallut se saigner pour acheter de la poudre et du plomb. Les courses que les ennemis continuaient à faire de la Comté dans le duché, et les ravages qu'ils y commettaient donnaient lieu de se défier. La chambre arrête le 28 novembre, que les portes de la Chapelle et des Cordeliers seraient murées, les autres fermées pendant la nuit, à l'exception de celles de Chaumont et de l'Abbaye qui devaient rester ouvertes alternativement de deux jours l'un. Le dimanche suivant, la revue fut faite pour s'assurer que les habitants étaient munis d'armes et de poudre. On s'occupa ensuite de la réparation des remparts, corps-de-garde, portes, ponts-levis, etc. Une guette fut placée au clocher de Saint-Vorle. En cas d'événement pendant la nuit, les sentinelles avaient pour consigne de sonner autant de coups qu'elles apercevraient de cavaliers, en désignant par un coup si le Bourg était menacé, par deux, si c'était par Chaumont qu'on essayait de pénétrer. Elles devaient aussi, à peine de cent livres d'amende, répéter les heures, le jour et la nuit, pour assurer qu'elles veillaient fidèlement. Le 6 décembre, on alla jusqu'à défendre de faire du bruit dans les rues, afin que la guette entendît de plus loin s'il ne survenait rien dans la campagne. Les mendiants, forains et vagabonds, reçurent l'ordre de quitter la ville dans les vingt-quatre heures, sous peine de carcan ou de prison. La chambre, de concert avec les capitaines de quartier, avait assigné les places que chaque dizainier devait occuper avec sa dizaine; le corps de réserve de la milice bourgeoise était en permanence devant l'hôtel du prévôt

(maire), pour recevoir ses commandements, en cas que l'alarme fût sonnée. * Mais heureusement ces alertes n'allèrent pas plus loin. Depuis que la Bourgogne avait été réunie à la France, ce n'était plus sa frontière du nord qui servait de point de mire à ses ennemis : les rives de la Saône, par ce changement, étaient devenues le théâtre de la guerre, et, exposées aux premiers coups, couraient les plus grands dangers.

Aussi, à Châtillon, ne vit-on guère de la lutte avec l'Empire que des passages de régiments français et des prisonniers espagnols qu'ils ramenaient de leurs expéditions. Si vous exceptez les circonstances que nous venons de rapporter, le plus grand souci qu'on eût dans la ville était alors d'en éloigner ces gens de guerre qui étaient demeurés la terreur du pays après en avoir causé la ruine pendant la Ligue. La crainte d'une garnison, qui avait été assez forte pour les pousser à détruire de leurs propres mains le plus beau monument de leur antique puissance, devenait, chaque année, le sujet de démarches de la part des magistrats dont les instances et les présents n'étaient pas toujours efficaces. Plus d'une fois même des désordres furent la suite de la détresse extrême à laquelle ces cantonnements multipliés réduisaient une ville épuisée : je n'en veux citer qu'un exemple.

---

* Archives de la chambre de ville. Année 1673.

Dix compagnies du régiment de Persan, qui vinrent prendre leurs quartiers à Châtillon dans l'hiver de 1645, augmentèrent de beaucoup la cherté des vivres et la pauvreté déjà fort grande des habitants. Les précautions prises en ces conjonctures par les échevins, et les arrangements stipulés avec les chefs du régiment pour prévenir des collisions que le mécontentement et la misère faisaient craindre, ne furent pas tels encore qu'une sédition n'éclatât bientôt, dans laquelle le valet d'un officier fut tué par ceux du peuple. Cette émeute, qui eut lieu au mois de février, fut comme le prélude de celle que la rareté et le haut prix des denrées occasionna le 20 juin. Comme il arrive en ces sortes d'affaires, des femmes s'y firent remarquer par leur exaspération. On se porta à des excès, s'il est permis de le conjecturer du jugement qui condamna neuf des agitateurs, les uns au fouet, les autres au gibet. * Parmi ces derniers se trouvait un bourgeois, nommé Mallerois, qui, condamné déjà à

---

* On trouve encore, dans le carnet de police, divers jugements, qui pourraient être ici rapportés à titre d'histoire des mœurs comparées.

Par une sentence de ville, rendue en 1612, une nommée Claudine Rogier est condamnée à la fustigation et au carcan, comme corruptrice de la jeunesse. — Un autre jugement de la même année condamne à un bannissement perpétuel Anne Venevault, atteinte et convaincue de

une amende de trente livres pour s'être mis à la tête des séditieux lors du premier mouvement populaire, n'évita la mort qu'en prenant la fuite avec un de ses complices.

Après les garnisaires, les fléaux les plus fréquents et les plus redoutés à Châtillon étaient les pestes qui venaient périodiquement le décimer, et ces inondations qui, faisant chaque hiver d'un quartier de la ville une

---

maléfice et de sortilége. — Le 15 mars 1570, le procureur-syndic remontre à la chambre qu'il importe aux magistrats, non seulement de veiller au bien public, mais encore de réformer tous les abus qui se sont glissés dans cette ville, en ce que la plupart des habitants corrompent, par leurs mauvaises mœurs, les coutumes les plus louables, se servant du temps des Brandons comme d'une occasion favorable à leurs déréglements, *pendant lequel temps ils ont établi des abbayes scandaleuses et élu des abbés et prieurs, pour ordonner toutes les débauches qui se doivent faire dans leurs quartiers.* — Sans doute il est ici question de ces fêtes singulières, où les habitants de chaque quartier, sous des travestissements grotesques, élisaient des *abbés de la déraison*, auxquels ils devaient complète obéissance pour les actes les plus extravagants qu'il leur plaisait d'ordonner. Walter Scott nous a laissé une description animée de ces mascarades dans son beau roman de *l'Abbé*.

Sur les remontrances du procureur du roi, que les enfants du Bourg et de Chaumont s'étaient attroupés pour se livrer des combats, le 2 février 1673, la chambre de ville ordonne à tous les habitants ayant enfants de les contenir, et empêcher qu'ils ne se rencontrent sur les

petite Venise, causaient parfois de ces désastres dont on vient de voir le comble le 5 mai 1836. Par exemple, la crue des eaux fut telle, sur la fin de janvier 1641, qu'elle emporta le pont des Grand'Grilles, avec des pans de remparts, et que, pour donner passage à la violence des flots, les magistrats firent rompre les défenses du pont Saint-Martin, les vannages du moulin Berthélemot et des murailles entières. Dans ces jours de

---

remparts, sur la Dwi, aux prés de Braux et autres endroits, de jour ni de nuit, comme ils ont coutume de le faire dans cette saison, à peine de tous dépens et 10 livres d'amende, et pour les enfants d'être corrigés sur-le-champ.
— Le 28 mars 1716, le procureur du roi déclare qu'il est sensiblement touché de toutes les difficultés qui naissent, depuis quelques semaines, entre les habitants du Bourg et de Chaumont qui ne composent qu'une seule et même communauté; lesquelles difficultés ne tendent qu'à causer des inimitiés et des divisions entre lesdits habitants.
— 11 juillet. Trois joueurs d'instruments condamnés à l'amende pour avoir fait danser, dans la rue du Truchot, le jour de la fête de saint Jean-Baptiste, s'excusent sur ce qu'ils y ont été entraînés par dix ou douze habitants, qui leur avaient dit que, puisque ceux de Chaumont n'étaient pas venus danser au Bourg le jour de la Saint-Vorle, il ne fallait pas que le Bourg allât danser en Chaumont le jour de la Saint-Jean.

8 février 1721. Dénonciation faite à la chambre par les sergents de ville contre le P. Guenepin, gardien, et le P. Oudot, religieux du couvent des Cordeliers, trouvés buvant et mangeant avec André Vesou, bou-

malheur, on descendait de la paroisse la châsse patronale, le reliquaire d'argent qui contenait un ossement de saint Vorle et qui lui avait été offert *pour avoir délivré la ville du grand déluge des eaux*, la Vierge miraculeuse qu'on appelait le *palladium* de Châtillon et qui avait inspiré saint Bernard, enfant, les images de ce saint dont l'éducation avait illustré la patrie, et de saint Martin dont le nom invoqué dans les premiers siècles de l'ère

---

langer, et dans la maison de celui-ci en Chaumont, le jour de la fête de Saint-André, pendant la messe paroissiale de Saint-Jean. — 14 juin 1723. Condamnation de dix habitants, « qui avaient refusé d'accompagner la procession des saintes reliques portées, avec la plus grande dévotion que faire se pouvait et en la manière accoutumée, à l'église de Marcenay, où est le tombeau du bienheureux saint Vorle, patron de cette ville, afin d'obtenir, par l'intercession de la très-sainte Vierge, de notre patron saint Vorle, de saint Bernard et de tous les saints du paradis, les grâces et secours dont on avait un extrême besoin pour la conservation des biens de la terre. » — 1er juillet 1774. La chambre de ville déclare toutes les oppositions, procès-verbaux, etc., faits contre le son des cloches en volée pour le service du feu roi (Louis XV), célébré en l'église des PP. Cordeliers, au nom de la ville, *indécents* et contraires au droit de la chambre ; fait défense de faire aucune tentative, menace ni sollicitation, à l'avenir, pour empêchement aux cérémonies et prières publiques qui seront ordonnées par la chambre, etc. Ce jugement, publié et affiché, reçut les éloges du marquis de la Tour-du-Pin, commandant pour le roi en Bourgogne ; etc..

chrétienne l'avait sauvée de grands périls, un morceau de l'éponge présentée au Sauveur mourant, et de la croix où il avait expiré pour les hommes. Une foule pieuse accompagnait ces chères reliques à Marcenay où était le tombeau du saint prêtre, à Plaine où il avait sauvé l'enfant des flammes. Il fallait voir ces processions de *filles blanches*, et de confréries précédées de leurs bannières, traverser les campagnes sur lesquelles leurs chants appelaient la rosée du ciel! L'ermitage de Péringey, situé dans les bois, était souvent le lieu des prédications. Les magistrats y communiaient au nom de la ville. Ou bien encore, c'étaient des vœux et des pèlerinages qu'on allait accomplir dans quelque abbaye lointaine, témoin le tableau de l'église Saint-Nicolas, au bas duquel on lisait : « Le 4 juillet 1629, la procession de cette ville de Châtillon, composée de 340 personnes, a été à Pontigny, abbaye située dans le diocèse d'Auxerre, visiter les reliques de saint Edme, pour accomplir le vœu fait pour apaiser la colère de Dieu pendant la contagion. »

La grande peste, qui ravagea la Bourgogne dans la première moitié du XVIIe siècle, vaut bien qu'on s'y arrête un instant. Longtemps, la pureté de l'air qu'on y respire préserva Châtillon, où la reine-mère transféra, au mois de mai 1629, la cour des aides que le fléau avait chassée de Dijon. Ce fut là aussi que, deux ans plus tard, le prince de Condé fut obligé d'établir le siége du gouvernement de la province, la peste régnant partout ailleurs. Monsieur le Prince fit son entrée dans la ville, le dimanche 4 mai 1631, avec les conseillers au parlement et les élus des états ; on leur offrit les vins d'honneur. La tradition a appris que les membres de ces illustres corps trouvèrent à Châtillon une hospitalité patriarcale, logés chez les habitants, vivant parmi eux avec la simplicité des anciens temps, et servant volontiers de parrains aux enfants de leurs hôtes. Le prince de Condé avait sa demeure au Châtelot. *

Enfin, trompant toutes les précautions, la contagion, qui s'était déjà fait ressentir à Châtillon dans l'été de 1632, y éclata dans le cours de 1633. On construisit, dès le mois de février, trente-sept loges nouvelles, hors de la ville et surtout dans le faubourg du Temple, pour y placer les pestiférés. Les chaleurs excessives de l'été augmentèrent beaucoup le mal. « Plusieurs personnes de campagne, dit une pièce du temps, étant venues à la ville faire les moissons, moururent subitement dans les champs. » Les magistrats firent preuve de courage en cette occasion. Comme ils exposaient jour et nuit leur vie et délaissaient leurs propres affaires, le

---

* Le P. Legrand. *Histoire saincte de Châtillon.*

parlement les exempta de toutes tailles : autant en avait-il fait à ceux de l'année précédente. On fit venir de Dijon, pour soigner les malades pendant 18 jours, à raison de 3 livres par jour, un opérateur, Balthazar Milière, dit *La Santé*, singulier nom pour un médecin ! Les morts étaient enterrés par des *sacards*, qui traînaient avec des crochets et des cordes les cadavres au lieu de leur sépulture, et qui bientôt manquèrent eux-mêmes à la tâche. La peste, qui cessa pour un temps ses ravages, reparut dans l'été de 1636; et, quoiqu'elle ait depuis encore affligé la ville pendant plusieurs années, jamais elle ne fut plus terrible. Un des médecins, Philippe de Marcenay y succomba.

Je ne veux pas oublier ici le noble dévouement de Pierre Jaulpy, prêtre de Châtillon. Cet homme généreux s'était retiré dans une loge préparée pour lui auprès des vignes de Chaumont, et où on lui faisait tenir quelques vivres pour sa nourriture et celle de son domestique. Un lit, un cuvier pour la lessive, deux plats et deux écuelles de bois, en composaient l'ameublement. Entré le 9 octobre dans cette misérable cabane, il y resta trois mois entiers. Avec sa soutane de toile, il ne cessait de parcourir les loges des pestiférés, pour y porter des consolations, administrer les sacrements, veiller au maintien du bon ordre et présider à la distribution des vivres et des aumônes qu'il faisait quêter dans la ville pour les contagiés pauvres. Pierre Jaulpy aux secours de la religion ajoutait ceux de la médecine, composant avec des drogues telles que thériaque, tablettes cordiales, storax, benjoin, eau-de-vie, diaschillon, vinaigre, etc., un baume qu'il administrait lui-même aux malades. Il composait aussi un parfum, pour purifier l'air dans les loges et les maisons infectées. * Dieu veuille pour les pauvres pestiférés que les soins du prêtre aient mieux valu que ceux du médecin !

Tous les jours n'étaient pas aussi tristes en apparence, ne fussent que ceux où le passage de quelques princes ou gentilshommes venait imposer une joie officielle et quelquefois sincère. C'étaient souvent des hommes illustres ou chers au pays, tels que les évêques-ducs de Langres, ces co-seigneurs de Châtillon ; les princes adorés de la maison de Condé ; le duc de Savoie, Charles-Emmanuel, qui fut reçu, en mars 1600, avec la plus grande distinction ; le maréchal de Biron, dont le nom rapproché de celui qui le précède rappelle la triste mort ; le grand-écuyer de France, Roger de Bellegarde, salué, à son entrée dans son gouvernement, sous quatre arcs de verdure, par de nombreuses députations de la province ; monseigneur le duc

---

* *Mss. Bourceret*, d'après les pièces des archives.

de Vendôme, fils de la belle Gabrielle d'Estrées, que retinrent dans leur patrie, au mois d'août 1611, deux Châtillonnais de marque, officiers de sa maison, Prudent Michaut, son gouverneur, et Jean Chazot, son secrétaire; monsieur le duc de Nemours; le connétable de Montmorency, qu'on alla recevoir, le 11 juillet 1612, jusqu'à Mussy, pour lui faire honneur; le 26 octobre 1633, monsieur l'abbé de Saint-Gall et messieurs des vallées suisses, fêtés par des feux de joie allumés devant leurs hôtels, etc., etc. Mais, sans rappeler ces réceptions que pour mémoire, il fut donné à Châtillon de posséder dans ses murs les plus illustres représentants de cette royauté souveraine, qui imprime un tel caractère de grandeur à l'époque dont nous essayons de retracer à présent les principaux traits.

Les deux courtes expéditions qu'il fit au-delà des Alpes, pour porter secours au duc de Mantoue, d'après les conseils de l'illustre Richelieu, qui l'accompagnait en qualité de lieutenant-général, procurèrent la présence de Louis XIII dans le cours des années 1629 et 1630. La première fois, le roi fit son entrée dans la ville, le 21 avril, par la porte Saint-Antoine, qui prit dès-lors le nom de *Porte royale*. Elle avait été décorée de riches tapisseries de la fabrique du pays, de pannonceaux aux armes de la ville et de la France, de guirlandes de verdure et d'un portrait en pied de S. M., qu'on exposait dans toutes les grandes occasions. C'est là que Louis XIII fut reçu, au bruit des salves d'artillerie, par les maires et échevins, le marquis de Mirebeau, gouverneur de la ville, et la milice bourgeoise sous les armes, qui avait pris toutes les peines du monde pour s'exercer aux évolutions militaires, depuis qu'elle avait appris le prochain passage du roi. Il est inutile d'ajouter qu'on lui offrit les présents usités en pareille circonstance : les vins d'honneur, des pâtés de truites, et les plus beaux poissons qu'on avait pu se procurer.

Lors de la seconde campagne d'Italie, entreprise l'année suivante, des députés envoyés sur le passage du roi, pour lui présenter les hommages de Châtillon, et le prier en même temps de vouloir bien délivrer la ville, épuisée par le passage de l'armée des Alpes, de la compagnie de chevau-légers de Gaston d'Orléans, qui y avait passé ses quartiers d'hiver, rapportèrent que S. M. prendrait de nouveau son chemin par la capitale de la Montagne. Elle y arriva en effet vers la mi-avril, accompagnée de deux grandes reines, Marie de Médicis et Anne d'Autriche. Parmi les grands de la suite, on remarquait le cardinal Michel de Marillac, frère de l'infortuné maréchal Louis de Marillac, qu'on vit, quelques mois plus tard, passer à Châtillon sous la conduite du sire des Réaux ; l'escorte militaire qui conduisait le prisonnier d'état stationna devant la maison où il resta trois jours. Tout le crime du maréchal était d'avoir alarmé la puissance jalouse du terrible Richelieu : sa tête l'expia sur la place de Grève.

Les magistrats haranguèrent LL. MM. à l'entrée de la ville, en leur en présentant les clés dans une écharpe de taffetas bleu ; ils les accompagnèrent ensuite dans les hôtels qui étaient préparés pour elles. Le roi et Anne d'Autriche furent conduits dans la maison de Claude Soyrot qui était, par destination, à cette époque, l'hôtellerie des princes et des rois qui traversaient Châtillon*. On l'avait embellie cette fois de tout ce qu'on avait pu trouver de plus digne des hôtes royaux qui devaient l'occuper, et auxquels on offrit les productions les plus estimées du pays, ces pâtés de poissons, dont on avait fait honneur à tant de gloires passées, des truites vivantes de la plus belle apparence, des confitures d'épine-vinette, des mousserons et des truffes de la Montagne, d'un si excellent parfum que Courtépée n'a pas dédaigné de les comparer au fruit exquis du Périgord; vingt-quatre pâtés de truites furent distribués de la sorte à LL. MM. et aux officiers de la cour. Pendant ce temps, les

---

* C'est la maison de M. Cornillac, imprimeur, rue de l'Ile.

canons de la ville, embusqués sur la plate-forme du château, ne cessaient de faire entendre l'expression bruyante de la joie populaire. « On les tira si fréquemment, que les vitraux de l'église Saint-Vorle en furent *considérablement envisagés*. »

Le passage de Louis XIV à Châtillon eut un but politique. L'arrestation des princes de Condé, de Conti et de Longueville, qui s'étaient prononcés, avec le peuple et le parlement, contre l'administration du cardinal de Mazarin, dans les troubles de la Fronde, avait occasionné des désordres dans la province. De même que son admiration pour les princes de la maison de Lorraine l'avait entraînée dans la Ligue, ainsi son attachement à la famille de ses nouveaux gouverneurs, la faisait incliner au parti des frondeurs. La fermentation des esprits, accrue par les menées des émissaires des princes et la défection du régiment de Persan, qui avait séjourné à Châtillon, agitait la plupart des villes de Bourgogne, et en particulier la nôtre, où nous avons vu que les Condé trouvaient de si chauds partisans[*]; enfin, l'insurrection avait pris un

---

[*] Cette année, le gouverneur de Bourgogne, duc de Vendôme, cassa les élections municipales de Châtillon, et nomma lui-même les capitaines des quartiers. Ne pourrait-on pas voir là les symptômes de l'opposition que nous voulons constater ?

caractère sérieux à Seurre, dont la garnison, faisant bonne résistance aux troupes du roi, se jetait parfois jusqu'aux portes de Dijon, qui fut à la veille de tomber au pouvoir de la Fronde.

La cour résolut alors de visiter la Bourgogne et de présenter aux populations Louis XIV, conduit par Anne d'Autriche et Mazarin, dans l'espérance, qui ne fut pas trompée, que la vue du jeune roi, rassurant la foi ébranlée, ferait tomber les armes à ses pieds. En effet, après une entrée triomphale dans les murs de Dijon, le futur grand roi n'eut pas plus tôt paru au camp établi sous les murs de Seurre, que les mécontents rentrèrent dans l'ordre, et la place fut remise le 21 avril 1650.

Pour regagner la capitale, le royal cortége, suivant les traces d'une ancienne voie romaine, à travers les immenses forêts de Salives et de Barjon, passa par Châtillon; et, le 26 avril, les salves des canons placés sur les hauteurs du château, annoncèrent son approche*. La pre-

---

* Toute l'artillerie de Châtillon consistait alors en 7 pièces qu'on avait soustraites au désarmement de la ville, opéré après les guerres de la Ligue. Louis XIV les fit prendre, le 21 mai 1677, par un commissaire chargé de les conduire dans les places de la Franche-Comté, après la conquête de cette province. J'ignore ce que le roi répondit à la supplique des habitants, qui, vu leur grande pauvreté, avaient demandé à être dédommagés de la perte de ces canons, dont voici l'énumération :

mière voiture était celle de Louis XIV, accompagné de la reine-mère, Anne d'Autriche, et de M. le duc d'Anjou, frère du roi. Venaient ensuite, dans d'autres carrosses, madame la princesse de Carignan, Marie de Bourbon, monsieur le cardinal, trois de ses nièces, et monsieur le duc de Nevers, avec plusieurs officiers et dames de la cour la plus splendide de l'Europe.

Après que LL. MM. eurent été reçues et

1° Une pièce de fonte, longue de 16 pieds, et de 6 livres de boulet, avec cette inscription en relief : *A la ville de Chastillon-sur-Seine.*

2° Une pièce de 7 pieds, de 2 livres de boulet, portant pour inscription : *A la ville de Chaumont de Chastillon-sur-Seine.* 1590.

3° Une de 6 pieds 1 pouce, de 2 livres de boulet. Sur le renfort, les armes de la ville, avec deux fleurs de lis et deux croix de Saint-André.

4° Une de 7 pieds, d'une livre trois quarts de boulet. 1590.

5° Une de 5 pieds 5 pouces, d'une demi-livre de boulet.

6° Une de 5 pieds, d'une demi-livre de boulet, avec cette inscription en lettres gothiques : *Sainct-Yves.*

7° Une de 6 pieds, d'une demi-livre de boulet, avec cette inscription en lettres gothiques : *Sainct-Andrey.*

Depuis ce désarmement, Châtillon n'avait plus que deux couleuvrines, qui furent enlevées par les Wurtembergeois dans l'invasion de 1815. — Après la révolution de juillet, le roi Louis-Philippe, sur la demande du maire et des officiers de la garde nationale, a accordé deux pièces de 6 à la ville de Châtillon, qui saura mieux les conserver à l'avenir.

haranguées entre les barrières de la porte dijonnaise, par les échevins, qui présentèrent au roi les clés de la ville dans un plat d'argent recouvert d'une écharpe de taffetas bleu, le cortége s'avança lentement, précédé des tambours des gardes et des fifres suisses, escorté des gardes écossaises, des gardes du corps et des Suisses. Les grands et petits valets de pied, les huissiers de la chambre, ceux du cabinet et autres gens de la suite de la cour, fermaient la marche. En cet équipage, on accompagna Louis XIV jusque dans la rue de l'Ile en la maison Soyrot, qui avait déjà reçu le roi, son père, Condé et Anne d'Autriche, à leur passage. Les autres princes, princesses et seigneurs, furent ensuite conduits, par les échevins, dans des logements décorés pour eux de tapisseries, de chiffres, de festons et de portiques *en papier de couleur;* savoir, la reine, dans la maison de Marc-Antoine Lefoul de Santigny, conseiller du roi et lieutenant-général au bailliage ; Monsieur, duc d'Anjou, dans celle de Mᵉ Jean Joly, aussi conseiller et lieutenant-particulier; le cardinal de Mazarin, au logis de Claude Siredey, bourgeois ; et la princesse de Carignan, au Châtelot.

Quand les illustres voyageurs eurent pris quelques heures de repos, les échevins, ayant à leur tête l'un d'eux, Mᵉ Pierre Personne, qui porta toujours la parole en l'absence du maire,

Claude Rémond, retenu à Dijon comme député aux états de la province, furent admis à faire leur cour au roi, à la reine, à M. le cardinal, *qui reçut les mêmes honneurs que le monarque lui-même;* le duc d'Anjou et la princesse de Carignan furent aussi visités et harangués le lendemain. On leur offrit, au nom de la ville, tout ce que le pays, mis à contribution, avait pu fournir de plus merveilleux : mousserons, truffes, boîtes de confitures sèches, citrons pour la reine, pots d'hypocras *tant blanc que clairet, musc et ambre gris,* poissons vifs, et enfin pâtés de truites que la cour trouva de son goût. Car, trois ans après, le 4 avril 1653, le roi fit demander à la ville, pour les étangs de Fontainebleau, deux cents pièces de truite dont la plus grande partie fut pillée, chemin faisant, par des gens de guerre qui tenaient alors le pays. Les vins d'honneur furent présentés aux premiers officiers de la cour, et quelques gratifications en argent offertes aux gens de la suite, notamment quarante livres aux gardes écossaises pour retirer de leurs mains les clés de la ville.

Le voyage de la cour dans les villes de Bourgogne ayant pour objet d'y exalter le vieux

---

* Claude Rémond, resté fidèle à la cour pendant les troubles de la Fronde, avait été nommé maire à la place de Marc-Antoine Lefoul, dont les sentiments étaient alors suspects.

royalisme des populations, on résolut de montrer Louis XIV au peuple. Le lendemain de son arrivée, mercredi 27 avril 1650, il parcourut donc la ville avec la reine-mère, le cardinal, les princes et princesses, et visita l'abbaye des Bénédictines du Puits-d'Orbe, qu'Anne d'Autriche honorait de sa protection, et à qui sa munificence fit élever le beau monastère dont nous parlerons bientôt. LL. MM. entrèrent dans l'église « pour y rendre grâces à Dieu d'avoir, par une assistance particulière, réduit en peu de jours en leur devoir les villes et les sujets qui s'en étaient départis. » Un historien a remarqué que le spectacle de la Fronde, laissant des impressions profondes dans le cœur ardent et fier du jeune roi, y avait développé un penchant secret au despotisme. En effet, les particularités de ce voyage en Bourgogne étaient restées gravées dans son esprit, et, sur la fin de son règne, en 1695, il parlait de sa visite au Puits-d'Orbe, comme d'une circonstance encore présente à sa mémoire. *

---

* On lit dans une lettre d'une religieuse bénédictine de Châtillon l'anecdote suivante :

« M. de Lamoignon parlant un jour du Puits-d'Orbe, le roi répondit *qu'il s'en souvenait bien, et qu'il y avait été dans sa jeunesse;* alors l'avocat au parlement supplia, au nom des religieuses du Val-de-Grâce, de nommer une d'entre elles à ce couvent pour y maintenir la réforme, et

La cour se rendit ensuite dans la rue du Truchot, pour y visiter le couvent que les PP. Feuillants venaient alors d'élever sur l'emplacement de la maison de saint Bernard, et assista à la bénédiction de la cloche de l'église du monastère, dont Louis XIV voulut bien être le parrain; la jeune princesse de Carignan fut la marraine. L'inscription gravée sur cette cloche, refondue en 1778, consacrait le souvenir de ce royal baptême.

LL. MM. partirent de Châtillon à midi, après avoir reçu de nouveau les honneurs de la ville. Avant de la quitter, le roi voulut y laisser un témoignage de son passage. Il accorda aux frères Soyrot, chez qui il avait couché, l'exemption de loger à l'avenir les gens de guerre, avec la permission d'apposer les armes de France

---

il proposa la mère sainte Scolastique, une de ses parentes, demandée par la communauté, ajoutant toutefois qu'elle avait déclaré par écrit et de vive voix qu'elle ne se résoudrait jamais à accepter cette charge. Sur quoi le roi demanda : « Cela est-il sincère ? car il est bien rare de refuser des abbayes, et on m'importune extrêmement pour en avoir. » M. de Lamoignon répondit que rien n'était plus vrai. — « Cela me déterminerait à la nommer, repartit le roi ; car je n'aime point à donner les abbayes à celles qui les veulent. Je m'étonne que des personnes, qui quittent le monde pour vivre dans la retraite et ne songer qu'à servir Dieu, désirent d'être abbesses : l'abbesse est la première servante de toutes ses religieuses. »

ornées de panonceaux et bâtons royaux sur la façade de leur maison, en mémoire de l'hospitalité qu'elle avait souvent offerte à d'éminents personnages. Ces armoiries, qui rappelaient leur passage dans la ville, ont subsisté jusqu'à la révolution de 1793, qui prenait à tâche d'effacer jusqu'aux plus glorieux souvenirs. *

Tels étaient 1° les événements qui entremêlaient de tristesses et de joies l'uniformité de l'histoire locale durant cette époque monarchique. Essayons maintenant de tracer un tableau rapide, 2° de l'organisation politique, 3° de la statistique et des établissements, 4° des célébrités de Châtillon, dans le même intervalle; c'est-à-dire qu'il nous faut achever de caractériser, dans une ville de province, ce nouveau monde, qui, sorti des crises de la Ligue, doit entièrement s'abîmer à son tour dans le cataclysme de 1789.

Et d'abord, n'espérez plus y retrouver la commune du moyen âge, régie, sur le fait de la justice et de la guerre, selon les lois qu'elle s'est faites et d'après des magistrats de son choix, espèce de république féodale ayant son caractère propre et ses révolutions particulières. Châtillon désormais n'est plus que l'écho de la pensée royale qui préside seule aux destinées de la France, et ne compte plus que pour un des milles

---

* Mss. Bourceret.

rouages de ce grand système d'administration centrale enfin réalisé par Louis XIV. En vertu de l'édit du mois d'août 1692, des maires perpétuels et héréditaires, nommés à titre d'office par les états de la province, ont remplacé les maires électifs, en en conservant à peu près les pouvoirs. * Le choix des échevins, réduits au nombre de quatre, par ordonnance du 8 juillet 1668 donnée à Saint-Germain, est devenu le résultat d'un simulacre d'élection, qui doit être agréée par le roi. Encore, chaque année, au retour de l'assemblée électorale, le gouverneur de Bourgogne fait-il préalablement cette recommandation officielle : « Estimant qu'on ne peut mieux faire, pour le bien et l'avantage de la ville de Châtillon-sur-Seine, que de nommer échevins, pour le Bourg N. N., et pour Chaumont N. N., ceux qui assisteront à l'assemblée qui doit se

---

* En conséquence de l'ordonnance précitée, cet office fut adjugé, le 16 août 1693, par les états de Bourgogne, moyennant une finance de 28,000 livres et 2 sols par livre, à Jean-François Jouard, seigneur de Gissey, qui le transmit à son fils, et celui-ci à son neveu. Après ce dernier, les états élurent, le 1er décembre 1768, M. André Dumont, lieutenant particulier au bailliage, qui occupa cette charge jusqu'à la formation des municipalités électives en 1790. M. Dumont, à qui l'on doit la plantation de la charmante promenade de la Dwi, aura toujours des droits à une place dans une histoire de Châtillon et dans le souvenir reconnaissant de ses concitoyens.

tenir pour l'élection des magistrats de ladite ville *me feront le plaisir* de leur donner leurs suffrages pour lesdits emplois. » Aussi les hommes sérieux se montrent-ils peu disposés à jouer une telle parodie, et il faut que M. de Saint-Florentin écrive de Versailles, en 1761 : « Les assemblées étant composées pour l'ordinaire de nombre d'habitants et surtout de bas peuple, en sorte que le désordre et la confusion y règnent souvent, le roi *entend* qu'à l'avenir les avocats, procureurs, et chaque corps d'arts et métiers, *soient tenus* de députer deux d'entre eux pour y assister et donner leurs suffrages. »

Toutes les autres charges populaires sont dorénavant dévolues moyennant finance : celles de maire, de procureur syndic de la commune, de greffier, d'assesseurs, de conseillers du roi receveurs des deniers patrimoniaux, etc. Et il en est de même de tous les commandements de la milice bourgeoise : les titres de colonel, major, et de capitaines, lieutenants, enseignes, dans les cinq quartiers de Chaumont, des Ponts, de l'Ile, du Bourg et du Bourg-à-Mont, sont devenus des offices rachetables à prix d'argent.

Plus d'institutions indigènes, et partant plus d'histoire. Qui connaît l'organisation administrative de la province a connu celle de Châtillon : sauf des noms propres, c'est l'histoire de toutes les autres villes. Et elle se peut bien vîte apprendre, en sachant que, la dixième parmi les 40 villes de

Bourgogne qui députent aux états, et la neuvième qui nomme l'élu du tiers, * Châtillon est le siége du Ve bailliage principal du parlement, d'une chancellerie aux contrats incorporée au bailliage, d'un des cinq présidiaux établis dans le duché par édit du mois de janvier 1696, d'un gouvernement particulier de la lieutenance du Dijonnais, d'une lieutenance de MM. les maréchaux de France, d'un bailliage du duché-pairie de Langres, d'un doyenné du diocèse de Langres, d'une maîtrise particulière de la table

---

* Les maires de villes étaient de droit élus du tiers aux états de la province, qui se tenaient tous les trois ans et devenaient l'occasion de grandes solennités. Voici, à ce propos, une aventure que le célèbre Piron raconte à son frère, au sujet d'Aimé Piron, leur père, qui était toujours invité au grand repas que les élus de Bourgogne donnaient au prince de Condé, quand il venait présider les états à Dijon. « Mon père, dit Piron, plus de trente à quarante fois dans sa vie, a fait l'âme du repas du tiers-état. Une fois, étant assis à côté du maire de Beaune, le maire de Châtillon, qui était à la gauche de celui de Beaune, se trouvant dans un mouvement d'enthousiasme, se lève, et s'adressant au prince : « Monseigneu, à la santé de « Votre Altesse et de tous vos illustres aïeux ! » Dieu sait la risée ! Le bruit cessé, mon pauvre père, que Dieu absolve, cria du même ton : « Monseigneu, ce n'ât qu'un « rejeigneux, el ai dérobai celai dans la poche du maire de « Beâne. » Celui-ci, en fureur, voulait battre mon père, qui se défendait ; le prince les sépara. Parlez-moi de ces frimes du bon temps, et non pas..., etc. »

de marbre de Dijon, d'une maréchaussée sous le prévôt général de Bourgogne, d'un grenier à sel, d'un bureau de recette des traites sous la justice des traites foraines de Dijon, d'un entrepôt des tabacs, d'une subdélégation de l'intendance de Bourgogne, d'une subdélégation du prévôt des marchands de Paris, d'une recette particulière des états de la province, d'une commanderie du grand prieuré de Champagne, d'une recette de la maîtrise, d'une officialité, etc., etc.; — toutes choses qui devraient sans doute être constatées dans une statistique administrative de la France à cette époque, mais dont la description plus détaillée serait aussi déplacée dans une histoire locale, que si, parlant de la France départementale, telle que la révolution l'a faite, nous entrions dans l'étude des attributions politiques, municipales, judiciaires, ecclésiastiques, financières, domaniales, etc., qui ont cours aujourd'hui.

La physionomie extérieure de la ville et son état matériel n'avaient pas subi des changements moins profonds. Nous le savons, Dieu merci! c'est surtout à Châtillon que la Ligue détruisit les dernières traces du moyen âge, et que, sur les ruines qu'elle y fit, on vit s'élever alors une de ces villes, à la manière des XVIIe et XVIIIe siècles, dont une autre révolution vient de nouveau d'effacer le caractère.

Une société morte et silencieuse, paisiblement livrée à des travaux ou des loisirs inoffensifs, avait fait place à la population manufacturière et active qui remplissait auparavant sa triple enceinte. D'après un recensement envoyé au ministre en 1774, Châtillon ne contenait plus que 656 maisons, 757 feux cotés pour la taille royale, 707 pour la négociale, et 40 insolvables. Il comptait environ 2,700 communiants, et 3,390 âmes, dont 818 garçons, 1,071 filles, 664 hommes veufs et mariés, 729 femmes mariées et veuves, et 114 personnes en religion. Chaumont et le Bourg formaient une seule et même cité, dont les armes étaient de gueules au château sommé de quatre tours crénelées d'argent, et massonné de sable. * La Ligue avait renversé ces grands faubourgs qui la flanquaient de tous côtés ; et, quand la révolution éclata, toute la population décimée par les guerres, restreinte par la ruine de l'industrie indigène, était renfermée dans une seule enceinte de remparts où l'on n'apercevait plus aucun signe des distinctions qui avaient fait de Châtillon, dans les âges précédents, deux villes séparées. Car depuis quelque temps, la Porte-aux-Poissons, qui séparait le Bourg de la rue des Ponts, était détruite; d'autre part, une des clauses du traité de réunion des deux villes avait été que la double porte séparative du Bourg et de Chaumont fût

---

* Courtépée.

dépendue de ses gonds; et plus récemment (en 1746), la maçonnerie même de cette double porte avait été enlevée par ordre de Louis XV.* Les châteaux de ces deux places rivales n'avaient plus rien d'hostile; les ruines du castrum du Bourg pendaient inoffensives sur la ville qu'il protégeait jadis; et le châtelot de Chaumont, converti en une maison seigneuriale des sires de Sainte-Colombe, avait perdu le reste d'apparence militaire que lui avait encore conservée le chancelier Rollin.

En retour, de nombreuses fondations religieuses, de charmantes promenades et des édifices publics, dans le goût et le style du temps, rendaient à Châtillon un nouvel aspect qui n'était pas sans grandeur. Ainsi, l'ancienne maison commune ayant été délaissée pour y établir le collége *ou autrement faire le bien de la ville,* on éleva, aux frais de toutes les

---

* On lisait, avant la révolution, l'inscription suivante, sur une maison bâtie dans l'emplacement des piliers de la première porte :

Regnante Ludovico XV,

Portæ urbis,

Quæ priùs hic stabant,

Ad amplificandam viam publicam,

Conciderunt.

Et, regis jussu,

Hæc ejus dominii insignia sculpta.

M DCC XLVI.

communautés du bailliage, dans les premières années du XVIIe siècle, le nouvel auditoire et hôtel de ville, qui sert maintenant de maison d'arrêt. Le pavillon de l'Arquebuse fut aussi achevé vers l'an 1610 ; à cette époque, l'assassinat de Henri IV éveillant dans le peuple les sentiments d'une pieuse indignation, les chevaliers du *hardi jeu* firent placer, au dessus de la porte d'entrée, le buste du bon roi, avec cette inscription qu'on y peut lire encore sous les traces du vandalisme révolutionnaire :

> Ce prince n'est pas mort, quoique un fer homicide,
> Plongé dedans son sein, lui ait fermé les yeux :
> Sa bonté, sa vertu, ses actes valeureux
> Le font revivre en nous, malgré ce parricide.

La plantation de délicieuses promenades faisait en même temps de Châtillon une des villes agréables de la province. Sans rappeler ici notre belle Dwi et le jardin de l'Arquebuse, n'oublions pas le Cours-l'Abbé et le Petit-Versailles. — Henri Lenet, né à Dijon, d'une famille parlementaire et d'un père érudit, fut nommé abbé de Châtillon, en 1662, et fit planter alors l'avenue maintenant séculaire qui précède l'ancienne abbaye de Notre-Dame. Il avait fait exécuter, de son vivant, par le *célèbre sculpteur* Bouchardon, le tombeau de marbre où il fut déposé après sa mort, et dont ses cendres furent arrachées, en 1793, par des mains sacriléges qui osèrent bien, par manière de divertissement, faire rouler sur les dalles de l'église le crâne de ce vénérable bienfaiteur du pays. — Le *Petit-Versailles*, avec ses terrasses étagées, ses canaux de pierres sculptées arrosés par la Seine, ses parterres réguliers plantés d'ifs taillés, ses cabinets de charmilles ornés de statues du ciseau de Bouchardon, était un de ces jardins somptueux du XVII° siècle que la magnificence et le goût des grands d'alors aimaient à décorer de ce nom. Le savant homme qui l'avait planté, et dont nous aurons à apprécier plus tard les connaissances exquises et variées, avait fait bâtir à grands frais, au milieu du jardin, une charmante maison d'habitation : on y voyait un cabinet d'antiques, de peinture et de sculpture, où il avait su réunir les plus curieuses collections. *

Mais ce qui distinguait surtout la ville à cette époque, et par conséquent ce qui doit surtout occuper son histoire, c'était la multitude

---

* V. Courtépée. — Hocmelle s'en exprime ainsi dans son histoire manuscrite de l'abbaye de Châtillon :

« Est circà urbem hortus amænus, cui minoris Versallii nomen est, domini Josephi Soyrot, litterati et eruditi viri, sumptibus excultus. Domiculâ ornatus est, in quâ libri reperiuntur, non numero, licet plurimi sint, sed singularitate preciosi, varia antiquitatis monumenta, picturæ et cœlaturæ, artium opera non pauca et exquisita, aliaque hujus modi, quæ hominem doctum decent. »

d'églises et d'établissements religieux dont elle était remplie. Resté seul debout au milieu des ruines du château ducal, Saint-Vorle était toujours la paroisse de Châtillon. Saint-Jean, pour Chaumont, Saint-Nicolas, au centre du Bourg, et, parmi les débris du faubourg de la Chapelle, Saint-Mametz, élevé sur l'emplacement de la magnifique et ancienne église de ce nom, en étaient les trois succursales. Il y avait aussi, tant aux portes que dans l'intérieur de la ville, plusieurs chapelles sauvées des désastres de la Ligue : Saint-Martin, dont nous avons mentionné la fondation; Saint-Léger, seul reste de la Léproserie et du faubourg de la Maladière; Saint-Thibaut, débris échappé au renversement du couvent des Templiers et du faubourg du Temple; et, près de la porte Dijonnaise, la chapelle Sainte-Barbe plus connue sous le nom de Saint-Roch dont il y avait là une confrérie. Et je n'ai pas encore dit un mot des riches et nombreux monastères dont ce siècle vit le rétablissement et la fondation.

Perdues par les richesses et l'oisiveté, les abbayes n'étaient plus, comme dans l'origine, de grands foyers de foi, d'étude et de civilisation. En particulier, celle de Notre-Dame de Châtillon se trouvait dans un état bien déplorable. La destruction des cloîtres par le baron de Thenissey, obligeant les chanoines de se retirer dans la ville où chacun vécut de son

côté et à sa manière, acheva de ruiner, parmi eux, la discipline affaiblie puissamment par l'altération des règles austères d'Aroaise, l'introduction de l'usage des viandes, la division des biens de la mense conventuelle par l'abbé Guillaume, et la conversion des charges en bénéfices, en 1320. De ce jour, il faut dire que toute observance régulière fut foulée aux pieds par les abbés : car le successeur de Guillaume, Hugues de Corbigny, se souilla des vices les plus infâmes : de son temps, un chanoine subit la peine capitale. Le désordre fut tel que, vers l'an 1500, on cessa même d'avoir une table commune. La chose en vint au point que bientôt on ne put plus distinguer les chanoines qu'à la robe blanche dont ils étaient vêtus; encore chacun la portait-il à sa guise et avec les ornements qui plaisaient à sa vanité. On avait perdu jusqu'au souvenir des règles qu'il fallait suivre. *
Si les choses en étaient là en 1500, qu'on juge de ce qu'elles devaient être à l'époque dont nous parlons, après l'interruption de tout exercice régulier par les guerres et la dispersion des chanoines au milieu du monde.

La réforme et la reconstruction de l'abbaye furent l'œuvre du religieux infirmier de la maison. Il n'y a pas de travaux si pénibles, de persécutions si cruelles, que frère Claude

---

* Hoemelle. — *Hist. manuscrite de l'Abbaye.*

Esperit (c'était son nom) n'ait soutenus dans sa généreuse entreprise. Seul contre tous les obstacles, le crédit et la puissance des abbés, les rumeurs de l'opinion, les difficultés de nombreux procès avec les bénéficiers de l'abbaye, il triompha de tout; et, lâchement abandonné, il alla se jeter aux pieds du roi Louis XIII, à son passage à Troyes, et obtenir par ses prières et ses larmes quelque aide à son secours : ce qui ne fit qu'augmenter les violences des chanoines, qui le retinrent prisonnier dans d'étroits et d'obscurs réduits, sous des grilles de fer.

La fureur qu'il inspirait était si grande, même en dehors du couvent, qu'un jésuite, nommé d'Attichy, neveu du maréchal de Marillac, s'étant avisé, un jour qu'il prêchait à l'Abbaye, d'exciter les chanoines à la réforme et d'exalter les vertus de l'homme courageux qui avait dévoué sa vie à cette noble mission, fut cruellement injurié en pleine église, et poursuivi, avec de grandes clameurs, jusqu'à la maison qu'il habitait. *

Une résolution moins ferme que celle du pauvre infirmier eut été ébranlée. Mais frère Esperit, ayant trouvé moyen de s'échapper de son cachot, courut se réfugier à Sainte-Geneviève-du-Mont, à Paris, où la réforme des chanoines réguliers avait été établie par les soins

---

* Hocmelle. — *Hist. manuscrite de l'Abbaye.*

du cardinal de la Rochefoucauld. Son zèle et son mérite y furent si bien appréciés que, chargé par le général de la compagnie de France de diverses missions, il fut envoyé, en 1635, avec quelques religieux de Sainte-Geneviève pour introduire la réforme dans l'abbaye de Châtillon et y relever les cloîtres abattus. Il y eut bien encore à vaincre, pour cela, de nouvelles et vives oppositions : mais le P. Esperit avait ce qu'il faut pour venir à bout d'une grande entreprise. Et, après avoir eu le bonheur de réaliser le rêve de toute sa vie, il s'en alla la finir à Paris, le 4 septembre 1649, dans la charge de procureur au prieuré de Sainte-Catherine, ayant donné toutes les preuves d'un grand homme de bien. *

Parmi les derniers et les plus puissants adversaires que Claude Esperit avait rencontrés en affermissant dans l'abbaye des chanoines génovéfains de Châtillon la discipline réformée qui y a subsisté jusqu'à la suppression des couvents, s'était trouvé l'abbé commendataire, dont la biographie n'est pas dépourvue d'un piquant intérêt. Car il faut dire que, après avoir, depuis 1489, époque de son érection, appartenu à plusieurs hommes de marque, parmi lesquels on peut citer François de Dinteville, qui fut depuis évêque d'Auxerre, Antoine Prévôt de Sessac,

---

* *Hist. manuscrite de l'Abbaye.*

qui, devenu archevêque de Bordeaux, assista au colloque de Poissy, Louis de Lorraine, cardinal de Guise, etc., ce bénéfice était alors entre les mains d'un des plus singuliers personnages de la cour de Richelieu.

Des saillies de bons mots, beaucoup de monde et quelque peu de littérature, de la souplesse et de l'enjouement, avaient fait la fortune de François Métel de Bois-Robert (né à Caën, vers 1592, mort en 1662), fils d'un avocat, et d'abord avocat lui-même. Ces qualités ou plutôt ces complaisances d'esprit, qui font l'homme de cour, agréèrent au cardinal de Richelieu, qui ne crut pas trop les récompenser par de nombreux bénéfices, le prieuré de La Ferté-sur-Aube, l'abbaye de Châtillon, les charges d'aumônier du roi et de conseiller d'état, des lettres de noblesse, et, qui plus est, la confiance la plus exclusive. Seul il la posséda avec le capucin Joseph; et il faut dire, à la gloire de l'abbé de Bois-Robert, qu'il en usa pour servir même les poètes ses rivaux. On doit aussi à ce crédit l'établissement de l'académie française, qui n'échappa point pour cela aux traits de sa verve caustique. Par exemple, la lenteur qu'elle apportait à la rédaction du *dictionnaire*, lui inspira ses plus jolis vers :

> Depuis six mois dessus l'F on travaille ;
> Et le destin m'aurait fort obligé,
> S'il m'avait dit : tu vivras jusqu'au G.

En somme, l'influence qu'il avait sur l'esprit du cardinal était telle qu'on disait à Richelieu malade : « Monseigneur, tous nos remèdes sont inutiles, si vous n'y joignez une ou deux drachmes de Bois-Robert.* »

Le rôle de Bois-Robert chargé de dérider le ministre de Louis XIII, et de *composer l'esprit* de cet homme qui voulait acheter le *Cid* à Corneille et prisait ses talents littéraires à l'égal de sa mission politique, explique en partie cette intimité, devenue, comme on voit, nécessaire. Il était en effet chargé de *travailler* avec Rotrou, Colletet, l'Etoile et Corneille, pour le théâtre du cardinal : ils composèrent ensemble plusieurs pièces, telles que l'*Aveugle de Smyrne*. Lui-même, outre un grand nombre d'*Epîtres*, un roman dans le genre du Cyrus, des *Nouvelles héroïques et amoureuses*, une *Paraphrase* en vers des *Psaumes de la pénitence*, etc., a laissé dix tragi-comédies, dont le succès doit effrayer plus d'un poète dramatique que je pourrais nommer. Car, dans des préfaces dont rien n'égale la présomptueuse insolence, sinon celles de tel ou tel auteur contemporain, l'abbé de Châtillon promet bravement l'immortalité à ses pièces. Un autre même eut été trompé par ces acclamations universelles dont la vogue accueillait ses plus méchantes productions. Bois-Robert était le poète

---

* Biog. univers.

à la mode, comprenant bien son époque, ce qui veut dire, de nos jours, qu'il en avait tous les travers. Recherché partout, c'était lui qui lisait des vers à l'académie dans les grandes occasions, par exemple, quand la reine Christine eut les honneurs de la séance. Comment n'y aurait-il pas cru? « On disait à la cour que Bois-Robert était notre Sophocle; et le cardinal, parmi les chefs-d'œuvre de l'esprit humain, ne voyait que sa *Mirame* au-dessus de la *Comtesse de Barcelonne.**» Le pauvre abbé était de ces auteurs qui paient, par l'oubli qui les recouvre dans la tombe et souvent même avant qu'ils n'y descendent, l'apothéose prématurée que la complicité du public leur décerne, et les louanges imprudentes prodiguées par le mauvais goût d'un siècle abusé. Il y aura longtemps des exemples de cela.

Après tout, il ne faut pas trop croire que Bois-Robert ait plus pris la littérature au sérieux que les ordres ** : poëte et abbé de salon, galant bénéficier à la manière de ceux de la régence, homme de cour et d'esprit mettant plutôt sa

---

* Recueil des meilleures pièces dramatiques faites en France, depuis Rotrou.

** L'abbé de Châtillon a été l'objet d'un grand nombre de vers épigrammatiques ou autres. En voici d'assez bien faits, qui ont de plus le mérite d'aussi bien peindre son caractère que le ferait une notice biographique. On suppose que Bois-Robert, s'entretenant avec Ducos aux Champs-Elysées, dit de son Mécène :

gloire dans ses bons mots, histrion habile, et *grand dupeur d'oreilles*, comme il s'appelait lui-même; en sa qualité d'abbé, aimant avec passion la table et le jeu; jurant en perdant son argent

<pre>
Je l'amusais : souvent ma bonne humeur
Le délassait de sa triste grandeur.
Des noirs soucis chassant l'amas sinistre,
Je déridais le cardinal ministre :
Le faire rire était mon seul métier :
Il me payait pour le désennuyer;
Car, en régnant, quelquefois on s'ennuie,
Et la vengeance attriste un peu la vie.
Quand son esprit, à trop de soins ouvert,
S'obscurcissait par la mélancolie,
On lui disait : « Prenez du Bois-Robert. » —
Ah! c'est donc toi, dit le chef des quarante,
Abbé folâtre, heureux bénéficier,
Tu fis là-haut un assez doux métier,
Et ta gaîté t'a tenu lieu de rente.
Mais de quel droit entras-tu dans ce lieu?....
Je sais fort bien que tu fus, sur la terre,
L'un des élus dotés d'un honoraire
Pour composer l'esprit de Richelieu ;
Que Colletet, compagnon de tes veilles,
Rotrou, l'Etoile et l'aîné des Corneilles,
De cet honneur partageaient l'embarras;
Mais tu n'as fait Cinna ni Vinceslas. —
Non, je l'avoue. — Et quel est donc ton titre? —
Il en est un qui peut être prisé :
De mon crédit je n'ai point abusé;
Du bien du mal, je fus souvent l'arbitre;
Je fis le bien, et de mon protecteur
Sur les talents j'attirai la faveur.
Je n'avilis ni son nom, ni ses grâces;
Je ne vendis priviléges ni places,
Et je servis, j'aimai de bonne foi
Tous mes rivaux qui valaient mieux que moi.
</pre>

avec les nièces du cardinal Mazarin et le duc de Roquelaure; soupçonné, mais sans preuve, d'un vice infâme qui le fit pourtant bannir deux fois de la cour; du reste, sans haine, sans envie, et d'une bienveillance qui le porta souvent à aider de son crédit puissant jusqu'à ses ennemis.

La ville de Châtillon l'éprouva plus d'une fois. Elle avait d'ordinaire recours à lui pour obtenir quelque grâce royale, une diminution de tailles, la décharge d'une garnison, etc. C'est pour un service de ce dernier genre qu'on lui fit présent, en 1639, d'une magnifique tapisserie de 75 aunes, brodée de ses armoiries, sur un fond rouge et bleu. Cette tapisserie, façon de Châtillon, dont les bordures jaunes et bleues étaient remplies de flammes et de fleurs, sortait des fabriques de Claude Rameset, un des tapissiers de la ville. L'année suivante encore, « *en reconnaissance de divers plaisirs faits à la ville* par M. de Bois-Robert, abbé de Notre-Dame, et notamment de ce qu'il l'avait fait décharger de huit compagnies d'infanterie du régiment de Lorraine qui avaient ordre d'y loger un mois et furent alors renvoyées à Vanvey, » les magistrats lui offrirent de la vaisselle d'argent du prix de six cents livres.*
L'abbé de son côté était fort satisfait d'une ville où il recevait un si bel accueil chaque fois qu'il venait prendre possession de son bénéfice. Ses

---

* Registres de la chambre de ville.

épîtres, qui n'ont de remarquable que tous les défauts littéraires du temps, sont signées de *l'abbé de Châtillon;* il faut tout le courage inspiré par le patriotisme local pour en entreprendre la lecture; mais l'historien de Châtillon le pardonne de bon cœur au faiseur de Richelieu, en considération des vers suivants, les seuls qu'il ait remarqués, et qui achèveront de faire connaître la personne de l'abbé-poète. Dans un des exils dont nous parlions tout à l'heure, Bois-Robert, relégué dans sa prébende de La Ferté, regrette, en s'adressant à M. de Caradas,

> Ce doux Paris, ce Paris adorable,
> Le seul séjour de l'homme raisonnable....

Et il ajoute :

> Hors de Paris, je mets tout au billon,
> Sans excepter mon joly Chastillon :
> J'y suis aimé, j'y passe pour habile,
> J'y suis enfin le premier de la ville;
> Et, sans mentir, je serais consolé,
> Si j'étais là pour un an exilé,
> Puisque Paris, pour qui je meurs d'envie,
> Ne me peut pas d'un an donner la vie.
> Mais, cher ami, je n'ai pas à choisir :
> Mon petit bien doit régler mon désir;
> Il faut par force aller vivre en Champagne,
> Où je vais faire une rude campagne,
> Où, pour charmer la rigueur du destin,
> Je t'écrirai des vers soir et matin,
> Si ce climat, où ma veine est glacée,
> Peut m'inspirer une douce pensée.

La reconstruction du couvent des Cordeliers date de la même époque que celle de l'abbaye de Notre-Dame. Après la ruine de leur vaste et gothique maison par le baron de Thenissey, leur communauté s'était réfugiée dans l'enceinte de la ville où, avec le fruit de l'économie du P. François Bouet, gardien du couvent, assez bon prédicateur, et une allocation de sept mille francs de la ville, ils s'étaient établis dans la maison des Barodeaux, près de la porte dijonnaise, jusqu'à ce que le rétablissement de la paix et de pieuses libéralités leur eussent permis de relever leur primitive demeure. Alors L. Vignier, baron de Ricey, intendant de la justice en Lorraine, fit reconstruire (en 1645) le cloître où l'on remarquait les armes de sa famille et celles de ses alliances, des Créqui, des Chabot, des Clermont, des Mesgrigny.* Personne, cependant, ne contribua davantage à cette œuvre de réédification que le P. J.-B. Junot, provincial, né à Châtillon en 1638, où il mourut en 1714, « plein de jours et de mérites, » dit son épitaphe. C'était en effet un homme de cœur, dont il est resté quelques oraisons funèbres et un livre de théologie morale dans le goût de la divine Imitation. Il avait été professeur de théologie au grand couvent des Cordeliers de Paris. **

---

* Hocmelle; Legrand; Ancien plan des Cordeliers.
** Bibliothèque des auteurs de Bourgogne.

A ces deux monastères reconstruits dans le style du XVIIe siècle, ajoutons ceux que la même époque vit se former à Châtillon et changer ainsi la face de la ville, en commençant par le Puits-d'Orbe dont la translation s'y fit le 21 décembre 1629.

Le relâchement de la discipline monastique avait aussi perdu cette célèbre abbaye de Bénédictines que la foi vive du moyen âge et le culte d'austères vertus avaient édifiée dans les forêts de Verdonnet. L'administration scandaleuse de Rose Le Bourgeois, jeune abbesse, issue d'une noble famille de l'Auxois, leva toute pudeur et mit le comble aux désordres, vers les premières années de ce siècle. Dès lors, affranchissement complet de toute observance régulière; plus de grilles, de cloîtres, d'habit, ni même de sacrements; nul frein à la licence; un commerce du monde habituel. La suprématie du prieur de Moutier-Saint-Jean et de l'évêque de Langres, supérieurs légitimes de l'abbaye, étant méconnue, et leurs remontrances méprisées, on eut recours à la médiation d'un saint, que l'Europe chrétienne entourait déjà de ses adorations respectueuses. François de Sales, député par le pape Paul V, vint lui-même au Puits-d'Orbe; et, si sa présence et plus tard ses lettres pleines d'une onction tout évangélique, dont on conserve encore dans le pays quelques autographes, n'eurent pas tout l'effet désirable, au moins obtinrent-elles que l'abbesse et ses religieuses se retirassent dans une ville du diocèse, où une surveillance plus active et la participation à des secours spirituels qu'on ne pouvait trouver dans ces bois devaient rendre la réforme possible. Leur choix s'étant porté sur Châtillon, elles s'établirent à leur arrivée dans la rue du Recept, * qu'elles quittèrent ensuite pour aller habiter le beau monastère que l'appui royal d'Anne d'Autriche leur avait fait élever sur la branche gauche de la Seine, du côté de Chaumont. Cet édifice, dont la mort de la reine empêcha de construire les deux autres aîles, est occupé aujourd'hui par l'hôtel de ville, la sous-préfecture et le théâtre.

Le séjour des religieuses dans une ville, où les occasions de désordre sont plus nombreuses, produisit un tout autre résultat que celui que François de Sales en avait espéré; et le saint, dont l'autorité méprisée eût excité l'indignation publique, n'eut pas plus tôt quitté la terre, que toute réserve fut écartée. Une enquête nécessitée par les dérèglements et les violences de Rose Le Bourgeois nous révèle les détails les plus scanda-

---

* Voyez D. Plancher, où ces événements sont longuement rapportés. — *Recept* vient de *receptaculum*, lieu de refuge où les seigneurs féodaux mettaient en assurance le butin de leurs guerres. Cette rue se trouve, à Châtillon, précisément au pied du château ducal. Plusieurs villes ont pareillement leur rue du Recept.

leux. « Madame l'abbesse (y est-il dit), sous quelques apparences de piété, vivoit le plus licencieusement et avec débord secret avec quelques-unes de ses religieuses ; et, pour cet effet, introduisoit toute sorte de personnes dans l'abbaye, à qui elle faisoit festin et donnoit le bal. Et à ces personnes là donnoit les clefs de la maison pour y entrer nuitamment; et afin de n'être point vu, il y avoit dans sa chambre, une trappe au moyen de quoi l'on pût entrer sans être vu de personne, ce qui dura plus de huit ans; et, lorsque les hommes manquoient de venir, ladite abbesse envoyoit de ses religieuses leur porter des lettres; lesquels ne manquoient pas de venir et entroient par ladite trappe; et par ce moyen hazardoit et prostituoit ses religieuses : car ayant été rencontrées par la ville, il y a eu des jeunes hommes qui les ont courues. Et lorsque ces hommes ne vouloient venir chez elle, elle les alloit trouver et faisoit porter son souper en leur maison, leur donnoit quantité de meubles et les nourrissoit, cependant que les religieuses mouroient de faim ; et, lorsque elles remontroient humblement leurs nécessités à ladite abbesse, elle les traitoit avec tant de rudesse, tant de la main que d'injures, qu'elles étoient contraintes de se taire et de souffrir des cruautés qui ne se peuvent imaginer... » Et ailleurs : « Ladite dame abbesse avoit toujours cinq ou six servantes séculières, dont l'une, que l'on appelle mademoiselle Pétot, d'une vie très-sale et mauvaise, avoit été fouettée et marquée, au rapport de plusieurs personnes de condition, dans la ville de Paris, dont madame l'abbesse ne pouvoit se défaire.... Et cette fille se trouvoit dans la chambre au four, proche le jardin, où il y avoit une porte par laquelle plusieurs personnes séculières entroient fort souvent : car il étoit impossible que ladite dame abbesse put se passer de voir et de fréquenter des séculiers. » *

L'évêque de Langres, Sébastien Zamet, affligé de ces criminels excès, vint lui-même à Châtillon : mais ses remontrances ayant déplu, il fut odieusement outragé par l'abbesse qui lui fit même fermer les portes du couvent et continua de se livrer à de tels abus que le prélat fut obligé de lancer l'interdit sur l'église et la communauté du Puits-d'Orbe. Une opiniâtreté coupable le fit durer près de vingt ans.

Le poids de l'anathème qui pesait sur leur tête alarmait cependant la conscience plus timorée de quelques religieuses, qui, résolues à embrasser la réforme, devinrent dès lors, de la part de Rose Le Bourgeois, l'objet de cruelles vexations. Les ayant reléguées dans un grenier au-dessus de l'église, d'où elles étaient obligées même d'entendre la messe, elle finit, pour punir ce qu'elle appelait leur rébellion, par les priver

---

* Preuves de l'histoire de Bourgogne.

absolument de toute nourriture, à tel point qu'elles en seraient mortes de faim, à la lettre, sans les vivres que leur faisaient passer secrètement les PP. Capucins, les Carmélites et les Ursulines. * Plusieurs fois la constance des réformées, les prières de sa noble famille, une réprobation universelle, les instances de l'évêque de Langres et de M. de Larochefoucauld, appuyées par les arrêts du grand conseil, vinrent lui arracher une soumission apparente : mais après mille promesses aussitôt violées, mille concessions aussitôt démenties, les religieuses du Puits-d'Orbe ne virent d'autre moyen de faire triompher la réforme dans l'abbaye que de

---

* Ces provisions, que les PP. Capucins passaient par la rivière qui séparait les jardins des deux couvents, étaient déposées dans un coin de l'église, d'où elles les montaient dans leur grenier, aidées par leur confesseur, complice de cette fraude. « Il leur arriva une fois une aventure dont elles firent dans la suite le sujet de leurs récréations, et qui nous a souvent excités à en faire le sujet des nôtres, disent des religieux qui avaient appris ces particularités des premières réformées. Un jour, la corde qui servait à monter les provisions vint à casser, et elles se firent un plaisir de voir leur vie, dans ce qui devait la soutenir, répandue au pied de l'autel où elles l'avaient tant de fois sacrifiée, tandis que leur bon confesseur, voyant au milieu de l'église un panier d'œufs cassés et une bouteille de lait, et tremblant que l'abbesse ne s'en aperçût, courait par tous les coins, tout boiteux qu'il était, pour tout enlever et ne laisser aucune trace de cet accident. »

demander à la reine Anne d'Autriche des sœurs du Val-de-Grâce qu'elle-même avait fondé.

Celles qu'on accorda à leur prière arrivèrent à Châtillon, le 27 novembre 1643, dans les carrosses de la reine et avec une escorte de ses officiers : elles furent reçues et haranguées par les magistrats à qui le roi en avait écrit; le peuple et les dames de la ville assistèrent aux actions de grâce qui furent chantées à cette occasion. L'abbesse ne leur ouvrit les portes du couvent que sur la menace de les faire ouvrir au nom du roi, mais en protestant qu'elle ne les recevait dans son couvent que comme des étrangères et par charité. Le zèle de ces bonnes religieuses parvint toutefois à assurer la réforme du Puits-d'Orbe, en dépit des obstacles de tous genres apportés par Rose Le Bourgeois, qui, forcée par les arrêts réitérés du conseil du roi à s'interdire l'administration de l'abbaye des Bénédictines, ne cessa que de guerre lasse des persécutions qui, depuis près d'un demi-siècle, avaient troublé la paix du monastère. *

Il nous reste à signaler encore les établissements monastiques de fondation nouvelle formés à Châtillon dans le même temps. Des religieuses Ursulines s'établirent en 1619, près de la porte dijonnaise. Ce fut un bienfait pour la ville qui trouva dans leur école une ressource utile pour

---

* Dom Plancher. *Histoire de Bourgogne.*

l'éducation des filles. La providence de celui *qui nourrit les oiseaux du ciel et habille les lis de la campagne* n'abandonna pas ces professes qui n'avaient d'abord pas de plus grand trésor que leur zèle ; car dans peu de temps, ajoute le P. Legrand, leur couvent devint l'un des bons et des commodes monastères de France, dont les colonies eurent bientôt formé six maisons du même ordre, celles de Tonnerre, Bar-sur-Seine, Troyes, Noyers, Épernay et Mussy. Anne d'Autriche, passant à Châtillon pour aller aux eaux, posa elle-même, le 30 avril 1630, la première pierre de leur église, dont on peut apprécier encore l'élégante architecture. Une demoiselle Jacquinot, fille d'une modestie touchante, qui avait doté son pays du couvent des Ursulines, demanda la charge de tourière dans la maison qu'elle avait fondée ; et, malgré les plus vives instances, sœur Christine (c'est ainsi qu'on l'appelait) voulut vivre et mourir dans cet humble emploi. *

En ayant parlé ailleurs, je ne rappellerai ici que pour mémoire les RR. PP. Feuillants que le culte de St. Bernard amena à Châtillon, sous la conduite de D. Pierre Malachie, pour y élever, ainsi qu'ils venaient de faire à Fontaine, un couvent sur les ruines de la maison sanctifiée,

---

* Mém. anon. — Histoire de la Congrég. des Ursulines de France. — Mss. Bourceret.

sinon par la naissance, du moins par le séjour prolongé de ce grand homme. Ce lieu où saint Bernard avait développé son génie et donné les premières preuves de son saint et prodigieux ascendant, était devenu, comme on sait, un lieu de pélerinages. *

Cette même année 1621, Marie-Madelaine Duneau, veuve de Pierre Chazot, conseiller du roi et maître ordinaire de la chambre des comptes à Dijon, fonda le couvent des religieuses de Notre-Dame du Mont-Carmel. Daniel Rémond, écuyer, seigneur d'Estrochey, petit-fils de Marie Duneau, et Huguette Joly, sa femme, achevèrent en 1715, l'œuvre de la fondatrice par la construction d'une église où l'on voyait leur mausolée. La longue suite de dégrés qui y conduit, le clocher délicat dont elle était surmontée, faisaient de l'église des Carmélites, convertie aujourd'hui en palais de justice, un des beaux monuments de la ville. **

Le dernier des nombreux monastères élevés à Châtillon dans cet espace de quelques années fut celui des Capucins. *** Les magistrats et les habitants, assemblés selon la coutume en la

---

* Voir la page 175 et seq. de cet ouvrage.
** Courtépée. — Manuscrits Bourceret, etc.
*** Lettres patentes; Acte de fondation; Acte d'assemblée des habitants « qui consentirent volontiers et même avec une grande inclination à cet établissement. »

chambre de ville, autorisèrent en 1633, la fondation de ce nouveau couvent, à la recommandation du prince de Condé. Les Capucins plantèrent d'abord leur croix sur la charme de Braux; mais l'invasion de l'armée de Galas faisant craindre la destruction de tous les couvents situés hors des villes, ils établirent dans la rue des Ponts, entre les deux bras de la Seine, leur vaste couvent. * Les magistrats, ainsi qu'il résulte de l'inscription, posèrent, le 16 avril 1636, la première pierre de leur église.

Si toutes ces corporations ont été balayées par la révolution, d'autres ont laissé des bienfaits qui durent encore. La religion qui a des consolations pour toutes les souffrances, pour les misères du corps comme pour celles de l'âme, offrait donc à Châtillon, à côté des communautés destinées à prodiguer l'enseignement et les prières, ces asiles où les pauvres et les malades trouvent les plus tendres secours.

Peut-on parler sans une pieuse émotion de ces sœurs de saint Vincent de Paul, dont madame Marie-Joseph Vaillant de Sainte-Colombe, tante de M. le maréchal duc de Raguse, fonda, en 1787, une maison dans la ville, et dont madame de Gissey a beaucoup augmenté les ressources? utile institution, qui, sans presque laisser

---

* Div. pièces et mémoires.

soupçonner son existence, rend d'éminents services au pays, grâce aux extensions que lui a récemment données la sollicitude de l'autorité locale, grâce aussi au zèle intelligent et au dévouement habile des sœurs qui la dirigent. Dignes interprètes de la Providence, leur mission n'est plus seulement de distribuer à domicile des secours de toute sorte à l'indigence qui se cache. On a joint depuis quelques années à l'établissement une école gratuite où 150 jeunes filles des plus nécessiteuses de la ville reçoivent le bienfait d'une bonne éducation chrétienne. Un ouvroir vient d'être aussi créé pour leur apprendre des métiers au sortir de la classe. Des récompenses trimestrielles, distribuées aux plus laborieuses par les administrateurs eux-mêmes, entretiennent, parmi ces jeunes ouvrières toutes habillées aux frais de cette maison en pleine prospérité, la plus salutaire émulation.

Nous n'avons plus à parler que de deux institutions bien précieuses aussi, l'hôpital et le collége. Le même homme en dota Châtillon à l'époque même qui vit tant d'autres fondations. Châtillon pourtant n'était que la patrie adoptive de Pierre Guiotte (car tout le monde a déjà nommé cet homme de bien). Mais un séjour de soixante ans dans le pays et l'éducation de tous ses enfants lui avaient inspiré pour cette ville cette affection, qui, semblable à la piété filiale, ne se partage jamais. Né à Noiron-les-Cîteaux d'un père laboureur, il reçut la tonsure, le 16 mai 1616, des mains de l'évêque de Langres, et vint, peu de temps après, professer à Châtillon, où l'union d'un vrai talent à de solides vertus l'eut bientôt fait remarquer des maire et échevins qui lui confièrent alors la direction des études. L'honneur rendu à des écoles jadis fameuses et tombées pendant les désordres de la Ligue, le mérite d'avoir fourni à l'église, à l'enseignement, à la magistrature, des générations d'hommes recommandables dont il avait formé l'esprit et le cœur, pressenti et dirigé la vocation, justifièrent bien au-delà le choix qu'on avait fait. Plusieurs fois, il arriva à cet homme généreux d'aider de sa fortune des élèves pauvres à suivre la carrière pour laquelle il leur voyait du goût.

Pierre Guiotte, de bonne heure, n'eut plus de famille. Un seul frère lui était resté, qui avait exercé avec honneur, à Châtillon, la profession d'avocat. Mais ce frère, qu'il aimait comme un fils, était mort prématurément, regretté de nombreux amis qui célébrèrent sa mémoire dans des vers latins élégiaques, insérés dans le *Jardin des épitaphes choisies.* * On y lit aussi de tendres regrets que la classique reconnaissance de quelque élève versifia en l'honneur

---

* Ce recueil (de Guenebaut) contient encore les épitaphes de plusieurs autres Châtillonnais, tels que Personne, Soyrot, Prudent Michaut.

de Pierre Guiotte. Ce dernier, alors, avait reporté sur ses autres enfants (ses élèves et les pauvres du pays) cette immense charité qui le porta à disposer en leur faveur des richesses que lui avait acquises le patrimoine paternel, joint à une vie de travail et d'épargne.

Le 30 octobre 1666, il se présenta à la chambre de ville, où l'on avait réuni, selon la coutume, la plupart des habitants, et déclara solennellement « que, depuis quarante-six ans qu'il était principal du collége, il n'avait pas cessé d'avoir de grandes affections pour le général et le particulier de la ville en laquelle il avait élevé aux bonnes lettres la plupart des ecclésiastiques et officiers de la justice; que, pour donner des preuves de cette affection, il avait eu précédemment la volonté d'établir un collége de jésuites; mais que, n'ayant pu y parvenir, il avait cherché un autre moyen d'effectuer sa bonne volonté envers les pauvres de la même ville qui étaient en fort grand nombre; afin de soulager, des biens qu'il avait plu à Dieu de lui donner, les plus misérables et nécessiteux, et de fonder un hôpital pour la nourriture et l'entretien des pauvres de la ville. »

Telle fut l'origine de l'hôpital de Châtillon que son noble fondateur appela, du nom de son patron, *Hôpital Saint-Pierre*. Situé d'abord dans le local occupé maintenant par le nouveau collége, l'école mutuelle et la bibliothèque publique, il a été transporté, depuis la révolution, dans les beaux et vastes bâtiments de l'ancienne abbaye des Génovéfains. La réunion successive des biens de la Maladière de Châtillon, de la Maison-Dieu, où on logeait les malades de Chaumont, de l'hôpital Saint-Germain, destiné à recevoir les pauvres passants, des Maladières de Montbard et Vieux-Château, de la chapelle de Péringey, autrefois gardée par un ermite et fondée, si l'on en croit la tradition populaire, par une grande dame en temps de peste; — les libéralités de plusieurs bienfaiteurs, parmi lesquels on remarque Nicolas-Charles Bouvot, bachelier en Sorbonne, curé de Montigny, qui créa, en 1735, deux lits pour les malades et deux places pour les orphelins pauvres de ce bourg; — une direction intelligente et une sage économie, ont considérablement augmenté les revenus de l'hôpital Saint-Pierre. Tout récemment, les soins zélés des administrateurs, qui, entre autres améliorations, ont construit de nouveaux et superbes dortoirs, remplacé les lits de bois par des lits de fer, etc, viennent, avec l'aide des religieuses hospitalières, dont nous avons déjà apprécié l'habileté et le dévouement, de faire de cette maison un des beaux établissements de ce genre. A la fois hospice et hôpital, c'est un asile ouvert non seulement aux malades, aux orphelins, aux vieillards et aux malheureux du pays, mais encore aux militaires et aux voyageurs dans le besoin.

Pierre Guiotte, qui, par l'acte de fondation de l'hôpital, s'en était réservé l'administration, partagea dès lors le reste d'une vie précieuse, qui finit le 20 mars 1679, entre le soin de ses malades et l'éducation de la jeunesse. Il fit plus: comme il avait pourvu aux besoins des uns, de même il voulut assurer les progrès de l'autre, pour le temps qu'il ne le pourrait plus faire lui-même. Aussi, quand on ouvrit son testament olographe, en date du 25 novembre 1676, et où il appelle les pauvres « ses vrais et légitimes héritiers de tous ses autres biens, » on y lut les dispositions suivantes, où la beauté de son âme et la rectitude de ses vues se laissent voir tout entières :

« Je laisse au collége de la ville de Châtillon-sur-Seine les biens ci-après déclarés pour la fondation d'une classe de rhétorique, en laquelle s'enseignera non-seulement l'art de bien dire, mais encore l'histoire, les intérêts des princes, la cosmographie, géographie, chronologie, généalogie des principales maisons de l'Europe, la charte et le blason, dans toute la perfection possible, afin que les écoliers qui en sortiront, étant ordinairement plus capables que les rhétoriciens des autres colléges, puissent trouver des conditions aux grandes villes où ils iront achever leurs études, et qu'ils soulagent ainsi MM. leurs parents qui seraient incommodés autrement de leur fournir la dépense nécessaire à cet effet; et aussi afin qu'ils soient plus capables que ceux qui n'ont fait que des études ordinaires, et qu'ils aient cet avantage sur les autres, soit qu'ils aspirent aux ordres sacrés, soit qu'ils s'appliquent au droit ou à la médecine. »

« Je veux et ordonne que la chaire de rhétorique et ensemble la principalité ou qualité de principal du collége, que j'entends que MM. les magistrats y joignent, soient proposées et emportées par la dispute et examen; et que des billets soient envoyés dans toutes les villes, à vingt lieues à la ronde, et même jusqu'à Paris, dans l'université, pour être publiés, et, au prône des paroisses, indiqué le jour et l'heure auxquels se fera ledit examen....; que la condition avantageuse dudit emploi consistant en cinq cents livres de gages pour le moins, logement et plusieurs droits, immunités et émoluments soient proposés et déclarés par lesdits billets envoyés de toute part, afin que ceux qui s'en sentiront capables soient invités à venir disputer à Châtillon cette chaire de rhétorique et la principalité du collége y jointe. »

« Je veux et entends que le susdit examen se fasse au collége ou dans la chambre de ville publiquement par les sieurs magistrats et autres personnes savantes qui y seront invitées par eux, notamment les supérieurs des monastères de cette ville, que je conjure d'en prendre la peine. »

« Je veux et ordonne qu'après ladite dispute et

examen faits avec une rigueur raisonnable, sans faveur ni acception de personnes, à plusieurs et diverses reprises, s'il est nécessaire, la chaire de rhétorique et principalité soient accordées à celui qui sera jugé le plus digne et le plus capable d'enseigner les sciences susdites à la jeunesse, et que messieurs les magistrats fassent jouir de tous les avantages qui y sont attachés celui qu'ils auront choisi, y préférant les enfants de ladite ville à tous, s'ils se trouvent capables, *cœteris paribus.* »

« .... Surtout j'ordonne que le principal ait soin d'instruire la jeunesse de son collége tant pensionnaires qu'externes dans la piété et dévotion par de fréquents exercices, et que les régents des classes inférieures s'acquittent de ce même devoir, chacun à l'égard de leurs écoliers, au moins une fois la semaine, à savoir le samedi; lesquels catéchismes dans toutes les classes se feront en latin ou en français, selon la portée des écoliers et la discrétion des professeurs qui accoutumeront leurs écoliers à parler toujours latin. »

Conformément à ses dernières volontés, le corps de Pierre Guiotte fut inhumé au tombeau qu'il avait fait faire près de la chapelle de son hôpital, *sans autre appareil que celui qui a coutume d'être fait aux médiocres habitants de la ville.* Si cette tombe vénérable, brisée en deux parties lors de constructions faites à l'ancien hospice, ne sert plus maintenant que de marchepied aux élèves du collége, au moins je sais gré à l'autorité locale actuelle d'avoir fait replacer dans la chambre du conseil de l'hôpital le portrait *de cet homme au-dessus de tout éloge,* * et voté un marbre à sa mémoire dans l'église de l'établissement que lui-même a fondé. Ne serait-ce pas aussi une chose utile, pour conserver au milieu de nous le culte et l'émulation du bien avec le souvenir de tels bienfaits, que l'éloge de Pierre Guiotte, mis au concours dans des exercices publics, fût périodiquement prononcé en quelque occasion solennelle? **

Qu'on pardonne ces détails et ces vœux, en faveur d'un homme trop peu connu, à la reconnaissance d'un élève du collége de Châtillon, qui, sur les bancs d'autres lycées, n'a pas oublié l'école dont il est sorti naguère; et puis il a été touché de cette réflexion qui termine la notice

---

* Vir omni laude major. *Hocmelle.*

** Bien que la nouvelle organisation de l'Université nous empêche de regarder proprement P. Guiotte comme le fondateur du collége actuel, il est une cérémonie pieuse que je regrette encore : « Je veux et ordonne, avait-il dit dans son testament, que le principal assemble tous les écoliers à huit heures, à tel jour qu'arrivera mon trépas, pour être conduits, par le principal et les régents, en la chapelle de l'hôpital Saint-Pierre, deux à deux, avec tout l'ordre et modestie requise à des enfants bien instruits et morigénés; en laquelle chapelle ils assisteront dévotement à la messe de *Requiem,* qui sera chantée pour le salut de

consacrée par M. Bourceret à la mémoire du bon principal, et que nous devrions tous savoir par cœur :

« S'il eût été auteur, il aurait eu des panégyristes qui l'auraient fait connaître en insérant son nom dans les ouvrages biographiques. Mais les monuments de sa bienfaisance lui font plus d'honneur que les plus belles productions du génie, et cependant un homme si excellent est presque entièrement oublié : il a été le principe de la fortune et du bonheur d'un grand nombre de nos concitoyens pendant plus d'un siècle, et pas un de ses disciples ni de ses premiers successeurs n'a payé la dette de la reconnaissance, en nous laissant des mémoires sur les particularités de la vie d'un homme qui n'a pas perdu un seul jour à faire le bien, et dont le plus bel éloge est renfermé dans ces deux mots que nous nous plaisons à répéter avec les modifications conve-

---

mon âme par le chapelain. Et après ladite messe, seront congédiés pour tout le jour, sans aucune leçon ni composition ; et, au cas que mon décès arrive au temps des vacances, ou à un jour de dimanche ou de quelque fête chômée, cette dite messe et le congé seront remis à un autre temps et jour par le principal, par lequel MM. les magistrats seront invités audit jour d'assister à ladite messe, où se trouveront aussi les pauvres. »

Qu'est devenue la *Guiotte*, comme on appelait cet anniversaire ? Pourtant les autres volontés du testateur ne sont pas tombées en désuétude.

nables, d'après un des premiers fonctionnaires de cette ville, *d'un homme à canoniser.* »

Ainsi, le zèle de Pierre Guiotte * rendit à notre patrie un nouveau sujet d'honneur. Une notice sur les célébrités littéraires de Châtillon (de 1500 à 1789) complètera ce chapitre.

Quoique, vers le commencement du XVI° siècle, le soin de pourvoir aux écoles fût passé des chanoines de N.-D. aux magistrats de la ville, les temps de la renaissance furent sans

---

* On peut citer après lui (1712-26) Franç. Gonet, prof. de rhétorique à Paris, qui passait pour habile dans la connaissance du grec et de l'hébreu ; François de Varenne (1768-74), Châtillonnais connu par plusieurs pièces de vers qu'on trouve dans les recueils de poésie du temps ; l'abbé Jully, curé de Ste.-Colombe, homme d'esprit, de science et de vertu ; J.-B. Bizouard (1780-1811), qui, regardant l'enseignement comme un sacerdoce, disait : « Quand on voudra faire de bonnes lois, on viendra consulter les principaux de collége ; » maître habile à pénétrer le cœur de ses élèves, à assigner à chacun d'eux sa vocation, et jaloux de leur donner, avec une instruction solide, une éducation sévère. Une juste reconnaissance nous fait un devoir d'ajouter à ces noms celui de M. Dusuzeau, notre maître, remplacé depuis 1831 par M. Fournier. Le collége de nos jours est dans un état prospère. En 1832, la ville en a complété les cours par la création d'une chaire de philosophie et d'une chaire de mathématiques, avec un cabinet de physique et de chimie. L. Rebourceau, prêtre mépartiste de St.-Nicolas, avait laissé, en 1750, 18,000 livres pour la fondation d'une classe de philosophie. Mais l'hôpital s'était fait adjuger cette allocation.

contredit l'époque la plus florissante du collége. Celui qui en avait alors la direction, était un Châtillonnais nommé Jean Perrelle, qui se fit plus tard à Paris un nom dans la médecine. Son érudition l'avait fait rechercher de Pierre Paulmier, archevêque de Vienne, un de ces illustres Mécènes du siècle de François Ier, qui employaient, dans leurs maisons, des savants à tirer de l'oubli les écrits des Anciens; elle le lia aussi avec Jacques Tusand, professeur royal en langue grecque à Paris, à la sollicitation duquel il entreprit et publia, en 1535, une traduction du livre de Théodore de Gaze, *De mensibus atticis*. Cet ouvrage qu'il fit suivre, en manière d'appendice, d'un autre traité astronomique : *De ratione lunæ et epactarum, secundùm Gazam, cum tabulâ perfecti ambitûs annorum intercalarium*, lui fit beaucoup d'honneur. Il a mérité celui d'être inséré depuis dans les recueils scientifiques, particulièrement dans les *Antiquités grecques*, de Gronovius, et l'*Uranologion* du P. Petau, « parmi les bons auteurs qui ont travaillé sur cette matière, » dit le bibliographe bourguignon.

La vieille réputation du collége de Châtillon où, selon Philibert de La Mare, Jean Perrelle enseignait la rhétorique, la dialectique et surtout cette partie de la philosophie qui apprend à connaître les secrets de la nature, y attirait toujours la jeunesse choisie de la province. Ainsi notre savant y instruisit dans la connaissance des lettres un des esprits novateurs du XVI⁰ siècle, le célèbre Hubert Languet, ministre d'État d'Auguste de Saxe, et connu par des écrits politiques, où respire pour la première fois cette indépendance de pensée qui devait agiter le monde, et qui lui fit sans doute embrasser la religion protestante. Hubert Languet, né à Vitteaux en 1518, mourut à Anvers le 30 septembre 1581. *

Guillaume Philandrier, qui contribua plus que tout autre, par ses écrits et ses monuments, à la renaissance de l'architecture en France, fut aussi son élève. ** Il était né à Châtillon, en 1505, dans une famille nombreuse et distinguée, dont on retrouve le nom dans plusieurs chartes de nos archives, depuis 1371 jusqu'à la fin du XVII⁰ siècle. Peu de gens, disons-le, ont tant honoré leur patrie.

C'est qu'aussi il faisait beau, pour un homme bien doué, vivre en un temps où l'amour pur de l'art était l'émulation générale, être élevé dans des écoles où les lettres cultivées avec hon-

---

* Biblioth. des auteurs de Bourgogne.

** La vie de Philandrier, par Philibert de La Mare, qui est la source des nombreuses biographies de ce savant artiste, a pareillement servi de thème à celle-ci. Nous avons aussi beaucoup profité d'une excellente notice que l'obligeante amitié de notre compatriote M. Miel, connu par son goût éclairé pour les arts, a bien voulu nous offrir.

neur étaient enseignées par des maîtres habiles ; le travail de Philandrier fit le reste : et bientôt la réputation de ses talents fut telle que, en 1533, George d'Armagnac l'attira dans sa maison, et ne l'eut pas plus tôt connu qu'il fit de lui son ami et ne voulut plus s'en séparer. Philandrier quitta pour toujours une province où son génie naissant lui avait déjà fait autant d'admirateurs que d'amis. La lutte qui se livra dans le cœur du jeune savant entre l'amour de la patrie et l'amour de la gloire, qui l'emporta, se trouve assez bien exprimée dans ces vers de sa composition, inscrits au bas de son portrait sur bois, gravé de sa main, qu'il envoya à ses amis pour les consoler de son absence :

> Affinité à me lier s'efforce
> Pour demourer et vous reconforter ;
> Mais Apollo luy vient rompre sa force,
> A le suivir me voulant transporter.
> Les Muses lors, pour tous deux contenter,
> Ont conseillé une chose opportune :
> Laisser mémoire à tous pour m'absenter,
> Et poursuivir ma meilleure fortune.

Comme Pierre Paulmier, dont Jean Perrelle suivait la fortune, George d'Armagnac, de l'illustre maison d'Armagnac et d'Albret, évêque de Rhodez, et, depuis, ambassadeur du roi à Venise et à Rome, cardinal, archevêque de Toulouse, mettait à sa gloire à exhumer les ouvrages des anciens si longtemps méconnus.

En même temps qu'il avait déterminé François Ier à faire rechercher par l'Europe leurs précieux manuscrits, il entretenait dans son palais épiscopal des savants, chargés de les faire connaître, entre autres, Pierre Gille et Guillaume d'Albi. Philandrier, adjoint à de tels érudits, ne prit pas la moindre part de leurs doctes travaux. Persuadé avec raison que rien ne pouvait plus activement contribuer à la renaissance des lettres que la connaissance du traité le plus parfait des règles de l'antiquité classique, il entreprit d'éditer, en les commentant, les *Institutes oratoires* de Quintilien. Il ne reste plus de cette composition qu'un *Spécimen*, espèce de plan de l'ouvrage, fait sur l'invitation de Marguerite de Valois, et qui fait vivement regretter la perte du *Commentaire*. C'est, dit M. Miel, l'antiquité tout entière, grecque et latine, mise à contribution pour expliquer un de ses écrivains.

Guillaume Philandrier tenait donc un rang distingué parmi les savants qui formaient la cour de l'évêque de Rhodez. Quand un événement de quelque importance avait lieu dans le pays, c'était lui qui était chargé de l'inscription commémorative. Ainsi le passage de François Ier, qui se rendait, suivi des trois princes, ses fils, à la conférence de Marseille, où fut décidé le mariage de Henri II avec Catherine de Médicis, nièce du pape Clément VII; et plus tard, en 1539, l'entrée solennelle de Henri d'Albret, roi de Navarre, et de Marguerite de Valois, qui vinrent se faire couronner en grande pompe seigneurs de Rhodez, fournirent à Philandrier le sujet de deux inscriptions, d'une excellente latinité, gravées dans la cathédrale de cette ville. Lors de ce voyage, Guillaume d'Armagnac présenta le commentateur de Quintilien à la sœur de François Ier, qui honorait dans les autres le goût des lettres qu'elle-même cultivait; Marguerite, qui entendit quelques passages du travail encore inédit de Philandrier, l'encouragea de ses conseils et de son amitié : elle lui en donna une marque flatteuse, en lui communiquant le manuscrit de ses *Nouvelles* devenues si célèbres. Philandrier en envoya une copie à sa sœur à Châtillon.

Cependant la vocation qui devait faire sa gloire n'était pas encore décidée. Un mot de l'inscription de François Ier, qu'il appelle *bonarum litterarum* MELIORUMQUE *artium vindex*, laisse bien pressentir sa prédilection pour les arts. En effet son esprit créateur le faisait pencher vers celui de l'architecture dont nul encore n'avait frayé la route et tracé les règles; le désir de son protecteur, qui voulait décorer de monuments durables sa résidence épiscopale, le détermina; et l'exhaussement d'une des tours du portail de la cathédrale, ainsi que d'une voûte immense suspendue sur une colonnade dont on admire la hardiesse, la construction du palais de l'évêché,

ché, de la porte Saint-Martial et de plusieurs autres édifices, qui font l'ornement de la ville de Rhodez, sont autant de preuves du goût sévère et noble de notre illustre compatriote.

On voit aussi, à Châtillon, vis-à-vis du portail latéral de l'église Saint-Nicolas, une maison, flanquée d'un escalier en tourelle, dont l'architecture élégante et pure rappelle le style de la renaissance. Bien que tous nos efforts pour en constater l'origine aient été impuissants, nous sourions à la pensée ingénieuse de M. Miel, qui la supposerait bâtie sur les dessins de Philandrier, jaloux de laisser dans sa ville natale quelque trace du beau talent qu'il exerçait loin d'elle.

Ce n'est pas tout : il était réservé à celui qui avait remis en lumière les règles éternelles de l'éloquence, de restaurer les principes de l'art qu'il appliquait avec tant d'honneur. Ce fut là son vrai mérite; et, par la composition de ses *Notes sur Vitruve*, il fut digne d'être compté parmi les hommes remarquables du siècle de François Ier.

La nomination de l'évêque de Rhodez à l'ambassade de Venise, puis à celle de Rome, procura à son savant ami l'occasion de visiter cette terre classique des arts, et de pouvoir mener à bien le monument de sa gloire. La conférence des nombreux manuscrits des bibliothèques d'Italie lui aida à rétablir, dans une édition correcte et généralement estimée, le texte de son auteur mal reproduit dans celle de Fra Giovani Giocondo. L'inspection des monuments décrits par Vitruve, une intelligence profonde de tous les secrets de la latinité aidée par une merveilleuse entente de l'art, les leçons et les conseils du célèbre Sébastien Serlio de Bologne, et de l'architecte de Saint-Pierre de Rome, Bramante, que Philandrier estimait presque à l'égal des Anciens, lui servirent à pénétrer le sens jusqu'alors peu saisi de Vitruve, et à retrouver le tracé de la volute ionique, à l'admiration de Serlio, Barbaro, Baldi, Balthazar Peruzzi, qui adoptèrent ses idées ; Vignole lui-même n'a fait que suivre les règles qu'il avait établies.

Le célèbre annotateur gagna beaucoup aussi dans ses relations avec les grands personnages de l'Italie, qui étaient à la fois de grands artistes, et dont il resta l'ami : le pape Paul III, portant sur la chaire de saint Pierre un amour vif et éclairé des beaux-arts, et à qui Philandrier adresse, dans son commentaire sur Vitruve, des conseils sur la manière la plus raisonnable de placer les statues dans les églises; le cardinal Marcel Cervin, qui devint souverain pontife sous le nom de Marcel II, et avait communiqué pour le commentaire des notes et des dessins de sa main; l'historien Paul Jove, qui, exilé volontairement de Florence, pour ne pas y survivre à la liberté, avait de fréquentes conférences à Venise avec Philandrier sur la nature des choses; plusieurs illustres Romains, grammairiens, légistes, philosophes, et aussi des femmes, modèles d'esprit et de beauté, la célèbre Lucrèce Borromée de Padoue, qu'on pouvait appeler également quatrième Grâce ou dixième Muse, et Isabella Bonamana, dont Philandrier a fait ce portrait enchanteur, à la manière de Catulle : « *Scitula et venustula puella, subfuscula sed formosula et delicatula puella, ejus sermone et consuetudine dispeream, si quid est festivius, mellitius atque saccaritius.*

Après trois années de ce commerce habituel avec les illustres savants, et d'études sérieuses sur les monuments de l'Italie et les textes de Vitruve, Guillaume Philandrier publia, à Rome, en 1554, son *Commentaire* qu'il fit réimprimer plus tard à Lyon, avec un abrégé latin du livre de George Agricola, *De ponderibus et mensuris,* dédié à son frère. Depuis, plusieurs traductions en ont été faites : la plus belle édition est celle imprimée à Amsterdam, par Elzévir, en 1649. Philandrier nous apprend lui-même, dans la préface de ses *Notes sur Vitruve,* que son Commentaire reçut, pendant deux années entières, les applaudissements du pape, du sacré collége, de la cour pontificale et de toute la ville de Rome, dont l'estime universelle lui décerna le titre de *citoyen romain.*

De retour en France, Philandrier continua de se livrer à d'utiles travaux. Pourvu d'un canonicat à l'église cathédrale de Rhodez et fait archidiacre en 1561, il consacra le reste de sa vie à la religion et à l'étude, au milieu des monuments élevés de ses mains. De Thou, Sainte-Marthe, Baillet, et d'autres d'après eux, lui ont durement reproché d'avoir fini dans l'oisiveté des jours qu'il eût pu rendre encore glorieux et profitables. Injuste allégation, que La Monnoie a réfutée dans ses *Notes sur les jugements des savants,* en publiant la liste des ouvrages manuscrits composés par Philandrier dans les loisirs du cloître, et qu'Antoine Du Verdier affirme avoir vus à Toulouse. On y distingue deux traités, *De sectionibus marmoreis et polituris*, et *De lapidum coloribus*, avec trois dissertations, *De hyalurgiá, plastice et baphice, De picturá et colorum compositione*, et *De umbris*. Le savant écrit de Léon-Baptiste Alberti sur cette dernière matière n'avait pas découragé notre artiste qui avait pensé devoir la traiter d'une façon plus satisfaisante.

Guillaume d'Armagnac, promu à l'archevêché de Toulouse, ne fut pas tellement séparé de Philandrier, que celui-ci ne l'allât voir deux fois par an. C'est dans une de ces visites qu'il mourut, le 18 février 1565, à l'âge de soixante ans. L'archevêque cardinal pleura son ami, célébra lui-même ses funérailles, et grava sur son mausolée, dans l'église Saint-Étienne de Toulouse, une épitaphe destinée à conserver dans la ville étrangère, avec le souvenir de son érudition et de ses vertus, le *citoyen romain* qui appelait toujours avec émotion Châtillon, sa première patrie.

Il n'est pas non plus trop téméraire de faire honneur au collége de Châtillon, et sans doute alors aux leçons de Jean Perrelle, de la solide éducation littéraire de Jean Bégat, fils de Nicolas Bégat, avocat du roi au bailliage de la Montagne (dont la distinction le fit proposer au roi par le parlement, pour remplir les fonctions d'avocat général), et frère puîné consanguin d'Edme Bégat, qui, après avoir remplacé son père dans sa charge, au bailliage de Châtillon, vint ensuite s'asseoir avec honneur sur les bancs du sénat de Bourgogne.

Jean Bégat était né en 1523, à Châtillon, * où il put recevoir cette connaissance sérieuse des lettres grecques et latines, que trouvaient bien le loisir de cultiver les jurisconsultes du

---

* Bouhier nous a fourni les matériaux de cette notice. — Le savant président et l'abbé Papillon, d'après lui, ont pourtant placé à Dijon le lieu de la naissance de Bégat, sur le seul motif que celui-ci, dans sa *Réponse pour les députés des états*, se dit *natif de la même ville dont était saint Bernard*. Ces paroles mêmes, à défaut d'autre titre, suffiraient pour désigner sans équivoque Châtillon pour la patrie de Jean Bégat, surtout si l'on se rappelle que Philandrier dit la même chose dans ses *Notes sur Vitruve*, en appelant saint Bernard *son compatriote*, et qu'une tradition accréditée dans le pays à cette époque supposait le

XVIᵉ siècle, ce qui ne les empêchait pas d'être de grands hommes dans la spécialité qu'ils avaient embrassée. Issu d'une famille de robe, ses études furent ensuite naturellement dirigées vers la jurisprudence. Les doctes travaux des Alciat, des Cujas, de Dumoulin, qui professa à Dôle, venaient de faire participer le droit à la renaissance générale des connaissances humaines ; et Jean Bégat apparut alors parmi les grands magistrats de cet âge, modèles regrettables d'immense érudition, de dignité sans apprêt et de mœurs sévères.

Dans son dialogue *De claris fori burgundici oratoribus*, qui correspond, pour la Bourgogne, au célèbre dialogue de Loysel sur les avocats du parlement de Paris, et dont la connaissance plus répandue me semblerait propre à maintenir parmi nous les traditions du barreau, l'amour de l'état et l'émulation des talents et des vertus,

---

saint abbé né à Châtillon, dans la maison de son père, où il fut élevé dès sa plus tendre enfance. Aussi bien Bégat dut naître là même où habitait son père, et Bouhier n'eût pas commis l'erreur qu'il a faite, s'il eût remarqué qu'il venait de dire que l'illustre avocat était né en 1523, et que son père avait occupé jusqu'en 1528 la charge d'avocat du roi à Châtillon. — Courtépée d'ailleurs n'a pas hésité à le placer parmi les *Illustres Châtillonnais* ; et nous même n'aurions pas songé à combattre l'opinion contraire, si on ne la trouvait dans un livre tel que celui du savant commentateur de la Coutume de Bourgogne.

Charles Fevret, parlant de Jean Bégat, dit que, le premier au parlement, il sut joindre à la profondeur de l'érudition les grâces du discours; heureuses qualités, dont le rare assemblage, le plaçant au premier rang dès son entrée au barreau (en 1547), lui fit confier les missions les plus importantes et les plus difficiles! Il les remplit toujours avec honneur.

Chaque fois qu'il s'agissait de faire au roi ou à son conseil quelque remontrance sur de graves questions de droit public, Bégat ne manquait pas d'être unanimement choisi par les états et le parlement pour se rendre à la cour, où son éloquence était appréciée, ses avis recherchés et ses efforts souvent couronnés de succès. Il se trouva ainsi mêlé à tous les grands débats de son temps; mais nul n'eut plus d'éclat que l'opposition parlementaire de la Bourgogne aux édits qui accordaient aux réformés le libre exercice de leur religion.

On sait déjà combien l'édit de pacification de 1561, qui était du reste l'œuvre de la sagesse de Lhôpital, avait ému cette province, que les monastères de Cîteaux et de Cluny doivent faire regarder comme le sanctuaire du catholicisme; nous avons dit aussi que le parlement, dans la prévision des malheurs qu'une telle concession entraînerait chez un peuple si dévoué à la religion de ses pères, avait député Jean Bégat pour les représenter au roi, et que l'éloquence de l'orateur bourguignon avait obtenu la révocation demandée. L'année suivante, même édit, même opposition des états, même député unanimement élu par la compagnie, mêmes efforts d'éloquence, égale admiration de la cour, mais non pas même résultat. Le grand conseil répondit qu'il fallait céder au temps, et l'ordonnance fut entérinée. Le discours de Bégat, imprimé à Anvers, le foyer de la presse catholique, parut sous ce titre : « Remontrance au roy, des députés des trois états de son duché de Bourgogne, sur l'édit de la pacification, par où se montre qu'en un royaume deux religions ne se peuvent soutenir, et les maux qui adviennent aux roys et provinces où les hérétiques sont permis et tolérés. » Vive et longue fut la polémique : elle excita, chez les Protestants, des récriminations écrites, auxquelles Bégat répondit par un nouveau pamphlet; l'esprit de parti exalta l'enthousiasme de part et d'autre. Pierre de Saint-Julien dit que « Bégat avait parlé si bien et si doctement, qu'aucune remontrance ne fut mieux reçue de son temps; ce qui se peut juger, parce qu'elle a été traduite en latin, italien, espagnol et allemand. »

C'était l'homme de la Bourgogne. Choisi pour travailler, en 1566, à la réformation de la coutume, ce fut lui qui en rédigea les cahiers. Il laissa aussi, sur chacun de ses titres, de doctes commentaires, dont une partie seulement a été publiée. Et ne croyez pas que la réputation de ses éminentes qualités fût concentrée dans les limites de la province. L'avocat au parlement, homme de bien et de mérite, était choisi pour arbitre par le roi des Espagnes et les élus des cantons suisses, au sujet de leurs différends sur les limites de la Franche-Comté. En considération des services qu'il avait rendus à l'État, Charles IX rétablissait pour lui, en 1571, la charge de quatrième président au parlement. Il n'y a pas de règle qui ne doive fléchir devant l'homme supérieur; déjà, au début de sa carrière, à l'âge de trente ans, le roi l'avait nommé conseiller-clerc, quoique Bégat fût marié et que cet office fût supprimé.

Au milieu de ces graves occupations, le vénérable magistrat, comme après lui les Bouhier, les Philibert de La Mare (qui célébra en vers latins les fontaines de Châtillon), les de Brosse et tant d'autres, qui font l'honneur du parlement, était resté fidèle au culte des lettres, auxquelles il devait en partie sa prééminence. En même temps qu'il se livrait aux travaux de codification, aux controverses politiques et religieuses, qu'il composait l'*Enchiridion juris burgundici*, et se faisait même arrêtiste dans ses *Variæ senatûs divionensis decisiones*, il avait encore le loisir de rédiger notre histoire provinciale, depuis les premiers rois jusqu'à Charles-le-Téméraire, sous le titre de *Commentarii rerum burgundi-*

carum, de publier les annales rémoises de l'historien Frodoard, et même d'exercer sa muse indigène par une traduction en vers des poésies d'Anacréon.

Une mort prématurée enleva, à quarante ans, cet homme au monde qu'il pouvait servir encore, mais dont il n'avait plus rien à recevoir. Les poètes bourguignons regrettèrent sa mort dans des vers latins dans le goût du temps. Le parlement en corps assista à ses obsèques, dans l'église de Saint-Etienne, où sa veuve et ses enfants lui firent élever un tombeau.

Après ces illustrations du XVIe siècle, viennent des noms moins connus, mais dont la liste prouve que les bonnes études ne cessèrent jamais d'être en honneur à Châtillon, même aux époques les plus désastreuses de notre histoire : — Amadis Jamyn, poète de la renaissance (né à Chaource, et mort en 1585, grenetier à Châtillon) qu'il ne faut pas confondre, comme a fait Courtépée, avec un frère plus illustre, secrétaire et lecteur de la chambre du roi, l'ami de prédilection et l'émule quelquefois heureux de Ronsard, *le prince des poètes français* ; * — Martin Legrand, secrétaire des commandements de ce duc d'Alençon, qui vint camper chez lui, au Châtelot, et dont la garnison désordonnée donna lieu à l'histoire miraculeuse de

---

* *Biog. univ.*

l'image de saint Antoine ; * — Prudent Michaut, né à Châtillon, vers 1565, d'abord secrétaire du duc de Mayenne, et ensuite gouverneur de la maison du duc de Vendôme, Alexandre de Bourbon, grand prieur de France, homme estimé, qui souvent usa de son crédit en faveur de ses concitoyens, et dont le nom a inspiré à la poésie contemporaine des éloges d'assez mauvais aloi ; ** — la famille des Fyot, illustrée dans le parlement de Bourgogne par une suite de présidents à mortier et de premiers présidents, descendant de Jean Fyot, précepteur du dauphin (Charles VII); *** — le curé Robert Corderan, député du clergé de la Montagne aux états de Blois ; **** — Pierre Chazot et Henri Chazot, son fils, né en 1681, tous deux successivement secrétaires du duc de Vendôme, qui visita, à cette occasion, leur patrie ; — François Duneau, jésuite, né en 1599, professeur distingué de philosophie, sciences mathématiques et théologie, dont il a laissé divers traités, plus tard, recteur du collége d'Auxerre, prédicateur habile, estimé de sa compagnie et du roi, qui l'employèrent à Rome (où il mourut en 1684), celui-ci comme son négociateur, et les jésuites

---

* *Histoire saincte de Chastillon.*
** *Hortus epitap.*
*** *Mss. Bourceret.*
**** *Descript. de Bourgogne.*

comme reviseur français des livres et théologien du général de la société. *

Que le R. P. Etienne Legrand trouve une mention spéciale dans l'histoire de Châtillon. Né dans cette ville en 1600, de la famille seigneuriale de Sainte-Colombe, il entra de bonne heure dans l'ordre des jésuites, qui était alors l'asile et l'école des plus beaux talents. Après avoir prêché vingt-cinq ans, « voyageant sur la terre comme pélerin du ciel, » été tour à tour recteur des collèges de Metz, Autun et Langres, député à Rome comme procureur de sa province, il revint mourir à Dijon en 1681, entre la ville où il avait pris naissance et celle où il avait reçu l'instruction (Auxonne). Les charges importantes dont il fut pourvu, une allure vive et hardie, mais par trop prétentieuse, du trait parfois, et des pièces de vers répandues dans son ouvrage, dénotent, sinon du goût, au moins quelque habitude littéraire et des connaissances assez variées dans l'auteur de l'*Histoire saincte de la ville de Chastillon, au duché de Bourgongne, etc.*, imprimée à Autun, en 1651, et dédiée aux maire, échevins et syndic de la présente année. Lui-même exprimant, dans sa préface, « l'horreur que lui avait donnée jusqu'alors la seule pensée de figer ses paroles sous une presse d'imprimeur, » nous apprend que le livre que

---

* *Bibl. des auteurs de Bourgogne.*

lui arrachait l'amour de la patrie n'était pas son coup d'essai, mais bien le seul « qui eût pris des ailes pour s'envoler et se produire malgré lui, tandis qu'il retenait les autres comme des reclus qui n'étaient vus de personne que de lui, une ou deux fois depuis leur naissance, qui pouvaient être comptés parmi les morts du siècle, et qu'il prétendait de mettre en lumière dans le jeu, en leur dressant un bucher devant sa mort. » Nous ne sachions pas que le P. Legrand n'ait pas tenu parole. On lui a reproché, avec raison peut-être, son peu de critique religieuse. Quant à nous, nous ne nous croyons pas le droit de médire sur ce point d'un livre curieux qui nous a été plus d'une fois utile, et où nous avons cru remarquer plus d'une bonne qualité.

Une pièce assez singulière de nos archives nous révèle encore l'existence d'un poète dramatique du cru. En 1624, Mᵉ Doublet, avocat en la cour de parlement à Toulouse, remontre très-humblement « qu'il aurait été employé, depuis cinq mois ou environ, à réduire la vie et miracles de monsieur saint Vorle en tragédie, et icelle fait représenter en théâtre en trois journées ; ce qu'il aurait fait avec un labeur et travail indicible, au contentement du public et à l'édification d'un chacun, sans toutefois en avoir aucune récompense. » Et, comme en sa qualité de poète, il ne pouvait faire transporter sa famille au lieu qu'il avait choisi pour son séjour, il demandait une subvention que les maire et échevins lui accordèrent, « ordonnant qu'une copie de ladite tragédie serait déposée au coffre de la ville, *pour servir de mémoire à la postérité.* »

Les soins de P. Guiotte, ranimant les études sévères, amenèrent à Châtillon une nouvelle *renaissance:* c'était il est vrai le siècle de Louis XIV. Parmi les savants de cette époque, on remarque J.-B. Junot, docteur en Sorbonne, provincial de son ordre, dont nous avons loué les talents et les services, en parlant du rétablissement des Cordeliers; — Jean-François Jouard, président au présidial, auteur d'un manuscrit sur la Coutume de Bourgogne, dont on regrette la perte; — Vorle de Marcenay, né à Châtillon en 1655, à qui l'on doit l'*Arrangement des principaux aphorismes d'Hippocrate, pour servir à gouverner méthodiquement les malades;* * — Charles de Foy, qui a laissé sur l'Abbaye un essai historique intitulé : *Synopsis rerum et personarum hujus monasterii, à primâ die fundationis usque ad annum currentem* 1640; ** Hocmelle, plus tard, étendit beaucoup cette notice, dans son *Histoire* et son *Cartulaire*, dont le manuscrit latin se trouve à la bibliothèque. On peut encore indiquer le célèbre Boursaut, né, dit-on, à Gomméville.

De tous les lettrés châtillonnais, aucun sans

---

* *Biblioth. des auteurs de Bourgogne.*
** Courtépée. — Hocmelle.

contredit ne reproduisit mieux la noblesse, la science et le ton de ce siècle, que Joseph-Bernard Soyrot, d'une des familles les plus distinguées de la ville, écuyer, contrôleur des finances au gouvernement de Bourgogne et de Bresse, né à Châtillon le 8 mai 1650, où il mourut à l'âge de quatre vingts ans. * Il ne nous reste plus de traces du talent qui l'avait fait nommer membre correspondant de l'Académie des sciences; mais de tous ses manuscrits, que M. Delamothe était parvenu à sauver du naufrage où ils ont de nouveau péri avec ceux du savant antiquaire, celui dont l'histoire de Châtillon doit le plus regretter la perte, est un recueil in-4° de pièces de littérature locale. Voici ce qui y avait donné lieu.

Il y avait au collége un nommé Pantaléon Pion, assez remarquable en ce temps-là, qui exerçait sa plume de principal à célébrer les fêtes et la chronique officielle de la ville. Les réjouissances qu'occasionaient les naissances ou les mariages des princes, les victoires des armes fraçaises, etc., étaient en effet un des thêmes privilégiés de la littérature contemporaine. Qu'aurait-elle fait, après tout, n'ayant pas pour s'épancher le vaste champ ouvert par la révolution à la presse politique et littéraire? Nous avons plusieurs exem-

---

* *Mss. Bourceret.* — Hocmelle. — Papillon. — Courtépée.

ples de ces sortes d'écrits. François Gagne de Périgny, abbé de Châtillon, le même qui fit construire le portique de l'église de l'abbaye, et réparer les chemins de la ferme abbatiale, comme il résulte d'une inscription mutilée, fit ainsi imprimer, à Dijon, où il se trouvait en qualité d'élu du clergé, « la relation de la fête ordonnée par les élus des états-généraux de Bourgogne, au sujet de la naissance de M. le Dauphin, le troisième jour de novembre 1719. » Ainsi nous avons entre les mains une *comédie lyrique*, intitulée : *le Quadrille amoureux, ou le Divertissement de la paix*, par M. V. de M., imprimé à Châtillon, en 1749, par Jean Therriot. Cette pièce, fade et insipide, avec prologue, dont la scène se passe à Châtillon, dont les personnages sont la France, la Folie, Lisette, Champagne, Alcidor, etc., est un document curieux de l'histoire du théâtre provincial au XVIIIe siècle. Que de chefs-d'œuvre contemporains auxquels la même valeur historique est réservée !

Le récit des fêtes municipales était donc, disons-nous, le sujet ordinaire des compositions de Pantaléon Pion. Le bibliographe de Bourgogne a cité de lui une *Relation des réjouissances qui se sont faites à Châtillon-sur-Seine pour la réduction de la ville de Mons*. Châtillon. Claude Bourrut. 1691. in-12. pp. 60. Il publia en outre une autre pièce d'éloquence sur *La défaite des flottes d'Angleterre et de Hollande par l'armée navale du roi commandée par M. le comte de Tourville, vice-amiral de France.* Cette amplification fut l'objet d'une critique parfois sérieuse de la part de J.-B. Soyrot, homme de sens et d'esprit. Le principal, blessé, voulut se défendre et trouva des partisans. Il en résulta un conflit animé, consigné dans le recueil dont nous parlons, et qui ne laisserait pas de nous fournir un tableau assez intéressant de l'état littéraire de Châtillon à cette époque.

C'est à J.-B. Soyrot qu'on doit le délicieux jardin du Petit-Versailles, que nous avons décrit ailleurs. Bouchardon en avait taillé les statues. Ses collections choisies d'antiques, de livres, de tableaux et de sculptures, de médailles, particulièrement de celles trouvées dans le pays, annoncent en lui un savant de distinction. Ses relations et sa correspondance avec les hommes remarquables de la Bourgogne nous le confirment. Il était l'ami de Bussy-Rabutin, de Du Tilliot, de Bouhier, de Pierre Dumay, de Bernard de La Monnoie, etc., dont il avait précieusement conservé les autographes. Ils nous tiendraient lieu maintenant des plus curieux mémoires.

Le fameux Bernard de La Monnoie avait fait pour le père de Bernard Soyrot cette épitaphe qu'on a dit convenir également au fils, et qui finit par une pointe assez déplacée en pareille matière :

Cy-gît Soyrot. — Passant, ce mot veut dire
Un homme ensemble et généreux et doux;
Qui sut bien vivre, agir, parler, écrire,
Fut bon ami, bon père, bon époux,
Vécut loué, chéri, goûté de tous,
Hors en un point; ce dont nul ne s'étonne :
C'est que la fin, qui les œuvres couronne,
L'a tout-à-coup fait voir bien différent :
Lui qui jamais ne chagrina personne
A chagriné tout le monde en mourant.

Au siècle dernier, quelques Châtillonnais se signalèrent par de laborieux travaux, ceux surtout qui devaient lentement préparer les éléments de cette histoire, qu'un autre plus heureux n'a fait que mettre en œuvre : — Pierre-François Delamothe, avocat en parlement, dont nous avons signalé ailleurs l'admirable dévouement; — Robert Joly, avocat du roi, né en 1732 mort en 1782, qui, outre un grand nombre de documents et de mémoires relatifs à notre histoire, et que M. Bourée, héritier de ses manuscrits et de son érudition, a eu l'obligeance de nous communiquer, a laissé inédites quelques poésies latines et françaises, une histoire de la jurisprudence féodale, une notice sur quelques jurisconsultes oubliés par Taisand, pour servir de supplément à son ouvrage, avec une dissertation sur les événements arrivés en Bourgogne depuis sa réunion à la couronne jusqu'en 1731; — et aussi, l'homme sans qui, je me plais à le répéter, c'en était fait à jamais de l'histoire de Châtillon, M. Nicolas Bourceret, vicaire de la paroisse de Saint-Jean, né le 31 janvier 1767 et mort le 16 mai 1822, qui compléta l'œuvre de ses devanciers par d'immenses recherches, vouant à la gloire de son pays tout le temps de sa vie qu'il n'employait pas à en faire le bien.

De beaux ouvrages recommandèrent encore Edme Verniquet, né à Châtillon en 1727, et mort architecte de la ville de Paris, en 1804. Son père, architecte lui-même, avait élevé le gracieux clocher à deux dômes de l'église Saint-Jean, terminé en 1740, et que le terrible ouragan du 26 juillet 1810 souleva de sa base et détruisit.

La construction élégante et solide d'une foule de maisons, hôtels, forges, fourneaux, pavés, écluses, ponts et chaussées, de onze châteaux, deux églises, trois abbayes, etc., à Paris, dans la Bourgogne, la Bresse, le Poitou, le Maine, le Charollais, le Bourbonnais, le fit connaître avec avantage, notamment de Buffon, sous la direction de qui il exécuta les grands travaux du Jardin des Plantes. L'accroissement, les bâtiments de convenance, l'amphithéâtre, les serres chaudes de ce jardin, et le projet du pont en face, sont l'ouvrage de Verniquet. Mais ce qui lui assure une gloire durable et un rang illustre entre les architectes modernes, c'est la confection du plan de Paris qui servira longtemps encore pour les alignements et embellissements à opérer dans la capitale, et qui a mérité cet éloge de Lalande, « qu'aucun plan de ville n'a jamais approché de la perfection de ce beau et grand plan. » Cet ouvrage, qui comprend (outre le plan général de la ville sur une échelle d'une demi-ligne sur toise, formant un atlas gravé, composé de soixante-douze feuilles grand in-f°) trois doubles des plans particuliers de tous les quais, rues et places, à une ligne sur pied, avec toutes les cotes des opérations trigonométriques, et le plan dessiné de tous les monuments publics à trois lignes pour toise, coûta à notre architecte, commissaire-voyer de la ville de Paris, vingt-huit ans d'un travail auquel on ne pouvait se livrer que de nuit. Verniquet y employa plus de soixante ingénieurs et de quatre-vingts aides.[*]

Vous aussi, avez droit à une place dans cette histoire, pauvre Vernier, que la faim mit au tombeau! Et puisse cet hommage être un tribut à ces génies ignorés à qui il n'a souvent manqué que la vie ou le hasard, pour doter leur pays de la gloire la plus belle. Vernier, né à Châtillon vers 1768, n'a laissé de trace d'un talent moissonné avant l'âge que dans le pieux souvenir de quelques amis; mais ce témoignage d'hommes de goût suffit à l'apothéose posthume du jeune

---

[*] *État*, imprimé sur feuille volante, *de plusieurs édifices* construits par le citoyen Verniquet. — *Biog. univers.*

poète. Et, si nous éprouvons un regret, c'est celui de ne pouvoir reproduire ici tous les détails touchants qu'ils nous ont transmis sur une vie aussi intéressante.

Fils d'un régent de sixième au collége, dont le grossier pédantisme lui inspira de bonne heure une profonde aversion pour les études latines, tous ses goûts se portèrent vers la poésie, dont la lecture d'une mauvaise traduction de l'Enéide avait allumé en lui, à l'âge de neuf ans, la première étincelle : il fit de beaux vers même avant que de connaître les premières règles de la prosodie, et, méconnu de tous, il disait naïvement : « Mes camarades l'emportent sur moi : pourtant je sens que j'ai plus d'esprit qu'eux. » C'est là la conscience et le cri du génie qui se révèle à lui-même.

« Après nos grands poètes, qu'il étudiait constamment (nous dit M. Lavrillat, * l'ami de Vernier, le confident et le consolateur de ses souffrances), ses lectures de prédilection étaient les œuvres de Gessner, comme lui poète et dessinateur par la force de l'instinct naturel, comme lui méconnu de sa famille dans son enfance, et les œuvres de Haller, dont les tableaux gran-

---

* Un de nos plus spirituels compatriotes, homme d'un véritable savoir. Si, faisant violence à sa modestie, il voulait imprimer ce qu'il a écrit, c'en serait assez pour lui donner un rang dans la bonne et classique littérature.

dioses et mélancoliques exaltaient son âme. N'ayant pas le moyen d'acheter un exemplaire de celles-ci, il les copia en entier de sa main. Il puisa dans les autres le sujet d'une tragédie, intitulée *La mort d'Abel*, qu'il acheva et qui contenait des beautés réelles, mais dont le manuscrit s'est perdu. Sa muse d'ordinaire était mise à contribution dans toutes les solennités locales. L'intérêt de ces morceaux, restreint comme leur objet et leur théâtre, s'agrandissait par le talent du poète..... * »

---

* Les mémoires de MM. Lavrillat et Miel se sont coalisées pour refaire la tirade suivante, que nous nous faisons un devoir de reproduire, comme le seul monument resté du génie naissant de Vernier. C'est le début d'une pièce de vers composée à l'âge de douze ans, et adressée au curé de Châtillon, à l'occasion de la première communion :

> Des volontés d'en-haut zélé dépositaire,
> Prêtre saint, dont la voix pieuse et tutélaire
> Semble de Dieu lui-même être pour nous la voix,
> Et dans nos jeunes cœurs grave ses douces lois,
> Nous venons, inspirés par la reconnaissance,
> T'en offrir le tribut, ta seule récompense.
> Ton exemple, aux vertus, forma notre raison ;
> C'est toi qui nous appris, dans une humble oraison,
> A désarmer du ciel le courroux redoutable,
> A le rendre à nos vœux, attentif, favorable,
> A voir, dans l'œuvre auguste accomplie en ce jour,
> Un mystère de foi, d'espérance et d'amour.
> Semblable aux doux effets d'une humide rosée
> Qui, tombant sur le sein de la terre embrasée
> Et réparant du jour les dommages récents,
> Rend la force et la vie aux végétaux mourants,
> Ta parole en nos cœurs descend et fructifie.....

« En 1788, Vernier n'existait plus : il était mort de misère. On raconte sur les derniers temps de sa vie des détails déchirants. Il allait travailler chez le procureur Michateau. Un jour il se trouva mal et s'évanouit. Revenu à lui et interrogé sur la cause de cet accident, il avoua qu'il n'avait pas mangé depuis vingt-quatre heures. « Mon ami, lui dit le procureur, touché de compassion, désormais vous vivrez avec moi. » Il n'était plus temps : le mal était sans remède ; rien ne pouvait rappeler la vie dans ce corps frêle, consumé d'étisie.

« Sa dernière nuit fut consacrée à la poésie. Un jeune abbé, arrivant du séminaire de Langres, vint le prier de faire une pièce de vers sur la vie de séminariste et lui fournit les détails nécessaires. « Hé! comment voulez-vous, lui dit Vernier, que je fasse des vers? je suis mourant. » Le sujet, qui lui parut piquant et original, fermenta la nuit dans sa tête. Le matin, les vers étaient faits ; il les dicta, et mourut le même jour. »

Pour ne parler ici que des morts, la fin prématurée de Vernier rappellera à ceux qui l'ont connu le jeune Deschamps Lebœuf, auteur de fables charmantes et du goût le plus pur, tué glorieusement sur un canon au siége de Dantzick.

HUITIÈME ÉPOQUE.

1789 — 1830.

LA RÉVOLUTION.

Réaction des institutions populaires tombées en désuétude à l'époque précédente. — La commune de Châtillon vote le doublement du tiers, etc., pour la prochaine convocation des états généraux. — Les trois ordres de la ville protestent contre toute tenue d'états de la province d'après l'ancienne forme ; idées nouvelles. — Réunion de toutes les compagnies et corporations pour nommer des élus chargés de voter pour elles et de rédiger les cahiers des doléances aux élections du bailliage. — M. Cousturier, député du clergé aux états de 1789. — M. le comte de Chastenay, député de la noblesse. — M. Frochot, député du tiers-état. — Adhésion de la commune aux actes de l'assemblée constituante. — Alerte des brigands. — Formation spontanée de la garde nationale. — Installation de la municipalité; nouveaux maires. — Nouvelle organisation administrative et judiciaire. — Formation du district de Châtillon. — Fête de la fédération. — La Terreur; société populaire; victimes innocentes. — Modération et bon sens de la population; anecdotes à ce sujet. — Le ministre Pétiet. — Exercices civiques; fêtes de la République. — Passages de Bonaparte. — Célébrités militaires de Châtillon. Le maréchal

Marmont, duc de Raguse. — Passage de l'empereur Napoléon; — du pape Pie VII. — Napoléon, dans ce voyage, signe le décret de canalisation de la Seine supérieure. — L'invasion et l'empereur d'Autriche. — Histoire du congrès de Châtillon. — Passage du roi de Rome et de Marie-Louise. — Passage du comte d'Artois; — de Mme la duchesse d'Angoulême. — Rôle politique de Châtillon, sous la Restauration et en 1830. — Tableau de son état actuel. — Célébrités littéraires. — Impulsion donnée à l'industrie. — Prospérité et agrandissement de la ville dans ces dernières années. — Fin. *

A en juger par la ville dont nous étudions l'histoire, quels prodigieux changements depuis cette mémorable année 1789! Les remparts détruits, les monastères convertis en habitations privées, les corporations et les maîtrises abolies, les traditions oubliées, un monde entier disparu avec les ruines mêmes que sa chute avait faites, quelles catastrophes inouïes! et par l'effet de quels renversements subits se fait-il que nos pères aient été contemporains des institutions et des choses que nous décrivions dans l'époque précédente?

C'est que la société du XVIIIe siècle s'en-

---

* Les sources historiques ne sont pas indiquées dans cette époque. Nous avons fidèlement tiré tous les renseignements des archives mêmes de Châtillon.

gloutit tout d'un coup au premier souffle, comme ces momies des nécropoles égyptiennes, enluminées des plus vives couleurs et conservées en apparence, mais qui tombent en poussière dès qu'on y porte la main; c'est que la monarchie absolue, ayant perdu la grandeur et la force que leur avaient données le grand roi et Richelieu, ne se soutenait plus que par les finances, et que, quand ce dernier moyen vint à lui manquer, il fallut bien aller chercher la vie où elle se trouvait réellement. Alors on eut recours aux états généraux tombés en désuétude. Dans ce réveil de la vieille France, qui avait grandi dans son repos, Châtillon devait se souvenir de ses premières libertés et s'en souvint en effet.

Vous qui, sans jeter les yeux par-delà le soleil éblouissant du grand siècle, croyez encore, en dépit de l'histoire, que le tiers-état surgit alors pour la première fois, et comme par usurpation, sur la scène politique, lisez dans nos modestes archives ce qui eut lieu à la réunion générale des habitants du 21 décembre 1788; et dites-moi si le peuple n'avait pas la conscience de franchises depuis longtemps méconnues, et si ce fut sans raison apparente que l'assemblée nationale, dans son naïf enthousiasme, décerna à Louis XVI le surnom de *restaurateur* de la liberté française.

Au milieu des délibérations les plus insignifiantes, voici que tout d'un coup un langage inaccoutumé se fait entendre. Devant tout le peuple assemblé dans la chambre de ville pour donner son avis sur le mode de convocation des états, le procureur syndic (M. Cléry) parle de tiers-état, « *cette partie essentielle et constitutive de la monarchie*, sans laquelle elle n'existerait pas; de *droits imprescriptibles* dans lesquels on allait sûrement être rétabli. » Et le peuple vote unanimement et par acclamation « 1° qu'aux prochains états généraux, les députés du tiers-état du royaume soient au moins en nombre égal aux députés réunis du clergé et de la noblesse; 2° que ces députés ne puissent être choisis que parmi les membres du tiers-état, sans pouvoir être pris parmi les nobles, ni les ennoblis, ni parmi ceux qui jouissent de charges conférant la noblesse ou les priviléges de la noblesse, non plus que parmi les agents ou fermiers, soit des ecclésiastiques soit des seigneurs; 3° que tous les députés des trois ordres délibèrent ensemble sur tous les objets proposés à l'assemblée des états généraux, que les avis soient comptés par tête sans distinction d'ordres; 4° enfin que les députés du clergé soient choisis tant parmi le haut clergé que parmi les curés des villes et des villages. » Malgré l'opposition des notables, Necker fit adopter par le conseil cette opinion qui, après tout, était celle de la France; et les habitants réunis de nouveau adressèrent des remercîments « au roi et au ministre courageux qui s'était associé à sa gloire. »

En attendant la convocation des états généraux, celle des états particuliers de la province, où ils voulaient assurer aussi leurs droits et leur participation, leur fournit encore une occasion de faire éclater les idées nouvelles. Dans la crainte que les états provinciaux, composés en grande partie de noblesse et de clergé, n'apportassent quelque entrave à la régénération politique du royaume, on avait supplié le roi que, s'il réunissait les états de Bourgogne avant la tenue des états généraux, il voulût en changer la forme ancienne pour le mode d'élection demandé et qui avait déjà été appliqué dans la province du Dauphiné. De plus, dans une assemblée du 1er février 1789, « où les citoyens des trois ordres comparurent sans prétentions quelconques de préséance, attendu que l'amour du bien public était le seul sentiment qui les animât, « les nobles, prêtres mépartistes, privilégiés et officiers du bailliage, s'étant joints aux corporations et compagnies de la ville, protestèrent unanimement de la nullité des états provinciaux qui seraient tenus avant la convocation des états du royaume et auxquels les députés du tiers ne seraient pas appelés. Quoi qu'il en soit, les états de Bourgogne furent réunis, mais pour la dernière fois; et les habitants de Châtillon ne purent que s'élever contre le mandement des élus qui n'était pas en forme, chose illégale et *inquiétante*. Ils se plaignirent aussi vivement que la province eût été privée de la publicité des opérations qui aurait dû lui être donnée par la voie de *l'impression, rien n'étant plus contraire aux principes d'une bonne et sage administration que le mystère et l'obscurité dans les affaires.* * Ils ajoutèrent encore que l'augmentation des tailles pour le bailliage et la disparité entre les cotes

---

* La liberté de la presse périodique fut un des premiers fruits de la révolution, et un *Journal* ne tarda pas à paraître à Châtillon. Le prospectus, enregistré à la mairie le 6 avril 1790, s'exprime ainsi :

« Persuadé que de l'instruction naissent les lumières et le bon ordre, il nous paraît important de répandre, surtout dans les campagnes, un journal concis et néanmoins suffisant, pour indiquer à chaque citoyen ses droits et ses obligations : il est de son intérêt de connaître les uns et de son devoir de remplir les autres.

« Ce journal contiendra : 1° Les décrets de l'assemblée nationale; 2° les arrêtés, ordonnances et jugements, tant du département de la Côte-d'Or que du district et de la municipalité de Châtillon-sur-Seine (cet article étant celui dont nos campagnes doivent avoir le plus de connaissance sera aussi le plus détaillé); 3° l'extrait du tableau des hypothèques et le taux des gros fruits; 4° les nouvelles politiques de l'Europe les plus intéressantes et les mieux avérées.

« Selon les circonstances, il sera ajouté à ces objets (les seuls qu'on s'engage à fournir) les décisions des départements et des districts voisins, les jugements des causes célèbres dont on aura connaissance, les annonces littéraires, ce qui a rapport à l'agriculture et généralement tous les avis propres à intéresser le public. »

d'office étaient révoltantes, et que cette augmentation et diminution au bon plaisir des élus ne laissaient entrevoir que *l'arbitraire qui doit être banni de tout gouvernement politique.* A ces paroles, que je ne rapporterais pas, si elles n'étaient prononcées à cette époque, reconnaissons qu'au commencement de 1789, la révolution était déjà faite dans les esprits, et soyons moins surpris désormais qu'elle ait été si tôt consommée dans les choses.

Le dimanche 8 mars 1789, en vertu des ordonnances du roi publiées au prône et devant le portail des églises paroissiales pour la convocation des assemblées bailliagères, le tiers-état se rassembla, au son des cloches et du tambour, en l'hôtel commun, sous la présidence du maire et lieutenant-général de police de la ville (M. Dumont), assisté des quatre échevins en exercice, pour rédiger les cahiers des doléances, nommer les quatre électeurs chargés de représenter le tiers-état de la ville aux élections du bailliage de la Montagne, « avec plein pouvoir d'y proposer, remontrer, aviser et consentir tout ce qui pourrait concerner le besoin de l'État, la réforme des abus, l'établissement d'un ordre fixe et durable dans toutes les parties de l'administration, la prospérité générale du royaume et de tous et chacun des sujets de S. M. »

A ce premier degré d'élection, toutes les classes de la ville étaient représentées par mandataires, dans l'ordre suivant : MM. les officiers du bailliage et siége présidial, MM. les officiers de la maîtrise, MM. du grenier à sel, l'ordre de MM. les avocats, la communauté des notaires, la communauté des procureurs, le corps des chirurgiens, MM. les bourgeois, le corps des marchands, la corporation des marchands tanneurs, la communauté des huissiers, les laboureurs, les corps des orfévres, des bouchers, des perruquiers, des teinturiers, peintres, vitriers, potiers d'étain et autres, des boulangers, des selliers, carrossiers et autres, des tailleurs d'habits, des menuisiers et autres de leur classe, les maçons, couvreurs et autres de leur classe, les cordonniers, les cardeurs, les tisserands, les ferronniers, taillandiers et autres de leur classe, les chapeliers, les charrons, les charpentiers et les jardiniers. — Ce mode est-il applicable aujourd'hui ? ce n'est pas que je le pense. Mais, comme on voit, avant que le peuple n'eût versé son sang pour obtenir des droits politiques, on n'avait pas encore imaginé de prendre l'argent pour l'unique mesure de la capacité électorale : deux révolutions faites pour la liberté d'élection n'avaient pas substitué le préjugé de la fortune au préjugé de la naissance.

Enfin, le 16 mars 1789, les trois ordres du bailliage s'assemblèrent, sous la présidence du grand bailli de la Montagne, pour élire chacun leur député aux états généraux. Les choix furent dignes du pays qui les envoyait, de l'assemblée où ils allaient paraître, et des événements qui se préparaient.

L'église, qui n'avait pas accueilli la brillante candidature qu'était venu, dit-on, lui proposer M. l'évêque d'Autun, Talleyrand-Périgord, porta le sien sur M. Cousturier, curé de Salive, frère du curé de Léry, qui, né à Minot, a laissé de lui une mémoire recommandable par la composition de traités religieux élémentaires, où l'on puise encore de nos jours l'enseignement le plus parfait de la morale et de la foi catholiques.

M. Érard-Louis-Guy, comte de Chastenay-Lanty, fut l'élu de la noblesse. Il avait passé les jeunes années d'une vie, que les autres gentilshommes dissipaient, après la guerre de sept ans, dans les châteaux ou les pompes voluptueuses de la cour, à visiter l'Italie et l'Allemagne, cherchant partout des instructions solides, comme dans la prévision qu'un jour il serait appelé à siéger dans une grande assemblée législative. Il avait ainsi cultivé les sciences, recherché l'amitié des savants, fait un cours de droit public à la célèbre université de Goëttingue, assisté au congrès de Teschen, vu le grand Frédéric à Berlin, et recueilli de la bouche de ses officiers ce prophétique et beau témoignage : « Ce qui distingue l'armée française, c'est qu'elle compte des généraux dans ses rangs. » Mais ce qui honorait surtout son caractère, c'était cette bienfaisance à toute épreuve, qui lui faisait donner, par traité, un médecin habile aux pauvres de sa commune, convertir en salles d'asile le château d'Essarois, pendant les hivers rigoureux de 1788 et 1789; cette même bienfaisance dont il reçut le prix, quand, traduit devant le tribunal révolutionnaire, pour une lettre pleine des plus hautes pensées et de l'amour de la liberté le mieux senti, il vit, malgré la terreur qui comprimait alors toute reconnaissance, l'éloquence simple et touchante des malheureux qu'il avait sauvés, secondant les efforts du talent de Réal et de la piété filiale, arracher sa tête aux bourreaux.

Homme d'étude et de mœurs aimables, modèle des traditions de bon goût de l'ancienne noblesse dont il ne vit pas sans regret la déchéance, et, en même temps, esprit libéral, ami constant des progrès politiques comme des hommes qui les défendaient avec le plus zélé patriotisme, personne mieux que lui n'était digne de paraître dans une assemblée destinée à unir sans secousse l'avenir au passé; et il me semble que toute sa biographie est dans ces mots, « qu'il aurait réuni tous les suffrages de ce qu'on appelait alors le tiers-état, s'il n'eût été simultanément choisi par son ordre. » Le tiers-état, devenu le peuple tout entier, lui donna en effet une marque de sa confiance, en le choisissant, en 1811, pour son mandataire au corps législatif.

M. le comte de Chastenay était d'ailleurs un des derniers soutiens de cette ancienne et bonne maison de la Montagne, qui ne jeta jamais plus d'éclat que de nos jours. Des deux enfants qui, seuls après lui, devaient porter ce nom en l'honorant encore, l'un a laissé naguère une place regrettée dans les rangs de la pairie française : nous saluerons dans l'autre une de nos gloires les plus chères.

Le tiers choisit pour ses députés aux états généraux de 1789 MM. Benoît, avocat et notaire à Frolois, et Frochot, notaire et prévôt royal à Aignay-le-Duc. M. Frochot qui est devenu depuis un des grands dignitaires de la France impériale, le premier préfet de la Seine, comte de l'empire, grand officier de la légion d'honneur, n'était pas de ces génies forts et hardis que les révolutions voient s'élever d'eux-mêmes au-dessus de la multitude. Mais cette absence même d'énergie et d'ambition personnelle, jointe à une merveilleuse aptitude à l'administration des affaires, fit sa fortune.

De retour de cette mémorable législature, où il ne parut pour son compte à la tribune qu'en deux ou trois occasions, mais où il se distingua par son enthousiasme pour Mirabeau, dont il fut l'ami et le collaborateur officieux pendant sa vie, et l'exécuteur testamentaire après sa mort, M. Frochot, successivement incarcéré dans les prisons de Châtillon pendant la terreur, membre du conseil d'administration du département de la Côte-d'Or, désigné pour faire partie de la haute cour nationale instituée pour connaître des crimes des premiers fonctionnaires de l'état, M. Frochot, disons-nous, était enfin rentré dans la paisible obscurité de la vie privée, d'où la plus singulière circonstance vint le tirer.

Il occupait, à Châtillon, le modeste emploi de chef de la maîtrise des eaux et forêts, lorsque, fortement compromis par la faute d'un agent placé sous sa responsabilité, il se rendit à Paris pour expliquer sa conduite coupable en apparence. A Paris, M. Frochot rencontra d'anciens amis qu'il avait connus à l'assemblée constituante. Sieyes et M. de Talleyrand, qui s'occupaient alors activement de l'organisation départementale, firent agréer à Napoléon, pour le placer à la préfecture de la Seine, un administrateur habile, dont on n'aurait rien à craindre et dont on pouvait attendre du zèle et du dévouement; et l'homme, qui était venu pour écarter de sa tête une poursuite criminelle, demeura revêtu d'une des charges les plus importantes de l'empire. Il la remplit pendant douze ans avec une grande distinction, embellit la capitale, qu'il dota d'utiles établissements; et c'est un témoignage à lui rendre, que son esprit organisateur a créé cette immense administration, où il n'a été surpassé par aucun des hommes distingués à qui on l'a depuis confiée.

La preuve officielle des beaux souvenirs qu'il y a laissés se trouve dans la pension de quinze mille francs que les maires et le conseil de la ville de Paris lui décernèrent sous Louis XVIII.

Frochot eût occupé cette place plus longtemps, si son manque de présence d'esprit dans l'affaire Mallet, ne lui eût fait encourir la disgrâce de l'empereur, qui était loin de soupçonner ses intentions, mais dont la politique ferme et assurée ne pardonnait pas ces sortes de fautes.

On connaît l'acte audacieux par lequel un général obscur, prisonnier d'État, voulant profiter de la débâcle de Moscou, conçut, seul et du fond de son cachot, le hardi projet de renverser le colosse de l'empire, et comment il parvint, pendant quelques heures, à maîtriser la capitale et ceux qui avaient le commandement suprême de l'État, retenant les uns prisonniers, et abusant les autres par le bruit de la mort de l'empereur. Frochot fut de ces derniers. Un billet, qu'il reçut en revenant de sa campagne de Nogent, et qui contenait ces mots : *Fuit imperator,* troubla son esprit peu fait pour de telles circonstances; et servant, sans le savoir, les désirs des factieux, il fit préparer l'hôtel de ville pour la réunion du *gouvernement provisoire.* Cet inconcevable aveuglement des hommes les plus dévoués à Napoléon, fut ce qui l'irrita le plus quand il apprit ces nouvelles. « Alors, disait-il à Sainte-Hélène, en parlant de la conspiration du général Mallet, je voulus un exemple pour éclairer du moins et tenir en garde les esprits. Il tomba sur le pauvre Frochot, le préfet de Paris, qui assurément m'était fort attaché. »

L'empereur qui, comme on voit, n'avait pas douté de la fidélité de l'homme *qui embrassait je ne sais combien de fois* celui qui lui donnait la nouvelle que son maître vivait encore, crut devoir prendre l'avis de toutes les sections du conseil d'Etat avant que de le révoquer *pour l'exemple*. A son retour de l'île d'Elbe, il n'hésita pas à lui confier la préfecture des Bouches-du-Rhône qu'il occupa pendant les cent jours. Dégagé depuis du poids des affaires publiques, il se retira, près de nous, dans sa terre d'Etuf; et il y mourut en 1829. Son cœur fut déposé derrière le maître-autel d'Aignay, sa patrie; on transféra son corps, à Paris, au cimetière de l'Est, dont lui-même avait orné la capitale.

Je ne sais si je me trompe; mais il m'a toujours semblé que le véritable esprit de la France ne fut jamais mieux représenté que par l'assemblée constituante, et que nulle part la noble attitude de celle-ci ne trouva de plus vives sympathies que dans la ville de Châtillon. Qu'on juge donc des émotions diverses que durent y exciter tour à tour les grandes scènes de 1789, l'ouverture des états généraux dont on avait été privé depuis 1614, ces concessions refusées aux justes prières de ceux qui allaient bientôt les arracher, le fameux serment du jeu de paume, la prise de la Bastille flétrie par des crimes odieux! Mais quand on y apprit que le bon et vertueux Louis XVI, comprenant enfin que cette révolte était une révolution, avait écarté les troupes de Paris, rappelé les ministres populaires et s'était jeté dans les bras de la nation, l'enchaînement fut général.

Au son du tambour battu spontanément dans toutes les rues (le 21 juillet, à trois heures du soir), les trois ordres réunis coururent à l'hôtel commun, « lesquels, s'étant placés en la grand'salle, sans distinction et sans prétention de préséance, arrêtèrent par acclamation, avec enthousiasme et à l'unanimité des suffrages, que l'assemblée nationale ne pouvait être trop louée de la manière courageuse, sage et réfléchie, avec laquelle elle s'était conduite; que tout ce qu'elle avait fait était digne de l'approbation la plus absolue et des applaudissements les plus sincères; que tous les comparants y adhéraient et promettaient de les appuyer autant qu'il dépendrait d'eux; que l'assemblée nationale était priée d'agréer l'expression des sentiments de la reconnaissance la mieux sentie et du respect le plus vrai qui animait les habitants de Châtillon; que S. M. était suppliée d'agréer aussi de leur part l'assurance la plus étendue, et l'offre du sacrifice de leur vie et de leurs biens, lorsque sa sûreté ou l'intérêt de l'État l'exigerait. » Pour rendre grâce à Dieu d'événements *tels que l'histoire n'en offrait pas d'exemple*, toute l'assemblée se transporta immédiatement à l'église Saint-Nicolas, où MM. du clergé, qui se trouvaient parmi les habitants, chantèrent un *Te Deum*. La ville fut illuminée, le soir et le dimanche suivant, *en témoignage de l'allégresse du rétablissement de la paix et de la réunion du roi à son peuple.*

Ces réjouissances furent troublées par une alerte dont tous les partis se sont mutuellement rejeté la cause. Tout d'un coup, au même instant et sur tous les points du royaume, le bruit courut que des brigands armés allaient envahir le pays; chacun les avait vus; * chaque ville ou village les croyait à ses portes; et, s'il est vrai, comme quelques-uns l'ont prétendu, que Mirabeau fut l'instigateur caché de cette fausse nouvelle, dans le but de faire un appel mieux écouté à la force nationale, il ne fut point trompé dans ses prévisions : car toute la France alarmée courut aux armes, — pour ne plus les quitter.

Ce fut le 25 juillet 1789, vers trois heures du

---

* On trouve dans le carnet de police une sentence intervenue entre deux habitants, qui prouve à quel point cette terreur panique préoccupait alors les esprits. Un des plaideurs avait parié qu'il voyait des troupes en armes descendre sur Châtillon de la côte d'Ampilly. Ce n'était qu'un troupeau de bœufs revenant du pâturage.

soir, que ces bruits effrayants vinrent répandre la consternation dans la ville, qui décommanda une troupe de comédiens qu'elle attendait alors, genre de spectacle fort rare encore dans nos provinces. Les notables des trois ordres, spontanément assemblés, délibérèrent que le seul moyen d'assurer la tranquillité publique était d'établir un corps de *garde bourgeoise* volontaire. Sur-le-champ quatre compagnies furent formées, des officiers élus; chacun vint s'enrôler sous les drapeaux pour défendre la patrie en danger; on reprit dans les greniers ces piques rouillées qui avaient servi à défendre les franchises de la commune, et délaissées depuis que la milice civique était tombée en désuétude avec toutes les autres institutions populaires. Dès le soir même la garde fut montée dans tous les quartiers. Ainsi se trouva organisée, dans toute la France, la garde nationale : l'assemblée constituante ne fit qu'en sanctionner et régulariser l'établissement par son décret du 10 août.

Le lendemain, des lettres venues de toutes parts à l'hôtel de ville annoncent que les brigands attroupés se répandent dans des campagnes et aussi dans les villes où ils croient ne trouver point de résistance, et qu'ils approchent de Châtillon. Les portes de la ville sont fermées, une barrière de force établie dans la rue du Guichet, dont la porte nouvellement écroulée donnerait par là entrée dans la ville. Armé à l'improviste de fourches, de pieux, des premiers instruments que le hasard fait tomber sous la main, on se barricade partout; les femmes et les enfants montent des pavés dans les greniers.

Le 28, à 11 heures du soir, on vit arriver en toute hâte la fille du maître de poste de Mussy, tenant ses enfants dans ses bras et emportant avec elle son argenterie et ce qu'elle avait de plus précieux. Elle annonçait que, près de Mussy, 1,500 brigands, répandus dans la campagne, mettaient tout à feu et à sang, et qu'il était à craindre qu'ils n'arrivassent bientôt à la ville. L'officier de garde, à qui ce rapport fut fait, fit aussitôt illuminer toutes les rues; l'alarme sonnée, de la poudre, du plomb, des piques et des fusils, furent portés au corps de garde. Mais, malgré les nombreuses patrouilles envoyées sur diverses directions, on ne découvrit toujours rien, et pour cause.

Cependant ces bruits alarmants se trouvaient confirmés par une lettre datée de Molême, le 28 à 8 heures 30 minutes du soir, par laquelle le prieur et les moines de cette abbaye mandaient qu'un courrier, venu d'Artonnay, leur avait appris que 1200 brigands étaient à Brinon, près de Saint-Florentin, et causaient partout les plus grands ravages. « Toutes nos paroisses, disaient ces religieux, partent pour secourir Brinon et arrêter les progrès du désordre. » Ils finissaient en demandant à la municipalité de Châtillon «de faire partir au plus vite un détachement au secours de leurs concitoyens qui couraient le plus grand danger. » Les papiers publics nous apprennent qu'alors, la nuit durant toujours, la crainte et la confusion étaient au comble. Il était impossible de diminuer les forces en les divisant.

Le vicaire de la paroisse Saint-Jean, l'abbé Montillot, se précipita le lendemain tout effaré dans la rue de Chaumont, armé de deux pistolets et criant que les brigands étaient derrière lui. Il fut bientôt suivi du syndic de Laignes et de deux autres cavaliers à toute bride, qui répétèrent la même chose. Pendant qu'au son du tocsin, les habitants couraient aux armes, on vit arriver, des communautés voisines, des voitures chargées de femmes et d'enfants, cherchant avec leurs meubles un refuge dans la ville, et des détachements d'hommes armés de Buncey, Ampilly, Voulaines, Vanvey, Villiers et autres villages environnants, qui accouraient la défendre. Sur ces fausses nouvelles, la garde bourgeoise de Dijon, s'étant mise aussi en marche, était venue jusqu'à Saint-Seine au secours de Châtillon.

Il ne fallut rien moins, pour calmer l'inquiétude des esprits, qu'une lettre de M. le duc de Penthièvre, qui venait, selon sa coutume, en pélerinage au couvent du Val-Saint-Lieu (Val-des-Choux), et à qui les magistrats avaient offert une escorte pour l'accompagner et le protéger dans sa pieuse solitude. « J'ose dire, mandait le prince, que je mérite l'amitié de mes concitoyens par l'amour que j'ai pour eux. Mais je crois que les propos répandus sur le fait des brigands sont au moins exagérés, et je serais bien fâché d'occasioner la plus légère fatigue à la garde bourgeoise de Châtillon. Les habitants de mon village de Sceaux, près de Paris, ont pris aussi les armes, il y a trois jours, d'après l'opinion commune qu'une légion de bandits allait dévaster le canton : c'était un faux bruit. Il n'est pas vrai non plus qu'une troupe de coquins ait ravagé les blés dans le Valois, comme on l'avait débité.

Les craintes n'étaient pas plus tôt dissipées qu'un autre sujet de terreur, non moins grave mais plus réel, fut donné à la ville. En cette crise où la famine menaçait le pays, où la difficulté de pourvoir aux approvisionnements des marchés faisait craindre pour la sécurité des habitants, MM. du clergé et de la noblesse, MM. les officiers du bailliage et siége présidial, de la maîtrise, du grenier à sel, toutes les compagnies, communautés et corporations, s'étant réunies le 2 août, arrêtèrent que, les circonstances actuelles exigeant des précautions et une surveillance extraordinaires, qui surchargeaient de beaucoup le travail des maires et échevins, il était convenable de leur adjoindre un comité de vingt personnes, que, dans leur sagesse instinctive, ils investirent précisément des attributions dévolues, plus tard aux conseils municipaux.

Cette institution spontanée devança encore la création officielle de la nouvelle organisation municipale. Nommée immédiatement par le peuple, l'autorité locale se composa, à Châtillon, d'un conseil général de dix-huit notables, chargés de délibérer sur les intérêts publics, et d'un maire, assisté de huit officiers municipaux, qui formaient le pouvoir exécutif de la commune. Ce fut le dimanche, 7 février 1790, que le dernier maire perpétuel nommé par les élus de Bourgogne, M. André Dumont, et les quatre échevins en exercice pour la présente année, résignèrent leurs charges à des fonctionnaires qui commençaient une nouvelle ère. M. de Bruère, lieutenant général au bailliage fut le premier maire de création nouvelle. Cette charge a été ensuite remplie par MM. Mariotte (en 91 et 92), Lambert (en 93), C. Verdin (en 95), Personne (de 1800 à 1813), Bruère de Vaurois (de 1813 à 1819), et depuis lors, par M. Laperouse, à l'égard de qui notre réserve filiale ne devra pas nous empêcher de remplir nos devoirs d'historien. Quelques-uns de ces magistrats, MM. Mariotte et de Vaurois, ont vu leur personne même exposée, au milieu des circonstances difficiles et périlleuses qu'entraînaient après soi les émeutes de la république et les malheurs des invasions étrangères. Chargés des affaires publiques au sortir d'une grande révolution, à une époque où il s'agissait de constituer une société sur des ruines, plusieurs d'entre eux ont eu la gloire de relever ou de créer, dans leur patrie, d'utiles établissements. La marche chronologique de cette histoire nous amène à parler dès à présent de la formation d'un des plus précieux.

En vertu du décret du 2 décembre 1789, prescrivant la vente des biens du clergé, pour combler l'immense déficit qui menaçait l'avenir de la France, les prêtres mépartistes de Saint-Nicolas, les prêtres titulaires, tous ceux qui possédaient quelques bénéfices ecclésiastiques, le prieur de l'abbaye de N.-D., le recteur de l'hôpital Saint-Germain, les supérieurs de tous les couvents de la ville, déposèrent, le 11 janvier 1790, à la municipalité, la déclaration de tous leurs biens et revenus. Bientôt toutes les richesses des abbayes voisines, parmi lesquelles se trouvaient les belles bibliothèques des Bénédictins de Molême et de Pothières,* furent égale-

---

* Les Bénédictins de Pothières peuvent se glorifier d'avoir aidé à conserver, au milieu de la confusion du moyen âge, le dépôt des lettres latines et des connaissances humaines. J'ai déjà cité le moine Lambert, un des érudits du Xe siècle. Le dernier abbé de Pothières fut aussi un savant ; je veux parler de M. Richard de St. Non, mort au commencement de la révolution française. Conseiller clerc au Parlement, dans sa jeunesse, il donna en 1770, une assez bonne comédie intitulée : *Julie* ou *le bon Père ;* mais son principal

ment transférées à Châtillon. Malgré les menaces de l'autorité centrale, l'adresse courageuse et patriotique de M. Humbert, qui, en qualité de président de l'administration municipale, rendit alors des services au pays, ne laissa pas dépouiller Châtillon de ce précieux dépôt. Ainsi fut formé le noyau d'une bonne bibliothèque de province, qu'une allocation votée par la ville est destinée à grossir annuellement. Riche surtout, son origine l'explique, en livres de théologie et d'histoire, elle possède plus de sept mille volumes.

Ailleurs, ainsi qu'à Châtillon, des citoyens, saisissant les rênes flottantes du gouvernement local, avaient préservé le pays de l'anarchie. Mais ces associations, diverses selon les lieux, isolées les unes des autres, sans direction commune, n'avaient pu suffire à prévenir tous les désordres, dans cette crise transitoire entre deux législations, où un ordre nouveau n'était pas encore substitué à l'ancien qui n'avait plus la foi des peuples. Le choc des prétentions rivales,

---

titre littéraire, celui qui lui ouvrit les portes de l'Académie de sculpture et de peinture, c'est son *Voyage pittoresque dans les royaumes de Naples et Sicile*, en 5 vol. in-f°. Il fit lui-même hommage à la ville de Châtillon d'un exemplaire de ce bel ouvrage, qui, tout en les devançant, a laissé bien loin derrière lui, pour le mérite de l'exécution et du travail, toutes les éditions de luxe qu'on imprime de nos jours.

de dangereuses scissions, la répartition inégale des approvisionnements, la sûreté des chemins compromise, l'entretien des routes abandonné, nulle autorité qui pût s'opposer au silence coupable des tribunaux, des interprétations diverses données aux lois et décrets, toutes choses laissées aux caprices contradictoires de comités formés à l'improviste, le découragement partout et l'anarchie, c'étaient là les moindres malheurs auxquels fût en proie la Bourgogne, privée des états provinciaux dont l'assemblée constituante avait suspendu la tenue. Il était réservé à Châtillon, qui avait déjà devancé la législature dans l'organisation de la municipalité et de la milice bourgeoise, de la prévenir encore sur ce point; et, dès le mois de septembre 1789, les villes de Bourgogne accueillirent le projet présenté par le comité de Châtillon, sur la proposition d'un de ses membres (M. de Coullemiers) de former à Dijon, pour renouer les anneaux interrompus de la chaîne politique, un comité central, composé de députés librement élus par toutes les communautés de la province. Un de ses principaux soins devait être de former les districts des campagnes, et d'anticiper aussi sur l'organisation administrative de la France. Mais, quand on voulut élire des députés, on se trouva arrêté par les ordres de l'assemblée constituante, qui songeait alors à établir prochainement l'administration départementale.

En effet cette année si féconde en transformations profondes ne s'écoula pas qu'elle n'eût vu se réaliser les conceptions symétriques du génie de Sieyes, substituant le gouvernement le plus uniforme à l'infinie variété de bailliages, sénéchaussées, châtellenies et prévôtés, qui conservaient encore, au milieu de la France de Louis XIV, les divisions et les priviléges surannés de la féodalité.

Le royaume fut dès lors partagé en quatre-vingt-trois départements, composés de districts subdivisés eux-mêmes en cantons formés de plusieurs communes. Le département, ainsi que le district, eut un conseil administratif et un directoire exécutif, subordonnés dans un ordre hiérarchique comme les préfectures, les sous-préfectures et leurs conseils, qui les eurent bientôt remplacés. Quant à l'organisation judiciaire, elle ne fut pas moins simple. Un tribunal criminel par département, un tribunal civil par district, un tribunal de paix par canton, la composèrent. Du reste, les membres de l'ordre judiciaire, comme ceux de l'ordre administratif, étaient nommés, à double degré, par les électeurs des assemblées cantonales.

La Bourgogne, découpée en quatre départements, comprit celui de la Côte-d'Or, qu'on divisa en six districts : le bailliage de la Montagne en fut un, sauf quelques modifications. Ainsi on en retrancha les enclaves en Champagne, le pays de Salive, Saumaise, S¹.-Seine, Chanceaux, etc., en y ajoutant d'ailleurs celui de Laignes et de Montigny. Dans ce renversement de la vieille France, qui devait ouvrir une vaste carrière aux prétentions et aux rivalités locales, Châtillon eut la velléité de devenir le chef-lieu d'un département qui aurait eu pour districts, Semur, Avallon, Tonnerre et Bar-sur-Seine. Mais jamais les bourgs et villages de Champagne ne voulurent entendre à faire partie d'un département dont une ville bourguignonne eût été la capitale. En vain des députés châtillonnais pressèrent-ils leurs démarches et leurs instances dans nombre de communes et à l'assemblée constituante, où ils obtinrent les honneurs de la séance et furent admis à proposer leurs motifs; il fallut se réduire à être, en dépit d'Aignay qui faisait valoir l'avantage de sa position centrale, le chef-lieu d'un des arrondissements de la Côte-d'Or.

Qu'on me pardonne tous ces détails! Il m'a semblé bon de montrer comment le monde nouveau avait pris place de l'ancien, dont il n'est pourtant séparé que par le gouffre d'une année. J'ai voulu aussi constater un autre fait, celui que, dans cette régénération politique, un élan spontané et une patriotique inspiration présidèrent au réveil des institutions et des idées libérales proclamées par l'assemblée constituante.

La réforme de l'état était consommée, et il

ne restait plus qu'à la célébrer. Or, ce fut un beau jour pour Châtillon, comme pour toute la France, que le 4 juillet 1790! C'était le jour de la fédération. Toutes les gardes nationales du district, enseignes déployées, précédées de musiciens et suivies de fourgons aux armes de la ville, étaient allées rejoindre à Montbard les autres détachements de la Côte-d'Or. Et, tandis que, au Champ-de-Mars, le roi, l'assemblée nationale, toutes les députations du royaume, sous leurs bannières ornées de devises patriotiques, assistaient, à la face du ciel, à une messe célébrée par quatre cents prêtres, que toute la France fédérée avec son roi prêtait serment à la Constitution et jouissait avec ivresse de cette fête de la liberté naissante, ceux de Châtillon se livraient aux mêmes transports, sur un théâtre plus restreint. Les premiers hommages de leur reconnaissance s'adressèrent à la Divinité. Après un *Veni Creator* chanté dans l'église de l'abbaye de N-D., où le prieur prononça, sur le sujet de l'assemblée, un discours qui fut applaudi et *dont plusieurs auditeurs demandèrent l'impression*, le cortége se rendit au Cours-Vert, au milieu duquel l'autel de la patrie se dressait, orné de fleurs et de drapeaux pavoisés. Alors, au bruit des salves de mousqueterie, des cloches et des canons, le maire, en montant les degrés, la main levée vers le ciel, prêta le serment civique qui fut répété par tous les officiers, soldats et citoyens. L'enthousiasme, qui se prolongea dans la nuit par des danses, des illuminations et des feux de joie, était si général que, selon la relation officielle de la fête, *un grand nombre de personnes du sexe demandèrent à être admises à cette prestation de serment.*

Trompeuses illusions, trop tôt évanouies! Pourquoi fallait-il que le sang coulât? La liberté constitutionnelle, qui venait d'apparaître à la France, ne pouvait-elle lui être assurée qu'après tant d'essais et de si cruelles épreuves, et l'histoire des nations ne sera donc jamais que l'histoire de leurs malheurs?

C'est du moins un témoignage à rendre à Châtillon, que des étrangers au pays s'y signalèrent seuls par de criminels excès. Quand une minorité factieuse se fut emparée des destinées de la France qu'elle comprima par la terreur, que le gouvernement, tombant dans la rue, une société populaire, dite *des amis de la constitution*, se fut organisée dans la ville, que les représentants du peuple, Léonard Bourdon, Prost, Jean-Marie Calès, vinrent, en qualité de commissaires de la Convention nationale dans le département de la Côte-d'Or, prêcher, dans nos ci-devant églises converties en clubs, leur sanglant évangile, provoquer les dénonciations, et remplir nos prisons de *suspects;* tous les bons citoyens (ils formaient presque toute la ville) refoulèrent tristement dans leur cœur l'indignation qu'ils n'osaient même témoigner au foyer domestique. Et ce fut là leur crime. La pitié du peuple ne pouvait-elle plus tôt faire Thermidor?

Elle eût empêché, à Châtillon, que deux têtes innocentes n'allassent ensanglanter l'autel de la terreur. Parmi ces victimes, se trouvait Berlier, garde-marteau à la maîtrise, oncle du célèbre conventionnel du même nom. Traduit au tribunal révolutionnaire pour quelques propos indiscrets, sa parenté peut-être, je ne dis pas son innocence, l'aurait préservé de l'échafaud. Mais, quand il se vit devant Fouquier-Tinville, le vieillard s'inspirant d'un grand courage, aima mieux sacrifier le peu d'années que Dieu pouvait lui compter encore, et, devenu l'accusateur des juges-bourreaux, les ajourner à le suivre, comme Jacques Molay, sur son bûcher. Cet acte d'énergie ne sauva pas Berlier. Seulement, quelques jours de plus avaient vu s'accomplir sa terrible prédiction.

Mais encore une fois, les crimes vinrent du dehors. N'en accusons pas nos concitoyens dont le sens droit et le bon esprit surent souvent au contraire faire échouer de mauvaises pensées. Qu'on me permette de citer à ce propos deux anecdotes, qui rappelleront d'ailleurs un des traits les plus saillants du caractère bourguignon.

Un membre de la société populaire, ayant nom Chapelet, et dont le cœur au reste valait mieux que la tête, déclamait un jour contre le culte de la Vierge, et provoquait à détruire ses images vénérées. — « Rien de plus juste, répondit gravement un de ses interlocuteurs, jouant alors sur le nom de l'iconoclaste ; mais puisqu'il n'y a plus de sainte Vierge, il ne doit plus y avoir de *Chapelet.* » Et il poussa en même temps dans la Seine, au bord de laquelle s'agitait cette haute question, l'orateur désappointé qui ne pouvait pas même se fâcher d'un raisonnement aussi logique. *

« Citoyens, disait un autre jour, au club, avec emphase, un *ami de la constitution*, en désignant les ruines du château ducal, hâtons-nous de débarrasser le sol de la patrie de ces derniers vestiges de la féodalité. » Un autre répondit vivement : « Gardez-vous bien de les détruire : que ces traces de l'ancienne aristocratie soient à

---

* Au milieu des déclamations les plus ridicules, la révolution donna plus d'un exemple de cette éloquence populaire et sauvage qui soulève les masses ou les apaise. Le même Chapelet n'en était pas entièrement dépourvu. S'étant porté accusateur d'un nommé L. N., un des meneurs du temps, il termina sa philippique par la péroraison suivante : « Cet homme ne veut que nuire et n'est heureux que quand il a nui ; il y pense sans cesse, et, quand il n'en a pas trouvé l'occasion dans le cours de la journée, le soir il sort de la ville, puis il retourne les pierres l'une après l'autre sur son chemin, et, s'il découvre un ver, il l'écrase, afin qu'il ne soit pas dit qu'il a laissé passer un seul jour sans faire du mal. »

jamais, pour vous et vos enfants, l'image de la féodalité en ruines. » Le mot fut applaudi : nous lui devons la conservation de notre plus beau monument.

En ces temps désastreux, où une résistance ouverte eût été un dévouement perdu, un courage inutile, rien ne valait mieux que de tourner ainsi ou de diriger, sans qu'il parût, le torrent révolutionnaire qu'on ne pouvait arrêter. C'est dans cet esprit que le conseil de ville, voulant détruire, autant qu'il était en lui, les abus résultant du déplacement de l'autorité qui était passée tout entière dans le club, prit une délibération par laquelle tous ses membres devraient faire partie de la société populaire, pour atténuer, par la présence d'hommes honnêtes et éclairés, les résolutions excessives qu'une grossière ignorance pouvait se laisser arracher.

Accuser, être accusé, telle était l'époque. M. Miel nous a encore cité un exorde heureux et courageux de M. Frochot, se défendant au club de Châtillon contre le fameux Mongin : « Pour apprécier l'accusation qui me fait monter à cette tribune, il suffit de se rappeler ce qu'est l'homme de qui elle vient. Sa vie est connue : abus de pouvoir, dilapidations, délations calomnieuses, arrestations arbitraires, attentats contre la liberté publique et privée, Georges Mongin es-tu là ? » Mongin fut atterré et Frochot triompha ; mais celui-ci n'en fut pas moins arrêté au bout de quelques semaines et conduit au château de Dijon, où il resta jusqu'après le 9 thermidor.

Disons aussi que, malgré le fanatisme cruel et odieux de la Convention, malgré la fougue de son propre caractère, dont il donna des preuves malheureuses, le député du district châtillonnais, Charles Lambert, insista fortement, lors de la mise en accusation de l'infortuné Louis XVI, pour que le jugement du roi fût dévolu à un grand jury national, nommé par tous les départements, et pour que la condamnation, au cas qu'elle emportât peine capitale, ne pût être exécutée qu'après avoir été sanctionnée par le peuple lui-même. Le rôle cumulé d'accusateur, de juré, de juge et de législateur, lui paraissant une confusion illégale et monstrueuse que rien ne pouvait justifier, il suppliait la Convention « de ne pas s'exposer aux mêmes reproches qu'avaient mérités les juges qui avaient condamné Charles Stuart, en négligeant le vœu du peuple et en violant toutes les formes établies dans les procédures criminelles. »

Enfin, à l'honneur encore de notre ville natale, celui que les royalistes appelaient *le seul républicain honnête homme,* qui, fait prisonnier à la tête des armées de la Convention, faisait tomber à ses pieds, en prononçant son nom, des ennemis prêts à l'immoler, Claude Pétiet, dont les cendres reposent dans les caveaux du Panthéon, près de celles des sénateurs et des grands dignitaires de l'empire, était de Châtillon. Ayant quitté de bonne heure la ville qui l'avait vu naître le 10 février 1749, et où il laissait une famille honorable, pour suivre le parti des armes, il se distingua tout d'abord par une probité sévère et une haute intelligence de l'administration militaire. Toute la vie de Pétiet, unique dans l'histoire de la révolution qui dévorait si vite ses enfants, est dans la réunion de ces qualités qui le firent rechercher partout et de tous les partis, appelé tour à tour à organiser les armées de la monarchie, de la république et de l'empire. Ainsi, Louis XVI le nomma commissaire-ordonnateur des armées du Centre et de Sambre-et-Meuse; la Convention même ne put s'empêcher de rappeler à l'armée de l'Ouest l'homme qui avait osé désapprouver ses violences et mériter l'estime et les égards de la Vendée; les électeurs d'Ille-et-Vilaine, touchés de la bienveillance désintéressée du jeune officier de l'intendance de Bretagne, l'élurent pour leur représentant au conseil des anciens, et plus tard, en 1799, les suffrages unanimes de ceux de la Seine le portèrent au conseil des cinq-cents; c'est à lui que le Directoire eut recours pour réorganiser ses armées et former celles que Moreau faisait vaincre sur le Rhin, et Bonaparte en Italie; le Directoire le nomma encore ministre de la guerre, et il continua de l'être presque en effet sous le nom de Berthier, qui s'aidait de ses lumières; le premier consul le promut au conseil d'État, l'empereur au gouvernement militaire de la Lombardie et au sénat. Cet homme, qui savait apprécier les grands talents, faisait souvent appel à celui de Pétiet. C'est ainsi qu'il l'avait nommé intendant général de l'armée, lors du projet de descente en Angleterre.

Pour remplir le vide affreux qu'avait fait la Terreur, en proscrivant jusqu'à la religion, les prétendus imitateurs des Brutus et des Gracques, dans leur engouement de l'antiquité républicaine qu'ils ne comprenaient pas, avaient substitué au culte du vrai Dieu les fêtes parodiées de la Grèce et de Rome. Des *exercices civiques* avaient lieu au *Temple décadaire* (aujourd'hui le palais de justice), où tous les enfants du district, de l'âge de huit ans à celui de seize, étaient interrogés publiquement sur la *Déclaration des droits de l'homme et du citoyen*, le nouveau catéchisme de la France. Chaque décadi ramenait quelque solennité nouvelle. Faut-il rappeler ici les ovations faites aux bustes de Le Pelletier et de Marat, les saints martyrs du calendrier républicain, la fête de la Raison, la fête de l'Agriculture, qui voyait les magistrats conduire triomphalement dans la campagne une charrue ornée de rubans tricolores, la fête de la Jeunesse, où de longues processions d'enfants des deux sexes, vêtus à la manière antique, les cheveux flottants sur les épaules et coiffés de bonnets phrygiens, les pieds nus, garnis de sandales, portant de petites bannières aux couleurs nationales, parcouraient les places et les promenades en chantant des hymnes patriotiques? Ou bien, munis des instruments des divers métiers, ils allaient célébrer au *temple* la fête de l'Industrie. Le 10 août était un terrible anniversaire. L'autel de la Patrie, au Cours-Vert, était chargé d'un sceptre, d'un trône, d'écussons fleurdelisés, couverts d'un voile; puis, au signal convenu, le voile était levé, et une jeunesse impatiente, précipitée sur les degrés de l'autel, brisait et dispersait ces emblêmes de la royauté, dont on fêtait ainsi l'abolition.

Voici, pour l'exemple de l'esprit et du style du temps, un passage de la relation authentique des réjouissances qui eurent lieu dans la ville à l'occasion des succès des armées françaises :

« La garde nationale étant assemblée, tous les corps, sans distinction de préséance, se sont mis en marche sur la place de la Révolution (rue des Ponts), accompagnés de la garde et d'un groupe de jeunes citoyennes vêtues de blanc et ornées d'é-charpes tricolores, portant différents emblèmes et inscriptions relatifs à la fête. Le cortége étant arrivé au lieu préparé, les corps ont pris place sur les gradins qui leur étaient destinés; les jeunes citoyennes et les musiciens se sont placés à l'am-phithéâtre ; et, après une décharge de mousque-terie, au bruit des fanfares, l'hymne des Mar-seillais a été chanté, ainsi qu'une strophe qui avait été ajoutée par la société patriotique. Il a été ensuite chanté plusieurs chansons analogues aux circonstances; et tous les citoyens et citoyennes qui assistaient à la fête ont crié à différentes reprises : « Vive la république ! » Il a été ensuite, aux acclamations générales, planté un nouvel arbre de la liberté, en haut duquel le bonnet a été placé; et la strophe composée par la société patriotique y a été attachée. Les jeunes citoyens, respirant le patriotisme et brûlant du désir de pouvoir bientôt combattre les ennemis de la liberté, ont planté, sur la même place, un autre arbre, au haut duquel ils ont aussi attaché le bonnet de la liberté. »

La société, ainsi détournée de ses voies, avait besoin, pour y rentrer, d'un bras fort et d'un génie puissant. Alors surgit en France un de ces hommes que Dieu envoie, de loin en loin, aux grandes crises de l'histoire, et il fut donné à nos pères de voir ce que le monde n'avait pas vu depuis Charlemagne ou César.

Dans les dernières années du XVIIIe siècle, un officier d'artillerie passa deux fois à Châtillon, où il visita le jeune Marmont, un de ses compagnons d'armes. Son passage y fut à peine remarqué. Quelques années après, il devait revoir la même ville, mais couvert de gloire et grand comme le monde, et les peuples dans l'ivresse devaient se presser sur ses pas. Car cet inconnu, c'était Napoléon Bonaparte.

C'était l'homme prédestiné à rétablir l'ordre dans sa patrie. Il parut, et la France, à sa voix, se fit soldat et suivit son héros sur les champs de bataille. Nos compatriotes n'y manquèrent pas; et alors notre ville eut à se glorifier d'une foule de braves militaires, parmi lesquels, pour ne citer que les officiers supérieurs, * on peut signaler MM. l'intendant militaire Petiet, neveu du ministre de ce nom, aussi notre compatriote; les lieutenants-colonels Breugnot et Portemont; le commandant Marcoux, homme de cœur et d'action, qui, par modestie, s'obstina à vouloir rester au poste où sa bravoure l'avait subitement élevé de son obscurité, et qui, entre autres traits de valeur, sauva la vie à Bernadotte (Charles-Jean, roi de Suède); le maréchal-de-camp de Framery, élève de l'école polytech-

---

* On ne peut pas regarder comme entièrement étrangers à l'histoire de Châtillon Junot, duc d'Abrantès, qui, né à Bussy, fit ses études au collége de Châtillon, d'où il sortit avec les jeunes volontaires de la Cote-d'Or; ni le contre-amiral Dupotet; né dans le petit village de Chaugey, que des actions d'éclat, notamment au combat de Trafalgar, ont élevé aux premiers rangs de la marine française, et naguère au gouvernement de l'une de nos principales possessions en Amérique.

Nous sommes aussi heureux d'avoir à consigner ici le nom de M. le maréchal de camp, baron Testot-Ferry, colonel de cavalerie légère, retiré à Châtillon. Modeste autant que brave, M. Ferry était sans contredit un des plus remarquables officiers de la garde impériale, par son courage, ses connaissances et ses vertus.

nique, colonel d'artillerie de distinction ; et un maréchal de France, dont je parlerai d'autant plus volontiers que l'opinion populaire et la fortune politique ont été plus injustes envers lui.

Auguste-Frédéric-Louis Viesse de Marmont, duc de Raguse, maréchal et pair de France, major général de la garde royale, grand'croix de la légion-d'honneur, commandeur de l'ordre de St.-Louis, grand'croix de ceux de Wurtemberg et de Ste.-Anne de Russie, commandeur de l'ordre de la couronne de fer, membre de l'Institut, naquit à Châtillon, le 20 juillet 1774, d'une famille qui avait vu récemment passer entre ses mains, avec la seigneurie de Ste-Colombe, le Châtelot de la ville, cette ancienne résidence des comtes du Lassois, rebâtie et habitée au XVe siècle par le chancelier Rollin. De fortes études, jointes à une grande bravoure naturelle dont il donna les premières preuves à l'armée des Alpes, à la conquête de la Hollande et au blocus de Mayence, devaient le placer au premier rang dans la carrière des armes, à laquelle sa naissance, d'accord avec ses goûts, l'avait prédestiné. C'était l'époque où les guerres de la république faisaient éclore cet essaim glorieux de beaux génies; celui du jeune Marmont éclata

---

* *Hist. des Maréchaux.* — *Généalogie de la maison Viesse de Marmont*, extraite du Nobiliaire universel de France, etc.

tout d'un coup, quand il lui fut donné pour théâtre l'Italie, pour général Bonaparte, dont il était l'aide-de-camp; et sa conduite intelligente et brave à Lodi, où il reçut un sabre d'honneur; à Castiglione, devant Mantoue, à la bataille Saint-Georges, où, avec un bataillon de grenadiers et un bataillon de la 18e demi-brigade, il emporta la tête de pont et désarma 400 cuirassiers autrichiens, fit dès-lors prévoir ce qu'on pouvait attendre d'un officier qui, ne le cédant à nul autre pour l'intrépidité dans le combat, se distinguait d'ailleurs par un esprit cultivé et des talents stratégiques qu'on ne rencontrait pas toujours chez ces valeureux guerriers dont un courage à toute épreuve faisait toute la gloire, et que la bravoure seule avait élevés des derniers rangs du peuple aux premiers postes de l'armée.

Aussi Bonaparte l'associa à sa fortune dans l'expédition d'Egypte; il ne voulut point s'en séparer non plus quand il revint débarquer à Fréjus, aux acclamations de la France, et arracher le gouvernement de la république aux mains malhabiles et impuissantes qui en tenaient les rênes. Il faut dire aussi que Marmont avait justifié cette estime singulière, ayant débarqué le premier à Malte, à portée du canon de l'ennemi dont il soutint le feu pendant tout un jour, contribué le plus à la reddition de la place, enlevé de sa propre main le drapeau de l'ordre, concouru à la prise d'Alexandrie, à la victoire des

Pyramides, à la destruction des Mamelucks, et fait d'Alexandrie, dont le commandement lui fut confié après la bataille d'Aboukir, une bonne place de guerre, malgré les obstacles réunis d'un bombardement soutenu, du manque absolu de ressources, de la famine et de la peste.

La seconde campagne d'Italie vint bientôt élever encore ses talents, son courage et son nom; et l'histoire des fastes militaires n'eut pas de plus beaux faits d'armes à consigner, pour l'audace de l'entreprise et le mérite des difficultés vaincues, que le passage du Saint-Bernard et l'action du fort de Bard. Notre intrépide compatriote fit traîner à bras, par des soldats qu'il animait de son exemple, tout le matériel de l'artillerie de réserve, sous un feu continuel tiré perpendiculairement de la citadelle qui interceptait toute communication, et rejoignit l'armée d'Italie, où il ne contribua pas peu au succès de la fin de la bataille de Marengo et des passages du Mincio et de l'Adige.

Dès lors Marmont fut jugé digne du commandement en chef des armées. Chargé de diverses expéditions, il commanda dans la Hollande, fit la conquête de la Styrie, acheva de réduire, par la bataille de Castel-Novo, remportée avec moins de 6,000 hommes contre 7,000 Russes et 10,000 Monténégrins, la Dalmatie, Raguse et Cattaro; et ne quitta, en 1809, ces provinces dont il fut le civilisateur et mérita d'être le chef, que pour venir, à la tête de 9,500 hommes d'infanterie, 180 chevaux et 12 pièces de canon (en passant sur le corps de 17,000 autrichiens dont il fit prisonnier le général, et du ban de Croatie commandant 35,000 hommes qu'il rejeta en Hongrie), faire sa jonction à la grande armée la veille de la bataille de Wagram, à la grande admiration de l'empereur, qui le proclama maréchal sur le champ de bataille de Znaïm, où il combattit seul pendant deux jours contre toute l'armée autrichienne. Il n'avait pas encore trente-six ans.

Rien n'égale les triomphes d'une carrière jusqu'alors si brillante que la suite des fatalités qui vinrent en interrompre le cours. Quand il eut, en qualité de gouverneur général des provinces Illyriennes, établi la domination et la grandeur françaises dans ces contrées, et terminé en cinq jours une guerre de frontières qui désolait la Croatie, il fut envoyé dans la Péninsule pour y prendre le commandement de l'armée désorganisée, qu'il eut bientôt mise en état de passer le Tage, de faire lever le siège de Badajoz et de défendre, pendant quinze mois, avec des forces inférieures, la frontière occidentale de l'Espagne. Le rappel d'une partie de ses troupes en 1812 lui ayant fait perdre l'offensive, il n'était pas moins parvenu, par une bonne contenance et des manœuvres habiles, à repousser l'armée anglaise de la Tormès sur Rodrigo, lorsqu'un coup de canon, brisant le bras du maréchal et le mettant hors de combat, fit changer une belle retraite en une bataille funeste et nécessita son retour en France. Ses blessures toutefois ne purent pas tant l'y retenir, qu'il ne courût en Allemagne prendre une part active aux victoires de Lutzen, Bautzen et Wurtzen.

Qui n'apprécia encore sa conduite dans la campagne suivante et à la bataille de Leipsick, où, quoique blessé, il soutint seul, avec un faible corps d'armée, tous les efforts de l'armée de Silésie? Et sa campagne de 1814, dont le funeste dénoûment a subi des interprétations si perfides, il faut la dire encore, à l'honneur du maréchal. Après avoir, avec des troupes épuisées qui ne s'élevèrent jamais à 8,000 hommes, fait acheter chèrement à l'ennemi, que ses efforts n'avaient pu arrêter sur le Rhin près de Manheim, chaque pas de plus sur le territoire français, combattu à Brienne, culbuté, l'épée à la main et à la tête de quelques braves la baïonnette en avant, 25,000 Bavarois au pont de Rosnay, remporté les victoires de Champeaubert, Vauxchamp, Etoges, Meaux, la seconde affaire de Montmirail, etc., arrêté, à Lisy-sur-Ourcq, Blücher qu'il tâchait de contenir quand il ne le repoussait pas, après de malheureux efforts à la butte de Laon, le duc de Raguse, refoulé sous les murs de Paris par une armée de 45,000 hommes dont il mit plus de 14,000 hors de combat, avait fait pendant douze heures la résistance la plus désespérée. Enfin, les habits criblés de balles, voyant les restes de son armée tués à la baïonnette à ses côtés, vaincu par le manque de forces, la défaillance de la population parisienne, le découragement public, les prières des citoyens les plus élevés et des autorités de Paris qui le pressaient de mettre fin à un carnage compromettant le salut de la capitale, les lettres réitérées du prince Joseph Bonaparte qui l'engageait à traiter, il se résigna, mais seulement alors, à capituler avec le prince de Schwarzenberg. Voulant ensuite, après le décret du sénat qui prononçait la déchéance de l'empereur, arracher à une mort inutile les débris de la grande armée, et sauver la France de cruels désastres, il entama d'autres négociations. C'était le 4 avril, le jour même où Napoléon, sur l'avis des grands officiers de l'empire, venait de signer à Fontainebleau son abdication en faveur du roi de Rome. Les maréchaux Ney, Mortier et Macdonald, et le duc de Vicence, chargés de la porter à l'empereur Alexandre, firent part, en passant à Essonne, de leur mission au duc de Raguse, qui leur expliqua sa conduite et se rendit ensuite avec eux au quartier-général du prince de Schwarzenberg, afin de lui annoncer que les arrangements commencés devaient être regardés comme non avenus. La démarche faite au nom de l'empereur était trop conforme aux vues du maréchal, pour qu'il ne s'adjoignît pas avec empressement aux autres ambassadeurs; il leur déclara donc qu'il ne se séparerait jamais d'eux. Or, pendant qu'il était à Paris avec ses frères d'armes, parlementant pour la suspension des hostilités, et attendant la réponse de l'empereur de Russie, les généraux, auxquels il avait laissé la conduite de son corps d'armée, firent de leur chef une démarche imprudente qui perdit le maréchal. Effrayés par les messages répétés venus de Fontainebleau, ils s'empressèrent, conformément à la capitulation entamée le matin d'après leurs conseils, de faire avancer les troupes sur Versailles, malgré les plus instantes représentations d'un aide-de-camp de Marmont, qui les conjurait de ne rien faire de contraire aux ordres formels de leur général. Ce dernier, en effet, averti de ce mouvement qui avait excité au plus haut point l'effervescence des soldats, partit au désespoir pour l'arrêter; mais il n'était plus temps.

Le duc de Raguse ne devant pas toute son élévation à la bravoure, sa carrière ne se termina pas avec la paix. La pairie le compta parmi ses membres les plus distingués, et l'Académie des sciences, dont une démarche récente prouve la haute estime qu'elle a conservée au maréchal, lui ouvrit ses portes. Ses connaissances stratégiques lui avaient fait confier, dès le 18 brumaire, la direction de l'école militaire;

placé, après la seconde campagne d'Italie, à la tête de l'artillerie française dont il était le plus habile officier, il introduisit dans cette arme un système qui est encore en usage aujourd'hui; l'armée lui doit encore d'autres réformes utiles. C'est lui, dit-on, qui avait préparé les plans de l'expédition d'Alger. Des routes entreprises au milieu des marais, de grands travaux, de beaux monuments auxquels il employait les loisirs de ses armées, éterniseront sa mémoire, avec le nom français, dans la Hollande et la Dalmatie; Châtillon surtout lui sera longtemps redevable de sa prospérité industrielle. Magnifique dans ses goûts, prodigue de sa fortune, grand dans ses désirs, nul autre n'était plus digne que lui de représenter la France au couronnement de l'empereur Nicolas à Saint-Pétersbourg, où son ambassade a laissé de brillants souvenirs. Il avait aussi l'esprit libéral. Après la chute de l'empire, il insista pour que l'on conservât à l'armée le drapeau qui l'avait fait vaincre sur tant de champs de bataille; on connaît sa belle conduite dans l'affaire Lavalette, et il fit voir aussi l'indépendance et la sagesse de ses opinions lorsqu'il fut envoyé à Lyon, avec un pouvoir suprême pour mettre fin aux réactions politiques qui avaient ensanglanté la seconde ville du royaume.

Ce fut donc une grande fatalité qui le rendit encore l'holocauste innocent de la révolution de 1830. En qualité de major-général de la garde de service auprès du roi, au mois de juillet, le duc de Raguse dut prendre le commandement des troupes stationnées à Paris. « Les ordres donnés par lui aux chefs de colonne furent de ne tirer sur le peuple qu'après avoir reçu eux-mêmes jusqu'à cinquante coups de fusil. » Il eut bientôt compris la gravité des choses, et ne la cacha point au roi. « Ce n'est plus une émeute, écrivait-il le mercredi à 9 heures du matin, c'est une révolution. Il est urgent que V. M. prenne des mesures de pacification. L'honneur de la couronne peut encore être sauvé; demain peut-être il ne serait plus temps.» Le maréchal, qui, aux deux grandes époques de son histoire, fut dominé par un amour intelligent de la patrie, cherchait tous les moyens d'amener cette pacification, qui eût en effet sauvé le trône, et le peu de résultat de ses pressants messages le jetait dans un violent désespoir. Cependant une dernière lettre a obtenu le retrait des ordonnances; mais il était trop tard. Le courage et la sagesse du maréchal avaient été également inutiles.

Après avoir sacrifié plus que la vie dans cette terrible crise, le duc de Raguse ne se crut pas quitte envers cette dynastie malheureuse qu'il ne l'eut accompagnée jusque sur la terre étrangère, prêt à la défendre encore de son épée. Et lui-même, depuis, exilé volontaire, il expie, loin de la France, le malheur d'avoir rempli, avec humanité pourtant, de pénibles devoirs.

Voulant encore faire servir une vie si pleine de grands événements, * il visita la Hongrie, la Transylvanie, les provinces méridionales de la Russie, Constantinople, la Syrie, la Palestine et l'Égypte, ces lieux glorieux, où l'accueil qu'il reçut lui montra qu'on s'y rappelait encore ses premiers exploits; et la relation récemment publiée de ce voyage n'est pas la dernière preuve donnée au monde littéraire et savant que le duc de Raguse ne fut pas habile seulement au métier des armes.

Qu'une circonstance touchante termine cette notice. A Vienne, le maréchal désira et obtint de voir le duc de Reichstadt, qui, de son côté recherchait l'occasion de s'entretenir avec le plus ancien ami de son père, et le seul aide de camp qui restât de ses premières expéditions. Les plus tendres relations se formèrent dès lors entre

---

* « Depuis quatre ans, dit-il, une secousse politique m'avait jeté brusquement hors de ma patrie. Sans avoir rompu les liens qui m'attachent à elle, j'étais devenu étranger à son sort. Une douce hospitalité m'avait été accordée à Vienne, et ma vie s'écoulait paisible et uniforme, quand un souvenir de mes travaux passés et le sentiment des forces qui me restent m'ont fait concevoir le désir de donner un nouvel intérêt à mon existence, d'ajouter à mon instruction, et de satisfaire la curiosité qu'a fait naître en moi le mouvement qu'éprouve la société humaine, chez laquelle chaque jour amène des changements, et qui semble marcher vers une nouvelle destinée. »

les deux exilés qu'une sympathie, bien facile à concevoir, avait rapprochés. Qu'il était beau de voir le compagnon d'armes du héros d'Égypte et d'Italie donner au fils de Napoléon des leçons de stratégie appliquée à ses différentes campagnes! Et, quand il fallut mettre un terme à cette pieuse amitié, le jeune prince en laissa un bien cher témoignage au maréchal, en lui remettant son portrait, au bas duquel il écrivit de sa main ces vers d'Hyppolite à Théramène :

> *Arrivé* près de moi, par un zèle sincère,
> Tu me contais alors l'histoire de mon père ;
> Tu sais combien mon âme attentive à ta voix
> S'échauffait au récit de ses nobles exploits.

Je ne sais lequel des deux cette belle épigraphe honore le plus, du disciple ou du maître.

Voilà ce que nous avions à dire sur un de nos plus illustres compatriotes. Puisse ce juste hommage d'un enfant du commun pays natal, dont il croit n'être ici que l'organe, aller sur la terre étrangère jusqu'au duc de Raguse, et lui prouver que, si une opinion aveugle et passionnée a calomnié sa conduite et dénaturé ses intentions, il y a du moins des cœurs qui, après l'avoir admiré dans la haute fortune, ont compris les difficultés de sa position, l'ont plaint dans le malheur, et dont les vœux impatients ont plus d'une fois appelé son retour.

La biographie du duc de Raguse nous a fait

parcourir rapidement les principaux événements de ce siècle; voyons-en maintenant la suite dans l'histoire de Châtillon.

Cette ville, comme toute la France, a été éblouie des splendeurs du consulat et de l'empire; tantôt c'étaient les tambours roulant pour annoncer, à la lueur même des torches, les bulletins de la grande armée, ou les cloches sonnant les *Te Deum* de ses victoires; on contemplait tantôt avec orgueil les drapeaux conquis par l'armée d'Italie, suspendus aux murs du Châtelot par le jeune Marmont, chargé de les offrir au directoire; plus tard, le même officier, devenu maréchal, revenant blessé de l'armée d'Espagne, rentrait avec une nombreuse et brillante escorte dans sa ville natale, illuminée et sous les armes pour le recevoir; à quelque temps de là, trois cents prisonniers espagnols, officiers et prêtres, retenus jusqu'à l'invasion, trouvaient à Châtillon une généreuse hospitalité; l'empereur lui-même y était passé avec tout le prestige de sa puissance.

Le 15 germinal an XIII (5 avril 1805), Napoléon visita Châtillon, accompagné de l'impératrice Joséphine, suivi des ministres et des grands dignitaires de l'empire. Il fut complimenté à une demi-lieue de la ville, sous un arc de triomphe de verdure, par M. Personne, maire, entouré d'une immense population. Le préfet de la Côte-d'Or et M. Martin, qui s'est recommandé en qualité de premier sous-préfet de Châtillon, l'avaient reçu à la limite du département. L'empereur allait alors à Milan se faire sacrer roi d'Italie, et placer sur son front la couronne de fer des Lombards.

Le souverain pontife, qui le suivait à deux jours de distance, avec le sacré collége, arriva le 18 germinal. On avait élevé, dans la rue de Chaumont, un peu plus haut que l'emplacement de la *Belle-Croix*, tombée en 1788, un autel où le pape Pie VII voulut bien donner sa bénédiction apostolique à une multitude accourue de toutes parts, et ravie de voir presque à la fois les deux plus grandes puissances de la terre, l'homme qui avait conquis le monde par l'épée et le pontife qui en était le chef spirituel.

Les habitants de Châtillon, désirant de consacrer par un monument ces mémorables passages, firent ériger, dans la place même où le pape avait béni l'autel et le peuple, un obélisque surmonté d'une croix, « à l'effet de témoigner à jamais de leur attachement à la foi catholique ainsi que de leur amour et de leur reconnaissance pour LL. MM. II. et S. S. »

Ce fut lors de ce voyage que Napoléon, à qui il était réservé de reprendre tous les grands projets que Louis XIV n'avait pas réalisés, ordonna par un décret que la Seine fût rendue navigable depuis Méry jusqu'à Châtillon, pour faire arriver plus commodément dans la capitale les vins, les bois et le produit des forges de l'Aube et de l'arrondissement de Châtillon. Prévoyant tous les avantages qui devaient en résulter, déjà Louis XIV avait ordonné, en 1665, la canalisation de la Seine supérieure jusqu'à Polisy.

« L'empereur, dit le *Moniteur* du 20 germinal an XIII, qui place à Châtillon cet événement arrivé à Troyes la veille, l'empereur voulant que Paris jouisse de ces communications le plus tôt possible, a accordé cette année 300,000 francs pour les travaux et pour construire depuis Saint-Méry jusqu'à Troyes des écluses en bois. Il en sera construit huit de Troyes à Bar-sur-Seine; celles-ci seront en pierre. S. M. a ordonné également qu'on s'occupât des mêmes travaux de Bar-sur-Seine à Châtillon. On est donc fondé à espérer qu'avant le mois de fructidor an XIV, le coche et la diligence de Paris arriveront jusqu'à Châtillon.

« En parcourant à cheval les bords de la Seine, l'empereur a vu avec étonnement que des travaux aussi utiles et aussi avantageux pour la capitale et les départements n'eussent pas encore été faits. Après sa promenade, l'empereur a reçu les membres des autorités de Châtillon et le collége électoral, et leur a dit en souriant : « Messieurs, je veux que vos petits-neveux se souviennent de mon passage dans votre département. »

Le malheur des guerres et les révolutions

survenues suspendirent l'exécution de ce décret que l'accroissement de la prospérité du pays fit sanctionner, en 1825, par une loi nouvelle.* De nouveaux projets de chemins de fer la suspendront encore longtemps.

Bientôt la fortune de l'empire changea. Quand sa mission eût été accomplie, la Providence rejeta par-delà les mers, comme un instrument devenu inutile, le géant qu'elle avait choisi; et nos pères qui naguère avaient assisté à des grandeurs inouïes furent alors témoins des plus incroyables revers. Jours de deuil! Ils ont vu leur pays deux fois envahi, et les hordes étrangères, venues des extrémités de l'Europe, Autrichiens, Hongrois, Cosaques, Wurtembergeois, dressant leurs batteries dans nos campagnes, et jusque dans l'enceinte de la ville, que ces derniers menacèrent un jour de foudroyer, pour punir l'erreur involontaire d'un jeune secrétaire de la mairie (M. Bardin).

---

* On lit au *Bulletin des lois*, n° 970: *Loi relative à la navigation de la Seine supérieure:*

Charles, par la grâce de Dieu, roi de France, etc.

Nous avons proposé, les chambres ont adopté, nous avons ordonné et ordonnons ce qui suit:

Art. I. Le gouvernement est autorisé à procéder, par la voie de la publication et de la concurrence, à la concession de la navigation de la Seine supérieure depuis Courcelles-les-Rangs, à 6 kilomètres au-dessous de Châtillon, jusqu'à Nogent, etc.

A l'exception des Anglais, qui, pénétrant en Bourgogne, avaient livré bataille au pont de Brion-sur-Ource et brûlé Châtillon, jamais notre sol n'avait été foulé par l'étranger, et depuis que les troubles de la Ligue avaient détruit en partie la ville, on ne se souvenait pas qu'aucune armée en eût troublé la paix. Qu'on imagine donc quels sentiments de terreur et de profonde tristesse durent remplir les cœurs, quand, le 20 janvier 1814, un courrier envoyé à la reconnaissance, revint en toute hâte et tout effrayé annoncer à nos concitoyens que les ennemis venant de Langres avaient été vus à Brion. En effet l'alerte n'était pas encore passée, que six dragons, éclaireurs d'un régiment autrichien, entrèrent par la porte de Paris dans la ville de Châtillon qu'ils traversèrent au galop, sabre nu, jusqu'à l'hôtel de la mairie, qui occupait alors les bâtiments du palais de justice actuel. Le schako d'un soldat, qui regagnait ses foyers, étant tombé, par hasard, dans la rue du Bourg-à-Mont, fut aperçu par les éclaireurs et leur fit craindre qu'une garnison ne fut cachée à Châtillon. Rassurés bientôt à cet égard, ils allèrent au-devant du régiment qui entra dans la ville à huit heures du soir.

C'était l'avant-garde de ce torrent du Nord qui, débordé sur la France, la désola en tous sens pendant l'espace de deux années. Depuis, plus de relâche; chaque jour, se succédèrent sans interruption d'autres corps d'Autrichiens, Tyroliens, Croates, Hongrois, Polonais de la Gallicie, qui s'écoulaient sur Paris par les vallées de la Seine et de l'Yonne, en marquant par des batailles chaque pas qu'ils faisaient sur le territoire français. Cependant une circonstance qui mit Châtillon en relief dans l'histoire contemporaine, le préserva des malheurs dont Bar-sur-Aube et la Champagne étaient les victimes à ses portes.

Il fallait désigner pour les négociations, qu'on poursuivait en même temps que les combats, un lieu peu éloigné du théâtre de la guerre : ce lieu fut Châtillon. Le 14 janvier 1814, M. le prince de Metternich écrivit de Bâle à l'ambassadeur français, duc de Vicence, de se diriger au plus tôt sur cette ville, pour y reprendre les conférences de Francfort ; et, le 29 du même mois, il lui manda de nouveau, de Langres, que « LL. MM. II. et RR., leurs cabinets et le principal secrétaire de S. M. Britannique, ayant le département des affaires étrangères, se trouvant réunis à Langres depuis le 27 janvier, LL. MM. avaient choisi Châtillon-sur-Seine comme le lieu des négociations avec la France, et que les plénipotentiaires de Russie, d'Angleterre, de Prusse et d'Autriche, y seraient rendus le 3 février prochain. » Ils y arrivèrent en effet avec leur suite ; l'ambassadeur français y était lui-même depuis le 21 janvier.

S. Exc. le duc de Vicence, ministre des relations extérieures, représentait la France au congrès de Châtillon; les plénipotentiaires des cours alliées étaient S. Exc. M. le comte de Stadion, etc, pour l'Autriche, S. Exc. M. le comte de Razoumowski, etc., pour la Russie, S. Exc. M. le baron de Humbolt, pour la Prusse, et pour la Grande-Bretagne, LL. EE. lord Aberdeen, lord Cathcart, sir Charles Stewart, etc, auxquels vint se joindre lord Castelreagh, ministre des affaires étrangères.

Le protocole de l'ouverture des conférences porte que « les ambassadeurs, s'étant acquittés réciproquement des visites d'usage dans la journée du 4 février, convinrent en même temps de se réunir, dès le lendemain, cinq, en maison tierce (dans celle de M. de Montmort, aujourd'hui de M. Moret), choisie pour le lieu des séances, où ils siégèrent après avoir indistinctement pris place à une table de forme ronde... » Cette maison, qu'on appelle encore *l'hôtel des conférences,* se trouve dans la rue conduisant de la place Maubert à la porte de Roche, et qui a depuis retenu le nom du Congrès. Une garde d'honneur était montée, par des grenadiers autrichiens, devant l'hôtel des séances et les habitations où les plénipotentiaires trouvaient une noble hospitalité. Les habitants se chargèrent avec empressement de ce service, quand la victoire de Montereau eut chassé cette garnison.

Les destinées de l'empire s'agitaient alors à Châtillon. Cette fois, comme en 1793, toutes les puissances européennes étaient coalisées contre la France. Les représentants des *cours alliées* déclarent en effet, dans le protocole, qu'ils traitent avec la France *au nom de l'Europe ne formant qu'un seul tout*. D'après une lettre de Caulaincourt à Napoléon, datée de Châtillon, le 6 février, ils n'avaient qu'une seule et même instruction dressée par les ministres d'État des quatre cours; leur langage leur avait été dicté d'avance; les déclarations qu'ils remettaient leur avaient été données toutes faites. Ils ne faisaient pas un pas, ne disaient pas un mot, sans s'être concertés auparavant; de sorte que toute discussion avec eux était inutile, ne faisant rien par eux-mêmes. . . . . »

Le duc de Vicence n'était pas moins gêné, Napoléon, habitué seulement à dicter des conditions, n'étant guère plus traitable. Au milieu de l'envahissement du territoire et de l'épuisement général, son génie n'avait pas encore désespéré de la patrie. D'une part les exigences des alliés croissaient avec leurs succès, et de l'autre, une victoire gagnée, rendant à Napoléon toutes ses prétentions, lui faisait révoquer les pouvoirs qu'il avait donnés la veille. « Allez dire à votre maître, disait-il, après la bataille de Montereau, en déchirant le protocole de Châtillon, que je suis plus près de Vienne qu'il ne l'est de Paris. » Et le duc de Vicence, qui connaissait bien l'empereur, s'écriait, en apprenant cette victoire : « Tout est perdu ! » Ainsi, les négociations suivant la fortune des armes, tout arrangement était devenu impossible. On ne se résigne pas plus volontiers à de grands sacrifices, qu'on ne fait de soi-même de larges concessions; et les chances d'une bataille ont, plus souvent que les traités, décidé du sort des nations. C'est ce qui arriva encore à cette grande époque de l'histoire.

Quand le congrès s'ouvrit, la funeste issue de la bataille de Brienne venait de changer l'attitude politique de l'empereur et de la France. Le 3, le 4 et le 5 février, Napoléon envoie de Troyes à Châtillon courrier sur courrier pour donner à son ministre des instructions aussitôt rétractées. Les ordres et les contre-ordres se succèdent sans cesse; enfin, quoi qu'il en coûte à l'empereur de s'avouer sa position, il faut céder à la nécessité; et, le 5 février, avant de quitter Troyes, il fait connaître en propres termes à l'ambassadeur français « qu'il lui donne carte blanche pour conduire les négociations à une heureuse fin, sauver la capitale et éviter une bataille où sont les dernières espérances de la nation. »

Les tristes événements qui avaient arraché ce langage à l'empereur dictèrent aussi celui des étrangers; et le protocole de la séance du

7 février posa les bases suivantes, dont ils ne voulurent jamais se départir : « Les puissances alliées réunissant le point de vue de la sûreté et de l'indépendance futures de l'Europe avec le désir de voir la France dans un état de possession analogue au rang qu'elle a toujours occupé dans le système politique, et considérant la situation dans laquelle l'Europe se trouve placée à l'égard de la France à la suite des succès obtenus par leurs armes, les plénipotentiaires des cours alliées ont ordre de demander :

Que la France rentre dans les limites qu'elle avait avant la révolution.... »

Jamais les prétentions des alliés n'avaient été si loin. A Prague, ils offraient la paix à la condition seule que Napoléon renonçât à ses entreprises sur l'Allemagne; plus tard, à Francfort, ils laissaient encore à la France ses limites naturelles des Alpes et du Rhin; et c'était sur ces bases que l'empereur voulait traiter. Mais, à Châtillon, maintenant que notre territoire était envahi, c'était dans les frontières de l'ancienne monarchie qu'on voulait resserrer la France de la république et de l'empire.

Les dépêches, annonçant cette résolution des puissances étrangères, trouvèrent, à Nogent, Napoléon dont les nouvelles du théâtre de la guerre avaient presque abattu la fermeté. Blücher maître du bassin de la Marne, les Autrichiens de celui de la Seine, avaient ainsi occupé les deux avenues de la capitale. La lecture des lettres du duc de Vicence plongea l'empereur dans un morne silence, dont, pendant longtemps, rien ne put le tirer, ni les prières ni les larmes du prince de Neufchatel et du duc de Bassano qui le pressaient de répondre au courrier attendant ses ordres pour Châtillon. Enfin, son cœur brisé, en proie aux plus tristes réflexions, laisse échapper ces éloquentes paroles : * « Eh quoi ! vous voulez que je signe un pareil traité, et que je foule aux pieds mon serment (celui de maintenir l'intégrité du territoire de la république)! Des revers inouïs ont pu m'arracher la promesse de renoncer aux conquêtes que j'ai faites. Mais que j'abandonne aussi celles qui ont été faites avant moi ; que je viole le dépôt qui m'a été remis avec tant de confiance ; que, pour prix de tant d'efforts, de sang et de victimes, je laisse la France plus petite que je ne l'ai trouvée ! jamais. Le pourrais-je sans trahison et sans lâcheté?.... Vous êtes effrayés de la continuation de la guerre ; et moi, je le suis de dangers plus certains que vous ne voyez pas. Si nous renonçons à la limite du Rhin, ce n'est pas seulement la France qui recule, c'est l'Autriche et la Prusse qui

---

* Voir le *Manuscrit de* 1814, du baron Fain, dont nous avons tiré ces renseignements. On y trouve aussi tous les protocoles, lettres et pièces historiques, relatifs au congrès de Châtillon.

s'avancent... La France a besoin de la paix : mais celle qu'on veut lui imposer entraînera plus de malheurs que la guerre la plus acharnée. Songez-y : que serai-je pour les Français, quand j'aurai signé leur humiliation ? Que pourrai-je répondre aux républicains du sénat, quand ils viendront me demander leur barrière du Rhin?.. Dieu me préserve de tels affronts! Répondez à Caulaincourt, puisque vous le voulez ; mais dites-lui que je rejette ce traité. Je préfère courir les chances les plus rigoureuses de la guerre. »

Certes, ce fut une nuit grande et douloureuse que celle où, ce premier mouvement passé, l'enfant de la victoire se vit obligé par la nécessité et les conseils du duc de Bassano, qui ne quitta pas le chevet du lit de camp sur lequel le héros était couché, de céder une à une toutes ses conquêtes, c'est à dire, les plus beaux titres de sa puissance : et la riche province de Belgique qu'on sacrifiait aux exigences de l'Angleterre, pour la détourner de la coalition, mais qu'on espérait bien reprendre à la première occasion ; et la rive gauche du Rhin pour satisfaire la Prusse ; et l'Italie, le Piémont, Gênes, dont la possession alarmait l'Autriche et les principautés d'Allemagne ; et les colonies qui donnaient une prépondérance inquiétante. On écrivit donc dans ce sens au duc de Vicence, après que l'empereur eut fait soumettre le traité à l'agrément des membres du Conseil privé. Tous, à l'exception d'un seul, furent d'avis qu'on devait plier devant la mauvaise fortune; mais les victoires de Champaubert et de Nangis, relevant, quelques jours après, les espérances de l'empereur, lui rendirent aussi un langage qui lui était plus familier.

Si jamais ses paroles n'avaient été plus hautes, jamais non plus son génie ne s'était montré plus grand; et, dans cette circonstance, si la bravoure eût pu sauver l'empire, l'empereur l'eût sauvé. Aussi, il se mit dès lors à correspondre directement et à traiter lui-même avec François Ier, son beau-père; les conférences de Châtillon furent suspendues, et ce fut le tour des alliés de demander un armistice, qui fut négocié au village de Lusigny. Après avoir écrasé Blücher et les Prussiens qu'il commandait à Champaubert, Montmirail, Château-Thierry, Napoléon venait de refouler sur la Seine les Autrichiens, dont l'armée en débâcle regagnait rapidement la frontière. Alors on vit passer par Châtillon l'empereur d'Autriche avec son état-major et un escadron de hussards; le lendemain cinq mille Wurtembergeois campèrent dans les prés des Cordeliers, et disparurent la nuit sans avoir pénétré dans la ville qu'ils devaient frapper de fortes réquisitions, dans l'invasion de 1815. Ils furent suivis, cinq jours après, de régiments de hussards et de dragons autrichiens. Cette armée, qui, un mois auparavant, avait traversé notre ville, en criant avec tant d'ostentation : Paris! Paris! fuyait précipitamment, poursuivie du côté de Châtillon par le maréchal, duc de Tarente, qui, prenant son chemin à travers les montagnes par Mussy et Cunfin, la joignit et remporta sur elle un avantage à La Ferté-sur-Aube. Alors, le courage revenant avec l'espérance, on prépara, à Châtillon, des convois qui furent conduits au maréchal; des jeunes gens pleins d'ardeur allèrent même lui offrir à Cunfin de former dans le pays des bataillons de corps francs; et des habitants de Vanvey, *Montmoyen,

---

* Les habitants de ce bourg se sont souvent signalés par leurs passions, aux différentes révolutions de notre histoire. N'ayant pas d'autre occasion de citer un document qui n'est pas sans intérêt, je demande la permission de rapporter ici l'extrait suivant d'un *Factum* imprimé en 1658.

« Les habitants de Villiers-le-Duc et de Vanvey ont bien communauté de paroisse, de forêts et de finage, mais, en toutes autres choses, ils font corps distinct et séparé. Toutes marques d'honneur et de supériorité furent attribuées *ab antiquo* à ceux de Villiers. La châtellenie en porte le nom, comme du plus noble; l'église paroissiale et le siége ordinaire de la justice ont leur établissement en ce bourg. Ces notables avantages en rendaient les habitants et beaucoup plus nombreux et beaucoup plus aisés que ceux de Vanvey. Mais, depuis environ 90 ans, la chance est tournée, ceux-ci s'étant faits plus riches et plus puissants; c'est par-là qu'ils se sont enorgueillis, et qu'ils ont insolemment entrepris sur la paroisse et le siége royal, qu'ils ont transportés à Vanvey.

Saint-Germain et autres villages, amenèrent en triomphe dans la ville des parcs de bœufs et des dépouilles d'ennemis pris dans leurs forêts.

Mais la fortune ne fut pas longtemps fidèle aux armes françaises; le mouvement rétrograde de l'armée autrichienne cessa vers Saint-Seine et Dijon; et bientôt on vit repasser tous ces régiments qui, cette fois, ne devaient s'arrêter que dans l'enceinte de la capitale, au pied de la colonne découronnée. Ils étaient encore accompagnés de l'empereur d'Autriche, qui séjourna quelques jours à Châtillon, et entendit, dans

---

« Une licencieuse liberté de toutes choses, l'usage de la chair en carême, aussi publiquement qu'à Genève, profanation de leur chapelle, en laquelle ils mangeoient souventes fois comme dans un cabaret : l'autel leur servoit de table jour et nuit, et y faisoient mille insolences, jusqu'à battre et outrager excessivement ceux qui par fortune y entroient dans le fort de leurs buvettes.

« En ayant été plusieurs fois charitablement repris en particulier et publiquement par le curé dans les prosnes, ils abandonnèrent l'église paroissiale, et d'autorité particulière, firent leur paroisse de cette chapelle, de laquelle ayant augmenté la bâtisse d'environ les deux tiers, ils y érigèrent des fonts baptismaux, choisirent un prêtre interdit *à divinis* pour en faire la desserte, commencèrent d'y recevoir les sacrements, d'y faire le pain bénit, et toutes autres fonctions parochiales, au mépris et à la ruine de leur véritable paroisse, qui a son établissement dans Villiers. Il y a un prieuré dans Vanvey, sous le titre de Saint-Barthélemy: les habitants en ont ruiné la grange de fond en comble....

l'église de Saint-Nicolas, la messe de Pâques, servie par des gens et gardes de sa suite.

D'un autre côté, les alliés vainqueurs eurent honte des concessions qu'ils avaient été sur le point de faire. Délivrés de leurs inquiétudes après la bataille de Soissons qui ouvrait un libre passage à l'armée prussienne, ils resserrèrent leur alliance; et, pour rendre impossible désormais la cessation des hostilités qu'ils avaient eu la faiblesse de proposer à Lusigny, ils s'engagèrent par serment, le 1er mars, dans le traité de Chaumont, qui fut provoqué par l'Angleterre, à ne pas se séparer que la France n'eût été renfermée dans ses anciennes limites.

On a pensé que la déchéance de l'empereur et le rappel des Bourbons furent dès lors décidés dans leurs esprits, et la chose ne paraît

---

« Pendant ces insolences contre la divine majesté, ils en commettaient d'autres contre la royale…. En l'année 1631, le sieur de Vaudrinon, lieutenant du maréchal de Praslin, conduisant des gens de guerre pour le service du roi, eut ordre de prendre son logement dans Vanvey; il se présenta aux portes, que ces habitants lui fermèrent et le contraignirent de se retirer. Ils firent encore pis en 1636, au colonel Garrion et à ses gens, retournant du siége de Dôle; car outre le refus des portes et des logements, ils lui tuèrent un principal officier à coups de fusils, tirés par une formelle et manifeste rébellion.

« Les principaux auteurs des troubles étaient l'apothicaire Trémisot, Verdin, Viesse, Logerot et autres cocqs de la paroisse. »

point douteuse. Le duc de Vicence a lui-même raconté depuis, que, à cette époque, étant à Châtillon, dans l'hôtel qu'il occupait (aujourd'hui l'hôtel de ville), il vit un soir glisser par-dessous la porte de son cabinet un mémoire renfermant cette résolution secrète des alliés. S'étant mis alors à la fenêtre, pour tâcher de savoir à qui il devait cette communication officieuse, il reconnut distinctement au clair de lune un homme attaché au service de l'empereur Alexandre, qui s'échappait à travers le jardin. Deux lettres pleines de sentiments courageux et remarquables, que l'ambassadeur français écrivit de Châtillon les 5 et 6 mars, ne permettent pas d'ailleurs de douter qu'alors il ne fût informé des dispositions des puissances étrangères.

Le duc de Vicence l'eut bientôt compris. Les souverains alliés ayant résolu, dans leur traité de Chaumont, le renversement de la dynastie impériale, ne cherchaient plus qu'un prétexte de rompre une pacification qu'ils avaient dès lors rejetée, en paraissant mettre les mauvais vouloirs du côté de l'empereur, et sans trop offenser l'Autriche dont le premier ministre, M. de Metternich, entretint, avec Caulaincourt, durant toutes les conférences de Châtillon, une correspondance affectueuse, du moins en apparence. A partir de ce moment, le congrès ne fut plus prolongé que par des discussions inutiles.

Enfin l'empereur, pressé tous les jours

davantage, se résolut à présenter, le 15 mars, un contre-projet de traité définitif, par lequel, abdiquant ses titres de suprématie ou de protection sur les pays situés hors des limites de la France, il renonçait, pour lui et ses successeurs, à tout droit de souveraineté ou de possession sur les provinces Illyriennes et sur les territoires formant les départements français au-delà du Rhin et des Alpes, l'île d'Elbe exceptée. Il déposait aussi la couronne d'Italie en faveur du prince Eugène, reconnaissait l'indépendance de la Hollande sous le sceptre de la maison d'Orange, l'indépendance des Etats d'Allemagne, qui pourraient s'unir entre eux par un lien fédératif, l'indépendance de l'Italie, de la Suisse, et celle de l'Espagne, sous la domination de Ferdinand VII, remettait le pape en possession de ses états tels qu'ils étaient avant le traité de Tolentino, moins le duché de Bénévent, faisait encore à l'Angleterre la restitution de l'île de Malte et des autres colonies, à l'exception des Saintes dépendant nécessairement de la Guadeloupe, etc.

Mais les alliés ne voulurent pas plus déroger au projet de traité de Châtillon que l'empereur ne s'éloignait lui-même, dans son contre-projet, des bases de Francfort. Le général Rumigny vint donc en toute hâte de Châtillon annoncer à Napoléon, sur le champ de bataille de Craonne, les exigences opiniâtres des cabinets étrangers.

Bien que la position n'ait jamais été plus désespérée et que l'empereur, craignant la rupture des conférences, soit résigné aux plus grands sacrifices, il ne veut pas les faire encore; et Rumigny, après quelques heures de repos, remonte à cheval et reporte, à Châtillon, au duc de Vicence, ses ordres à cet égard. Cependant la crise devient imminente; Blücher, poussant ses troupes sur Compiègne n'est plus qu'à quelques lieues de Paris; la sûreté de la capitale est compromise, l'impératrice et le roi de Rome menacés. Napoléon n'hésite plus alors à signer l'ultimatum des alliés. Des courriers, parmi lesquels se trouve M. Frochot, auditeur du conseil d'état qui, né dans le pays, en connaît mieux les issues, sont envoyés à toutes brides pour porter par triplicata la résolution définitive de l'empereur. Résignation tardive! il n'était plus temps; le congrès était rompu. Le duc de Vicence n'apprit qu'à trois lieues de Châtillon les volontés de l'empereur. Les plénipotentiaires ennemis, n'ayant plus d'inquiétude sur Blücher, avaient renfermé, dans un délai de trois jours, le ministre français, qui n'avait pu se résoudre à signer des conditions que son maître persistait à croire humiliantes pour lui et pour la France; et, le 19 mars 1814, ils avaient reçu l'ordre de leurs cabinets de terminer le protocole des conférences de Châtillon par la déclaration suivante :

« L'Europe alliée contre le gouvernement français ne vise qu'au rétablissement de la paix générale, continentale et maritime. Cette paix seule peut assurer au monde un état de repos dont il se voit privé depuis une longue suite d'années; mais cette paix ne saurait exister sans une juste répartition de forces entre les puissances.

« Aucune vue d'ambition ou de conquête n'a dicté la rédaction du projet de traité remis au nom des puissances alliées dans la séance du 17 février dernier..... Mais considérant que le contre-projet présenté par M. le plénipotentiaire de France ne s'éloigne pas seulement des bases de paix proposées par elles, mais qu'il est essentiellement opposé à leur esprit, et qu'ainsi il ne remplit aucune des conditions qu'elles ont mises à la prolongation des négociations de Châtillon, elles ne peuvent reconnaître dans la marche suivie par le gouvernement français que le désir de traîner en longueur des négociations aussi inutiles que compromettantes; inutiles, parce que les explications de la France sont opposées aux conditions que les puissances regardent comme nécessaires pour la reconstruction de l'édifice social à laquelle elles consacrent toutes les forces que la Providence leur a confiées; compromettantes, parce que la prolongation de stériles négociations ne servirait qu'à induire en erreur, et à faire naître aux peuples de l'Europe le vain espoir d'une paix qui est devenue le premier de leurs besoins.

« Les plénipotentiaires des cours alliées sont chargés en conséquence de déclarer que, fidèles à leurs principes et en conformité avec leurs déclarations antérieures, les puissances alliées regardent les négociations entamées à Châtillon comme terminées par le gouvernement français. Ils ont ordre d'ajouter à cette déclaration celle que les puissances alliées, indissolublement unies pour le grand but qu'*avec l'aide de Dieu* elles espèrent atteindre, ne font pas la guerre à la France; qu'elles regardent les justes dimensions de cet empire comme une des premières conditions d'équilibre politique, mais qu'elles ne poseront pas les armes avant que leurs principes n'aient été reconnus et admis par son gouvernement. »

Ainsi, les plénipotentiaires se séparèrent sans avoir rien fait. Le duc de Vicence quitta Châtillon le vingt mars et rejoignit le quartier impérial à Saint-Dizier, d'où il était parti pour venir au congrès; il y rentra, mais moins avancé que jamais: car du temps s'était écoulé, l'invasion avait fait d'immenses progrès, et il avait été bien démontré que toute pacification était impossible. Désormais le sort de l'empire était renfermé dans ces mots: Vaincre ou mourir; et l'empire fut vaincu.

La rupture du congrès de Châtillon a été

regardée, et doit l'être en effet, comme la date de la chute de Napoléon. Je dis la date et non point la cause : car penser que la fortune de l'empereur tenait à l'acceptation de quelques articles du traité du 17 février ou à quelques heures d'irrésolution ne peut donner de regrets qu'à ceux qui croient que les destinées des héros ou des nations dépendent de si fragiles circonstances.

Ajoutons seulement que le retour du duc de Vicence après ces négociations infructueuses devint l'occasion de sourds mécontentements dans l'armée. La confiance dans l'infaillibilité impériale s'affaiblit, on chercha à connaître l'avenir, et, « pour la première fois, on entrevit la possibilité d'une révolution. »

Quelques jours en effet l'avaient accomplie; et Châtillon, cette année même, vit des images vivantes de cette grande catastrophe, substituant à la puissance prodigieuse et passagère, qui avait relevé le trône, l'antique dynastie qui venait s'y rasseoir, à la gloire militaire dont la France était lasse, la paix et la liberté dont elle avait si grand besoin. Au mois d'avril, on vit tristement passer le jeune roi de Rome, accompagné de l'impératrice Marie-Louise. Mesdames la duchesse de Montebello, dame d'honneur, la comtesse de Montesquiou, gouvernante du prince, de Brignolet, MM. le général Cafarelli, le baron de Beausset, le baron de Menneval, suivaient dans l'exil ces majestés détrônées. La fille et le petit-fils de l'empereur d'Autriche furent accueillis par la musique d'un régiment autrichien à laquelle la douleur de l'impératrice imposa silence. Ils passèrent une nuit dans l'hôtel de madame de Mazirot où François Ier était descendu deux fois lors de ses différents passages à Châtillon ; le plénipotentiaire autrichien, comte de Stadion, y avait aussi séjourné pendant le congrès.*

Cinq mois plus tard, le 11 septembre 1814, Monsieur, comte d'Artois, précédé de la promulgation de la charte, faisait une entrée triomphale dans les murs de Châtillon. Ce fut un jour de fête pour la ville. Monsieur fut reçu au pont de l'Abbaye par les autorités, au bruit de salves répétées ; après les discours d'usage, montant un cheval de main, il parcourut lentement, au milieu d'une nombreuse population,

---

* A la même époque, le ministre français, duc de Vicence, logeait dans la maison de M. Étienne (aujourd'hui l'hôtel de ville); l'ambassadeur de Russie chez M. Fabry, rue du Bourg-à-Mont, n° 25 ; le plénipotentiaire de Prusse, chez M. de Compiègne, au fond du Cours-Masol; le ministre anglais, lord Castelreag, chez madame de Marmont, rue des Avocats, n° 10 ; lord Aberdeen, chez M. de Mandat, rue des Avocats, n° 8 ; lord Stewart, chez M. de Chastenay, place Maubert ; lord Cathcart, chez M. Ligerot, près de la porte de Roche.

les principales rues converties en longues avenues, ornées de draperies, de festons de verdure et de lis, et coupées de portiques. S. A. R. précédée de la garde d'honneur à cheval, ayant à ses côtés M. le maréchal, duc de Raguse, le commandant en chef de la garde nationale, le maire suivi du corps municipal, le préfet de la Côte-d'Or qui était venu recevoir le prince à la limite du département, le sous-préfet, etc., traversa, avec l'escorte des gardes nationaux, la ville dans toute sa longueur. Le comte d'Artois fut harangué devant l'église de Saint-Nicolas par le curé en habits sacerdotaux à la tête de son clergé, et descendit quelques instants à l'hôtel du maire pour recevoir, avec la courtoisie qui distinguait ses manières, les hommages des dames réunies au salon. Le même cortége le ramena au château du duc de Raguse où les premiers citoyens de la ville, admis à le complimenter, assistèrent au banquet préparé pour lui. Le lendemain, à 9 heures, Monsieur quitta Châtillon au milieu des mêmes félicitations que celles qui l'avaient accueilli la veille. La garde d'honneur l'accompagna jusqu'à Buncey.

Malgré ces acclamations sincères, la restauration n'était pas encore consolidée; et le retour du prisonnier de l'île d'Elbe, en 1815, vint changer, pendant cent jours, les destinées de la France, en jetant avec transport dans les bras de Napoléon l'armée et les populations dont il avait fasciné la masse. Les jeunes gardes nationaux de la ville, appelés à la défense de la frontière, s'y portèrent avec empressement; la plupart des électeurs répondirent à la convocation du Champ de Mai; et M. Simonnot, avocat, fut l'élu de l'arrondissement au corps législatif, qu'il ne quitta qu'après avoir signé, avec une partie de ses collègues, chez le président Lanjuinais, une énergique protestation contre la violence faite à la représentation nationale par les baïonnettes étrangères.

La seconde invasion fut plus dure pour Châtillon que ne l'avait été la première. Des logements de troupes plus multipliés, de plus fortes réquisitions, un passage de vingt-cinq mille Wurtembergeois qui brisèrent les armes des habitants sous leurs yeux, une garnison d'Autrichiens et de Hongrois qui ne quitta la ville qu'au mois de novembre 1815, firent sentir tous les malheurs d'une occupation ennemie.

Après bien des épreuves, le calme fut enfin rendu à la France. Ce fut alors (9 août 1816) que Mme la duchesse d'Angoulême passa à Châtillon. La garde nationale, ayant à sa tête M. de Vaurois, maire et député, l'attendait à l'entrée de la ville, sous un portique de verdure. Mais l'auguste fille de Louis XVI, se déroba rapidement à ces hommages; continua sa marche à travers les allées d'arbres verts improvisées au milieu des rues; et, remerciant M. le maréchal duc de Raguse qui la pressait de descendre à son château, disparut bientôt sur la route de la capitale. *

Depuis cette époque, aucun autre épisode n'est venu du dehors animer l'histoire de Châtillon ; disons seulement que, au milieu des luttes politiques de la Restauration et de la Révolution qui en fut la suite, cette ville resta fidèle aux sentiments de modération qui ont toujours distingué ses habitants. C'est cet amour des lois et de la constitution du pays qui les anima dans le choix de leurs représentants à la chambre des députés ; ** c'est lui qui fit trouver une mort désintéressée à notre compatriote Miel, le jeune, capitaine de la garde nationale parisienne, une des premières et des plus pures victimes de juillet 1830.

---

* M. le duc d'Orléans traversa aussi deux fois incognito Châtillon, vers la fin de 1835. — Déjà, au mois de novembre 1830, le maire de cette ville, à la tête d'une partie du conseil municipal, et une députation de gardes nationaux conduite par le colonel, s'étaient empressés d'aller offrir au prince royal, lors de son passage à Dijon, les hommages de leurs concitoyens.

** M. Louis-Bazile, un des 221, membre de la légion d'honneur, élu en 1827 par les arrondissements réunis de Semur et Châtillon, et réélu aux sessions suivantes. S'étant retiré de la députation en 1834, il a été remplacé par M. Pétot, de Voulaines. Tous deux ont porté à la chambre le même esprit d'ordre et de patriotisme.

Le 28, voyant l'ordre troublé dans Paris, rien ne peut l'arrêter. Il reprend avec empressement les insignes du commandement civique, trouve sous ses fenêtres une colonne improvisée de gardes nationaux, reconnaît les soldats de son ancienne légion, demande et obtient de marcher avec eux et à leur tête.

Arrivés, au milieu de grands dangers, rue des Prouvaires, ils rencontrent un détachement de troupe de ligne; Miel, l'épée sous le bras, s'avance pour parlementer et prévenir l'effusion du sang. C'était la seule mission qu'il s'était donnée. Mais la colonne qu'il commande, moins réservée, ne peut contenir son impatience; le chef se rapproche et étend son épée, afin d'arrêter par ce geste des démonstrations plus hostiles. Efforts impuissants! la troupe provoquée riposte par des feux de peloton aux coups de fusil partis du côté du peuple, et Miel tombe mort, atteint d'une balle à la tête.

Sa famille et ses compatriotes, donnant de justes regrets au citoyen mort pour la défense des lois, firent placer, dans la bibliothèque de sa ville natale, son médaillon sorti des mains du célèbre David, afin de conserver la mémoire de ce dévouement à l'ordre public.

Au moment de cesser l'étude historique d'une ville dont nous avons pieusement suivi les vicissitudes à travers les siècles, il nous est doux d'avoir à constater, de nos jours, une ère de prospérité qui nous laisse augurer pour notre patrie un avenir encore plus heureux.

A aucune époque Châtillon ne s'est honoré d'un plus grand nombre de citoyens distingués dans la chaire, le barreau, l'administration, la science. Mais, sans vouloir mentionner ici ces hommes qui trouvent, dans le triomphe de leurs talents, l'estime de leurs compatriotes ou la conscience de leurs vertus, la plus noble récompense qu'ils ambitionnent, qu'il nous suffise de citer quelques noms que des titres littéraires incontestés ont déjà rendus dignes de figurer avec avantage à la suite de ceux dont nous avons ailleurs évoqué la gloire : — L'abbé Boudot, vicaire général, archidiacre du diocèse de Paris, un des premiers orateurs qui aient reparu dans la chaire évangélique après le concordat de 1802, et que de beaux triomphes à l'église de N.-D. firent désigner pour prêcher à la cour le carême de 1820; * — Rolle père, ancien bibliothécaire de la ville de Paris, lauréat de l'Académie des inscriptions et belles-lettres, auteur de deux ouvrages d'une haute érudi-

---

* N'oublions pas ici M. Gailhac, pendant près de cinquante ans curé de Châtillon, où sa mémoire sera longtemps chérie, vénérable vieillard, plein de tolérance et de droiture, qui a trouvé dans M. Jacquinot un vicaire digne de lui, et dans M. Prost un successeur de mérite; — M. l'abbé Mathieu, chanoine de la cathédrale de Troyes,

tion sur *Le culte de Bacchus, considéré comme symbole de la force reproductive*, et sur *Les religions de la Grèce*, savant recommandable, qui a légué à son fils, un des critiques les plus spirituels de la presse parisienne, son emploi et ses goûts littéraires, — Miel, l'aîné, chevalier de la légion d'honneur, ancien chef de division à la préfecture de la Seine, élève de l'école

qu'on a justement appelé professeur habile et prêtre modèle; — M. Demerson, ecclésiastique aussi aimable qu'instruit, qui vient de passer de la chaire de Saint-Séverin à celle de Saint-Germain-l'Auxerrois, la paroisse royale rendue au culte. Régent au collége de Châtillon, c'est parmi nous que M. Demerson avait été ordonné prêtre.

Enfin, ajoutons-le avec un juste orgueil, un des orateurs chrétiens les plus remarquables de cet âge est aussi notre compatriote. Car Henri Lacordaire, ce jeune et intelligent apôtre de l'église renaissante en France, est né à Recey-sur-Ource, où son père a laissé le souvenir d'un aussi aimable homme que d'un médecin habile. Au sortir du collége, il fit à la faculté de Dijon ses études de droit. La Restauration venait de donner un nouvel élan aux esprits. A cette école surtout, une jeunesse d'élite, dont s'honorent aujourd'hui l'enseignement du droit, les lettres, le barreau et la magistrature, se livrait à l'examen laborieux des grandes questions qu'excitait généralement alors l'avenir religieux, littéraire et politique de la France. C'est dans ces conférences pleines de vie et d'intérêt, où une discussion éclairée le forma peut-être, que Lacordaire fit pressentir un talent hardi, mais qui ne promettait pas encore au catholicisme un de ses plus zélés prédicateurs. Étant ensuite

polytechnique et du muséum d'histoire naturelle, ami passionné des arts, connu et apprécié des esprits distingués que son goût sévère et pur, et sa foi inébranlable aux saines doctrines littéraires et artielles, ont maintenus et encouragés dans le culte du vrai beau;* — Désiré Nisard, maître de conférences à l'école normale, maître des requêtes en service extraordinaire, chef du

---

venu dans la capitale pour y perfectionner ses premières études, il fut tout d'un coup saisi d'une résolution nouvelle, et entra au séminaire de Saint-Sulpice. Tout Paris l'a vu depuis, faisant servir une éloquence inconnue au développement de vues hautes et neuves, faire accourir au pied de la chaire de Notre-Dame et du collége Stanislas, une population étonnée et ravie de trouver dans la religion une telle source de grandeur et de lumière. Depuis une année, il est retiré dans un couvent près de Rome. Grandi par le travail et les contemplations du cloître, qu'il revienne bientôt parmi nous, rendre à son pays, plus éloquente et plus élevée encore, cette voix qui a déjà éveillé tant de pieuses sympathies!

* Auteur d'un grand nombre d'articles et de notices sur les arts, qui sont, pour la plupart, autant de morceaux détachés d'un grand et beau monument que M. Miel consacre, de longue main, à l'*Histoire de l'art français;* la direction constante de ses études, ainsi que ses liaisons intimes avec les premiers artistes en tout genre, lui a suggéré l'idée de cet ouvrage. On lui doit encore l'*Essai sur les beaux-arts, et particulièrement sur le Salon de* 1817, gros volume in-8°, orné de gravures au trait; la *Vie de saint Bruno,* ou *Collection complète des vingt-deux*

cabinet au ministère de l'instruction publique, qui a appris par les leçons de son expérience et de son exemple à la jeunesse laborieuse et à un frère qui suivra de près ses traces, quel parti un esprit cultivé peut tirer encore d'une belle et savante littérature ; * — enfin Voizot, professeur de mathématiques au collége de Châtillon, qui, seul et sans maître, a abordé et résolu,

---

tableaux peints par Lesueur pour le cloître des Chartreux, ouvrage de luxe, contenant en texte une vie de saint Bruno, une notice sur Lesueur et l'examen du cloître, en lithographie les vingt-deux peintures parfaitement reproduites ; l'*Histoire du sacre de Charles X, dans ses rapports avec les beaux-arts et les libertés publiques de la France*, 1 vol. in-8°, accompagné de gravures au trait, un des livres les plus constitutionnels qui aient paru sous la Restauration. — Le même sentiment qui avait entraîné M. Miel, en 1826, au spectacle des magnificences de Rheims, le conduisit encore à Cambrai, lors de l'inauguration du monument de Fénélon, et lui fit remporter la lyre d'argent que l'académie de cette ville avait désignée pour prix de poésie. — En 1830, une association d'artistes s'étant formée sous le nom de *Société libre des beaux-arts*, il y fut appelé des premiers ; quand elle commença la publication de ses travaux, c'est à lui qu'elle confia sa plume, et son nom est placé en tête de ses annales.

* La publication des *Études de mœurs et de critique sur les poètes latins de la décadence*, 2 vol. in-8°, a justifié, en la rendant classique, la réputation de critique fin et ingénieux, et d'écrivain supérieur, que notre jeune compatriote s'était acquise dans les principales revues littéraires.

pour coups d'essai, les plus hautes questions de la science, et montrera, en dépit des obstacles, jusqu'où peut atteindre une intelligence privilégiée qui tire de soi sa propre force. *

C'est aussi le lieu de signaler un nom que tous les esprits, comme tous les cœurs, auront déjà prononcé. Des connaissances élevées qui la distinguent entre les femmes les plus célèbres, je ne dis pas seulement de la France contemporaine; des grâces exquises et des talents supérieurs qui font le charme et l'admiration du monde le plus cultivé; une extrême sensibilité d'âme dont une foule de malheureux ont recueilli les bienfaits; telles sont les qualités dont madame Victorine de Chastenay offre le rare et délicieux assemblage.

En un temps où les esprits énervés se laissaient aller aux séductions d'une littérature frivole et facile, il est beau de voir une femme, nourrie dans de fortes études, consacrer le sacerdoce de l'art divin d'écrire à la composition savante des travaux les plus divers et les plus

---

* On a déjà de lui un *Mémoire sur les explosions des chaudières à vapeur*, contenant quelques moyens propres à les prévenir, suivi de la description d'un instrument appelé *Tachomètre*, et destiné à mesurer la vitesse des navires en mer, etc., etc.; — la *Théorie de l'élimination*, suivie de notes diverses; — la *Théorie élémentaire de l'élimination entre les fonctions entières, fractionnaires et irrationnelles*.

sérieux. Ainsi, sans étendre ici par d'indiscrètes révélations ses titres littéraires, c'est assez de gloire, je pense, d'avoir, de la même main qui traçait le *Calendrier de Flore*, décrit les faits les plus héroïques de l'histoire des hommes, les courses aventureuses des *Chevaliers normands;* et il a toujours fallu une grande puissance d'esprit pour entreprendre de montrer, dans tous leurs mystères et toutes leurs richesses, le *Génie des peuples anciens* et les merveilles de l'*Asie*. Madame Victorine de Chastenay, qui a suffi à ces tâches, dont nulle autre n'eût osé concevoir la pensée, rappelle à plus d'un égard ces femmes illustres du grand siècle, étoile égarée de ces pléiades qui ne luiront plus sur la France.

Mais il y a en elle plusieurs femmes remarquables, et c'est dans l'âme reconnaissante de toute une population qu'il faut lire encore sa biographie. Les nuits seules ont été employées à ces immenses ouvrages, et ce n'est guère que les heures de loisir qui l'ont vue aux bibliothèques du Roi et de l'Arsenal. Douée de cette charité active, qui la portait à procurer le bonheur de son pays plutôt qu'à en être la gloire, ne se servant de sa haute position et de sa supériorité intellectuelle que pour faire le bien, madame Victorine (c'est sous ce nom qu'on la connaît) passait dans les hôpitaux, à la conciergerie ou aux divers ministères, la journée qu'elle eût crue perdue, si elle ne l'eût signalée par quelque service. Elle ne s'est faite grande que pour être plus bienfaisante ; et, à ce titre seul, madame Victorine de Chastenay marquerait encore dans l'histoire d'un pays dont elle est la providence avouée, sans acception de personnes.

Restée seule d'une antique et illustre maison, une des dernières femmes qui aient honoré la France par des talents sévères, c'est dans sa solitude d'Essarois qu'il faut la voir, se dérobant à un monde choisi, dont elle fait le plus noble ornement; partageant une vie, toujours belle et glorieuse, entre le culte des cendres domestiques, celui de l'étude, dont elle est restée la victime fidèle, et le bonheur des populations qui l'entourent (les trois choses qui ont rempli sa carrière); aimée et vénérée, bien digne à tous égards d'occuper une des places les plus brillantes et les plus pures du panthéon châtillonnais.

D'autre part, l'impulsion que le duc de Raguse donna, chez nous, à l'industrie et à l'agriculture par la création de fermes expérimentales, d'une sucrerie, des forges les plus productives du royaume, etc., fut immense. Cette impulsion, secondée par les années de paix dont on avait été privé depuis si longtemps et l'esprit d'ordre et de travail dont notre pays peut offrir le modèle, fit sortir Châtillon de cette torpeur où la Ligue l'avait plongé les deux siècles précédents. Il est beau de voir maintenant ces contrées rendues à l'activité, retrouvant en elles-mêmes des sources de richesse indigène, couvertes d'usines et d'établissements de toute sorte, et méritant que le premier magistrat du département (M. Chaper, préfet de la Côte-d'Or,) présidant le concours annuel du comice agricole, en fît ce tableau qui, dans sa bouche, sera moins suspect aux yeux des uns, plus flatteur à ceux des autres :

« Toutes les industries que sa position et la nature du sol lui permettent de cultiver sont développées avec autant de talent que de persévérance. Aux portes de cette ville, s'élève un des établissements métallurgiques les plus complets, les mieux dirigés, que la France puisse opposer à l'industrie des nations rivales; partout, dans les usines du voisinage, se montrent des perfectionnements nouveaux, des industries récemment créées ou conquises. Dans l'enceinte même de la ville, la fabrication du sucre indigène est venue offrir aux agriculteurs un puissant moyen de perfectionner leurs assolements et d'accroître la production; d'autres manufactures semblables s'élèvent à l'entour. Tandis que, sur tant de points de la France, l'éducation des bêtes à laine de race pure tombait dans l'abandon, l'arrondissement de Châtillon a persévéré, et ses élèves sont aujourd'hui placés au premier rang. La race bovine s'est améliorée de même, et le nombre des bestiaux, base de toute bonne culture, s'est accru en même temps que l'espèce était perfectionnée. » *

La prospérité intérieure de Châtillon n'offre pas des résultats moins satisfaisants. — La population, qui, d'après l'état envoyé au ministre en 1774, était de 3,390 habitants, s'élève aujourd'hui à près de 5,000. Des ressources récentes alimentent et vivifient cette ville qu'un nouveau quartier, élégant et régulier, vient d'étendre et d'embellir encore. En 1820, la mairie et la sous-préfecture ayant été placées dans le bâtiment des Bénédictines, les administrateurs municipaux sacrifièrent une partie du vaste emplacement de l'ancien couvent pour y établir la place actuelle, et ouvrir de nouvelles rues au centre de la ville. Ce fut alors que M. le maréchal duc de Raguse, qui possédait les terrains situés entre les murs de Chaumont, le Cours-l'Abbé, l'hôpital, la Seine et le nouveau jardin de la mairie, s'entendit avec les magistrats pour la construction d'un quartier neuf, coupé de longues

---

* Dans une histoire consacrée à retracer les noms des hommes dont les travaux ou les établissements font honneur ou rendent service à Châtillon, ce serait un véritable oubli que de ne point signaler, pour l'industrie des fers, MM. Bazile, Louis, Maitre; pour l'agriculture, M. Maurice Bazile, et, pour le perfectionnement des laines, MM. Joseph Maitre et Godin, dont les produits ont obtenu une récompense nationale à la dernière exposition des produits de l'industrie française.

rues aboutissant à une place circulaire. Ce projet, déjà réalisé en partie, est destiné à changer la physionomie de l'ancien Châtillon.

Parmi ceux qui ont contribué par de patriotiques efforts à cette régénération de notre ville natale, il en est un que notre double qualité d'historien et de fils nous fait un devoir de ne pas oublier. Dans un hommage public rendu à M. Laperouse, maire de Châtillon, on ne verra pas le cri partial d'une reconnaissance privée envers celui qui, après nous avoir appris à aimer et connaître le pays auquel il a voué une grande partie de sa vie, a soutenu nos jeunes pas dans tout le cours de cette histoire. Le remboursement de la dette énorme dont les deux invasions de 1814 et 1815 avaient grevé les habitants; l'établissement d'un hôtel pour la sous-préfecture, celui des divers tribunaux dans l'édifice des Carmélites; l'acquisition de l'hôtel de ville et du jardin public de la mairie; de grandes augmentations apportées à l'hôpital, qui offre maintenant un asile pour tous les malheureux, à la maison de charité, où il vient d'être créé un ouvroir si précieux pour les jeunes filles de la classe indigente, au collége, dont l'enseignement a été complété par la création de chaires supérieures; la construction de halles nouvelles sur la place de la ville aussi récemment ouverte, d'une salle de spectacle, depuis si longtemps attendue, d'une vaste salle

— 578 —

pour la bibliothèque; la fondation du quartier dont nous parlions tout-à-l'heure; et, malgré les dépenses occasionnées par de nombreux travaux d'utilité publique, le doublement des revenus communaux, etc.; voilà des avantages que la ville a vus se réaliser sous une administration municipale qui datera bientôt de vingt années, et il semble qu'ils valent bien une mention particulière, avec quelque peu de gloire locale, au magistrat qui y a si activement coopéré.

Je viens de raconter l'histoire de mon pays, et je l'en aime davantage. Mon but sera atteint si j'ai indiqué à d'autres le moyen de le chérir de même en leur aidant à le connaître.

FIN.

APPENDICE.

SOUS-PRÉFETS DE CHATILLON.

1800. — M. Martin.
1815. — M. de Murat, depuis préfet de l'Aveyron, du Nord et de la Seine-Inférieure.
1817. — M. Couvret de Beauregard.
1820. — M. de Lacoste, depuis préfet du Gard et de la Gironde, actuellement des Bouches-du-Rhône.
1822. — M. de Lantivy, depuis préfet de la Corse.
1824. — M. de Saint-Brisson.
1830. — M. Lacordaire.

MAIRES DE CHATILLON,

ÉCHEVINS ET ADJOINTS.

Chaumont et le Bourg, régis d'abord séparément, l'un par quatre maïeurs, l'autre par quatre échevins, sont réunis, en 1594, en une seule et même cité par la création d'une mairie élective, commune aux deux villes.

MAIRES ÉLUS PAR LE PEUPLE.

1594-95	Etienne Rémond, premier maire commun.
1595-96	Nicolas Bouvot, procureur du roi au bailliage de la Montagne.
1596-97	Claude Febure, avocat.
1597-98	Nicolas de Gissey de la Poterie.
1598-99	Etienne Legrand, avocat.
1599 à 1600	Prudent Michaut, receveur du bailliage, ancien secrétaire du duc de Mayenne, et gouverneur de César, duc de Vendôme.
1600-01	Simon Logerot, bourgeois.

A cette époque, nouvelle séparation de Chaumont et du Bourg. Leur seconde et définitive réunion, sous des maires communs, a lieu en 1638.

MAIRES ÉLUS PAR LE PEUPLE.

1639-40	François de Gissey.
1640-42	Claude Rémond, lieutenant-criminel.
1642-44	Jean Joly, lieutenant-particulier au bailliage.
1644-46	Marc-Ant. Lefoul de Santigny, lieutenant-général.

1646-48	Bernard Thoulouse, avocat.
1648-50	Nicolas de Gissey, conseiller du roi au bailliage.
1650-51	Marc-Antoine Lefoul de Santigny.
1651-53	Claude Rémond.
1653-55	Pierre Soyrot, lieutenant de la maîtrise des eaux et forêts.
1655-57	Joachim Jouard, procureur du roi au bailliage.
1657-58	Isaac Michel, maître des requêtes du duc d'Orléans.
1658-60	Edme Le Sain, sieur de Brousseval et de la Bergerie, bailli de Langres en deçà de la rivière d'Aube.
1660-65	Daniel Siredey, lieutenant en la chancellerie.
1665-66	Pierre Soyrot.

La ville étant alors considérablement endettée ne vit pas d'autre moyen de sortir d'embarras que de demander au roi de rétablir à la place de la mairie, mais à peu près avec les mêmes attributions, la prévôté royale et les offices qui la composaient, pour employer à l'acquittement des dettes le prix de ces diverses charges. D'après les lettres patentes du roi, conformes à leur demande, l'office de prévôt royal adjugé, le 17 mai 1665, moyennant finance, fut supprimé en 1693 par l'édit du roi, portant création, dans toutes les villes du royaume, de maires perpétuels et héréditaires, nommés à titre d'office. — Les registres de l'hôtel de ville nous faisant désormais connaître la plupart des échevins, le besoin de signaler, dans une histoire locale, les hommes qui ont servi le pays, où quelques-uns ont encore des descendants, nous engage à en ajouter la liste à côté de celle des maires.

	PRÉVOT ROYAL.	ÉCHEVINS DU BOURG ET DE CHAUMONT.
1665-93	Pierre-Bernard Lechapt, avocat.	1674. Poisot, Briois, Héliot, Goulet. — 1680. Thomassin, S. Morel, B. de La Hire. — 1681. Morel, m^d, Floriet,

1666-93	Pierre-Bernard Lechapt.	avocat, Verdin, s^r de la Jaisse, B. Viard. — 1682. Riel, conseiller au bailliage, Floriet, G. Riembaut, m^d, Pantaléon de la Hache. — 1683. Riel, élu du tiers aux états de Bourgogne, Isaac de Villars, N. Personne, Vernier, m^d drapier. N. Morel, procureur de la commune, remplacé plus tard par son fils. — 1688. Adine, Corderot, A. Morel, Vernier. — 1689. Adine, Viard, Chaponnel, Siredey.
	MAIRES PERPÉTUELS HÉRÉDITAIRES.	ÉCHEVINS.
1693 à 1709	Jean-François Jouard, sieur de Gissey.	1698. D. Personne, Jobert, m^d, Briois, N. Morel. — 1699. Bornot, Jobert, G. Riembaut, Jouard, m^d. — 1701. Logerot, Tranchant, avocat, D. Morel, Vernier.
1709-3	Guy Jouard, sieur de Gissey, fils du précédent.	1711. Morel-Tolincourt, V. Morel, m^d, R. Personne, B. Dimanche, avocats. — 1712. R. Personne, Tranchant, V. Lambert, bourgeois, Rougeot, m^d. — 1719. Maignot, R. Personne, R. Vernier. — 1720. R. Personne, C. Riembaut, m^d, Singet, avocat, Logerot, m^d. — 1722. Lequin, procureur, Tridon, V. Lambert, J. Personne, m^{ds}. — 1723. Personne, Lequin, Tridon, Briois, chirurgien. — 1724. B. Dimanche, F. Personne, contrôleur au grenier à sel, Briois, C. Riembaut. — 1725. F. Personne, D. Logerot, tanneur, C. Riembaut, P. Morel, m^d de fers.

173.-68	François Jouard, neveu du précédent, qui se démet en sa faveur.	1759. R. Joly, avocat du roi, A. Morel, P. Perrot, L. Cureau, J-B. Personne, avoc., procureur de la commune jusqu'en 1777. (A cette époque, une ordonnance du roi réduit à deux le nombre des échevins.) — 1760. De Bruère, avocat, J. Michateau, bourgeois. — 1761. Treton, Logerot, greffier de la maréchaussée. — 1762. Dumont, N. Michateau, notaires et procureurs. — 1766. E.-A. Verpy, R. Morel. — 1767. P.-F. Delamothe, av., P.-C. Marchand.

En ce temps-là, un édit royal incorpore aux états de la province les offices de maires, procureurs et greffiers des hôtels de ville.

	MAIRE NOMMÉ PAR LES ÉTATS DE BOURGOGNE.	ÉCHEVINS.
1768-90	André Dumont, lieutenant-particulier au bailliage de la Montagne.	1768. Logerot, av., Lereuil, m^d. — 1769. Pétiet, avocat, Carteret, procureur du roi au grenier à sel. — 1770. Montenot, chirurgien, Philippon-Durand. — 1771. Simon, m^d, Alexis Pétiet, notaire. — 1772. Morel, proc^r, D. Gontard. — 1773. Lereuil, Philippon-Durand. — 1774. P. Rolle, procureur, N. Boudot-Lamothe. — 1775. J. Personne, contrôleur du grenier à sel, R. Personne, m^d tanneur. — 1776. J.-B. Cléry, Neveux, orfèvre. — 1777. Garnier, Basile, Sonnois. J.-B. Cléry, procureur-syndic de la commune jusqu'en 1790. — 1778. J. Personne, N. Giey. — 1779. Logerot,

1768-90	André Dumont.	avocat, F. Chaumonnot. — 1780. M. Delacroix, J. Bazile. — 1781. Verpy, m^d de fers, V. Morel, arpenteur. — 1782. André, Vaufrouard. — 1783. C. Verdin, C. Bourru. — 1784. H.-F. Pétiet, F. Sonnois, m^d. — 1785. Bourgin, chirurgien, R. Personne, tanneur. — 1786. J.-B. Personne, doyen des avocats, N. Borromée, procureur. — 1787. N. Rollin, procureur, A. Jully, m^d. — 1788. Viaudey, avocat, Léger, m^d. — 1789. Alexis Lambert, avocat, lieutenant à la maîtrise, Philippon-Benoît.

RÉORGANISATION DES MUNICIPALITÉS ÉLECTIVES
D'APRÈS LE DÉCRET DE L'ASSEMBLÉE CONSTITUANTE.

	MAIRES. MM.	OFFICIERS MUNICIPAUX. MM.
1790-91	De Bruère, lieutenant-général au bailliage.	V. Morel, arpenteur, C. Lereuil, procureur, J.-A. Bazile, nég^t, C. Logerot, avoc., A. Diey, m^d, F. Sonnois, av., N. Borromée, procureur, C. Bourru, maître en chirurgie. (Alexis Pétiet, procureur de la commune.)
1791-92	Mariotte, avocat, aujourd'hui présid. du tribunal civil.	Ces quatre derniers officiers municipaux sortis par la voie du sort sont remplacés par MM. Rollin, procureur, Philippon-Meligne, négociant, Logerot-Verdin, avocat, Gontard, apothicaire.
1792-93	Mariotte.	Les quatre autres sortant à leur tour font place à MM. Darentière-Guyot, procureur au bailliage, Junot-Léger,

1792-93	Mariotte.	nég¹, M. Delacroix, homme de loi, G. Lesecq, ancien directeur de la régie.
1793-94	Alexis Lambert.	D. Gontard, apothicaire, Faitot, nég¹, Leclerc-Colas, aubergiste, Mary-Fortin, m^d, Cornillac, imprimeur, Viaudey, homme de loi, N.-B. Léger, m^d, Vorle Michateau, homme de loi. (Logerot, homme de loi, procureur de la commune.)
1794-95	Alexis Lambert.	Les trois derniers officiers sont remplacés par MM. Rebourceau, Sauvageot et Compagnot. (Breugnot, agent national.)
1795-96	Charles Verdin.	Faitot, Mary-Fortin, Sauvageot, Rebourceau, Cornillac, Morel, Ligerot, Bazile-Poussy. (Mignard, agent national.)

ADMINISTRATION MUNICIPALE SOUS LE DIRECTOIRE.

	PRÉSIDENTS. MM.	AGENTS MUNICIPAUX. MM.
AN IV-VI.	De Bruère.	Humbert-Basile.
AN VI-VIII	Humbert-Basile.	Personne-Euriot.

MAIRES ET ADJOINTS NOMMÉS PAR LE PRÉFET,
APRÈS LE RÉTABLISSEMENT DES MAIRIES SOUS LE CONSULAT.

	MAIRES. MM.	ADJOINTS. MM.
1800-05	Personne-Euriot.	Edme Dufour, P. Breugnot.
1805-10	Personne-Euriot.	H. Carteret, Nisard, avoué.

1810-13	Personne-Euriot.	Nisard, avoué, C. Bourru, médecin, membre de la légion d'honneur.
1813-15	De Bruère Vaurois, ancien député, officier de la légion d'hon.	Nisard, de Savoisy, plus tard M. Cléry, médecin.
100 JOURS	Personne-Euriot, nommé par le peuple.	Nisard, Lereuil, avocat, nommés par le peuple.
1815-19	De Bruère Vaurois.	Louis, avocat, C. Bourru, remplacé par M. Bourée, docteur en médecine.
1819-22	Laperouse (Eus.-Alex.-Marie), avocat, mem. de la lég. d'hon.	Louis-Bazile, ancien député, membre de la légion d'honneur, Lereuil, avocat.
1822-27	Laperouse.	Bazile-Poussy, Lereuil.
1827-31	Laperouse.	Minot, avoué, Lereuil.

MAIRE ET ADJOINTS NOMMÉS PAR LE ROI,
PARMI LES CITOYENS ÉLUS PAR LES HABITANTS.

	MAIRE. M.	ADJOINTS. MM.
1831-34	Laperouse.	Simonnot, avocat, Maurice Bazile, propriétaire.
1834-37	Laperouse.	Jully-Chaumonnot, ancien président du tribunal de commerce, Maurice Bazile.
1837-40	Laperouse.	Jully-Chaumonnot, Mary, avoué.

TABLE.

PRÉFACE.

Pourquoi on a fait ce livre. — Sources auxquelles on a puisé. — Manuscrits Bourceret. . . . . *page* **1**

TOPOGRAPHIE. — HISTOIRE NATURELLE.

Site de Châtillon. — Nature, productions, curiosités naturelles et aspect du pays qui l'entoure. — Pluies de sang et de feu. — Topographie agricole et botanique. — Plantes alpestres du Val-des-Choux, etc. **11**

L'ANTIQUITÉ.

Ire ÉPOQUE. — ÉPOQUE CELTIQUE.

(Jusqu'à l'an 50 avant J.-C.)

L'élément celtique paraît encore dans notre histoire. — Étymologie de quelques dénominations locales. — Coutume de jeter du pain dans les fontaines à la Chandeleur. — Feu de joie de la Saint-Jean. — Tombeaux gaulois. — Pierres druidiques. — Tumulus. — L'Hercule gaulois. — Etablissement des Lingons dans ce pays. — Division des cités par cantons : canton du Lassois. — Villes qu'il renferme : Landunum, sa première capitale. — Roussillon. — Châtillon ; son origine. **17**

IIᶜ ÉPOQUE. — ÉPOQUE GALLO-ROMAINE.

(50 ans av. J.-C. — Vᵉ siècle de l'ère chrétienne.)

État du canton du Lassois après la conquête. — Temples romains de la Seine; galère de bronze du musée de Dijon. — (Tradition sur St. Seine confirmée; singulier mode de donation de terres après l'invasion germanique.) — Voies romaines. — Réaction nationale chez les Lingons; Sabinus; dévouement d'Éponine; découverte de leur souterrain dans ce pays. — Le Lassois ravagé par les trente Tyrans est repeuplé par une colonie de *Lætes;* notice sur la *milice lætique.* — Irruption des Vandales; Chrocus détruit Landunum; — Détails du siége et de la prise de Roussillon. — Cette ville rebâtie par les Lætes prend leur nom ainsi que le canton du Lassois dont elle devient la capitale. — Châtillon sous les Romains devient un *castrum;* vestiges d'antiquité gallo-romaine. — Note sur les places ruinées de Viefville et de Pseudunum (Semond). — Etablissement du christianisme dans le canton (transformé en archidiaconé) du Lassois. — Origine du pouvoir de l'évêque de Langres à Châtillon. — Les premiers chrétiens y fondent un oratoire souterrain. 41

LE MOYEN AGE.

IIIᶜ ÉPOQUE. — ÉPOQUE BARBARE.

(Vᵉ siècle. — Xᵉ siècle.)

Lors des migrations germaniques, envahi par les Bourguignons, le canton du Lassois, de Roussillon ou de la Montagne, devient un comté. — Impression profonde laissée par Gérard, comte de Roussillon, dans les traditions et la poésie nationales. — C'est le type idéal de la chevalerie, l'âme des épopées du cycle carlovingien. — Analyse des *Aventures de Gérard d'Euphrate, comte de Roussillon, traduites en notre vulgaire français d'un poëme en langue wallonne.* — Analyse du roman provençal de Gérard de Roussillon. — C'est en effet un grand nom qu'il importe de restaurer dans l'histoire. — Le comte ou les comtes du Lassois, qui l'ont porté, paraissent avoir été les héros d'une réaction bourguignonne contre les rois francs, et les précurseurs de la féodalité. — Roussillon ou Latiscon devient un château fort. — Puissance de Gérard; sa lutte contre Charles-le-Chauve; courage de Berthe; destruction de Roussillon; Châtillon devient la capitale du comté. — Gérard retiré dans le Lassois, après sa défaite, fonde, outre d'autres églises, les monastères de Vézelay et de Pothières; son testament. — (La riche abbaye de Pothières placée sous la juridiction immédiate du Saint-Siége est l'objet de la convoitise et des violences à main armée des comtes et des évêques). — Sépultures de Gérard, de Berthe et de Thierry, leur fils, dans l'église de ce monastère. **75**

IVe ÉPOQUE. — ÉPOQUE FÉODALE.

(Xe siècle. — XIVe siècle.)

I. *Description de Châtillon à cette époque.*

Lors de l'établissement de la féodalité, Châtillon, seule ville du canton du Lassois ou de la Montagne qui ait résisté aux désastres du IXe siècle, devient la capitale du comté et, dès sa formation, du bailliage de la Montagne. — Châtillon se compose de deux villes profondément distinctes pendant des siècles : l'une d'origine gallo-romaine, l'autre d'origine bourguignonne : le Bourg et Chaumont. — Cette diversité d'origine, cause première

— 592 —

de la non-homogénéité de leurs populations et de leurs sanglantes rivalités. — Comment le Bourg et Chaumont vinrent à être renfermés dans la même enceinte de murailles, et enfin à ne former plus qu'une ville dans le XVII° siècle. — *Description de Chaumont.* — Son *Châtelot* : il devient le séjour des comtes du Lassois après la défaite de Gérard de Roussillon et la ruine de Latiscon. — Maison-Dieu. — Saint-Jean. — Faubourg de Courcelles. — Léproserie. — Maison des Dames. — Faubourg du Temple. — Château de la Feuillée. — Maisons de Templiers. — *Description du Bourg.* — Son château. — L'oratoire souterrain transformé en église de Sainte-Marie et Saint-Martin. — Reconstruction de cette église après qu'on y a transféré les reliques de saint Vorle, dont elle prend le nom. — Légende de saint Vorle, patron du pays. — Saint-Nicolas. — Hôpital Saint-Germain. — Petit-Lugny. — (Chartreuse de Lugny. — Prieuré du Val-des-Choux.) — Faubourg et église Saint-Mametz. — Notice sur les sépultures. — Couvent des Cordeliers. — Abbaye de Notre-Dame. — Écoles célèbres de Châtillon au moyen âge. — Ses illustrations : Aganon. — L'auteur de l'Alexandréide ? — Saint Bernard. — Particularités sur l'enfance de ce grand homme qui semblent avoir décidé de sa vocation. — La maison qu'il habitait à Châtillon. 113

II. *De la constitution féodale et des seigneurs de Châtillon.*

Différentes conditions d'hommes qui composent à Châtillon la société féodale. — Formé à cette époque de deux villes séparées, auxquelles on doit ajouter l'abbaye, Châtillon renferme trois souverainetés distinctes, ayant chacune son seigneur : Chaumont, le duc de Bourgogne; le Bourg, l'évêque de Langres; le monastère de N.-D., l'abbé de Châtillon. — Domaine du duc. — Domaine de l'évêque. — Domaine de l'abbé. — Domaine commun aux trois seigneurs. — Comment les évêques vinrent à s'associer, en qualité de feudataires, les ducs de Bourgogne, dans le domaine du Bourg. — L'inféodation a lieu au perron de Mauconseil. — Les ducs ayant obtenu des évêques, leurs co-seigneurs, de fortifier le Bourg, Châtillon devient le boulevard de la Bourgogne. — Droits féodaux communs au duc et à l'évêque. — Pour exercer la juridiction dans leur domaine respectif, les deux seigneurs ont chacun leur officier : le duc, son prévôt; l'évêque, son maire. — Le maire et le prévôt justicient conjointement dans le domaine commun. — Citation de quelques coutumes locales. — Au XIIIe siècle, les ducs instituent le bailli de la Montagne; les évêques, le bailli de Langres *en deçà la rivière d'Aube.* — Les baillis jugent en second ressort : le premier, dans le domaine du duc; le second, dans celui de l'évêque; tous deux ensemble dans le domaine commun. — Ordre des appels dans les différentes juridictions. — La communauté de droits et l'indivision de domaine entre le duc et l'évêque, source continuelle d'empiétements de la part de l'un, de récriminations de la part de l'autre. — Exemples de ces dissensions. — Les rois prennent le parti du clergé : expédition de Philippe-Auguste contre le duc Hugues III. — Siége et prise de Châtillon célébrés dans la *Philippide* de Guillaume-le-Breton. **179**

III. *De l'état et des institutions de la bourgeoisie à Châtillon, avant et après son affranchissement.*

Que la liberté n'est pas née entièrement de la révolution communale du XIIe siècle. — Ce qu'on entendait par *villes de loi.* — Châtillon, dès le IXe siècle, désigné sous ce nom. — Fait trop peu remarqué par les historiens : que les villes de loi semblent le berceau des communes. — Tentatives, plusieurs fois renouvelées par les ducs de Bourgogne, pour établir une commune à Châtillon, et toujours déjouées par la résistance des évêques de Langres; excommunications et conflit qui en résultent. — Le duc Eude III se résout à n'ériger en commune que la ville de Chaumont, dont la seigneurie lui appartient exclusivement. — Charte de la mairie de Chaumont, donnée en 1213. — Mode particulier d'élection pour les maires de Chaumont. — Etendue de leurs pouvoirs. — Ardeur des habitants de Chaumont à conserver leurs droits intacts. — Comment on obtenait le droit de bourgeoisie dans leur ville. — Les franchises de cette commune, source de prospérité intérieure et de rivalités nouvelles entre les deux villes de Chaumont et du Bourg. — Le Bourg, pendant ce temps-là, continue à être soumis au régime féodal. — Misère à laquelle sont réduits ses habitants. — Pour éviter la dépopulation de leur ville, l'évêque se décide enfin, en 1423, à leur accorder, de concert avec le duc de Bourgogne, quelques droits, mais fort restreints. — Charte de l'échevinage du Bourg. 235

Vᶜ ÉPOQUE. — GUERRES DES ANGLAIS.

(XIVᵉ siècle. — XVᵉ siècle.)

Châtillon devient la place d'armes de la Bourgogne. — Il est le rendez-vous de la noblesse bourguignonne partant pour combattre les Anglais. — Le roi Jean y convoque les États de la province. — (Établissement de la gabelle dans le duché; grenier à sel de Châtillon.) — Combat de Brion. — Prise de Châtillon par les Anglais. — Traité de Guillon. — Traité de la Chassaigne. — Châtillon inquiété par les Tards-venus, le comte de

Montbéliard, etc. — Philippe-le-Hardi vient y tenir les États de Bourgogne. — Réception de Charles VI à Châtillon. — Passage du frère du roi. — (Gruerie, maîtrise des eaux et forêts à Châtillon.) — Convoi de Philippe-le-Hardi. — Le comte de Tonnerre attaque la ville. — Elle est le rendez-vous de l'armée envoyée contre lui; — des compagnies envoyées contre les Anglais et les Armagnacs. — C'est aussi le point de mire des ennemis, le lieu des approvisionnements, des entrevues et des conférences. — Jean-sans-Peur y célèbre le service de ses frères tués à Azincourt. — Châtillon menacé est sauvé par le traité d'Arras qui met fin aux hostilités. — Épuisement de la ville à la suite de ces guerres; soulèvement des gens taillables du Bourg. — Châtillon pris et brûlé par les troupes du roi, dans la lutte de Louis XI avec Charles-le-Téméraire. — Châtillon réuni avec la Bourgogne à la France. — Les habitants se débarrassent de la garnison laissée dans leurs murs par Maximilien d'Autriche. — Reconnaissance de Louis XI. 273

LES TEMPS MODERNES.

VIe ÉPOQUE. — LA LIGUE.

(XVIe siècle.)

La réforme trouve peu de sectaires à Châtillon. — Prédications, désordres qu'y excite l'établissement d'un prêche; temple à Buncey. — Modération des habitants au milieu de l'exaltation religieuse des esprits. — Châtillon se jette dans le parti des Ligueurs. — Passage des ducs de Guise et de Mayenne; de Catherine de Médicis, du roi de Navarre (Henri IV), etc. — Représentations de mystères. — Séjour de Monsieur, frère du roi, avec une armée de Huguenots. — *Histoire admirable et prodigieuse touchant une image de saint Antoine.* — Pestes; processions des reliques des saints; vœu singulier. — On songe à la défense de Châtillon ; nomination du capitaine S. Noirot. — On s'exerce au maniement des armes; établissement du jeu de l'arquebuse; ses statuts. — Réparations des murailles et du château. — Réunion de Chaumont et du Bourg dans la même enceinte de remparts, par la fermeture de la rue des Ponts. — État de l'artillerie de la place. — Châtillon inquiété par les Reîtres du duc Jean-Casimir et foulé par les garnisons envoyées pour les combattre; attaque de Coligny. — La ville est réduite à une misère extrême. — Election de députés aux états de Blois. — Vues avancées comprises au cahier des doléances. — Châtillon est du nombre des villes qui reconnaissent pour roi le cardinal de Bourbon, sous le nom de Charles X. — Siége des châteaux voisins occupés par les ennemis des Ligueurs. — Châtillon menacé par les armées royalistes est mis en état de défense. — Le baron de Thenissey est nommé gouverneur. — Attaque de la ville par le maréchal d'Aumont. — Le gouverneur se saisit du château; les habitants essaient de le reprendre pour le détruire. — Violences du gouverneur; émigration des partisans de Henri IV. — Le baron de Thenissey fait raser tous les faubourgs de la ville, sous le prétexte d'ôter tout retranchement à l'armée de Biron. — Les habitants songent à quitter le parti de la Ligue: on obtient un armistice de quatre ans. — Conduite odieuse du gouverneur. — Passage de Henri IV à Larrey et à Villaines. — Châtillon veut se soumettre enfin à l'obéissance du roi. — Traité de réduction. — Nouvelles violences du baron de Thenissey; sa mort. — Empressement des habitants à détruire le château. — *Appendice.* Histoire des luttes qui eurent lieu pendant les troubles de la Ligue pour l'établissement d'une mairie commune au Bourg et à Chaumont : efforts d'une part, opposition de l'autre. — Réunion définitive de Chaumont et du Bourg en une même ville. . . . 307

VIIᵉ ÉPOQUE. — LA MONARCHIE ABSOLUE.

(XVIIe et XVIIIe siècle.)

Indépendamment des circonstances particulières, la centralisation met fin, dès ce moment, à l'histoire de Châtillon. — 1° Evénements qui viennent seuls apporter quelques exceptions à l'uniformité de la vie provinciale. — Châtillon envoie contre Galas. — La ville est mise en état de défense, en 1673, lors de la guerre avec les Impériaux. — Passage et cantonnement de garnisaires, qui réduisent les habitants à une misère extrême. — Emeutes qui en sont la suite. — (Jugements curieux.) — Sinistres et inondations. — Processions, vœux, pèlerinages expiatoires. — Châtillon, préservé de la peste de 1631, devient le siége du gouvernement de la province. — La contagion y pénètre et y produit de grands ravages les années suivantes. — Réception de gentilshommes français et étrangers. — Passage de Louis XIII. — Passage de Louis XIV. — 2° Organisation politique, administrative et municipale de Châtillon à cette époque. — 3° Statistique et physionomie de la ville dans le même intervalle. — Établissements publics : Auditoire et Maison commune; Arquebuse. — Promenades : Cours l'Abbé; Petit Versailles. — Eglises et chapelles. — Couvents : Réforme et reconstruction de l'abbaye royale de Notre-Dame. — Frère Esperit. — L'abbé de Bois-Robert. — Reconstruction des Cordeliers. — Translation des Bénédictines du Puits-d'Orbe à Châtillon. — L'abbesse Rose Le Bourgeois; scandales et réforme. — Fondation d'un couvent d'Ursulines; — d'un couvent de Feuillants; — d'un couvent de Carmélites; — d'un couvent de Capucins; — d'une maison de charité. — Fondation de l'hôpital Saint-Pierre. — Extension des études au collége. — Pierre Guiotte. — Autres principaux notables. — Célébrités littéraires de Châtillon. — Jean Perrelle. — Guillaume Philandrier. — Le président Bégat. — Amadis Jamyn et autres. — Le père Legrand et autres. — Joseph-Bernard Soyrot. — MM. Delamothe, Joly et Bourceret. — Verniquet. — Vernier. 393

VIIIe ÉPOQUE. — LA RÉVOLUTION.

(1789 — 1830.)

Réaction des institutions populaires tombées en désuétude à l'époque précédente. — La commune de Châtillon vote le doublement du tiers, etc., pour la prochaine convocation des états généraux. — Les trois ordres de la ville protestent contre toute tenue d'états de la province d'après l'ancienne forme; idées nouvelles. — Réunion de toutes les compagnies et corporations pour nommer des élus chargés de voter pour elles et de rédiger les cahiers des doléances aux élections du bailliage. — M. Cousturier, député du clergé aux états de 1789. — M. le comte de Chastenay, député de la noblesse. — M. Frochot, député du tiers-état. — Adhésion de la commune aux actes de l'assemblée constituante. — Alerte des brigands. — Formation spontanée de la garde nationale. — Installation de la municipalité; nouveaux maires. — Nouvelle organisation administrative et judiciaire. — Formation du district de Châtillon. — Fête de la fédération. — La Terreur; société populaire; victimes innocentes. — Modération et bon sens de la population; anecdotes à ce sujet. — Le ministre Pétiet. — Exercices civiques; fêtes de la République. — Passages de Bonaparte. — Célébrités militaires de Châtillon. Le maréchal Marmont, duc de Raguse. — Passage de l'empereur Napoléon; — du pape Pie VII. — Napoléon, dans ce voyage, signe le décret de canalisation de la Seine supérieure. — L'invasion et l'empereur d'Autriche. — Histoire du congrès de Châtillon. — Passage du roi de Rome et de Marie-Louise. — Passage du comte d'Artois; — de Mme la duchesse d'Angoulême. — Rôle politique de Châtillon, sous la Restauration et en 1830. — Tableau de son état actuel. — Célébrités littéraires. — Impulsion donnée à l'industrie. — Prospérité et agrandissement de la ville dans ces dernières années. — Fin. 489

APPENDICE.

Liste des Sous-Préfets de Chatillon. 580
— des Maires, Echevins, Adjoints. 581

FIN DE LA TABLE.

www.ingramcontent.com/pod-product-compliance
Lightning Source LLC
Chambersburg PA
CBHW051329230426
43668CB00010B/1198